戦後山口県の行財政の歩み

1946～2012年度

西山一郎

日本経済評論社

はしがき

小著は、「あとがき」においてやや詳しく述べるように、降って湧いたような話によって執筆した、戦後の山口県の行財政の歩みについての書物である。

まず、小著に先行する『山口県史』の概要について述べる。同書は一九九二（平成四）年度から編纂が始まり、全四〇巻のうち通史編は六巻、民俗編は一巻、史・資料編は三三巻で構成される。このうち、通史編は前近代を扱う原始・古代、中世、近世の三巻と、近代以降を扱う幕末維新、近代、現代の三巻で構成される。他県に比較して、山口県史の特徴を挙げるとすれば、「幕末維新」に一巻を当てている点や近代と現代をおおむねアジア・太平洋戦争における日本の敗戦で区分している点などが挙げられるであろう。極めて圧縮されているが、小著の内容を含む『山口県史』通史編 現代が刊行されたのは令和四（二〇二二）年である。

筆者は同書の執筆委員の一人であり、戦後の山口県における財政史の執筆を担当し、通史編での分担執筆のほか、史料編では財政分野の編集に従事した。筆者が山口県史編さん事業に参加した経緯や同書の構成の決定過程については小著の「あとがき」で触れるので、ここでは割愛したい。左記では『山口県史』通史編 現代と小著との差違について簡潔に述べたい。

まず、対象とする期間である。『山口県史』通史編は概ね、近代と現代とを区分するにあたってアジア・太平洋戦争での日本の敗戦をメルクマールとする。そして、通史編 現代は同県の現代史を叙述するにあたって、一九四五年から二〇一二年頃までを四編に分ける構成を採用している。つまり、第一編 占領と改革の時代（一九四五～一九五五年)、第二編 戦後社会の形成と経済復興期(一九五五～一九六〇年)、第三編 高度成長の時代(一九六〇～一九七六年)、第四編 成熟と揺らぎの時代(一九七六～二〇一二年頃)という編別構成であり、現在の研究動向を踏まえ戦後期から高度成長期までの記述を厚くしつつ、平成年間に至る七〇年程度に及ぶ地域の歴史像を提示しようとしている。

山口県史編さん委員・現代部会長の高嶋雅明は、本書の特徴として山口県が刊行した先行研究に触れつつ、「もっとも、個々の分野の研究蓄積には厚薄があり、それらをふまえて分析・叙述する苦労も多く『県政史』ではないことに留意し個々の論点を全国史的に位置づけ、また、時期区分と分野別を交差させて叙述する努力をしました。ただ、時期ごとにすべての分野や地域に目配せして叙述することは極めて困難でした。今後に委ねたいと思います」(『山口県史』通史編 現代、一〇九四頁)と述べているように、従来の県史にありがちな政治史を中心とした叙述から脱却し、日本の現代史が議論してきた論点に留意しつつローカルな視点から山口県の現代史の提示を狙いとした。しかしながら、第一に、県史という性格から個々の分野別の記述の分量はどうしても少なくならざるを得ず、第二に、資料編の刊行時期と通史編のそれとに五年程度の差違があったことから、史料編がカバーしない時期についても通史編が叙述する構成になったことなどが問題として挙げられるだろう。

第一の課題に沿って『山口県史』通史編 現代と、小著の財政史に関する時期区分と章節構成をみてみよう。筆者が執筆を担当した『山口県史』通史編 現代の財政史部分は左記の通りである。

第一編第二章「占領期の政治と財政」第三節「山口県財政と戦後財政秩序」
第二編第一章「昭和の大合併と財政再建」第四節「小澤県政下の財政再建」
第三編第二章「高度成長期の行財政と活発な政治活動」第四節「橋本財政の展開」
第四編第一章「安定成長期の政治と財政」第三節「平井財政と二井財政」

ご覧のように、叙述の対象については、まず、山口県知事の財政運営を取り上げた。第一編第二章では、敗戦後から五五年体制に至るまでの山口県の財政史を扱っている。同時期の知事は、戦後初めて公選制で選ばれた田中龍夫（二期、一九四七年四月～五三年三月）と小澤太郎（第一期は一九五三年四月～五七年三月）の執政時期にあたる。第二編第一章は五五年体制からの日本経済の復興期における小澤知事の財政運営を扱っている。小澤県政は二期にわたり継続したが、当該時期はその第二期にあたる（第二期は一九五七年四月～六〇年八月）。第三編第二章は日本の高度経済成長期にあたる。この時期の山口県政を担当した知事は橋本正之であり、以降、四期わたり知事職を務めた（一九六〇年九月～七六年六月）。第四編第一章は一九七六年から二〇一二年頃までを扱い、現在の山口県の行財政につながる記述である。当該時期の知事は平井龍（五期、一九七六年八月～九六年八月）および二井関成（四期、一九九六年八月～二〇一二年八月）である。一瞥してわかるように、編単位の時期区分と知事の執政時期とはおおよそ一致しているため、財政の分析にあたっても知事の施政と連動している。ただし、県史では紙幅の関係で昭和五十年代以降を「豊かさの時代」と呼び、「平井・二井県政期」を扱うことになったため、両知事期の財政については一括して扱っている。

小著では、先行する『山口県史』の時期区分を踏まえた時期区分および構成を採用している。

序章では、小著の研究書としての位置付けを見るために、これまで刊行された四七都道府県史を通史編に限って瞥見し、財政の分野がどのように扱われているかをごく簡単に見た。そして、これまでの自治体史の資料編の取扱の変遷と『山口県史』史料編 現代5、が所収した財政に関する史料の収集について紹介した。

第一章「戦後財政秩序の形成」では、敗戦直後の昭和二十一年度から二十五年度までの時期を戦後における改革の観点から扱っている。そして、むすびにおいて、日本国憲法において地方自治の章が設けられ、地方自治法が公布施行されたことを明らかにした。

つづく第二章「山口県の財政再建――地方財政再建促進特別措置法の適用を申請する」においては、窮迫する山口県財政と地方財政再建促進特別措置法の適用を申請するまでの県議会での審議を紹介し、甲論乙駁の議論が行われたことを見た。

第三章「高度成長期の山口県の財政」は、山口県の特殊事情によって橋本正之が知事に就任した三十五年九月から病気療養を理由に辞任した五十一年六月までの期間を扱い、国民所得倍増計画に沿った道路投資を中心とする行政投資と財政構造を見た。

第四章では、橋本県政を引き継いだ平井県政下の財政を見た。平井県政は、五期、二〇年間にわたる長期であったが、平井知事の下での行財政を検証した。福祉優先を掲げる平井県政は、その行政投資を見ると、橋本県政期に近い道路投資を行い、財政分析を行うと必ずしも福祉優先ではないことが分かった。

第五章は、二井県政下の財政を扱う。二井知事は、「住み良さ日本一の元気県づくり」を掲げたが、多額の県債をかかえ、財政運営は順風満帆ではなかった。

ここで、小著の叙述の段取りについて述べておく。その基本的内容は、当初予算の県議会への提案、それを巡る県議会での議論、県の歳出・歳入、県税、県債という財政の諸側面、歳入歳出決算審査委員会の意見書、県民に対する財政事情の公表である。

以上によって、戦後の山口県財政の諸側面の解明はほぼ尽くされたと思われる。もし重要な側面での遺漏があれば、それは筆者の不勉強のせいである。ご寛恕を乞う。

第六章「中国地方の五県における山口県財政の位置」は、視点を大きく変更し、山口県自体ではなく、中国地方の五県における山口県の経済構造や財政構造の特徴を明らかにしようとした。そのために、中国地方の五県の人口の内訳、産業構造、就業構造などの基本的な人口・経済指標や財政指標を見た。そして、山口県は、財政上、山陰側の島根県、鳥取県に比較して豊かであるが、山陽側の広島県と岡山県と比較すると必ずしも豊かであるとはいえないことを浮き彫りにした。

付言すれば、『山口県史』の史料編 現代5、は平成二十九年三月に刊行されたので、その間に五年間の歳月が流れた。したがって、史料編と通史編の構成では若干の乖離がある。もちろん、一九九〇年頃までとした史料編 現代5、においては、二井財政に関する史料は欠落している。また、小著においては、通史編において筆者に割り当てられた紙幅はきわめて限定されていたので、通史編をかなり膨らませるとともに、新しい知見も盛り込んだ。

目次

序章　先行する県史と財政史料

はじめに

現在の山口県を簡単に紹介したい。山口県は、本州の西端に位置し、三方が海に開かれ、瀬戸内海沿岸地域、内陸山間地域、日本海沿岸地域に分かれる。日本海沿岸地域は、農林漁業が盛んである。他方、瀬戸内海沿岸の西部地域にある宇部・山陽小野田にはセメント製造工場が立地し、周南・岩国などの東部地域には石油精製コンビナートが集中している。二〇二四年七月現在、山口県の人口は、一二八万四千人である。県下の市は、山口市を含む一三市である。市の人口では、下関市が二四万二千人で、第一位であり、県都の山口市は一九万人である。県下の町は田布施町他六町である。一番大きい人口を抱えるのは、田布施町であり、一万四千人である。

以下においては、最初に、先行する都道県史を瞥見し、次いで自治体史における史料編の意義、最後に、山口県の行財政史料の収集について触れたい。

一　先行する都道県史の概要

小著の研究書としての位置を示すために、これまで刊行された四七都道県史を通史編に限って瞥見し、都道県史（以下、県史）において財政がどのように叙述されているかをごくごく簡単にみる。抽出条件に合致して取りあげた県史は二〇種、二六点である。刊行年度の分布は、一九六〇年代が三点、七〇年代四点、八〇年代が九点、九〇年代が六点、二〇〇〇年代以降が四点である。各県史の叙述は、もちろん、刊行年により規定される。今回取り上げた県史が戦後史のなかで共通して取りあげている事項は、おおまかにいって戦後の激しいインフレーション、財政規模の膨張、シャウプ勧告他である。一九六〇・七〇年代に刊行された県史では、高度経済成長や七〇年代の二度にわたるオイルショックは同時代の出来事として叙述される。そのため、その記述は後年の県史と較べて当然、簡素である。一方で、今回取り上げた県史は一九八〇・九〇年代に刊行されたものが多いことから、高度経済成長期とそれ以降の安定成長期までの地方財政史の叙述が、一定程度の厚みもって展開される。県史が刊行された「現代」の経済を基礎づけた経済史のトピックスであるから、それも当然であろう。そして、叙述の内容や構成は、左に紹介するように、県史の編集方針や執筆者によって種々様々である。

それでは北から順に、県史の叙述内容をごく簡単にみると、①『新北海道史』第六巻、通説五、昭和五十二年刊、は、シャウプ勧告以前の財政、シャウプ勧告による財政の不安定化、高度成長期の地方財政などを扱う。②『新編埼玉県史』通史編7、現代、平成三年刊、は、シャウプ勧告と戦後県財政、赤字財政の克服等を扱う。③『千葉県の歴史』通史編、近現代3、平成二十一年刊、は、県財政の再建、積極財政の展開とオイルショック等について述べる。④『神奈川県史』通史編5、近代・現代⑵、政治・行政2、昭和五十七年刊、は、「経済復興」期の県政／一　県財政の状況等、『神奈川県史』通史編7、近代・現代(4)、産業・経済2、高度成長期の神奈川県財政、等を扱う。⑤『新潟県史』通史編9、現代、昭和六十三年刊、は、県財政の破綻、赤字財政の克服、地域開発と県財政の転換等について述べる。⑥『富山県史』通史編Ⅶ、現代、昭和五十八年刊、は、戦後復興期の県財政、転換期の県財政、高度成長下の県財政等について扱う。⑦『石川縣史』現代篇(1)、昭和三十七年刊、は、大戦後／県財政の改革と展開、財政の赤字問題と行政水準の低下等を扱い、『石川縣史』現代篇(4)、昭和四十七年刊と『石川縣史』現代篇(5)、昭和五十九年刊、は、県財政と地域開発、『石川縣史』現代篇(6)、平成七年刊、は、県財政他を扱う。⑧『東京都財政史』(下巻)、昭和四十五年刊、は、インフレーションと都財政、ドッジ・ラインとシャウプ勧告、高度成長下の財政他を扱う。⑨『岐阜県史』通史編、現代、昭和四十八年刊、は、シャウプ勧告後の財政、シャウプ税制の修正とその後の財政、高度経済成長期の財政等を扱う。また、同・通史編、続・現代、平成十五年刊、は、県財政の確立から高度成長型財政へ、低成長下の財政等を扱う。⑩『静岡県史』通史編6、近現代二、平成九年刊、は、戦後改革と地方財政、地方財政制度の再編と高度成長の促進へ、高度成長期の地方財政と地域開発などについて述べる。

⑪『滋賀県史』昭和編、第一巻、昭和六十一年刊、は、戦後復興期の県財政、高度成長下の県財政などについて述べる。⑫『和歌山県史』近現代二、平成五年刊、は、県財政の混乱と再建について述べる。⑬『新修島根県史』通史編3、現代、昭和四十二年刊、は、県財政・税制の推移について述べる。⑭『岡山県史』第十三巻、現代I、昭和五十九年刊、は、地方自治制の展開とシャウプ勧告、シャウプ改革後の市町村財政、地方財政危機下の地方財政、地域開発下の市町村財政、地方の時代と行財政改革などについて述べる。⑮『広島県史』現代、通史Ⅶ、昭和五十八年刊、は、戦後復興期の県財政等について扱う。⑯『山口県史』通史編、現代、令和四年刊、は、山口県財政と新しい財政秩序、小澤県政下の財政再建等について扱う。⑰『香川県史』7、通史編、現代、

平成元年刊、は、シャウプ勧告と県財政、逼迫する県財政、高度成長下の県財政等を扱う。⑱『熊本縣史』現代編、昭和三十九年刊、は、シャウプ勧告と県財政、地方自治の危機と財政赤字問題、財政再建計画等を扱う。⑲『大分県史』現代篇Ⅰ、平成二年刊、は、県財政の窮迫、『大分県史』現代篇Ⅱ、平成三年刊、は、県財政の自主再建、高度経済成長期の県財政等を扱う。最後に、⑳『鹿児島県史』第五巻上、昭和五十五年刊、は、「日華事変」と県財政から始まるが、戦後については新憲法下の県財政、経済高度成長下の県財政等を扱う。『鹿児島県史』の場合には、第六巻上、平成十八年、が刊行され、国と地方の財政関係、国の地方財政計画と鹿児島県の予算・決算などを扱う。

以上のように、財政を扱う県史は四七都道府県中二〇県で、半数にも満たない。県史の財政分野に関する摘出に遺漏があるのを恐れるが、それらの県史の財政を地方財政論・財政学の研究者が常に執筆しているかといえば、必ずしもそうではない。諸般の事情によって専門外の者が執筆せざるをえない場合があるようである。右に挙げた『新修島根県史』通史編3、現代、の「編さん後記」において山岡栄市は「ここ数年間、私はこの重い荷物に喘ぎ苦しんだといっても過言ではない。…出来上がったものはまことに杜撰極まりないものであり、冷汗三斗の想いを禁じ得ない」(1)といっている。この発言は多分に謙遜であろうが、率直に私見をいえば、地方財政を専攻する者がもっと自治体史の財政の執筆に参加すべきであろう。更に、それには、積極的な意味合いもあるであろう。藤田武夫は「府県財政史研究の意義」と題した小論において「…したがって、神奈川県の財政史を研究することによって、府県財政が、今日当面する諸問題の歴史的な根因を知り、これにたいする適切な対策を見い出すことができるのである」(2)という。

二　自治体史の史料編と財政史

『山口県史』現代は、通史編と史料編からなる。かつて、自治体史は、郷土史とか風土記とかと呼ばれ、郷土の偉人とか事績を賞賛することに主眼が置かれ、客観的な歴史史料にもとづかずに執筆される傾向があった。自治体史の中で本格的な史料編を最初に持ったのは『大阪市史』であるという。(3)『大阪市史』は、通史の第一、一九二七年刊、第二、一九二八年刊、法令、第三、一九一一年刊、第四上、一九一二年刊、第四下、一九一三年刊、第五、一九一一年刊、索引、一九一五年刊、からなる。西垣晴次は、関東地域の茨城県史以下の県史を挙げて、それぞれの県史が二三巻から三七巻の史料編をもつとし、「こうした多くの史料編をもつということは、戦前には考えられなかったことである。そのことは自治体史についての概念が変化したことを示すものである」(4)という。西垣は、自治体史の概念の変化については述べていないが、筆者の想像では、史料編を持つことによって県史が学問的科学的に一段と高められたということであろう。

『新潟県史』資料編20、現代一、政治経済編、一九八二年、について、紹介者は「戦後三〇年間を現代史として体系化したことは、全国の県史編さん事業の中でも珍しい」(5)という一方、「地方史における戦後史料の編集は全国的にもその緒についたばかりの状況で、その方法論はまだ確立していない。従って文字通り暗中模索の連続であった」(6)ともいう。他方、『神奈川県史』資料編16、近代・現代(6)、財政・金融、昭和五十五年刊、は、「解説・はじめに」において「とくに独立の編を設けて一県の財政に関する原資料を収録するというくわだては、日本においては最初のことである」(三頁)と自画自賛する。

全国の県史の中での例外は、編さんの長い歴史を持つ『鹿児島県史』である。『鹿児島県史』は、史料として藩政時代からの資料を収めるが、一九四五年以降の現代に関しては付属統計資料（『鹿児島県史』第五巻下、昭和五十五年、〔第三次復刊〕）のみである。

本書の史料篇の場合には、知事の予算提案を最初に置き、県議会での審議、その結果成立した条令、また、決算審査委員会の意見書、県民への財政状況の公開などの史料を置き、以上のような財政の循環運動を示すことに力を注いだことが特徴かと思う。

山口県史の通史編では叙述のスペースが極めて限られていたので、その制約を取り払い、出来る限り詳細に財政の循環運動を述べたことが小著の特徴であろう。

三　山口県の行財政の史料について

筆者が山口県史編さん執筆委員の委嘱状を二井関成知事から受け取ったのは、「あとがき」で述べるように、平成二十（二〇〇八）年四月一日であり、最初の数年間は現代部会の委員は史料の収集に力を注いだ。そして、収集した史料は、すべての分野を併せると一万点を超えた。そのうち何点が財政関係の資料かを確定する余裕は現在ないが、現代部会の会議に提出された、二〇一〇年八月二十八日付の筆者の「山口県史『史料編　現代5』の財政資料ならびに行財政に関する時期区分について（メモ）」によれば、財政資料については、「財政事情」、知事の予算演説、監査委員会の監査意見書ほかが、行政資料については、人件費に関係する行政組織の変遷、県庁職員数の変遷、給与の変更等が収録の対象になろうとある。ご明察いただけるかと思うが、小著も、ほぼ、そのような内容になっている。なお、不足する資料については、その都度、現代部会の事務方に収集をお願いした。従って、事務方の協力があって、小著が完成したといっても良いであろう。なお、小著で利用したすべての史料については、小著の文献目録をご覧いただきたい。

（1）山岡栄市「編さん後記」、『新修島根県史』通史編3、現代、島根県、昭和四十二年。ページ番号なし。
（2）藤田武夫「府県財政史研究の意義」、神奈川県企画調査部県史編集室編『神奈川県史だより』（史料編16、近代・現代(6)、昭和五十五年三月）、三頁。
（3）西垣晴次「自治体史編纂の現状と問題点」（『岩波講座日本通史 別巻2 地域史研究の現状と課題』岩波書店、一九九四年）、四五頁。
（4）同右、四九頁。
（5）『新潟県史研究』第26・27合併号、一九八九年、八四頁。
（6）『新潟県史』資料編20、現代一 政治経済編、一九八二年、解説、三頁。

第一章　戦後財政秩序の形成

はじめに

戦後の山口県の財政を扱った文献には『山口県政史』（下巻）[1]があるが、この文献においては、紙数が少なく叙述が限定されているのはやむを得ないとして、昭和二十年代の山口県の財政を三十年代以降の財政再建の前段階としてとらえ、戦後改革という視点がやや弱いように思う。しかし、他の県史、例えば、『静岡県史』（通史編6）[2]では、見出しを挙げると、「県行政の改革」、「戦後改革と地方財政」、「シャウプ勧告と税制改革」[3]等というように、戦後の様々な改革の一環として行財政の改革を描くという手法をとっている。本章では、そのような視点に学び、戦後の山口県の行財政の変遷を戦後財政秩序の形成という観点から描こうとする。なお、本章で取り扱う期間は、昭和二十一年度から二十五年度までである。

一　岡本知事・青柳知事・田中知事の当初予算案

敗戦直後の知事は、官選知事の岡本茂（一八九八～一九八〇）である。岡本は、昭和二十年十二月一日開催の第一回通常県会において「堪エ難キヲ堪エ忍ビ難キヲ忍ンデ新日本建設ノ為ニ邁進シナケレバナラナイ」(4)として、昭和二十一年度当初予算案を提案する。予算案においては「就中《なかんづく》食糧其ノ他生活必需物資ノ増産確保、中小商工業ノ育成、県民体位ノ向上、戦災ノ復興及国民道義ノ高揚等ニハ極力意ヲ用ヒテ之ヲ予算ニ反映セシメタ」(5)とする。二十一年度の一般会計の総額は三、九九二万円、特別会計は一二二万円となり、前年度に比べ一般会計は三二二万円、特別会計は五五四万円の減である。

県議会では、いとも簡単に軍国主義を投げ捨てて「清々シタ気持ガスル」とし、「吾々ガ志ス所ノ新日本ノ建設ハ…最高文化国家ノ建設ニ在ル」（田熊文助）という発言(6)や、「戦争ニ敗ケタ、無条件降伏、私共ハ之ヲ無上ノ幸福、限リナキ幸セヘト推進《おしすす》メテ行カナケレバナラナイ」（姫井伊助）という発言(7)があった。予算に関連して、食糧増産と供出米をめぐる問題、知事公選、警察官や教員の待遇改善、婦人の参政権、戦災復興と戦災者に対する援護、国体の護持等が議論された。十二月十日の県議会は、食糧問題解決のために、マッカーサー元帥（一八八〇～一九六四）に実情を訴えて外米の輸入をぜひ許可するようにという決議文を満場一致で採択した。(8)最終日の十二月十五日には、昭和二十一年度予算案を含む議案を満場一致で採択した。(9)なお、同日、占領軍将兵の傍聴があった。

二十二年度予算案は、二十一年十一月二十六日に青柳一郎知事（一九〇〇～八三）によって県議会に提出された。予算案は、知事公選を控えていたために「骨格予算」(10)であったが、一般会計の規模が一億七、五四九万円となり、前年度比で四・四倍となった。二十一年九月に公布された道府県制（法律第二十七号）によって知事は県民の直接選挙により選出されることになった。山口県知事の選挙は二十二年四月に行われ、田中龍夫（一九一〇～一九九八）が初代の公選知事になった。

二十三年度予算案は、二十三年三月十二日に田中知事によって県議会に提出された。田中知事は、地方税財政制度の全般にわたる大改革を目前にして同年度の予算は「暫定的なもの[11]」であるとした。同年度の一般会計歳出は一四億二、五三五万円となり、前年度比で八・一倍になった。

二十四年度予算案も、二十四年三月十七日に田中知事によって県議会へ提出された。知事は、同年度の一般会計歳出が三九億四〇〇万円となり「かつて見ない高額である[12]」が、「その内容というものは非常に義務的の要素を多分に含んで居ります。斯様な関係で所謂骨（格）予算的の性格[13]」であるとした。

二十五年度予算案も、田中知事によって二十五年三月十七日に県議会に提出された。知事は「始めて本格的通年予算を編成することを得た[14]」と胸をはる。周知のように、前年九月に『シャウプ使節団日本税制報告書』が東京の連合国軍最高司令官に提出された。知事は「シャウプ勧告に基く地方税財政制度の改正はわが国財政史上における一大変革[15]」であるという。そこで、「昭和二十五年度予算は本来なればこの諸制度の確立を俟《ま》って確固たる収入を見透しこれを基礎として編成に当たるのが建前なのでありまするが、年度開始前に予算を成立させなければならないという（地方）自治法上の制約により本来の過程が時期的に許されない事に相成った訳であります。従って（中央）政府と致しましては新年度の地方予算は一応現行制度による歳入を見積りこれを基礎として予算を編成するよう指示して参った次第であります[16]」とのべ、「本予算編成上収支の均衡保持については最も腐心した[17]」とする。一般会計の歳出は四三億一、〇五九万円になった。なお、二十二年四月に施行された地方自治法の第二百三十四条によって地方自治体の歳入歳出予算は年度開始前に議会の議決を経なければならないとされた。

県議会での議論を税制改革に限ると、それは、税制改正後の県税収入の見通し、特に新しく導入された付加価値税や県税の柱となる入場税、遊興飲食税が歳入財源として安定性があるのか、シャウプ・ミッションによって地方財政の強化がはかられるのは市町村財政であり、県の財源となると趣を異にしているのではないか等であった。そして、三月二十八日に二十五年度予算案は起立多数によって可決された。(18)

二 歳入・歳出構造の推移

まずは財政規模の推移である。本章の第一節における三人の知事の当初予算案の説明からも分かるように、戦後の五年間において財政規模は急速に膨張した。図1-1をご覧いただきたい。第一に指摘すべきことは、昭和二十一年度の名目額の歳出は、五億一、七〇〇万円であったが、二十五年度には五四億三、九〇〇万円となり、一〇・五倍に膨張した。その原因は、すでに指摘されているが、(19)戦後における地方自治体の行政サービスの拡充、それに伴う行政機構の拡大と地方公務員数の増加、そして歳出のすべてに影響を与えた戦後の激しいインフレーションである。第二に、そのような財政規模の激増によって、山口県においても追加更正を何度も編成せざるをえず、特に二十一年度から二十三年度においては追加更正予算が当初予算を何倍も上回り、当初予算が形骸化したことである。

次に、歳出構造を各年度の決算書で見る。(20)昭和二十一年度と二十二年度においては会計区分が戦前のままであり、経常部と臨時部に分かれている。二十一年度においては、臨時部の災害復旧対策費が歳出の三三・〇%を占めて、第一位である。第二位は経常部の教育費である。但し、教育費は、臨時部の教育費を合わせると二〇・一%になる。第三位は、臨時部の戦後対策費で一五・八%、第四位は警察費で六・一%であり、臨時部の警察費と

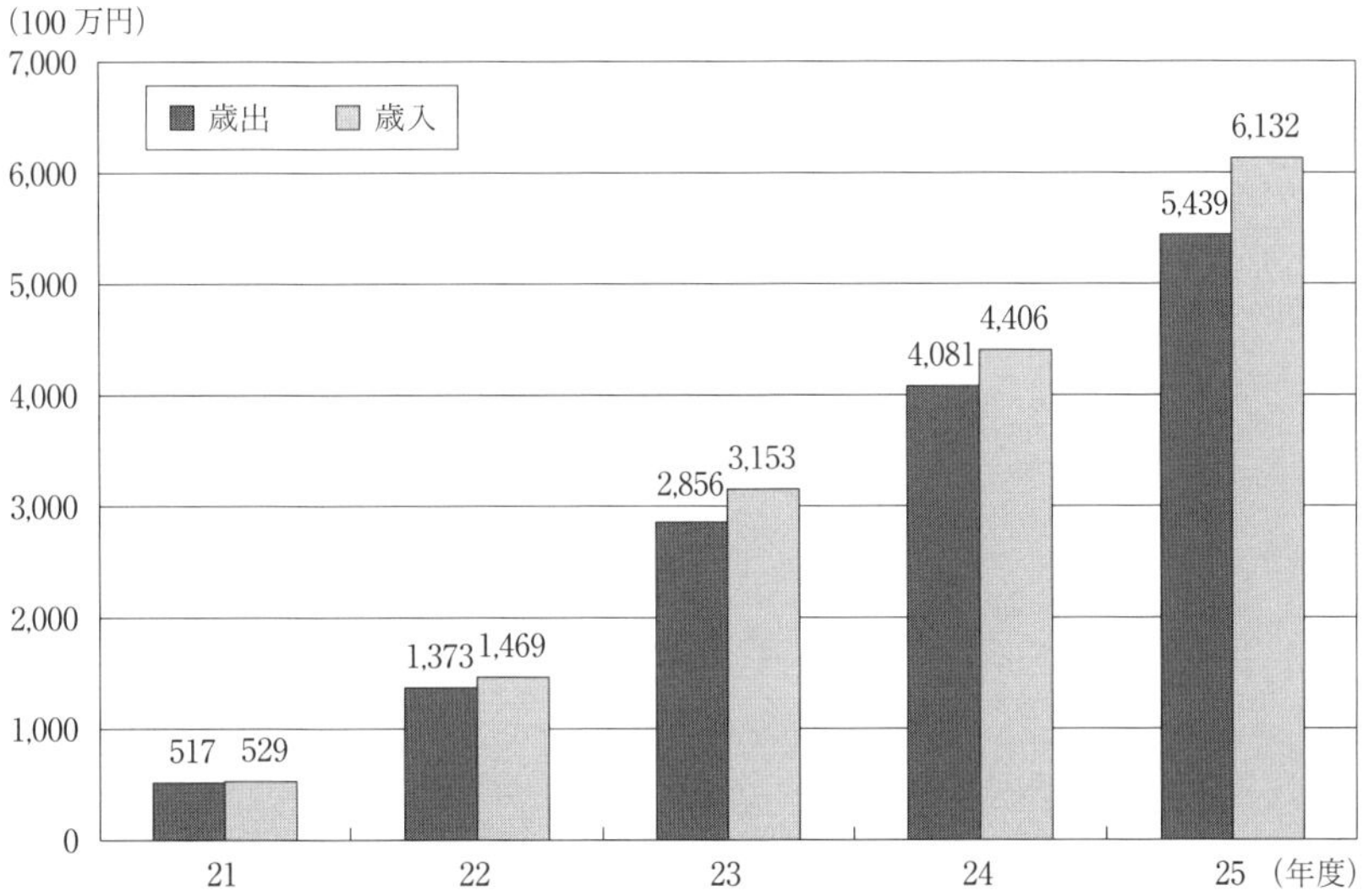

〔資料〕『山口県史』通史編 現代，令和4年，81頁，表1-2-1。

図1-1 山口県の歳入と歳出の推移（一般会計決算）（昭和21-25年度）

合わせると九・二%である。第五位は、勧業費で、経常部と臨時部を合わせると八・六%となる。そして、以上の五つの経費で、歳出の八六・七%を占める。昭和二十一年度の『山口県歳入歳出諸決算書』において第一位の災害復旧対策費を項で見ると、一億七、四六五万円の内、過半を占めるのは第一項の土木事業費で九、五三四万円である。その土木事業費の内訳を目で見ると、第一目の昭和二十年度災害復旧費が六、一七三万円、第四目の昭和二十一年度災害復旧費が二、〇一六万円である。したがって、災害復旧対策費は、戦後に山口県を襲った台風が原因の災害復旧のための支出が中心であったことが分かる。[21]

二十二年度を見ると、第一位は経常部の教育費で二六・二%、第二位は臨時部の災害復旧対策費で二三・八%である。教育費は、臨時部を合わせると二八・二%となる。同年度の『山口県歳入歳出諸決算書』を見ると、経常部の教育費は三億五、九六八万円である。その内訳は、第一項の小学校職員費が一億六、九四〇万円、第六項の中学校費が八、〇六八万円である。

昭和二十三年度から二十五年度の歳出構造を、同じく『山口県歳入歳出諸決算書』で見ると、この間、教育費が三一・七％から三六・五％の間であり、歳出のほぼ三分の一である。次いで、土木費が二四・二％から二七・九％の間であり、歳出のほぼ四分の一である。第三位は産業経済費であり、一三・二％から一八・六％である。

次に、教育費のみを少し立ち入って見る。『山口県歳入歳出諸決算書』における二十四年度の教育費一四億八、九〇五万円の内訳を見ると、第二項の小学校費が五億五、〇〇二万円、第三項の中学校費が三億五、八一三万円であり、それらはいずれも職員費である。土木費一〇億五五一万円のうち、第一項の道路橋梁費が二億一、一八〇万円、第二項の河川費が一億二、一二五万円、小学校費が五億五、〇〇二万円、第三項の中学校費が三億五、八一三万円、第四項の災害復旧費が四億二二一万円である。

次に、歳入の推移を一般会計の決算額で見る。もう一度、図1-1をご覧いただきたい。先に見たように、膨張する歳出をまかなうために歳入も増大した。注目すべきは、歳入が歳出を常に上回っていることである。したがって、歳入から歳出を差し引く形式収支は黒字になる状況であったのである。

そこで、歳入の内訳をみる。[22] 歳入の第一位は、臨時部の国庫支出金で、二十一年度は歳入の六九・九％、二十二年度四四・八％である。第二位は、経常部の県税で、二十一年度が一二・一％、二十二年度が二六・六％である。したがって、敗戦後の山口県の財政は、国庫支出金で支えられていたのである。

二十三年度、二十四年度を見ると、県税が連年増徴されたために、県税の歳入に占める割合は三九％前後に増加した。他方、国庫支出金の割合は、二十三年度が四三・三％、二十四年度が三三・七％へと低下した。二十五年度は、シャウプ勧告による地方税財政の改革が行われたために、県税の割合は、二〇・二％へと激減した。金額で見ても、二十四年度に一七億二、七一八万八、〇〇〇円であった県税収入が二十五年度には一二億三、七九九万六、〇〇〇円へと、二八％も減少した。また、国庫支出金も二十四年度の三三・七％から二十五年度には二八・

七%へと減少した。しかし、平衡交付金が創設され、それが歳入の二四・九%に達した。その結果、歳入は、二十四年度の四四億五九〇万一、〇〇〇円から二十五年度には六一億三、二一四万四、〇〇〇円へと、大幅に増加したのである。

三　県税の改革

県税収入はすでに示したが[23]、明示的に図で示すと、図1-2のようである。ご覧のように、県税収入は二十一年度には六、四〇〇万円であったが、その後二十四年度まで急速に増加して、二十四年度には一七億二、七〇〇万円へと、二七倍も増加した。しかし、シャウプ勧告に基づく二十五年度の税制改革によって、県税収入は一二億三、八〇〇万円へと急減した。県税が歳入に占める割合も、二十一年度の一二・一%から二十三年度の三八・八%、二十四年度の三九・二%へと大きく増加した。しかし、それが二十五年度にはほぼ半減して二〇・二%になったのである。

この期間の地方税の変遷を、山口県の税制改正と併せて簡単に見ると、以下のようである。二十一年九月に、土地、家屋、営業に対する国税付加税の増税が行われ、府県に「府県民税」が設けられた[24]。昭和二十一年度の山口県の県税の体系は戦前のままで、国税付加税と独立税に分かれている。山口県では、同年九月三十日の臨時県会で山口県税賦課徴収条例が可決され、十月一日に山口県条例第五号として公布され、県民税が導入された。青柳知事は、その提案にあたり県民一人あたり六〇円の県民税は負担分任の精神にそうものであるとした[25]。県民税は県税収入の二八・二%を占める。なお、地方分与税が県税収入の五〇・〇%である。

二十二年一月十日の条例第一号によって、山口県税賦課徴収条例が改正され、第三条第一号の中の「電話加入

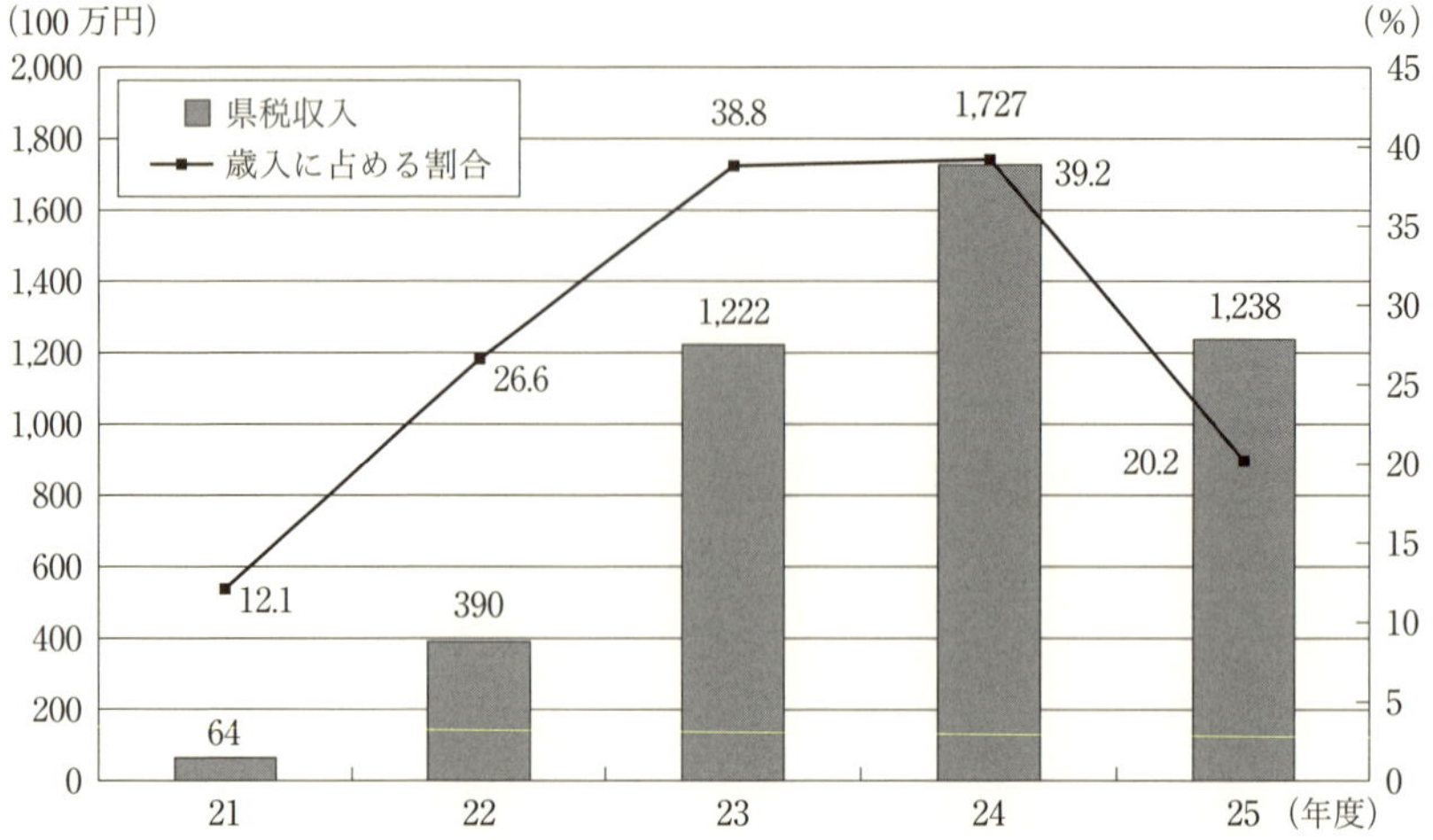

〔資料〕『山口県史』通史編 現代，82頁，表1-2-2。

図1-2 県税収入とそれが歳入に占める割合の推移（昭和21-25年度）

権税」の次に、軌道税、ラジオ税、船舶取得税、自動車取得税、ミシン税が加えられた。但し、付則により、この条例は二十二年四月一日から施行されるとされた。

二十二年三月三十一日に地方税法の一部改正（法律第三十二号）が公布された。それによって還付税制度が廃止され、道府県に国税の地租、家屋税、営業税が委譲された。また、国税の遊興飲食税が府県に委譲され、府県では遊興税として課税ができるようになった。府県の独立税として電話加入権税、軌道税、入湯税が追加された。また、自動車税あるいは船舶税が課税できるようになった[26]。藤田武夫は、この時の「最も大きな改革は、地租、家屋税、営業税の三収益税が、国から道府県に委譲されたことである」[27]という。

二十二年三月三十一日の条例第六号によって、山口県税遊興税賦課徴収条例が定められ、遊興税が賦課されることになった[28]。しかし、県民税は県税収入の一八・九％である。なお、地方分与税は、さらに大きな割合となって六〇・六％に達した。

二十三年七月七日に公布された地方税法の改正（法律

第百十号）においては、営業税が廃止され、新税として「事業税」が設けられたこと、特別所得税を弁護士、医師、助産婦に課税すること、国税の入場税を道府県税に委譲すること、国税の狩猟免許税を道府県に委譲して狩猟者税と併合すること、地租、家屋税、住民税を増税すること等であった。

山口県議会では、事業税について第二種事業における水産業を免税にすべきであるとの意見が出たが、法律上そのようにする方途が見つからないということになる。(29)

二十三年十月十九日に条例第五十八号として山口県税賦課徴収条例の一部を改正して、特別所得税を課税することにした。その納税義務者は、第一種業務が調剤業、獣医業、装蹄業ほかであり、第二種業務が行政代書人業、設計監督業ほかである。なお、特別所得税は年度途中から課税されたが、二十三年度の税収入となった。(30)その結果、独立税においては、県民税が県税の一七・四％、新税の事業税が一一・八％である。なお、地方配付税は県税収入の四二・六％である。

二十四年五月三十一日に公布された改正地方税法（法律第百六十九号）によって、ドッジ予算による地方税の増税が行われ、その結果、住民税の課税標準額が四五〇円から七〇〇円に引き上げるなどが行われた結果、地方団体の二十四年度の地方税収入は二十三年度の七七七億円から二十四年度には一、四二四億円へと二倍近くに増加した。

二十四年九月の山口県議会において田中知事は、県税の増徴に関して「…特に県民の経済生活の実態及び担税能力に鑑《かんが》みまして一・二倍の標準〔税〕率超過課税は県民税のみにとどめ其の他の三収益税等はすべて標準〔税〕率によって賦課徴収することと致した次第であります」(31)といった。これに対して、前田勲議員（日本社会党）は、超過税率を一・二倍の制限外〔八四〇円〕にした理由をたずねる。前田は、それは「中国各県での是は申合せではないか…九州は一・二倍になって居らない〔。〕長崎縣は七百円で抑えて居ります。…之を私は一・一五倍にされると八百五円であります[32]」という。これに対して、橋本正之総務部長は「成るべく他の事業税其他の税に付きましては之を標準〔税率〕で行く、併しどうしてもたりない面を県民税の所謂応能的負担を仰ぐという考え方にいたしまして此の点に対し一・二倍程度に算定いたした訳であります[33]」と答える。

二十四年度の山口県税の内訳を見ると[34]、独立税が六〇・〇%に達し、そのうち事業税が一五・三%、県民税が一四・八%である。なお、地方配付税は三七・九%である。

シャウプ勧告に基づいて新しい地方税法（法律第二百二十六号）が二十五年七月三十一日に公布された。その内容をごく簡単にいうと、道府県の普通税の中心的税目は、事業税、入場税、遊興飲食税であり、その結果、道府県の税収入は大幅に低下した。藤田は「とくに道府県税体系において、農林業を非課税とする事業税を中軸に、入場税と遊興飲食税を配する租税構造をとり、特定の税種に傾斜したために、商工業府県と農業中心の後進県の間に、税収入の地域的偏在が激化し、大多数の県で大幅な減収となり、財政運営上、地方財政平衡交付金に大きく依存することになった[35]」という。

二十五年八月二十八日の山口県議会において、田中知事は議案第三十九号として山口県税賦課徴収条例を提案した。田中は「就中《なかんずく》今回新県税法施行に伴う措置として山口県税賦課徴収条例の全面的改正を行う必要があり而も画期的な地方税法の改正の際でもありますので、何卒十分に御検討をお願ひする[36]」という。県議会では、遊興飲食税、事業税、漁業権税について議論された。前田勲議員は、事業税の免税点が議案では二万五、〇〇〇円となっているが、それを三万円に引き上げること、遊興飲食税については「…うどん一パイに二割の税金、明日の労働の源泉になる一パイの焼酎代に二割の税金がかかると云ふようなことは余りにも、うるおいのない政治だと思うのであります。私は斯う云う観点から行きまして、どうか一つ此の税率は一〇%引下げて頂きたい[37]」という。また、魚業権税についても「私〔ママ〕の私見を申し上げますが、漁獲高が全くない、皆無の場合に於いてはこれを全免にして貰ひたい[38]」という。それに対して、田中知事は、事業税の免税点についてはこれまでの四、八〇〇円を大幅に引き上げて二万五、〇〇〇円にしたこと、遊興飲食税の税率については、昨年福岡、大阪等で特別の低い税率を課したが、その結果がよくなかったこと、漁業権税は従来の定額制に比較して賃貸料を課税標準にしており、「そこに非常な進歩があり実態に即応して或る程度の是正が合理的に行われるように相成った[39]」とする。

議案第三十九号は九月一日に起立全員で可決された。同日、山口県報に条例第三十九号として山口県税賦課徴収条例が公布され、シャウプ勧告に基づく新しい県税体系が施行された。

山口県の二十五年度の県税収入の内訳[40]は、事業税収入が県税収入の六三・八％を占めて圧倒的である。第二位は入場税で一二・二％、第三位が遊興飲食税で七・六％である。そして、以上の三つの税目で県税の八三・六％を占める。その他の税として、自動車税が二・三％、電気ガス税が二・三％、特別所得税が二・二％等である。その結果、山口県の税収入は、すでに指摘したように、大多数のほかの県と同様に大幅に減少したのである。

四　県の行政機構の改革ならびに吏員数および職員給の推移

山口県文書館所蔵の原田岩男文書の中に山口県職員録がある。この節では山口県職員録（昭和二十一年と二十二年は欠落）をベースに昭和二十年から二十五年までの山口県の行政機構と職員数の変遷を見る[41]。昭和二十年八月の敗戦時の県の行政機構は、知事官房・内政部・経済第一部・経済第二部・土木部・警察部からなっていた。翌昭和二十一年二月一日には山口県庁処務細則が改正され、内政部が内務部に、経済第一部が教育民生部に、経済第二部が経済部に改められた。同年十一月に、教育民生部は教育部と民生部に分離され、新たに衛生部と農地部が設置された。二十二年八月には、知事官房が県政室に、内務部が総務部に改称された。二十三年二月には県政室が廃止され、秘書課と合併して知事公室となった。また、同月には労働部が新設された。同年三月の警察法の施行により、警察部は国家地方警察山口県本部に移行され、警察行政は知事の所管から離れた。同年九月には、建築部が設置され、十一月には教育委員会法（七月公布・施行）に基づいて、山口県教育委員会が発足し、これまで知事部局にあった教育部が廃止された。当初、教育委員会は一室七課であったが、二十四年四月には四課となり、事務局は旧山口県繊維会館に移り、山口県教育庁と改称した。同じく十一月には地方自治法に基づき出納部が新設され、出納長が置かれた。二十四年一月には商工部が、また二十五年九月には水産部と林務部がそれぞれ新設された。(42)

以上の変遷により、山口県の行政機構は、昭和二十年末には四部一官房であったが、二十一年末には八部一官房、二十三年末には九部一室、二十五年末には一二部一室へと膨張した。

敗戦後の職員数の変遷を検証する前提として、昭和二十年四月一日現在の部局と吏員数を見る。(43)まず、官選の上田誠一知事（在職期間は、昭和十九年七月〜二十年十月）の下に、知事官房（吏員数は二八名）がある。以下、内政部（四九三名）、経済第一部（二四九名）、経済第二部（一五二名）、土木部（三〇八名）、警察部（四四六名）、地方事務所（七三七名）、内政部関係廨《かい》（二九九名）、経済第一部関係廨（一八五名）、経済第二部関係廨（五七名）、土木部関係廨（二一一名）、警察部廨（三六〇名）がある。県の吏員数は、知事を含めて三、五六二名である。その内、警察部と同廨を合わせると八〇六名、内政部および同関係廨を合わせると七九二名となり、それらが二大行政組織である。なお、戦時下であり、吏員の中には、応召された者も多くいた。名簿では、（応）と注記されており、それらの総数は六七五名（全体の一九・五％）である。

二十三年十一月十五日現在の職員録によって員数を数えると以下のようである。知事・副知事（二名）、知事公室（一五名）、総務部（二七二名）、民生部（一六八名）、衛生部（一〇〇名）、労働部（九三名）、経済部（三三七名)、土木部(一五八名)、建築部(一一六名)、農地部(一四〇名)、出納部(六三名)からなる知事部局で合計一、四六四名、各廨が二、二四二名で、合計三、七〇六名である。但し、若干名ではあるが、未復員者と休職者を含む。以上のように、先に示した敗戦直前の二十年四月の吏員数と比較すると、七八二名に達する警察部と同廨ならびに教育部がなくなったにもかかわらず、職員の総数は、昭和二十年四月の三、五六二名から一四四名、四・〇％増加した。また、部の数は、二十年末の四部から二十三年末には九部へと倍以上に増加して、行政分野が多様化した。

本題から少し逸れるが、ここで農業改良事業について少し説明する。戦後の食糧不足に対応するために、二十三年七月十五日に農業改良助長法(法律第百六十五号)が公布された。同法の目的は、農業者が農業経営及び農村生活に関する有益かつ実用的な知識を得、これを普及交換することができるようにするため(第一条)である。そして、政府は、農業に関する試験研究を助長するために、都道府県及びその他の試験研究機関に補助金又は委託金を交付する(第二条)。山口県は、同年九月三十日に経済部に普及事業を担当する農業改良課を設置した。[44]翌月の十月十九日に公布された山口県条例第六十七号の「山口県協同農業普及事業條令」の第五条は「県に協同農業普及事業に従事する専門技術員及び普及技術員その他必要な職員を置く」とした。『山口県職員録』(昭和二十三年十一月十五日現在)を見ると、農業改良課に五七名の普及技術員がいる。また、『山口県職員録』(昭和二十四年十一月十五日現在)を見ると、九九名の改良普及員がいる。

二十四年一月一日には、地方自治法第百五十八条第三項により商工部が設置された。[45]二十四年十月一日現在の職員録に掲載された職員数は、以下のようである。知事・副知事(二名)、知事公室(一七名)、総務部(二九七名)、民生部(一八三名)、衛生部(一四〇名)、労働部(一三〇名)、経済部(三六三名)、商工部(一〇一名)、土木部(一八九名)、建築部(九二名)、農地部(一四六名)、出納部(一三一名)、で、以上の知事部局が一、七九一名、各廨の合計が二、九二六名で、総計は四、七一七名となる。したがって、前年十一月と比較すると、一、〇一一名、二七・三％の大幅な増加である。付言すると、知事部局の員数を見ると、総務部が二九七名であるのに対して、経済部は三六三名で、六六名、二二・二％多い。つまり、行政の全体を統括する総務部に比較して経済部の員数が多いのである。経済部の内訳を見ると、経済部長一名、農務課五五名、農業改良課一一八名、その内、九九名が改良普及員である。(46)

二十四年六月の県議会において、田中龍夫知事は議案第二十号として、今日まで続く山口県職員定数条令を提出した。併せて議案第十九号として議会の議決すべき条令事項を指定すべき条令も提出された。田中知事は、職員の定数を地方自治法第百七十二条によって条令で規定することになったこと、新定員は四、五八三名とすること、「所謂希望者以外は絶対に現実の悲惨な首切り等は出さない」(47)等という。

その後の県議会では、前田勲議員（日本社会党）が「この定数條令は、政府の圧力に依ってできたもので、何らの具体的根拠や科学的資料に基づかず作られたものと思わざるを得ない」(48)といい、議案の撤回を求める等、反対意見が出る。最終日の七月七日に至り、総務委員長の田上孫作議員（自由党）が、同委員会では同議案について賛否の意見が出、採決の結果、賛成が多数で可決されたと報告した。その後、田上委員長の報告に対して異議が出て、県議会史上初めて賛否の討論が行われた。

前田議員は、当局は「要するに独占金融資本の手先となって踊る所の現内閣の為に忠実を尽くされて居るものと吾々は思わざるを得ない」(49)といい、「私はこの本條例には徹頭徹尾反対する」(50)という。白松寛議員（日本民主党）は「是非とも本議會に於きまして本條令を承認して頂き度い」(51)という。

議場においては委員長報告の頃からさかんにヤジが傍聴席から飛んで議場は騒然となり、時々聴取不能で速記がとれなくなる。総務委員長の報告に対する賛否の討論の後、議案第十九号と第二十号は起立多数で可決されたが、最後には議場が特別に喧騒を極め、ついに労働歌が高らかに合唱された。可決された議案第二十号は同日付で山口県職員定数条令第三十一号として公布され施行された。(52)

二十五年八月二十八日の県議会に議案第三十八号として水産部と林務部設置の条例が田中知事から提案された。井川克己議員（日本民主党）は「此の水産部の活躍こそ県下水産業者及漁民の等しく刮目して期待するものであります」(53)という。議案第三十八号は九月一日に可決され、同日、山口県条例第五十八号として公布され、水産部と林務部が設置された。(54)なお、水産部の設置についての要望は県議会では二十三年頃から出ている。(55)

二十五年十月一日現在の職員録では、知事・副知事（二名）、知事公室（二七名）、総務部（三三六名）、民生部（一七八名）、衛生部（一三五名）、労働部（九一名）、経済部（三四〇名）、水産部（一〇〇名）、林務部（六七名）、商工部（一二〇名）、土木部（一七六名）、建築部（七三名）、農地部（一二一名）、出納部（一三九名）、陸運事務所（三八名）、地方労働委員会事務局（二六名）、であり、以上の知事部局は一、九六九名、各廨の合計は三、一三九名である。そして、以上の合計で五、一〇八名である。なお、員数には、未復員者、療養者、休職者等を含む。前年十月に比較して県職員の総数はさらに三九一名、八・三％増加した。なお、二十五年末の部局は、知事公室と総務部以下一二部からなっていた。(56)

知事部局において員数が最も多いのは、前年と同様に、経済部である。同部は、水産部と林務部が独立したにもかかわらず、依然として総務部より員数が多く、三四〇名である。経済部は、経済部長一名、農務課四九名、農業改良課二一八名、特産課二九名、農業協同組合課二一名、畜産課二二名である。農業改良課の二一八名の内、一八四名が農業改良普及員、五名が専門技術員である。ここに、農業経営の振興と農村生活の改善に力を入れる山口県の姿勢がうかがえるであろう。

最後に、山口県歳入歳出諸決算書から、県職員の給与がどのように推移したかを少し紹介する。(57)二十一年度の

第三款　県職員費の第一項　俸給及び諸給は八四八万円である。但し、第四款　警察費の第一項　俸給及び諸給が二、〇三八万円、第六款　教育費の第一項　国民学校費の第一目　俸給及び諸給が五、五八〇万円である。

二十二年度の第二款　県職員費の第一項　俸給及び諸給が五、〇四五万円である。但し、第三款　警察費の第一項　俸給及び諸給が八、二二七万円であり、第五款　教育費の第一項　小学校職員費が一億六、九四〇万円である。

二十三年度では、第二款　県職員費、第一項　県職員費のうち職員給、給料、手当及び給与金、賃金、交際費、旅費を合わせると、一億四九八万円である。

二十四年度は第二款　県庁費、第一項　県職員費、第一目　一般職員給のうち吏員給、給料、職員手当、旅費を合わせると、一億四、九八九万円である。

二十五年度は同じ款項目であるが、合わせると三億九、一四三万円となり、前年度に比較すると二・六倍に増加している。

五　決算審査意見書

昭和二十二年四月に施行された地方自治法の第百九十五条において、都道府県に監査委員を置き、委員の数を都道府県では四人とし、第百九十六条において監査委員は知事が議会の同意を得て議員及び学識経験を有する者から各委員同数を選任するとした。山口県では、地方自治法に基づき同年六月三十日に山口県監査委員監査及び検査条例を公布した(58)(山口県条例第十三号)(59)。田中知事は、七月二十五日の定例県議会において四名の監査委員のうち議員二名の委員（沖格郎と前田勲）と一名の学識者委員（宇部市議会議長で宇部商工会議所会頭の三隅順輔）について議会の同意を得て新しい監査委員に選任した。なお、学識者委員の他の一名は在任中であった(60)。

二十四年三月十日に、第一回の『昭和二十二年度山口縣歳入歳出決算審査意見書』が公表された。意見書は、冒頭の「審査の方針」において「昭和二十二年度は、終戦後日も浅く、総てが一大転換の過渡的現象の中にあって、一部には早くも復興えの息吹が見られたとは言え、大勢は嵐に押し流される小舟の如く、浮沈何れとも見極めのつかない一種の不安と焦燥の中に終始したのであった。…しかしかゝる至難の中にあってよく収支の均衡を維持して決算を了したことは一重〔ママ〕に関係当局者の苦心の賜物といわざるを得ない[61]」という。一般会計は、六、三一二万円の純剰余金を出し、「非常の困難な財政状況にも拘わらず運営の妙よく、これを操作し、歳入欠陥を生ずることなく決算に至らしめ、更に前記の剰余金をも生じたことは誠に多とするに足る[62]」と高く評価した。

二十三年度の意見書は、激しいインフレが進行する中にあって「よく収支の均衡を保持し得て、決算をみるに至らしめ、なお且つ貳億九千七百余萬円の剰余金を生ぜしめていることは多とすべきであろう[63]」という。

二十四年度の意見書は「…終戦後の混乱状態から、ようやく脱し、社会、経済ともに落ちつきの曙光をみせ、労働攻勢も二十三年度に比し、やや下火とな[64]」った中に二十四年度の予算が執行された結果、「よく収支の均衡を保持した決算をみるに至らしめ、なお且つ、三億二千四百七十三万千百四円九十七銭の残金を生ぜしめたことは、財政当局の不断の努力によるもので、その労を多とする[65]」と高く評価する。

しかし、二十五年度の意見書は「…県財政の現況を顧みるとき、二十五年度においては、五億九千百余万円の起債があり、県債の合計額は十五億三千九百余万円に達していることを併せ考えれば必ずしも楽観を許さないものがある[66]」という。したがって、意見書は、県財政の行く手には暗雲がたれこめていると警告するのである。

六　財政事情の公表

昭和二十二年十二月の地方自治法の一部改正によって、第二百四十四条に第一項として「普通地方公共団体の長は、條令の定める所により、毎年二回以上予算の使用の状況、収入の状況並びに財産、公債及び一時借入金の現在高その他財政に関する事項を説明する文書を作成し、これを住民に公表しなければならない」とすることが定められた[67]。これを受けて山口県議会では、昭和二十三年三月の定例会で議案第三十号として山口県財政状況公開条例が提案され[68]、二十日の県議会で可決された[69]。しかし、この条例は、県事務当局の過失と思われるが、それが県報では公布されなかったので施行されなかった。

第一回の山口県財政状況説明書は二十三年六月一日に発表された。同説明書には、山口県財政状況条例により県財政の状況を公表することになったことが言及されており[70]、県当局は、手続き上の瑕疵《かし》を認識していなかったと思われる。ともあれ、これ以降も県財政の状況の公表が引き続き行われた。

第一回の山口県財政状況説明書では、二十三年度予算の内容が口語文で紹介され、県の財政については「県民の皆さんも直接自己の問題として関心をもたれ協力していただきたいとお願いする次第であります[71]」という。

第二回の山口県財政事情は、二十三年九月十日の山口県報で公表された。その中で、田中知事は「完全なる自主自立財政の確立はあくまで我々の目標であり、又その実現は我々の責務でなければならないと考えます[72]」という。第三回の財政事情は二十四年二月二十五日に公表され、田中知事は、県民に対して「県財政は自己の家計と同様に考えられ県税其の他の県歳入にどんな種類のものがあるか、県の予算はどのように構成されてゐるか、県財政の将来は健全であるか等と言うような点を十分御検討下さい[73]」という。

二十五年九月三十日に公表された第六回[74]の財政事情において、田中知事は、山口県が「苦しい財政の過程」にあり、二十五年五月末現在の未償還元金が九三二、〇四二、〇〇〇余円というぼう大な借金がある[75]」とのべ、県財政のかかえる問題が多額の借金にあることを指摘した。

むすび

ジョン・ダワーは「大多数の日本人は、一五年にわたってこれ以上ないほど強烈に教え込まれた軍国主義を、いとも簡単に投げ捨てることができた[76]」という。このことは、本章の第一節において紹介したように、田熊文助が「…悲シミマセヌ、寧ロ清々シタ気持ガスル」という発言に呼応するといえるかもしれない[77]。そして、『山口県議会史』[79]は、「敗戦を機に、日本は歴史上かって〔ママ〕ない大転換を迎えて、生まれかわることになった[78]」という。日本は、敗戦と占領を契機に万世一系の天皇をいただく絶対主義的半封建的な政治体制から国民主権の民主主義的な政治体制へと大きく転換したのである。それは、ある意味で一種の「革命」というべきかもしれない[80]。

その内容を本章に関係する事象に限定していうと、第一に、大日本帝国憲法に代わって日本国憲法が二十一年十一月に公布され、二十二年五月から施行されたことである。その日本国憲法は、第八章　地方自治、を設け、地方自治が憲法によって初めて保障されることになった。そして、辻がいうように、日本国憲法と地方自治法が「あたかも双生児のごとく[81]」公布施行され、国と地方団体の基本構造ができあがったのである。そして、本章で紹介したように、監査委員が設けられて、地方団体の財政が監査されることになった。また、都道府県の財政の状況が都道府県民に報告されることになった。

二十一年九月に公布された道府県制によって知事は道府県民の直接選挙によって選出されるようになった。以後、知事は、基本的に道府県民の意向をふまえて道府県政の運営を行うことになった。しかし、地方自治法においては、大日本帝国憲法の機関委任事務制度が受け継がれ、「中央各官庁の地方自治体に対する監督統制は、地方自治法実施後もつづけられた」[82]。

二十二年三月に教育基本法が、同年五月に学校教育法が公布され、二十二年四月から六三制の義務教育が始まった。二十二年十二月には新しい警察法と消防組織法が公布された。二十三年三月には、警察行政の地方分権化に則り、自治体警察が発足した[83]。

二十三年七月には、藤田が「地方自治財政史上の金字塔[84]」と呼ぶ、地方財政法が制定され、「日本ではじめて一般的に、国の財政と地方財政との関係を規律する基本原則がうちたてられ、国費、地方費の負担区分が、具体的に示されるとともに、地方自治体の異議申立権も認められ、また補助金分担金についての規制も定められた[85]」。そのような内容から、藤田は「日本の地方財政制度の発展史上画期的な意義をもつ[86]」という。

(1) 山口県文書館編『山口県政史』(下巻)、昭和四十六年、山口県。該当部分(六一六〜六二〇頁、六四二〜六四八頁)の執筆者は、岩根保重、松村茂、国守進である。
(2) 『静岡県史』通史編6、近現代二、ぎょうせい、平成九年。該当部分(五〇二〜五〇三頁、五〇七〜五一七頁)の執筆者は、橋谷弘、金澤史男である。
(3) 傍点は筆者が付した。以下、同じである。
(4) 「昭和二十年山口県通常県会議速記録〔第一号〕」、「昭和二十年通常県会知事議案説明」〔速記録に綴じられた印刷物〕、一頁。
(5) 同右。なお、「中小商工業ノ育成」は、手書きで挿入されている。
(6) 「昭和二十年山口県通常県会議速記録〔第二号〕」。昭和二十年十二月六日の速記録、三四枚。
(7) 「昭和二十年山口県通常県会議速記録〔第三号の一〕」。昭和二十年十二月七日の速記録。原本には頁がない。県史編さん室現代部会で付した頁は、6-2である。
(8) 山口県議会事務局編『山口県会史』〔自昭和十六年至昭和二十一年〕、昭和四十六年、三一七頁。
(9) 同右、三四二頁。
(10) 同右、三六三頁。
(11) 「昭和二十三年三月山口県定例県議会速記録」、七頁。
(12) 「昭和二十四年三月山口県定例県議会速記録」、二頁。
(13) 同右、一九頁。
(14) 「昭和二十五年三月山口県定例県議会速記録」、三月十七日、三頁。
(15) 同速記録、一二頁。
(16) 同速記録、一三頁。
(17) 同速記録、四頁。
(18) 同速記録、三月二十八日、二二五頁。なお、二十五年三月定例会の議事の経過については、山口県議会編集兼発行『山口県議会史』(自昭和二十二年至昭和三十年)、昭和五十三年三月、三〇一~三二八頁、を参照。
(19) 例えば、藤田武夫『現代日本地方財政史』(上巻)、日本評論社、一九七六年、九三~一〇六頁、第二節 地方経費の膨張とその構造。
(20) 『山口県史』通史編、現代、令和四年、山口県(以下、通史編 現代、と略称する)、八一頁、表1-2-1 山口県一般会計歳出(昭和21~25年度)をご覧いただきたい。
(21) 山口県は、戦後「台風銀座」と称され、毎年のように台風が襲来した(前掲、『山口県政史』下巻、八八四頁以下を参照)。
(22) 通史編 現代、八二頁、表1-2-2 山口県一般会計歳入(昭和21~25年度)、をご覧いただきたい。
(23) 右の表1-2-2をご覧いただきたい。
(24) 昭和二十一年度から二十四年度までの山口県の県税収入の内訳については、通史編 現代、八八頁、表1-2-4 山口県税収入の内訳(昭和21~24年度)をご覧いただきたい。
(25) 前掲、『山口県会史』、三四八頁。
(26) 前掲、『現代日本地方財政史』(上巻)、一一一~一一二頁。

(27) 同右、一一二頁。
(28) 先の、表1-2-4をご覧いただきたい。
(29) 「昭和二十三年七月山口県定例県議会速記録」、一五～一八頁。
(30) 二十三年度の税収入については、表1-2-4をご覧いただきたい。
(31) 「昭和二十四年九月山口県定例県議会速記録」、四頁。
(32) 同速記録、五一頁。
(33) 同速記録、五五～五六頁。
(34) 二十四年度の県税の内訳は、表1-2-4をご覧いただきたい。
(35) 前掲、『現代日本地方財政史』(上巻)、三六〇頁。
(36) 「昭和二十五年八月山口県定例県議会速記録」、四頁。
(37) 同速記録、六六頁。
(38) 同速記録、六七頁。
(39) 同速記録、七〇頁。
(40) 二十五年度の山口県の県税収入の内訳は、通史編 現代、九〇頁、表1-2-5 山口県税収入の内訳(昭和25年度)をご覧いただきたい。
(41) 通史編 現代、九四頁、表1-2-6 山口県行政機構の変遷(昭和20末～25末)をご覧いただきたい。
(42) 史料編 現代5、40 労働部の設置(昭23)、41 建築部の設置(昭23)、42 商工部の設置(昭24)、43 水産部と林務部の設置(昭25)(一二一～一二三頁)を参照。
(43) 『山口県職員録』(昭和二十年四月現在)による。但し、職員の員数の数え方は極めて難しい。以下では、旧蔵者である原田岩男による手書きの改正・追加・抹消等は考慮せずに、『職員録』刊行時の記載氏名で数えた。なお、同一人の氏名が二ヶ所以上の部署に記載されている場合には、それぞれの部署に同一人が所属するものとして数えた。したがって、員数がやや多くなっている。
(44) 「一九四〇年代山口県『部』・『課』変遷表」、山口県文書館編『山口県文書館蔵/行政文書目録/一一九四〇年代完結簿冊文書一』平成五年三月、前掲、『山口県政史』(下)、七五三頁。
(45) 山口県商工部設置条例、山口県条例第一号、昭和二十四年一月一日。なお、史料編 現代5、42 商工部の設置(昭24)、も参照。
(46) 農業改良普及員の員数について『山口県政史』(下)、七五四頁、は、二十四年四月に一六七名の農業改良普及員が配置されたとする。同書、七五五頁、表21も同じ数である。又、通史編 現代、一五三、三八三頁でも「一六七名」となっている。さらに、山口県『山口県農業試験場百年記念誌』編集発行山口県農業試験場、平成八年、二三〇頁、でも、「一六七名」となっている。したがって、「一六七名」という数はかなり流布しているようである。
(47) 「昭和二十四年六月山口県定例県議会速記録」、一二頁。
(48) 同速記録、三五頁。
(49) 同速記録、一〇三頁。
(50) 同速記録、一〇四頁。
(51) 同速記録、一〇八頁。
(52) 史料編、現代5、45 昭和二十四年の山口県職員定数条例、を参照。
(53) 「昭和二十五年八月山口県定例県議会速記録」、二一頁。
(54) 史料編 現代5、43 水産部と林務部の設置(昭25)、を参照。
(55) 「昭和二十三年三月山口県定例県議会速記録」、三月十八日、六六、六九頁。
(56) 昭和二十六年六月の時点であるが、「課の数は四八に増加して戦後最大の機構に膨張した。県の行政需要の著しい増大をこれによってうかがうことができる」(前掲、『山口県政史』下巻、六二〇頁)という。
(57) 知事・副知事他の特別職の給与の推移については、史料編 現代5、46 知事・副知事等の給与(昭和22~23)、を参照。
(58) 山口県監査委員監査及び検査条例、山口県条例第十三号、昭和二十二年六月三十日。
(59) 史料編 現代5、48 山口県監査委員監査及び検査条例(昭22)、を参照。
(60) 「昭和二十二年七月山口県定例議会議事速記録」、七六、七八頁。なお、山口県監査委員会事務局『監査のあゆみ』(一九八〇年)、七~一〇頁、も参照。
(61) 山口県監査委員会『昭和二十二年度山口縣歳入歳出決算審査意見書』、一頁。
(62) 同右、二頁。
(63) 『昭和二十三年度山口県歳入歳出決算審査意見書』昭和二十五年三月十二日、一頁。
(64) 『昭和二十四年度山口県歳入歳出決算審査意見書』昭和二十五年(二十六年の誤記か)三月十五日、一頁。

(65) 同右、二五頁。
(66) 『昭和二十五年度山口県歳入歳出決算審査意見書』昭和二十七年一月二十七日、一頁。なお、『昭和二十五年度山口県歳入歳出諸決算書』によれば、同年度の県債収入は五億九、二二五万九、〇〇〇円であった。なお、同年度の純剰余金は、四億四、五八二万円であった（前掲の二十五年度審査意見書、二三頁）。
(67) 『官報（号外）』法律第百六十九号、昭和二十二年二月十二日。
(68) 「昭和二十三年山口県定例県議会速記録」、昭和二十三年三月十二日、一九頁。
(69) 同右、三月二十日、一六二頁。花田虎雄議員より、山口県財政状況公開条例も含めて「提出議案全部」採決の動議が提案され、起立全員で可決された。
(70) 『山口県財政状況説明書』山口県発行、昭和二十三年六月一日公表、はしがき。
(71) 同右、五四頁。
(72) 『山口県報（号外）』昭和二十三年九月十日、はしがき。
(73) 『山口県報（号外）』昭和二十四年二月二十五日、二頁。
(74) 第四回の山口県財政事情は、昭和二十四年九月三十日に公表され、第五回の山口県財政事情は、昭和二十五年二月二十八日に公表された。
(75) 『山口県報（号外）』昭和二十五年九月三十日、五〇頁。これは第六回であろう。なお、傍点は原文の通り。
(76) ジョン・ダワー著、三浦・高杉訳『敗北を抱きしめて』（上）、岩波書店、二〇〇一年、序―一七頁。
(77) 偏頗なしにいわなければならないが、「従ッテ予算ノ全体ガ国体ヲ護持スルコトヲ目途トスルモノデナケレバナラナイ」（今西孫一）（『昭和二十年山口縣通常県議会議事速記録』（第三号の二、三三〇頁）という議員がいたのも事実である。それに対して、岡本知事は「金甌《きんおう》無欠ノ国体ヲ護持シナケレバナラヌト云ウコトハ大和民族挙テノ熱望デアルト思ヒマス」（同速記録、三三七頁）と答えている。
(78) 山口県議会『山口県議会史』（自昭和二十二年至昭和三十年）、昭和五十三年、一頁。
(79) ダワーは「日本の敗戦は、ほとんどの場合、おおやけの表明では（人々の議論のなかではずっとすくなかった）、はるかに温和な解釈をともなう『終戦』という表現で言及された」（ジョン・ダワー著、外岡秀俊訳『忘却のしかた、記憶のしかた―日本・アメリカ・戦争』岩波書店、二〇一三年、二八〇頁）という。
(80) 中村は、アメリカの二人の研究者の言葉を引用して「戦後改革はGHQ革命といわれるように外からの革命、いわば

『誘導された革命 induced revolution』(セオドア・マクネリ)であり、『管理された革命 managed revolution』(ジョン・ダワー)であった」(中村正則『戦後史』岩波新書、二〇〇五年、六三頁)という。占領と改革については、例えば、雨宮昭一『占領と革命』(シリーズ日本近現代史⑦)、岩波新書、二〇〇八年、を参照。雨宮は、生存権や男女の平等などは、戦前・戦中に形成されており、「占領があろうとなかろうと敗戦に対応する改革の可能性があった」(同書、三九~四〇頁)という。中村も、戦後改革の成功は日本側に「受け皿」(前掲、『戦後史』、六三頁)があり、「日本人の主体的努力」(同書、六四頁)があったためという。

(81) 辻清明『日本の地方自治』岩波新書、一九八二年、四頁。

(82) 藤田、前掲書、八四頁。

(83) 同右。

(84) 同右、一六二頁。

(85) 同右、一六三頁。

(86) 同右。

第二章　山口県の財政再建——地方財政再建促進特別措置法の適用を申請する

はじめに

周知のように、昭和二十年代後半に実質収支で赤字を出した地方団体の数は、その赤字額とともに激増した。それを都道府県でみると、二十六年度に実質収支で赤字を出したのは一五府県であったが[1]、二十七年度には三五の道府県[2]、二十八年度には三九の都道府県へと増加した[3]。二十九年度には三四の府県に減少したが[4]、それでも赤字の府県は、四六都道府県の七三・九％に達した。そして、赤字の合計額は、二十六年度の二五億九、〇〇〇万円から二十九年度の二六四億八〇〇〇万円となり、一〇・二倍に増加した[5]。このような地方団体の財政の「極度の窮迫状態」[6]を打開しようとして、第二次鳩山内閣は三十年六月の国会に地方財政再建促進特別措置法（以下、「地財法」と略称する）を提出した。この法案はその国会では継続審議となり、十一月の臨時国会で可決され、十二月二十九日に公布施行された[7]。

地財法に則って三十一年五月末までに財政再建の申し出をした団体は府県が一八団体、市が一七一団体、町村が四〇九団体の計五九八団体であった。[8] そして、三十一年度末までに自治庁長官から財政再建の承認を受けた全部適用と一部適用の団体は、一八府県、[9] 一七一市、四〇九町村の計五九八団体であった。[10]

その後において財政再建が完了した府県のみを挙げると以下のようである。一部適用団体の愛媛県が三十二年度に再建を完了した。三十五年度には岩手県、兵庫県、熊本県の三県、三十六年度には山口県のほか山形県、千葉県、長野県、京都府、長崎県の六府県と三十二年度に準用団体となった青森県が再建を完了した。三十七年度には宮城県、福島県、新潟県、山梨県、鹿児島県の五県のほかに三十五年度に準用団体となった和歌山県が再建を完了した。[11] 三十八年度に佐賀県と秋田県が財政再建を完了した。[12] 三十八年度末現在、再建が未完了の県は徳島県のみであった。藤田武夫は「昭和三一年から三八年に強行された財政再建策は、日本の地方財政史において一時期を画したものといえる」[13] というが、三十八年度末において徳島県は財政再建の途上であった。徳島県が財政再建を終了したのは四十年度である。[14] その年度に二〇府県の財政再建が終了し、日本の地方財政史において一時期を画した地方財政の再建の時代が終わったのである。

さて、日本の地方財政の再建については、戦後日本の地方財政史研究の白眉である藤田の書物[15]においてほぼ解明されている。しかし、本章の課題は山口県の財政再建である。

まず、財政再建に取り組んだ各府県の府県史がそれについてどのように論述しているかを見たい。地方団体の財政再建を扱う府県史、県政史、百年史のうち今日までに閲覧できたのは一三点であるが、[16] その中で通史と史（資）料編がともに充実しているのは『新潟県史』であろう。[17] 山口県の財政再建についての先行する業績としては、『山口県政史』（下巻）[18] がある。

本章では、『新潟県史』の通史編と資料編ならびに『山口県政史』（下巻）を参考にしながら、後者においてはほとんど取り上げられていない山口県議会の議論を出来る限り詳細にたどり、山口県の財政再建の過程を明らかにしたい。その意図は、山口県民を代表する知事と県議会が財政再建についてどのような議論を交わし、どのような政策判断をしたのかを明らかにしたいからである。

一　窮迫する山口県の財政

先に見たように、二十年代後半において地方団体の財政は窮乏の度を加えていった。それは山口県も同様であった。普通会計で見ると、山口県の昭和二十六年度の実質収支は三億一、七二六万三、〇〇〇円の黒字であったが、二十七年度には五億二、二五一万五、〇〇〇円の大幅な赤字になった。二十八年度にはかろうじて二、二七八万三、〇〇〇円の黒字になったが、二十九年度には六億二、八六九万三、〇〇〇円の大幅な赤字になった。三十年度には赤字はさらに増加して一一億九、二〇〇万三、〇〇〇円に達した。[19] そして、山口県は、後に見るように、三十一年五月の県議会において地財法にもとづく財政の再建を行うことを決定した。

この節では、二十六年度の山口県歳入歳出予算から三十一年度の同歳入歳出予算に関する県議会の審議を簡潔に紹介する。

二十六年度歳入歳出予算はシャウプ勧告に基づく地方税財政の抜本的な改革後の初めての予算であった。同年三月二十日に歳入歳出予算を提出した田中龍夫知事は、新しい制度によって「却って地方財政の収支の均衡は破たんを生じ」[20]、「まさに未曾有の危機にほう着しておると申しても過言でない」[21]という。一般会計の歳入歳出予算は三八億九、八六九万余円で、前年度当初予算に較べて四億八、二一五万余円の減少である。[22]

シャウプ勧告にもとづく税制改正の結果、藤田が指摘するように「…税収入の地域的偏在が激化し、大多数の県では大幅な減収」[23]となった。山口県の二十四年度の県税収入は一七億二、七一九万円であったが、二十五年度には一二億三、八〇〇万円となり、四億八、九一九万円、二八・三%の減収となった。[25]

二十七年度の歳入歳出予算は、同年三月十五日に田中知事によって県議会に提案された。知事は「地方財政の運営は必ずしも安定せず、むしろ窮迫の度を加えつつあります」[26]と述べ、「新年度予算の編成にあたりましては、飽くまでも収支の均衡を保持して健全財政の維持に意を払い」[27]ましたとした。そして、予算額は、一般会計が九八億七、五七三万五、〇〇〇円、特別会計が四億七、八〇五万六、〇〇〇円であった。[28]前年九月の予算と比較すると一般会計において三四億五、六六三万円余の増加となっているが、その主たる原因は災害復旧費と給与改定費に伴うものであるとした。

県議会における予算に関連する議論をほんの少し紹介すると、以下のようである。沢田建男《たつお》議員（自由党）は、財源を見ると、平衡交付金が一八億五、〇〇〇万円、国庫支出金が三六億七、二〇〇万円余計上されているので「国庫に依存する度合は五十七パーセントという大きな比率になる」とし、「この五十七パーセントも国に依存しなければならないという実情におきまして、果たして健全な財政であるかどうかと云うことについて大きな疑問をもつ」[29]という。これに対して、知事は「…中央依存度の高いということはご指摘のとおり自治体本来の姿ではございません」、「遺憾ながら現行の税財政制度におきましては、これらの財源の地方委譲ということが行われず、県市町村共に地方財政は非常な窮迫をいたしておる状況でございます」[30]と答える。長谷川大造議員（日本社会党）は「…この予算を見まして私は田中知事の性格をよく現しているとこう思うのであります。真《まこ》とに万辺なく気が使ってあります。しかしながら、非常に中央依存であります。…要するに予算に教育予算とそれに県庁関係予算を合計いたします時にこれは平衡交付金と県独自の予算であるところの税の総額とほぼ一致するのであります。従いまして県自体は国の政策を頼りに政策を樹てざるを得ない、これ又私はやむを得ないことであらうとこう思うのであります」[31]という。二十七年度予算は、同年三月二十九日に原案のとおり全会一致で可決された。[32]

二十八年度歳入歳出予算も、同年二月二十八日に田中知事によって県議会に提出された。知事は、前年度に実施された給与改定にかかる所要経費の平年度化にともない年間所要経費見込額は四四億三、六九二万余円に達し、前年度当初予算に比較して一一億二、七一〇万余円も増加すること、増収を図るために使用料、手数料を引き上げること、「異常なる財政窮迫の現実に鑑み」(33)、一般職員の定員減を行い、従前の定員にともなう職員旅費を削減する等を行ったとした(34)。その後の県議会において、長谷川大造議員は「私はこの予算編成の内容を見まする時に、これは殆んど人件費と事務費でもって平衡交付金並びに税収入は殆んどこれに充当せられておる(35)」といい、「午前中におけるような〔平衡交付金と県税収入の算定根拠についての〕総務部長の答弁をもつてしてはわれわれはこの予算は承認し難い(36)」とする。また、前田勲議員（日本社会党）は、高等学校の授業料が三〇〇円から四五〇円に引き上げられることについて「尤も今までは中国五県で一番低くありました。その事実は認めます。併ながら一度にこれを百五十円、即ち五割増徴をするというのは余り〔にも〕ひどいのじやないかと私は思います。何も父兄の収入が五割、二十八年度〔に〕増すという訳でもありますまい(37)」という。その後、二十八年度当初予算は、三月十九日に起立全員で承認された(38)。

田中知事は、二十八年四月の衆議院議員選挙に立候補するために任期半ばで知事を辞任することになり、三月二十四日の県議会においてその退職が賛成多数で承認された(39)。同日、小澤太郎副知事も退任した。翌四月の知事選挙において小澤太郎が公選第三代の知事に当選した。

小澤知事は二十九年度歳入歳出予算を同年三月八日に県議会に提案した。知事は「県財政事情の逼迫は顕著なるものがある(40)」とし、「昭和二十九年度財政収支の関係は、著しい跛行状態に陥り、而も急増する経費はすべてその性質上拠《ここ》にこれを抑制することができないものであります関係上、予算の編成は極度に難渋、且つ、困難な局面に逢着せざるを得ない(41)」という。そこで、「やむを得ず、昭和三十年度の歳入を繰上げ充用する非常措置をもつて収支の均衡を保持する」[42]とした。同年度の一般会計予算は一〇九億三、五〇〇万円である。

県議会では、知事が提案した繰り上げ充用について多くの議員から疑問が出た。徳原啓議員（自由党）は翌年度の財源が「堂々と当初予算に組まれているところに納得〔が〕行かない」[43]といい、長谷川大造議員は「この八億九千万円というものが事実上、出納閉鎖期までに歳入が予定されないものを、この予算に当初から計上されたということについて私は多大の疑問を持つ」[44]という。知事は「何とかしてこの山口県財政の破綻を救って行きたい」[45]という信念から提案したとしたが、結局、三月十九日になって知事は第一号議案を撤回した。その直後、知事は不足分の八億九、〇〇〇万円を予算案の組替えで対処するとして、議案第四十五号「昭和二十九年度山口県歳入歳出予算」を提案し[46]、その議案が三月二十四日に全員の起立で承認された[47]。このように、山口県の財政は二十年代末において窮乏の度を加えていったのである。『昭和二十九年度山口県歳入歳出決算審査意見書』が掲げる実質の赤字（一般会計）は、六億五、六七六万円に達する[48]。

昭和三十年度歳入歳出予算は同年三月二日に小澤知事によって提案された[49]。小澤知事は、全国の地方財政が破局的様相を呈し、貧困から転落へのコースをたどりつつあると指摘した後、大略次のようにのべた。山口県の財政収支を見るとき、昨年七月に行われた警察制度の改正に伴う警察職員の給与の平年度化をはじめとして給与関係経費が著しく膨張するとともに、過去の公債の償還費も急増する。更に失業対策等の時局経費も増加する。他方、歳入を見ると県税の大宗をなす事業税収入は大企業の所得の減退により増収が期待できず、地方交付税も平衡作用が山口県にとって有利ではなく、多額の増額交付がのぞめない。「かくて現行制度に基づく県税及び地方交付税等の一般財源収入見込額は人件費及び公債費等の義務的経費所要額にすらはるかに不足する実情でありまして、本年度財政収支の関係は昨年度以上に著しく跛行的状態に陥」[50]るとして、「昭和三十年度予算の編成は難易の問題を超えてむしろ可能、不可能の問題に移行しつつある」[51]という。その結果、当初予算においては財源不足五億四、〇〇〇万円を「赤字補塡の借入金として計上せざるを得なかった[52]」とする。三十年度の歳入歳出予算総額は一一八億八、一二九万円であり、前年度に比較して九億四、六〇〇余万円の増加である。このような予算案は県議会では大きな反対がなく、三月十七日に起立全員で承認された[53]。

なお、三十年度の実質収支の赤字（普通会計）は、一一億九、一〇〇万三、〇〇〇円に達した[54]。

三十一年度歳入歳出予算は同年三月七日に小澤知事によって提出された[55]。冒頭において知事は予算規模が一二四億六、〇〇〇余万円の骨格予算であるとする。知事は、二十九年度において六億三、〇〇〇余万円の赤字を出し、三十年度も相当多額の単年度赤字の発生が避けられないとし、「しこうして財政の再建に当たり過般成立公布されました地方財政再建促進特別措置法の適用を受けるかいなかは、財政運営の現状と将来とに立って慎重に財政再建計画の試算を行い、その難易の度合等について十分検討を加えまして、最終的な結論を得たい[56]」という。歳入歳出を見ると、一般財源の総額が人件費及び公債費における純県費所要額にほぼ匹敵し、「かりに一般財源を人件費及び公債費に充当すると致しまするならば、公共事業費その他の行政費に充当すべき一般財源は皆無にひとしい結果と相なる[57]」とする。そして、「財源不足額九億三千万円は財政再建の過程において消却することといたし、これを借入金に求め計上いたしたのであります[58]」と結ぶ。

県議会における中心的な議論は、そのような財政状態を踏まえ地財法の適用を受けるか否かであった。徳原啓議員（同志会）は「地財法の適用を受けなければやっていけないことが、私ははっきりしておるように思う[59]」という。荒瀬秀一議員（交正クラブ）は「自主的な再建をしてみるという計画を私どもに提出されないのは、まことに遺憾である[60]」という。原田孝三議員（日本社会党）は「私は、この財政再建特別措置法の適用は断じて受くべきではない[61]」という。小河定則議員（県政クラブ）は「私は県としてぜひ財政再建計画と申しまするか、将来のある計画を立てて進むべきであるものと存じている次第でございます[62]」という。それらの発言に対して、小澤知事は「念には念を入れて念を押してやらなければならない要素もあるように考えており…今直ちに、この〔地財法の〕適用を受けるという形で予算を編成しなかったわけでございます」[63]という。また、知事は「この席から適用しますとか、しません〔とか〕ということが、いえないということを四日間を通じて答えておるので、誤解のないようにお願いいたします」[64]ともいう。三月二十六日の総務委員会は、財政再建の方策については時間的な余裕を見て議会に提案するように強く期待し、「とりあえず、この当初予算案の骨格的性格を了」[65]とするとし、同日、予算案は起立全員で可決された。[66]したがって、地財法の適用か否かが焦眉の問題になってきたのである。

二　財政再建団体の指定をめぐる県議会における議論

三十一年五月十日に小澤知事は、地財法によって財政再建を行うことにつき同法第二条第一項の規定により議会の議決を得たいという第一号議案を県議会に提出した。[67]知事は昭和三十年度において単年度赤字が約四億円に達する見込みであり、[68]三十一年度においても九億三、〇〇〇万円の赤字予算の編成を余儀なくされるという現状を踏まえ、「従来の自治運営を踏襲するにおきましては、財政構造はいよいよ悪質なものとなり、赤字の累積はますます顕著なものとなって、県政運営を極度に困難に陥らしめ、この面からの自治機能の実質的喪失を招来するおそれなしとしない」[69]とする。そこで、「法〔地財法〕の適用を受けて国の援助のもとに財政再建を行うことが、その目的達成のために最も適切であり、適用以外の再建方式においては、財政の再建はさらに行政内容の各般にわたり強度の圧迫を加えない限り、きわめて困難である」[70]とした。

県議会においては、地財法によらない自主再建か、知事が提案する同法に基づく財政の再建かをめぐって五月二十二日、二十三日の二日間各党各会派の議論と知事の答弁があり、二十八日に採決が行われ、地財法による財政の再建を行うことが可決された(71)。

　以下では自主再建か地財法による再建かに焦点をあててごく簡単に紹介する。濱坂末夫議員（交正クラブ）は、昨年九月の県議会で自主再建に確信があるといった知事の「あまりにも急変した態度にわれわれは疑念をもつ(72)」とし、「われわれは地財建《ママ》の適用を受けることは好ましく思わない(73)」という。原田孝三議員は「どうも私たちが聞くところによっても、自主再建ができるのにもかかわらず、地財法の適用を受ける方にのみ強くこれを主張しておられるんじゃないか(74)」という。それに対して、知事は、地財法の性格が「再建を熱心にこれを行わんとする自治体に対しましては財政的な援助をすると、こういうふうな建前に変わって参っております(75)」とし、今日、自主性が失われるということが「ないということが明確になり、なおその運営におきまして、山口県の特殊性を認めるという確約を得ました以上は、…政府の責任において、責任を分担するという形において、私どももともどもにこれを再建していきたいという考えのもとに再建法の適用を受けるということに相なったわけでございます(76)」という。さらに、知事は、地財法の適用を受けることによって「身を政府に売るということは絶対にないのであります。むしろ先ほどから申しますように、政府に責任の一半を背負わせながら、相携えて自治体の再建を進め得る〔、〕われわれの友としてこれ〔政府〕を扱い得る、このように私は考えるものであります(77)」ともいう。知事は、二日間の審議の終わりの方で「この二日間を通じて…私は税金は上がらないと、公共事業はやれると、社会福祉の面はやっていけると、〔地財法の〕適用を受けない場合にいかになるかという〔と〕、これは非常に苦しくなるんだと、自主〔再建〕でいく場合には非常に苦しくなるんだと、非常《ママ》にお話したわけです(78)」という。

　五月二十八日となり、第一号議案に関する討論において、日本社会党議員団を代表して松村章議員が「みずからの責任と努力により自主再建の方途をとられるべきであるとの結論(79)」であるとして、第一号議案に反対する。自由民主党の議員団を代表して井川克己議員が「法の適用を受けることが県政将来のため百六十万県民の福祉の増進をはかるために適当な措置であると信ずる」[80]とし、同志会を代表して徳原啓議員が「この適用を受けて、そして県民一体となりまして、赤字を解消し明るい県政を作ることだという結論」[81]だとして、ともに第一号議案に賛成する。採決の結果、議案第一号は、賛成が三九票、反対が一一票で可決され、社会党議員は退場した。[82]その後、財政再建の計画樹立に関する決議が起立全員で可決された。[83]

九月十一日の定例議会において小澤知事から財政再建計画を定めることが議案第二十五号として提案され[84]、九月十七日から二十九日の間に審議された。なお、併せて第二十六号の山口県債を起こすことについても提案された。知事は、財政再建計画は昭和三十一年度を始期とし三十八年度を終期とする「八ヵ年にわたる行財政運営の基本方針と、その間におきまする毎年度の収支予定を定め、過去の赤字の解消及び将来赤字発生をみない財政構造の確立をはからんとするもの」[85]であるという。その際の基本方針は、第一に、赤字要因の主因ともなっている人件費を中心として消費的経費を圧縮し、第二に、財政再建のさなかにあっても建設事業を積極的重点的に実施して事業中心の財政再建計画とすることである。その結果、三十一年度においては二億一、五〇〇余万円の単年度赤字（形式収支）が出、以後三十四年度まで赤字が累増し、三十五年度にはじめて単年度黒字となり[86]、三十八年度において累積赤字を解消して収支の均衡を得るというものである。

九月十七日以降の県議会ではこの議案をめぐって種々議論が行われた。ここでは財政再建期間に関する議論のみを簡単に紹介する。

小澤知事は、五月の県議会において[87]財政再建期間を五ヶ年間としていたが、今回の財政再建計画では八ヶ年間になったとする。それは以下のような経緯で八ヶ年間になった。最初、県側は財政再建の期間は七ヶ年間が適当であろうと思っていたが、自治庁が五ヶ年間でやってもらいたいということで五ヶ年間になった。ところが、その後、交付税の算定の基準の変更や三十年度の赤字を再建の要素に入れる等によって、七・八年、つまり八年間になったという。[88]このような財政再建期間の変更について、長谷川大造議員は「一年半の間に二転三転しておるというような現状から見まして、この八年間というものは非常にあぶない」[89]という。清水一誠議員（県政クラブ）は、「県財政再建の道」というリーフレットには「五年と書いてございます。ところが、その後計画は八年に延長されたので、これはもう一ぺん出し直して県民に周知させなければならないかと思う」[90]という。さらに、福田五郎議員（県政クラブ）は「[五月に]五ヵ年でわれわれはその案〔地財法による財政再建〕を承認したものでございまするが、三ヵ月を経ました今日におきまして、これが八ヵ年に延長されたということは、非常に私奇怪に存ずるものであります」[91]という。これらの意見や疑問に対して、和田克己総務部長は以下のように釈明する。再建期間の算定の基礎に三十年度の赤字を含むということに変更され、また、交付税の単位費用と補正係数に関する新しい数字が七月末に「降って湧いたよう」[92]に示され、「ほんとうの計画を立てる以上は、どうしても五ヵ年で従来の赤字を一掃するということは不可能である」[93]ということになった。「この点国そのものの、政令その他の措置そのものの変更の事情に基づくものでございまして、この点は、どうぞ御了承をいただきたい」[94]という。

九月二十九日の総務委員会報告において福田五郎委員長は、同委員会において府県の財政窮乏の主たる原因は法律制度の欠陥ほかの理由によるものであり第二十五号の議案には反対であるという意見が出、採決の結果、多数決により承認し、第二十六号についても採決の結果、賛成多数で承認したという。[95]その後、議案第二十五号と第二十六号に対する賛否の討論の後、採決が行われた結果、起立多数によって第二十五号と第二十六号が可決された。[96]

県議会に議案第二十五号の一部として提出された八ヶ年間の収支予定を簡略化して示すと、表2-1のようである。

ご覧のように、三十一年度から三十八年度の八年間において歳入は一五一億円から一〇七億八、四〇〇万円ま

31年6月1日)

(100万円)

昭和34年度（第4年度）	昭和35年度（第5年度）	昭和36年度（第6年度）	昭和37年度（第7年度）	昭和38年度（第8年度）
歳入額	歳入額	歳入額	歳入額	歳入額
3,731	3,744	3,744	3,744	3,744
2,233	2,226	2,255	2,217	2,138
4,113	3,648	3,379	3,322	3,267
332	278	196	184	184
1,560	1,562	1,460	1,448	1,451
11,969	11,458	11,034	10,915	10,784
歳出額	歳出額	歳出額	歳出額	歳出額
7,931	7,817	7,647	7,510	7,360
2,688	2,190	1,844	1,806	1,806
1,453	1,433	1,418	1,387	1,378
466	569	551	426	214
12,538	12,009	11,460	11,129	10,758
△569	△551	△426	△214	26
—	—	—	—	—
9	5	2	—	—
578	556	428	214	△26

（財政再建関係）である。もちろんこれを含む議案第25号は可決された。

で、二八・六%減少する。内訳を見ると、税収入は三四億八、八〇〇万円から三七億四、四〇〇万円となり、七・三%増加する。しかし、国庫支出金、地方交付税交付金及び地方譲与税、地方債は減収となる。特に国庫支出金はこの間に四九億三、〇〇〇万円から三二億六、七〇〇万円へと、一六億六、三〇〇万円、三三・七%も減少する。他方、歳出は一五三億一、五〇〇万円から一〇七億五、八〇〇万円になり、二九・八%減少する。内訳を見ると、消費的経費は八六億一、〇〇〇万円から七三億六、〇〇〇万円へと、一二億五、〇〇〇万円、一四・五%、また、投資的経費は四二億九〇〇万円から一八億六〇〇万円へと、二四億三〇〇万円、五七・一%も減少する。したがって、この計画は、歳入では県税収入の増加をはかり、歳出では投資的経費を半分以上減じて財政の再建を図るということである。

三十一年十一月二十二日の県議会における小澤知事の説明では、財政再建計画が十月一日に自治庁長官に提出され、十一月十五日付をもって申請通り承認された(97)。また、財政再建債も計画通り、六億一、〇〇〇万円の内承認を得、「財政の再建は、いよいよ本格的に実施段階に移ること(98)」になった(99)。なお、地財法第四条によれば、財政再建計

表 2-1　歳入歳出年次総合計画（指定日　昭和

区分 ＼ 年次	昭和 29 年度	昭和 30 年度	昭和 31 年度（初年度）	昭和 32 年度（第 2 年度）	昭和 33 年度（第 3 年度）
（歳入）	歳入額	歳入額	歳入額	歳入額	歳入額
1　税収入	2,831	3,019	3,488	3,614	3,704
2　地方交付税及び地方譲与税	1,911	2,598	2,342	2,258	2,229
3　国庫支出金	6,101	5,484	4,930	4,371	4,271
4　地方債	2,148	1,472	1,465	554	473
5　その他	2,799	1,941	2,875	1,563	1,567
歳入計	15,790	14,514	15,100	12,360	12,244
（歳出）	歳出額	歳出額	歳出額	歳出額	歳出額
1　消費的経費	8,380	8,774	8,610	8,353	8,074
2　投資的経費	6,762	5,555	4,209	3,008	2,880
3　公債費	733	946	1,575	1,186	1,354
4　その他	—	128	921	215	402
歳出計	15,875	15,403	15,315	12,762	12,710
歳入歳出差引額（A）	△85	△889	△215	△402	△466
事業繰越額（B）	586	67	—	—	—
支払繰延額（C）	184	204	16	14	11
(A)－(B)－(C)	855	1,160	231	416	477

〔注〕この年次総合計画は，昭和 31 年 9 月の山口県定例議会に提出された議案第 25 号の第 3 の会議案
〔資料〕『昭和三十一年／山口県財政再建計画書』（国立公文書館）。

画の承認があった際にはその要領を住民に公表しなければならないとあるが、『山口県報』では財政再建計画の要領の公表を確認できない。

同日の県議会には議案第二十四号「県準備基金の処分について」が提案された(100)。知事は、県準備基金から県債繰上償還金に充当するために五億八、八九七万六、〇〇〇円、昭和三十年度の赤字棚上げに充当するために三億七、〇八二万八、〇〇〇円の計九億五、九八〇万四、〇〇〇円を支出したいとする。なお、後者については、財政再建の完了後に準備基金に積みもどすということであった(101)。この議案について、長谷川大造議員は、山口県には二一億円にのぼる準備基金があるために財政再建計画の認可が遅れたのではないのかと質問した(102)。これに対して知事は「自治庁並びに大蔵省の責任のある人たちは、むしろ山口県は、この準備金の

活用をいたしまして再建するということの計画に、全腹〔幅〕の賛意を表して」[103]おり、大蔵省に再建計画が持ち込まれた後「一番短い期間に山口県はこれ〔再建計画〕が通っておる」[104]と反論した。そして、「私どもの再建が、準備金があるために模範的な再建ができると、私どもの計画が、むしろ称賛を、受けておる」[105]と自讃した。議案第二十四号は、十一月三十日に原案の通り、起立全員で可決された。[106]また、小澤知事は、同年十一月二十六日の県議会に対して議案第二十八号として財政再建計画の若干の補正を提案した。[107]

三　財政再建が進み再建期間を二年間短縮する

三十二年度歳入歳出予算は同年三月一日に小澤知事によって第一号議案として県議会に提案された。小澤知事は、当初予算については「財政再建の基本方針に変更を加えない程度において計画変更を行うことを前提として編成に着手し」[108]、「特に経済の好転に即応して、県勢進展の基幹でありますところの道路その他の建設事業の促進には、特に意を用いることといたしたのであります」[109]という。その結果、予算総額は一三〇億一、五六〇余万円となり、財政再建計画における普通会計の予算規模を九億一、七一〇余万円上回ることになったが、「その大半は投資的経費の増額によるもの」[110]であるという。なお、三月十一日に、知事は、議案第三十号として三十二年度歳入歳出予算の編成と併行して財政再建計画の変更を行いたいとする議案を提出した。[111]

議案第一号の歳入歳出予算案に対して、前田勲議員は、歳入歳出予算が「計画額に九億円も上回るような財政規模をしておって、基本方針の変更を加えないというようなことが私にはどうもわからんのであります。…こういうふうな大きな変更が自由に加えられるというような再建計画であったら、別にこさえんでもいいんじゃないかと思います」[112]という。

県議会の最終日の三月二十二日において、総務警察委員長の田熊文助議員は、第一号議案と第三十号議案を同委員会において審査した結果、多数をもって可決すべきものと決したと報告した(113)。その後、第一号議案と第三十号議案に関する賛否の討論が行われた。まず、日本社会党県議団を代表して原田孝三議員は、財政再建計画を九億一、七一〇余万円も上回る当初予算は通年予算であり、「日本社会党はこのような通年予算に反対し、やむを得ない事情のために、義務的経費を中心とする骨格予算とすべきことを主張する(114)」とする。新政会三四名を代表して荒瀬秀一議員は「今日のごとく九億六千万円、これだけの再建の計画変更をやって、公共事業は実に三六億円に達するのであります。…近県の県の〔ママ〕再建整備をやらない県におきましても、このごとき公共事業の多額なものを計上したところは少いと私は思います(115)」とし、「この通年予算はぜひ組むべきものであると思う(116)」とのべて賛意を表明する。同志会を代表して徳原啓議員は「今度の議案第一号は思い切った措置であり、これによって県民福祉の増進がはかられる予算であるということを考え、全面的にこの予算にまず賛意を表明したものであります(117)」という。自民党を代表して山本鉄造議員は、第一号議案が「県政に対しまして百年の大計をおもんぱかり、責任と所在を明らかにし、信義に基づいて県勢伸展のために不退転の決意をもって提案せられた(118)」として賛成する。そして、議案第一号及び第三十号議案は委員長の報告の通り、全員起立で可決された(119)。ということは、いわゆる通年予算だとして反対した日本社会党議員も第一号議案と第三十号議案に賛成したということになる。

昭和三十三年度歳入歳出予算については財政再建に関する知事やそれに関係する議論を簡潔に紹介する。小澤知事は、三十三年三月一日の県議会において「法に基く財政再建に着手以来、昭和三十一年度におきましては、その収支におきまして、計画以上の成果をおさめ、昭和三十二年度におきましても、おおむね単年度赤字を生ずることなく予定事業の実施を終える見通しを得る段階に立ち至っております(120)」。「かかる成果を得ましたことは、もとより経済好況による税の自然増収に負うところ大なるものがあること、もちろんでございまするが、財政再建計画に基づく国の援助、及び計画的財政運営の結果によるものと認めてしかるべきであろうかと存じます」[121]という。

この予算は通年予算として編成し、一般会計の予算規模は一四四億二八〇万円であり、不足額の六、三三〇万円余は一般行政充当借入金により予算上の措置をする。そして、「この予算上の赤字額は、年度末までにこれが解消をはかりたい」[122]と知事は述べた。これに対して、徳原啓議員（自由党）は「九月が非常に危なくて、予定通りの仕事ができない、また、これをやらんとするならば、赤字が増大して、再建計画というものに大きなそご〔齟齬〕を来すんではないだろうか」[123]という。これに対して、知事は「三十三年度も収支均衡［が］取れた形においで終始いたしたいと、また、そのことができると確信いたしておる次第でございます」[124]という。また、和田克己副知事も「今三十二年度は大体収支とんとんでいけるのではないか」[125]という。そして、予算は、三月二十五日に原案のとおり全員起立で可決された。

昭和三十三年九月二十九日の県議会において和田克己副知事は、小澤知事が外国出張のために知事職務代理者として提出議案の説明を行った。ここで取り上げるのは、財政再建期間を変更する議案第九号である。和田は、三十一年度に始まった財政再建計画を実施後「地方交付税率の改訂、経済好況に基く税の自然増を中心とする歳入の好調にささえられ、再建実施もほぼ順調に進み、昭和三十二年度において単年度黒字を出すところにこぎつけたので」[126]、「財政再建を努めてすみやかに達成することは、自治の本旨にのつとりましても、きわめて当然」[127]であり、「おおむね現行〔の行政〕水準確保の見込みも立ちましたので、過去における国の財政援助の額等を考慮に入れ、自治庁要請の二年短縮に応ぜんとするものであります」[128]という[129]。後の討論において、和田は二年短縮の理由について次のようにいう。三十一年度においては再建計画に比較して三億二、〇〇〇万円の財政好転になった。その内訳は当初二億一、〇〇〇万円の単年度赤字を見込んでいたのがなくなったのである。逆に言えば一億

二、〇〇〇万円の黒字が出たともいえる。[130] 但し、実際の決算上の黒字は二、〇〇〇万円である。三十一年度における財政好転の結果の三億二、〇〇〇万円のうち、その六割を行政水準の向上に振り向け、残りの四割を赤字解消に振り向けるとすると、赤字解消に振り向けるのは約一億三、〇〇〇万円（正確には一億二、八〇〇万円）となる。それと三十二年度の単年度黒字約六、六〇〇万円を合わせると約二億円（正確には一億九、六〇〇万円）の財源ができる。再建計画における再建債の単年度償還額を一億円とみて、二億円の余裕財源があれば二年間再建計画を短縮できることになる。それが「一応妥当な線ではないか、これが再建期間を二ヵ年〔短縮すること〕にいたしました数字的な根拠でございます[131]」という。

先に見たように、日本社会党は自主再建を主張した。そこで、同党は第九号議案に対して再建計画の放棄を主張する。川本博義議員（日本社会党）は、再建団体になった結果「あらゆる形において自治干渉が行われておることは事実でございます。従って今回の二年短縮という考え方を捨て、あくまでもあるべき姿、山口県の財政のあるべき姿として、この再建計画を放棄される意思があるかどうか[132]」をただす。これに対して和田は「計画変更に関しまして二年短縮という問題よりも、再建団体そのものは自治権の侵害を受ける、いわば準禁治産者的に相なる。このような見地から、いっそ再建団体を返上してはどうかという御質疑でございましたけれども、これは三十一年に当議会において議決されて、再建団体と〔して〕指定に相なった経緯もあり、指定団体の取り消し、返上ということは考えておりません[133]」と答える。

十月八日に、総務警察委員長の森本常雄議員は議案第七号[134]の財政再建期間を二年間短縮する件について執行部から「期間の短縮をしても赤字を招来することなく、現行の行政水準をおおむね確保し得る見通しを得たので、期間短縮に自主的に踏み切ったものである旨の説明[135]」を受け、「慎重審査の結果、本議案は可決すべきものと決定した[136]」と報告した。そして、第七号議案[137]は県議会において全員が賛成の起立をして可決された。[138]

四　財政再建の達成とその諸原因

昭和三十四年度の歳入歳出予算は、同年二月二十七日に小澤知事によって県議会に提案された。小澤知事は「法に基く財政再建に着手以来、その収支におきまして、各年度計画以上の成果をおさめ、特に昭和三十二年度におきましては、経済好況による税収の伸びに支えられ、黒字に転じたのであります。さらに昭和三十三年度は、過ぐる県議会において御承諾を得て、再建期間二年の短縮をはかったところであります。昭和三十三年度収支につきましては…格段の工夫を加えて参りました結果、おおむね単年度赤字を生ずることなく決算し得るものと期待いたしております」[139]という。

昭和三十五年度の当初予算案は、同年二月二十九日に小澤知事によって県議会に提案された。小澤知事は「幸い、財政再建に着手以来その収支におきましては、各年度とも計画以上の成果をおさめて参ったところであります。昭和三十四年度収支につきましても、…格段の工夫検討を重ねて参りました結果、おおむね単年度赤字を生ずることなく決算し得るものと期待いたしておるのであります」[140]とのべた。したがって、財政再建は順調に進んでいるということである。

小澤知事は衆議院議員選挙に出馬するために昭和三十五年八月十七日限りで辞任することが同日の県議会で承認された[141]。そして、九月の知事選挙において元副知事で前衆議院議員の橋本正之が当選した。財政再建はその後も順調に進み、昭和三十六年度に終了した。橋本知事は、三十七年二月二十八日に同年度の当初予算を提案した際に財政再建に関して「御承知のとおり昭和三十七年度は財政再建計画完了後の第一年次に当たる年度でありま す。昭和三十六年度予算につきましては、…おおむね単年度収支相償う状態で年度を終了するものと推定いたし、その間紆余曲折はありましたものの、無事財政再建を終了する見通しのもとに昭和三十七年度に対処することといたした次第であります。／顧みますれば、六億円に及ぶ昭和二十九年度赤字額を処理する方策といたしまして、昭和三十一年度に地方財政再建〔促進〕特別措置法による指定団体となりまして、財政再建年次総合計画を立て、赤字解消及び財政の合理化並びに投資的建設事業の充実を目的として再建方策の実行に終始いたしますことここに六年、ようやく一応の目的を達成いたそうといたしておりますことは、まことに感慨深いものがあるわけであります」[142]とのべて、財政の再建が完了したことを宣言した。[143]

財政再建の過程を普通会計における財政収支でみる。[144]実質収支は三十一年度以降常に黒字であったが、先にのべたように、山口県は財政再建債六億一、〇〇〇万円を山口銀行の引き受けで発行した。[145]その再建債の償還が三十二年度以降行われ、三十六年度には四、三〇〇万八、〇〇〇円にまで減少した。そして、再建債等を含めた実質収支は三十一年度以降漸減して三十六年度には二億二、一二九万九、〇〇〇円の黒字に転じたのである。ここに財政再建が完了した。

次に山口県が財政再建を達成した諸原因について検討する。

図2-1をご覧いただきたい。普通会計決算額の歳入と歳出を棒グラフで示したものである。昭和二十六年度の歳出は九四億七、一〇〇万円であった。その後、二十九年度までは漸増して一五五億七、八〇〇万円となり六四・五%も増加した。しかし、三十年度は一五〇億五、二〇〇万円となり前年度に比較して三・四%減少した。そして、財政再建が始まった三十一年度の歳出は一五五億七〇〇万円であり、三十三年度まで歳出はほぼ横ばいである。三十四年度からやや増加に転じたが、同年度の歳出は一六八億六、二〇〇万円であり、なお一六〇億円台である。その後、三十五年度から歳出は急速に増加に転じ、財政再建が完了した三十六年度には二四七億二、三〇〇万円に達している。この間の歳出の増加額は九二億一、六〇〇万円である。他方、歳入の方は二十六年度が

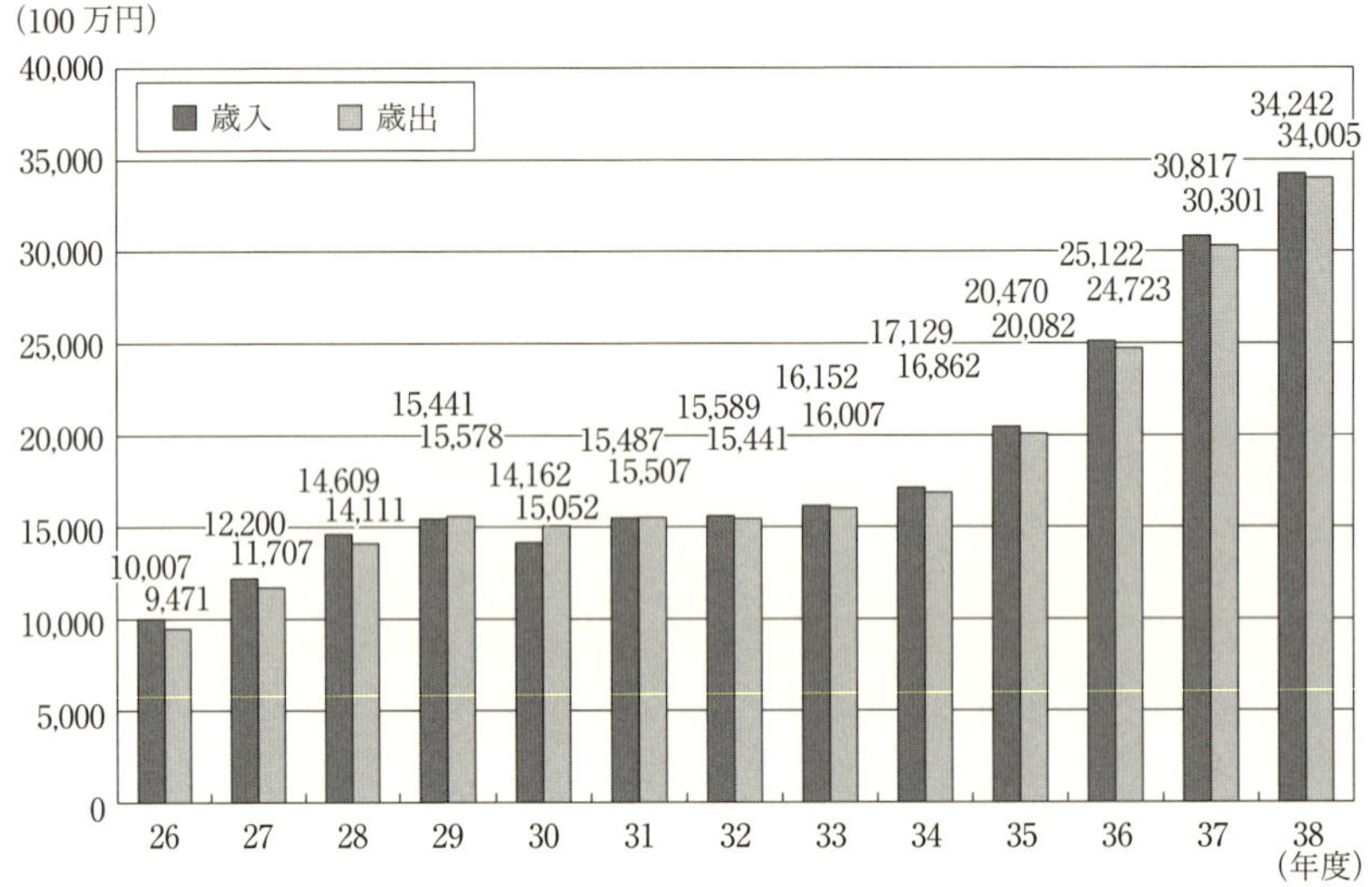

〔資料〕拙稿「山口県の財政再建－地方財政再建促進特別措置法の適用を受けて－」,『山口県史研究』第24号, 平成二十八年三月, 表1（31頁）, 表3（41頁）。

図2-1　普通会計決算額の歳入と歳出の推移（昭和26-38年度）

一〇〇億七〇〇〇万円であり、三十年度は一四一億六、二〇〇万円である。財政再建が始まった三十一年度は一五四億八、七〇〇万円であり、三十六年度は二五一億二、二〇〇万円であり、この間の歳入の増加額は九六億三、五〇〇万円である。したがって、歳入の増加額が歳出の増加額を四億一、九〇〇万円上回ったのである。形式収支は三十一年度を別にして三十二年度以降常に黒字となっている。[146]

ところで、財政においては出ずるを量って入るを制す、つまり量出制入が一つの特徴といわれる。したがって、財政収支を改善する際には、いかに歳出を抑制するかということが一つのポイントになる。

歳出総額は、右に見たように三十四年度までは抑制気味であった。そこで、まず、主要な経費の推移を見る。表2-2をご覧いただきたい。土木費、教育費、産業経済費、公債費の四つの経費の増加指数を見ると、三十四年度まではほぼおなじ

表 2-2　主要経費の金額，合計に占める割合ならびに増加指数（一般会計）

（1,000 円，％）

年度		31	32	33	34	35	36
土木費	金額	2,878,798	3,384,460	3,399,061	3,361,601	4,266,041	5,499,667
	割合	19.1	22.3	21.4	20.2	21.3	22.6
	増加指数	100	118	118	117	148	191
教育費	金額	4,882,614	5,409,896	5,339,781	5,876,808	6,796,857	8,132,949
	割合	32.3	35.6	33.7	35.2	34.0	33.4
	増加指数	100	111	109	120	139	167
産業経済費	金額	1,743,938	1,551,699	1,593,425	1,653,373	2,251,521	2,597,405
	割合	11.5	10.2	10.0	9.9	11.3	10.7
	増加指数	100	89	91	95	129	149
公債費	金額	1,549,204	1,336,075	1,699,154	1,524,702	1,645,611	2,201,288
	割合	10.3	8.8	10.7	9.1	8.2	9.0
	増加指数	100	86	110	98	106	142
合計	金額	15,105,178	15,196,603	15,856,738	16,681,098	20,009,155	24,384,833
	割合の計	100.0	100.0	100.0	100.0	100.0	100.0
	増加指数	100	101	105	110	132	161

〔注 1〕金額は決算額である。
〔注 2〕増加指数は昭和 31 年度を 100 とする。
〔資料〕『山口県歳入歳出諸決算書』各年度版から抽出して作成。

指数である。しかし、三十五年度、三十六年度において合計の指数を大きく上回って増加したのは土木費である。逆に言えば、三十四年度まで抑制されたのは土木費であったと思われる。

先に紹介したが、小澤知事は、第一に人件費を中心とする消費的経費を圧縮するとのべた。

そこで、職員数と人件費の推移を見る[147]。まず、人件費の基礎となる職員数を見る。知事部局の職員数は、昭和三十年度が四、四八五人であったが、三十一年度には三、九九八人になり、四八七人減となり、人員整理が進められた。しかし、三十四年度以降、知事部局の職員数は増加に転じ、三十六年度には四、二九四人となり、三十年度に比較して、一九一人の減である。小中学校、県立高等学校を含む、一般職のすべての職員の合計は三十一年度に一万九、七四三人であったが、三十六年度には二万四七〇人となり、この間に七二七人、三・七％増加している。

次に人件費を見る。事業費支弁を差し引いた

表 2-3　一般会計歳出性質別経費の推移
（昭和 32-36 年度）

（1,000 円，％）

年度＼項目	歳出総額	消費的経費		投資的経費		その他の経費	
		金額	割合	金額	割合	金額	割合
32	15,196,603	9,830,136	64.68	3,643,780	23.98	1,722,687	11.34
33	15,856,738	10,430,010	65.77	3,674,300	23.17	1,752,428	11.06
34	16,681,098	11,003,065	65.96	3,876,843	23.24	1,801,190	10.8
35	20,009,155	12,483,300	62.39	4,952,551	24.75	2,573,304	12.86
36	24,384,832	14,204,274	58.25	7,792,868	31.96	2,387,690	9.79

〔原注 1〕消費的経費は人件費（報酬，吏員給，給料，職員手当，災害補償費，恩給退職年金及び退職一時金並びに共済組合交付金で事業費分を含む。）及び事務費である。
〔原注 2〕投資的経費は，修繕費，工事請負費，備品費，原材料費，施設費，投資及び出資金，土木直轄事業費負担金等支出することにより資産を造成する経費である。
〔原注 3〕その他の経費は，移転的経費（負担金補助及び交付金，委託料，貸付金，寄付金及び他会計へ繰出等でその経費を他に移転する経費）補償金及び補塡金，保険料，積立金，公課費，予備費等の経費である。
〔注〕金額はすべて決算額である。
〔資料〕『昭和 36 年度山口県歳入歳出決算審査意見書』昭和 37 年 11 月 30 日，19 頁，第 8 表。

人件費は、三十一年度に六四億五、三二八万二、〇〇〇円であったが、三十六年度には一〇六億七、二五二万八、〇〇〇円となり、四二億一、九二四万六、〇〇〇円、六五・四%も増加している。このように職員数、人件費ともに大なり小なり増加したのである。

次に、消費的経費はどのように推移したのであろうか。普通会計の歳出における性質別経費の統計が見あたらないので、三十六年度の『決算審査意見書』中に掲載されている一般会計歳出の性質別経費の推移を示すと表2-3のようである。ご覧のように、消費的経費は三十二年度に六四・六八%であったが、三十五年度に六二・三九%、三十六年度に五八・二五%になり、傾向的に減少している。しかし、金額は三十二年度の九八億三、〇一三万六、〇〇〇円から三十六年度の一四二億四二七万四、〇〇〇円へと、四三億七、四一三万八、〇〇〇円、四四・五%増加しているのである。

第二に、小澤知事は建設事業を積極的に実施するといった。そこで、普通会計における事業費の推移を見る[148]。普通建設事業費は三十一年度が二七億一、九五七万三、〇〇〇円であったが、毎年度増加して三十六年度には六一億一、〇四二万五、〇〇〇円となり、二・二倍になっている。内訳を見ると大部分が補助事業費であり、それは順調に増加している。補助事業費は三十一年度に二一億一、六一八万九、〇〇〇円であったが、三十六年度に四四億五、六六八万六、〇〇〇円となり、二・一倍にもなっている。したがって、普通建設事業費は、補助事業費を中心に増加したのである。そして、普通建設事業費の増加によって、表2-3が示すように、一般会計における投資的経費は三十二年度に歳出の二三・九八％であったが、その後漸増して三十六年度には三一・九六％になっている。金額では三十二年度の三六億四、三七八万円から三十六年度の七七億九、二八六万八、〇〇〇円へとなり、四一億四、九〇八万八、〇〇〇円、一一三・九％も増加したのである。

ところで、財政収支を改善するもう一つのポイントは歳入を増加することである。すでに指摘したように、この間の歳入は財政再建が始まった三十一年度以降順調に増収となり、その増収額は九六億三、五一七万三、〇〇〇円に達した。なぜこれほどの増収となったのか。ここでは県税、地方交付税、国庫支出金、県債の四つに限定してその推移を見る。(149)三十一年度から三十六年度の歳入の内訳を見ると、第一位は国庫支出金で歳入の三二％前後であり、ほぼ三分の一を占める。そして、国庫支出金は、この間に一・六倍も増加した。金額では二九億一九万二、〇〇〇円の増収である。この原因は、先に指摘した補助事業費の増加と、後に指摘する補助率のかさ上げであろう。第二位は県税で、歳入の二五％前後で、ほぼ四分の一である。そして、この間に二・六倍も増加して、金額では二六億九、五九五万七、〇〇〇円の増収である。なお、県税の増収の原因はすぐ後で検討する。第三位は地方交付税で、一二％から二一％の間であるが、この間に同じく二・六倍も増加し、金額では三〇億九、二八五万二、〇〇〇円の増収である。地方交付税の増収の原因は、交付税率の引き上げ(150)と原資である国税三税の高度成長(151)による増収であろう。したがって、歳入の増加をもたらした原因は、金額で見ると地方交付税、国庫支出金、県税の順で大きく、伸び率では県税、地方交付税、国庫支出金の順で大きい。

次に、県税の増収の原因を探るために、その内訳を見る。[152]ここでは、県税に占める構成比が二％以上の税を挙げた。三十一年度を見ると、三七億三、八九〇万円のうち、事業税法人分が四五・六％で最大である。そのほかは、県たばこ消費税が九・一％、事業税個人分が八・八％、遊興飲食税が七・七％、県民税個人分が七・五％等である。三十六年度には事業税法人分が四九・三％となり、金額でこの間に一四億六、五三二万七、〇〇〇円、八五・九％も増加している。事業税の法人分の課税標準は、法人のうち電気供給事業ほか三事業については各事業年度の収入金額、それらの事業以外の事業を行うものにあっては各事業年度の所得及び清算所得が課税標準である。[153]したがって、山口県下の法人企業の収入金額や事業所得が高度成長期に入って増加したために事業税の法人分の収入が増加したものと思われる。また、県民税法人分も三十一年度から三十六年度において二億二、六八九万三、〇〇〇円増加し、その伸び率は実に八〇・九％である。これも事業税法人分と同様な理由により大きく増加したのであろう。

付言すれば、昭和二十九年五月の地方税制の改正[154]によって地方税制は大きく変わった。改正点を摘記すれば、道府県民税やたばこ消費税が創設されるなどした。[155]藤田は「今回の税制改革では、明らかに道府県税の拡充に力が注がれた」[156]という。このような地方税制の改革も三十年代に入ってからの山口県の税収入の増加に貢献したものと思われる。

以上要するに、歳出の抑制が顕著に行われたとはいいがたく、財政再建に大きく貢献したのは歳入の増加であったということである。

五　歳入歳出決算審査意見書と財政事情の公表

前章で紹介したように、二十五年度の『山口県歳入歳出決算審査意見書』は、県債の合計が一五億三、九〇〇万円に達し、山口県財政の今後については楽観を許さないとした。山口県は、三十一年五月の県議会において地財法に基づく財政の再建を行うことを決定した。ここでは、財政再建に関連する決算審査意見書を簡潔に紹介する。

二十九年度の決算審査意見書は、表2-4に示したように、同年度の一般会計決算実質赤字額は六億五、六七六万円に達し、「このまま推移すれば赤字の著増は明瞭であり、その累積は県財政の根本を危うくするの恐れが認められるので、この際これが根源を十分剖析して赤字解消の抜本的対策を確立する必要がある」[157]とした[158]。三十年度の決算審査意見書は「三十一年五月〔に〕地方財政再建促進特別措置法の適用によって赤字解消に対策を講じられたことは今後に期待するところが極めて大きい。ことに決算に現れた赤字の外に九十九億五千三十万四千余円（三一、三、三一現在）の巨額に上る県債未償還額を擁しており、これが元利償還は三十一年度に十一億五千三百余万円、爾後年を逐うて漸増し三十四年度を最高として十二億七千三百余万円を要することとなる。この事実に対処するには一時的な再建債にのみ依存することなく、さらに赤字発生の要因を除去、改善することに一層の関心と努力を払うと共に今後の行財政運営ごとに財政規模の適正化に慎重なる検討を加え、もって健全財政の再建に努力することを望む」[159]とした[160]。

三十一年度の決算審査意見書は「…決算書に示すとおり、一般会計において一二、四八九、九四四円の歳入歳出差引残を生じており、再建初年度においてこの結果をみたことは最も幸いとする」[161]とのべ、「…この上とも再建計画

表 2-4　昭和 29 年度一般会計決算実質赤字額

（円）

区分	金額
翌年度歳入繰上充用金	122,462,160
事業繰越に対する一般財源不足額	505,808,797
国庫支出金返納見込額	25,961,994
過誤納金還付所要額	2,476,785
要支払額	52,500
合計	656,762,236

〔資料〕『昭和二十九年度山口県歳入歳出決算審査意見書』昭和 31 年 1 月，3-4 頁。

の強力な遂行に努め健全財政の早期確立を期待せられたい[162]」とした。

三十二年度の決算審査意見書は、三十二年度の財政再建計画（普通会計）は歳出から歳入を差し引くと、再建計画に対して黒字となり、「三十二年度最終計画の収支零からみればきわめて順調な経過をたどっているものと思われ、財政再建への努力を多とする[163]」と、賞賛する。三十三年度の決算審査意見書は「三十三年度の財政再建計画とその実績をみると三十四年三月三十日の策定になる最終計画に比べれば歳入においては国庫支出金、地方債などの減少により四億七千八百万円の減収で計画には到達し得なかったが、歳出の抑制によって収支残は一億五千七百万円となっている。さらに三十三年三月一日の当初計画においては、収支残は六千三百万円の赤字が計上されていることを併せ考えれば再建計画は順当な経過をみているものと思料する[164]」とする。

三十四年度と三十五年度の決算審査意見書においては、財政再建ないし財政再建計画と関連しての評価はうかがえない。三十六年度の歳入歳出決算審査意見書においては、意見として、山口県の一般会計の単年度収支を取り上げ、三十六年度においては「一般会計の単年度収支は、…一〇五、〇六四、一三九円の黒字で、昭和32年度以降最高の額となっており、収支の均衡は維持されている[165]」とし、「今後の財政運営に留意を要する面もあるが、おおむね健全なすう向をたどっている[166]」という。そして、「3　財政再建計画の完了について」の項を設け、「…一応所期の目的を達成して、三十六年度末をもって計画の完了を見たことはよろこばしい。しかしながら財政再建計画の終了に伴い、三十七年度以降においては、県費負担の増加も見込まれるので、この上とも県財政の運営には一層慎重を期せられたい[167]」と忠告する。

三十六年度の歳入歳出決算審査意見書は、財政再建計画の目的達成には「特に国からの財政援助に負うところが大きい[168]」と言う。その内容を示すと、この間に山口県が拠出する直轄事業負担金が一四～二〇％軽減され、その軽減額は八億一、三七〇万円である。先に見た補助事業のうち指定補助事業の補助金が通常の補助率より一九～

二〇％かさ上げされて、三十七年度を除くと一二億二、五四六万九、〇〇〇円となった。そして、財政再建債の利子補給金が一、八九二万七、〇〇〇円である。したがって、三十一年度から三十六年度までの間において国からの財政援助金（直轄事業負担金の軽減を含めて）の合計は二〇億五、八〇九万六、〇〇〇円となる。[169]つまり、三十一年度の山口県の財政再建債六億一、〇〇〇万円を三・一倍上回る政府資金が配分されたのである。[170]

　次に、県民に対する財政事情の公表についてほんの少し取り上げる。昭和三十一年九月の『山口県財政事情』（山口県告示第六百五十六号）では、山口県財政は未曾有の危機に直面しており、そこから脱出するには「結論として歳入を増やすか歳出を削るかの二つによる以外に収支の均衡を保つ方法はない」[171]とする。そのためには、結局、歳出を歳入の範囲内におさめることであり、「行政運営の能率化及び簡素化により行政内容に低下を来すことのないように財政の合理化を行わなければ、県財政の再建は不可避」[172]という。そこで、県民には「…本県財政の再建について、十分な御べん《〔ママ〕》たつと御協力を切にお願いいたします」[173]と結ぶ。

　昭和三十七年度下期の『山口県財政事情』（山口県告示第七百八十一号）は、「まえがき」で、橋本正之知事が「…本県は、昭和31年に財政再建団体の指定を受け、鋭意赤字の解消と財政再建のため、非常な努力を払ってまいりました結果、当初70億円に及ぶぼう大な赤字もようやく解消し、滞りなく財政再建計画を完了することができました。／これは、ひとえに皆様がたの6年間に及ぶ長い間の御理解と御協力のたまものでありまして…」とのべて、県民に対して謝辞を述べる。そして、本文中の4　財政再建計画の完了について、の中で、「経済事情の好転等に伴う県税収入等の増加により昭和33年に再建計画を2年間短縮いたし昭和36年度末をもって財政再建計画を終わることといたしました…」。「この間財政再建計画に基づき行政水準の維持向上を図りながら消費的経費の抑制、公債費の繰上償還、新規起債の抑制等に努めました結果、国の財政援助とあいまって、各年度ともおおむね計画通りの実績をおさめ、36年度をもってようやく再建計画を完了することができました」[174]という。

以上、ごく簡単に紹介したが、山口県は、県民に対して財政再建計画の遂行について適宜伝える努力をしていることが分かる。

むすび

「はじめに」で挙げた新潟県の財政再建と山口県のそれとを少し比較したい。新潟県では、第一に、地方財政委員会による県財政についての調査が行われ、健全財政の確立を求める調査報告が二十七年七月に県に提出された。さらに、自治庁も県財政について調査をし、二十九年十二月に財政運営の改善を求める「勧告」が知事に提出された。[175]それを受けて新潟県は二十九年度から三十四年度の財政再建整備計画を作成し、赤字解消の具体的措置をとった。このようにして、新潟県は自力再建を選択したが、初年度の二十九年度の実質収支の赤字が二三億六、二四二万八、〇〇〇円に激増した。そこで、県は自主再建を断念し、三十一年二月の県議会で地財法による財政再建を可決し、四月一日に財政再建団体の指定を受けた。[176]その後、「〔財政再建〕計画では予想しなかった大幅な歳入増加がみられ[177]」、「三十一年度以降、実質収支は一挙に黒字に転じ、しかも黒字幅が年々増大した[178]」。その結果、九年間の当初の再建期間を二年間短縮して、三十七年度に財政再建を完了した。

山口県の場合と大きく異なるのは、新潟県は自主再建から再建団体へのコースをとったことである。[179]

雨降って地固まるということわざがある。財政再建を完了した山口県は、橋本正之知事のリーダーシップの下、国民所得倍増計画を受けて地域開発と道路ほかの産業基盤の整備に力を注ぐことになる。新潟県も昭和四十五年に新潟県総合開発計画を策定して地域開発に乗り出した。[180]また、財政再建を三十六年度に完了した千葉県においても、三十八年以降「友納武人《とものうたけと》知事は産業振興を主眼とした公共投資に重点をおいた政策を展開していく[181]」。したがって、一時期を画した財政再建時代を経ることによって財政再建を完了した県においても高度成長路線の出発点が形成されたといえるであろう。

(1) 自治庁『地方財政の状況報告』昭和二十八年三月、別表第一 昭和二十六年度都道府県別決算状況、九～一一頁。
(2) 同『地方財政の状況報告』昭和二十九年三月、附表第一 昭和二十七年度都道府県別決算状況及び歳計剰余金の前年度との比較、七四～七六頁。
(3) 同『地方財政の状況』昭和三十年三月、附表第一 昭和二十八年度都道府県別決算状況及び前年度決算との比較、五〇～五二頁。
(4) 同『地方財政の状況』昭和三十一年三月、附表第一 昭和二十九年度都道府県別決算状況及び前年度決算との比較、四二～四五頁。
(5) 自治庁編『地方財政再建の状況―総括編―』第一法規出版、昭和三十三年、四頁。
(6) 藤田武夫『現代日本地方財政史―高度成長と地方財政の再編成』(中巻)、日本評論社、一九七八年、一一〇頁。
(7) 同右、一一七頁。
(8) 前掲、『地方財政再建の状況―総括編―』、第2表 財政再建の申出状況、三五頁。
(9) 一八府県については、自治庁『地方財政の状況』昭和三十二年三月、附表第一、四八～五一頁、を参照。もちろん、山口県は一八府県に入っている。
(10) 前掲、『地方財政再建の状況―総括編―』、第3表 財政再建計画の承認状況、三七頁。
(11) 自治省財政局『地方財政再建の状況』昭和38年版、表4 財政再建完了団体数の推移、六四頁。
(12) 佐賀県編集・発行『佐賀県政史』昭和五十四年、一三一～一三二頁。秋田県財政課には電話で問いあわせ、同県も三十八年度に一〇年間の再建期間を二年短縮して完了したとの回答を得た(二〇一五年五月二十七日)。
(13) 前掲、『現代日本地方財政史』(中巻)、一五〇頁。
(14) 徳島県財政課にメールで問いあわせたところ、「過去の資料によりますと、昭和四十一年三月に財政再建計画による財政の再建が完了したとの記載があります」という回答を得た(二〇一五年五月十六日)。徳島県の財政再建の期間は当初、一八府県の中では最長の一五年間であった（前掲、『地方財政再建の状況―総括編―』、七七頁）。徳島県の財政再建計画が承認されたのは昭和三十一年七月であり、再建年数は三十一年度より四十五年度までの一五年間であった（自治庁編『地方財政再建の状況―記録編―』第一法規出版、昭和三十三年、一三八頁）。しかし、実際には一〇年間であったということである。

(15) 前掲、『現代日本地方財政史』（中巻）。

(16) 北から挙げると、①編さん兼発行・山形県『山形県史』第六巻、現代編上、平成十五年、②千葉県史料研究財団編『千葉県の歴史』通史編、近現代3（県史シリーズ8）、平成二十一年、③編集／発行・新潟県『新潟県史』通史編9、現代、昭和六十三年、④編集／発行・山梨県『山梨県史』通史編6、近現代2、平成十八年、⑤長野県編集・発行『長野県政史』第三巻、昭和四十八年、⑥兵庫県史編集委員会編『兵庫県百年史』昭和四十二年、⑦和歌山県政史編さん委員会編『和歌山県政史』第三巻―昭和編㈡―、昭和四十三年、⑧山口県文書館編『山口県政史』（下巻）、昭和四十六年、⑨愛媛県史編さん委員会編『愛媛県史』県政、昭和六十三年、⑩佐賀県編集・発行『佐賀県政史』昭和五十四年、⑪熊本県知事／寺本広作編『熊本県史』現代編、昭和三十九年、⑫大分県総務部総務課編『大分県史』現代編Ⅱ、平成三年、⑬著作兼発行・鹿児島県『鹿児島県史』第五巻上、第三次復刊、昭和五十五年、の一三点である。但し、大分県は自主再建団体である。

(17) 新潟県『新潟県史』通史編9、現代、昭和六十三年、二九一～三〇〇頁（鳥谷部仁）、四六五～四七〇頁（前田穣）。新潟県『新潟県史』資料編20、現代一、政治経済編、昭和五十七年、二一三～二二〇頁、二二五～二三二頁、五九二～六〇八頁、六一一～六四九頁。

(18) 前掲、『山口県政史』（下巻）、昭和四十六年。

(19) 『山口県史』通史編 現代（以下、通史編 現代、と略称する）、二八四頁、表2-1-1、をご覧いただきたい。

(20) 「知事議案説明」（昭和二十六年三月定例議会）、三頁。傍点は原文の通り。なお、本定例会の議事録は存在しない（山口県議会編集兼発行『山口県議会史』自昭和二十二年至昭和三十年、昭和五十三年、三八〇頁）。

(21) 右の「知事議案説明」、三頁。傍点は原文の通り。

(22) 同右、四頁。

(23) 藤田武夫『現代日本地方財政史―現代地方財政の基本構造の形成』（上巻）、日本評論社、一九七六年、三六〇頁。傍点は筆者が付した。以下、特に断りのない限り同じである。

(24) 内訳は、独立税が一〇億三、六五九万円、目的税が二、二〇六万円、地方配付税が六億五、四七五万円、旧法による税収入が一、三七九万円である(『昭和二十四年度山口県歳入歳出諸決算書』)。

(25) 内訳は、普通税が一一億九四七万円、独立税が四、一四四万円、目的税が二、三一二万円、旧法による税収入が六、三九七万円である(『昭和二十五年度山口県歳入歳出諸決算書』)。都道府県が賦課する付加価値税は、シャウプ勧告が導入を主張したが、実施を延期された。

(26) 「昭和二十七年三月山口県定例議会会議録」(その一)、一頁。

(27) 同右。

(28) 同会議録(その一)、二頁。

(29) 同会議録(その一)、一二頁。

(30) 同会議録(その一)、一四頁。

(31) 同会議録(その一)、三六頁。

(32) 田中知事や沢田議員、長谷川議員の発言から推測すると、彼らは、平衡交付金と国庫支出金を同じ性質の財政資金とみなしているのではないかと思われる。しかし、前者については、地方財政平衡交付金法(法律第二百十一号)(昭和二十五年五月三十日)では、「地方自治の本旨の実現に資するために、地方団体に対し適当な財源を供与し、もつてその独立性を強化することを目的とする。」(第一条)とし、第三条の4は「国は、交付金の交付に当つては、地方自治の本旨を尊重し、条件をつけ、又はその使途を制限してはならない。」としている。この点について、藤田は「総司令部が、各省の要求を斥け、平衡交付金を地方の一般財源とし、これを介する中央政府の統制を回避しようとしたシャウプ勧告の意図を尊重したことは、たかく評価される」(前掲、『現代日本地方財政史』(上巻)、二八五頁)としている。

(33) 「昭和二十八年二月山口県定例議会会議録」(その一)、二月二十八日、八頁。

(34) 同右。

(35) 同会議録(その三)、三月十日、四三頁。

(36) 同議事録(その三)、四四頁。

(37) 同会議録(その三)、四九頁。これに対して、橋本正之総務部長は「一応三百円のものを四百五十円、五割の増というふうに一見とられ易いのでありますが、従前据置ました年度経過から考えますると、今日の実情から申しまして四百五十円程度の御負担を願うのも、さまで極度に増額したことにもなるまいというふうにも考えられますので」(同会議録(その三）、五〇頁）と答えている。
(38) 同会議録（その七）、三月十九日、一〇三頁。
(39) 同会議録（その九）、三月二十四日、一二一頁。
(40) 「昭和二十九年三月山口県定例議会会議録」（その一）、三月八日、九頁。
(41) 同会議録（その一）、一〇頁。
(42) 同右。
(43) 同会議録（その二）、三月十五日、二一頁。
(44) 同会議録（その三）、三月十六日、六一頁。
(45) 同会議録（その二）、二三頁。
(46) 同会議録（その六）、三月十九日、一三七頁。
(47) 同会議録（その七）、三月二十四日、一五三～一五四頁。
(48) 『山口県史』史料編 現代5、64 昭和二十九年度決算審査意見書、四二一頁（以下、史料編 現代5と略記する）。
(49) 史料編 現代5、49 困難を極める予算編成（昭30）。
(50) 「昭和三十年三月山口県定例議会会議録」（その一）、三月二日、八頁。
(51) 同右。
(52) 同会議録（その一）、一〇頁。
(53) 同会議録（その七）、三月十七日、一一八頁。
(54) 先に掲げた、通史編 現代、二八四頁、表2-1-1、を参照。
(55) 史料編 現代5、50 昭和三十一年度予算案と財政再建。
(56) 「昭和三十一年三月山口県定例議会会議録」（その一）、三月七日、四頁。
(57) 同会議録（その一）、五頁。
(58) 同会議録（その一）、七頁。
(59) 同会議録（その二）、三月十四日、一八頁。
(60) 同会議録（その二）、四一頁。
(61) 同会議録（その五）、三月十七日、一三七頁。

(62) 同会議録(その五)、一四七頁。
(63) 同会議録(その二)、三月十四日、四三頁。
(64) 同会議録(その五)、三月十七日、一二五頁。
(65) 同会議録(その六)、三月二十六日、一七三頁。
(66) 同会議録(その六)、一七五頁。
(67) 史料編 現代5、51 地財法による財政再建団体指定の提案(昭31)。
(68) 知事のいう単年度赤字「約四億円」がどのような根拠によるのか不明である。小澤知事の署名のある「山口県財政事情」(『山口県報』号外、昭和三十一年九月)では、三十年度においては「実質的には九億八千万円前後の赤字になる見込みであります」(二一頁)といっている。普通会計の三十年度の赤字は、表2-1のように、一一億六、〇〇〇万円である。
(69) 「昭和三十一年度五月山口県臨時議会会議録」(その一)、五月十日、四頁。
(70) 同右、五頁。
(71) 史料編 現代5、52 財政再建団体の指定をめぐる討論(昭31)。
(72) 「昭和三十一年五月山口県臨時議会会議録」(その三)、五月二十二日、二一頁。
(73) 同右。
(74) 同会議録(その四)、五月二十三日、六〇頁。
(75) 同会議録(その三)、五月二十二日、二三頁。財政再建団体となった山形県の我孫子藤吉知事も、山形県議会において、地財法の原案には幾多の修正が加えられ、「地方財政再建法の制定は結局地方赤字団体の再建に役立つものであると考えている」(前掲、『山形県史』第六巻、現代編上、六七八頁)と答えている。
(76) 同会議録(その三)、五月二十二日、二三頁。
(77) 同会議録(その三)、四六頁。
(78) 同会議録(その四)五月二十三日、八一頁。
(79) 同会議録(その六)、五月二十八日、一〇四頁。
(80) 同会議録(その六)、一〇七頁。
(81) 同会議録(その六)、一〇八頁。
(82) 同会議録(その六)、一〇九~一一〇頁。

(83) 同会議録（その六）、一一〇〜一一二頁。
(84) 史料編 現代5、53 財政再建計画の提案（昭31）。
(85) 「昭和三十一年九月山口県定例議会会議録」（その一）、九月十一日、六頁。
(86) 後に掲げる表2-1では、赤字は三十七年度まで続き、三十八年度になってはじめて二、六〇〇万円の黒字が出ることになっている。
(87) 「昭和三十一年五月山口県臨時議会会議録」（その三）、五月二十二日、三五頁。
(88) 「昭和三十一年九月山口県定例議会会議録」（その三）、九月十八日、五五頁。
(89) 同会議録（その三）、六四頁。
(90) 同会議録（その三）、六七頁。
(91) 同会議録（その三）、八〇頁。
(92) 同会議録（その三）、八一頁。
(93) 同右。
(94) 同右。
(95) 同右、一四二〜一四三頁。
(96) 同会議録（その六）、九月二十九日、一四九〜一五〇頁。
(97) 史料編 現代5、54 財政再建計画申請書（昭31）。なお、財政再建計画の承認については自治庁財政再建課（昭31・11・12）による。
(98) 「昭和三十一年十一月山口県定例議会会議録」（その一）、十一月二十二日、四頁。
(99) 史料編 現代5、55 自治庁による財政再建計画・再建債の承認（昭31）、を参照。
(100) 県準備基金とは、昭和二十七年八月に施行された山口県条例第六十七号県準備基金条例にもとづく基金であり、それは県の予見し難い費用及び県債償還の費途に充てる（第一条）ための積立金である。前掲の「山口県財政事情（昭和三十一年九月）」（『山口県報』号外、三十一年十月三十日）によれば、昭和三十一年九月現在の有価証券ほかの県準備基金の合計は二二億四、五五四万五、五六八円であった（五一頁）。
(101) 「昭和三十一年十一月山口県定例議会会議録」（その一）、十一月二十二日、七頁。
(102) 同会議録（その三）、十一月二十七日、八一頁。

(103) 同会議録、八四頁。
(104) 同右。
(105) 同右。
(106) 同会議録(その四)、十一月三十日、一〇三頁。但し、議長が読み上げた採決の議案には第二十四号はない。
(107) 同会議録(その二)、一一頁。史料編 現代5、56 財政再建計画の変更(昭31)、57 財政再建計画変更の概要(昭31)を参照。
(108) 「昭和三十二年三月山口県定例議会会議録」(その一)、三月一日、四頁。
(109) 同右。
(110) 同右。但し、表2-1をご覧いただくと、三十二年度の歳入額は一二三億六、〇〇〇万円、歳出は一二七億六、二〇〇万円である。
(111) 同会議録(その四)、三月十一日、七八頁。
(112) 同会議録(その二)、三月八日、二七頁。
(113) 同会議録(その七)、三月二十二日、一七九〜一八〇頁。
(114) 同会議録(その七)、一八二頁。
(115) 同会議録(その七)、一八五頁。
(116) 同会議録(その七)、一八六頁。
(117) 同会議録(その七)、一八七頁。
(118) 同会議録(その七)、一八八頁。
(119) 同会議録(その七)、一八九頁。
(120) 「昭和三十三年三月山口県議会定例会会議録」(その一)、六頁。
(121) 史料編 現代5、58 順調に進む財政再建(昭33)。
(122) 「昭和三十三年三月山口県議会定例会会議録」(その一)、九頁。
(123) 同会議録(その三)、二四頁。
(124) 同会議録(その三)、二七頁。
(125) 同会議録(その三)、三〇頁。

(126) 「昭和三十三年九月山口県議会定例会会議録」(その一)、九月二十九日、六頁。
(127) 同右。
(128) 同右。
(129) 史料編 現代5、59 財政再建期間を二年短縮(昭33)。
(130) 三億二、〇〇〇万円と二億一、〇〇〇万円の差で、一億一、〇〇〇万円ではないのか。
(131) 「昭和三十三年九月山口県議会定例会会議録」(その二)、十月二日、一九頁。
(132) 同会議録(その二)、三九頁。
(133) 同会議録(その二)、四三頁。
(134) 第九号の誤りかと思う。
(135) 「昭和三十三年九月山口県議会定例会会議録」(その五)、十月八日、一六七頁。
(136) 同右。
(137) 第九号の誤りかと思う。
(138) 「昭和三十三年九月山口県議会定例会会議録」(その五)、一六八頁。
(139) 「昭和三十四年二月山口県議会定例会会議録」(その一)、二月二十七日、七頁。
(140) 「昭和三十五年二月山口県議会定例会会議録」(その一)、二月二十九日、一八頁。
(141) 「昭和三十五年八月山口県議会臨時会会議録」、一一頁。小澤知事が退任するにあたり、議長の瀧口純は「再建法の適用を受けられ、着々誠意をもって山口県財政の立て直しに努力せられました」(同会議録、一四頁)とのべて賛辞を送った。
(142) 「昭和三十七年二月山口県議会定例会会議録」(その一)、二月二十八日、一六頁。
(143) 史料編 現代5、60 財政再建を達成(昭37)。なお引用文中の/は改行を示す。以下、同様のため注記を省略する。
(144) 通史編 現代、二八九頁、表2-1-2、をご覧いただきたい。
(145) 金利は七分六厘五毛であり、一八府県の中では最低の金利であった。なお、最高は佐賀県の八分三厘である(前掲、『地方財政再建の状況—総括編—』、四八頁)。
(146) 通史編 現代、二八九頁、表2-1-2、をご覧いただきたい。
(147) 通史編 現代、二九〇頁、表2-1-3。原資料は、山口県財政課『山口県財政概要』昭和30年代版(30年度~39年度)、である。

(148) 通史編 現代、二九一頁、表2-1-4、をご覧いただきたい。
(149) 通史編 現代、二九一頁、表2-1-5、をご覧いただきたい。
(150) 二十五年九月の地方財政平衡交付金法の一部を改正する法律によって成立した地方交付税交付金の総額は、当該年度の所得税、法人税、酒税の収入見込額の一〇〇分の二二とされた(前掲、『現代日本地方財政史』(中巻)、八六〜八七頁)。その後、全国知事会などからの要請により、交付税率は三十一年度に二五%に(同書、四二五頁)、三十三年度に二七・五%に(同書、四二九頁)、三十四年度に二八・五%に(同書、四三〇頁)、そして三十七年度には二八・九%に引き上げられた(同書、四三六頁)。
(151) 高度成長については、本書の第三章を参照されたい。
(152) 通史編 現代、二九三頁、表2-1-6、をご覧いただきたい。
(153) 「山口県税賦課徴収条例の一部を改正する条例」、第四十条、山口県条例第二十三号、昭和二十九年六月五日。
(154) 法律第九十五号、地方税法の一部を改正する法律、昭和二十九年五月十三日。
(155) 前掲『現代日本地方財政史』(中巻)、六四〜七〇頁。
(156) 同右、七一〜七二頁。
(157) 『昭和二十九年度山口県歳入歳出決算審査意見書』昭和三十一年一月二十八日、四頁。
(158) 史料編 現代5、64 昭和二十九年度決算審査意見書、を参照。
(159) 『昭和三十年度山口県歳入歳出決算審査意見書』昭和三十一年十二月十五日、二頁。
(160) 史料編 現代5、65 昭和三十年度決算審査意見書、を参照。
(161) 『昭和三十一年度山口県歳入歳出決算審査意見書』昭和三十二年十二月十三日、一頁。
(162) 同右、二頁。
(163) 『昭和三十二年度山口県歳入歳出決算審査意見書』昭和三十三年十一月二十四日、二頁。
(164) 『昭和三十三年度山口県歳入歳出決算審査意見書』昭和三十四年十一月二十四日、二〜三頁。
(165) 『昭和三十六年度山口県歳入歳出決算審査意見書』昭和三十七年十一月三十日、一頁。
(166) 同右、二頁。
(167) 同右。
(168) 同右、一五〜一六頁。

(169) 通史編 現代、二九四頁、表2-1-7、を参照。
(170) 昭和三十七年十月十五日に告示された『山口県財政事情』(昭和37年度上期)(四頁)も、「財政再建期間中の国からの援助」の表を掲げている。
(171) 『山口県財政事情』(昭和三十一年九月)、五四頁。
(172) 同右。
(173) 同右。
(174) 『山口県財政事情』昭和三十七年度下期、二〇頁。
(175) 前掲、『新潟県史』通史編9、現代、二九五〜二九六頁。鳥谷部仁が執筆。
(176) 同右、四六六頁。以下、前田穣が執筆。
(177) 同右、四六七頁。
(178) 同右。
(179) 千葉県も、いったんは自主再建を目指したが、赤字解消の目途がたたず、自主再建を断念して地財法による財政再建の適用を受けた(前掲『千葉県の歴史』通史編、近現代3、三五一〜三五二頁)。
(180) 前掲『新潟県史』通史編9、現代、六六九〜六七一頁。但し、長期構想の「以後の実績は計画値を大きく下回り、計画としての価値が失われる結果となった」(同書、六七一頁)という。
(181) 前掲『千葉県の歴史』通史編、近現代3、六三〇頁。ふりがなは原文の通りである。

第三章　高度成長期の山口県の財政

はじめに

武田晴人の『高度成長』[1]によれば、日本の経済は昭和三十（一九五五）年以降「高度経済成長」と呼ばれる高成長経済の時代に入り、「好況期の実質成長率は一〇％前後の高率となり、短期間の低成長率の時期を挟んだ循環的な経済拡大であった」[2]という。そして、五十三（一九七八）年から五十四年の石油危機（第二次）[3]によって『高成長経済』の時代は終わりを告げた」[4]。したがって、高度成長期とは三十年から五十四年までと理解される。ちなみに、手許の経済学辞典を見ると、『経済用語辞典』（第四版）は、「高度成長期」について「一九五〇年代半ばから七二年にかけて日本経済が平均一〇％程度の高い経済成長を続けた時代を指す」とし、「この高度成長は、七三年の第一次石油ショックを機に終わりを告げ、その後の日本経済は四～五％程度の成長経路へと移行することとなる」[5]という。

このように、通常、高度経済成長期とは、実質のＧＤＰの成長率でいうと一〇％程度の成長率を示した期間で

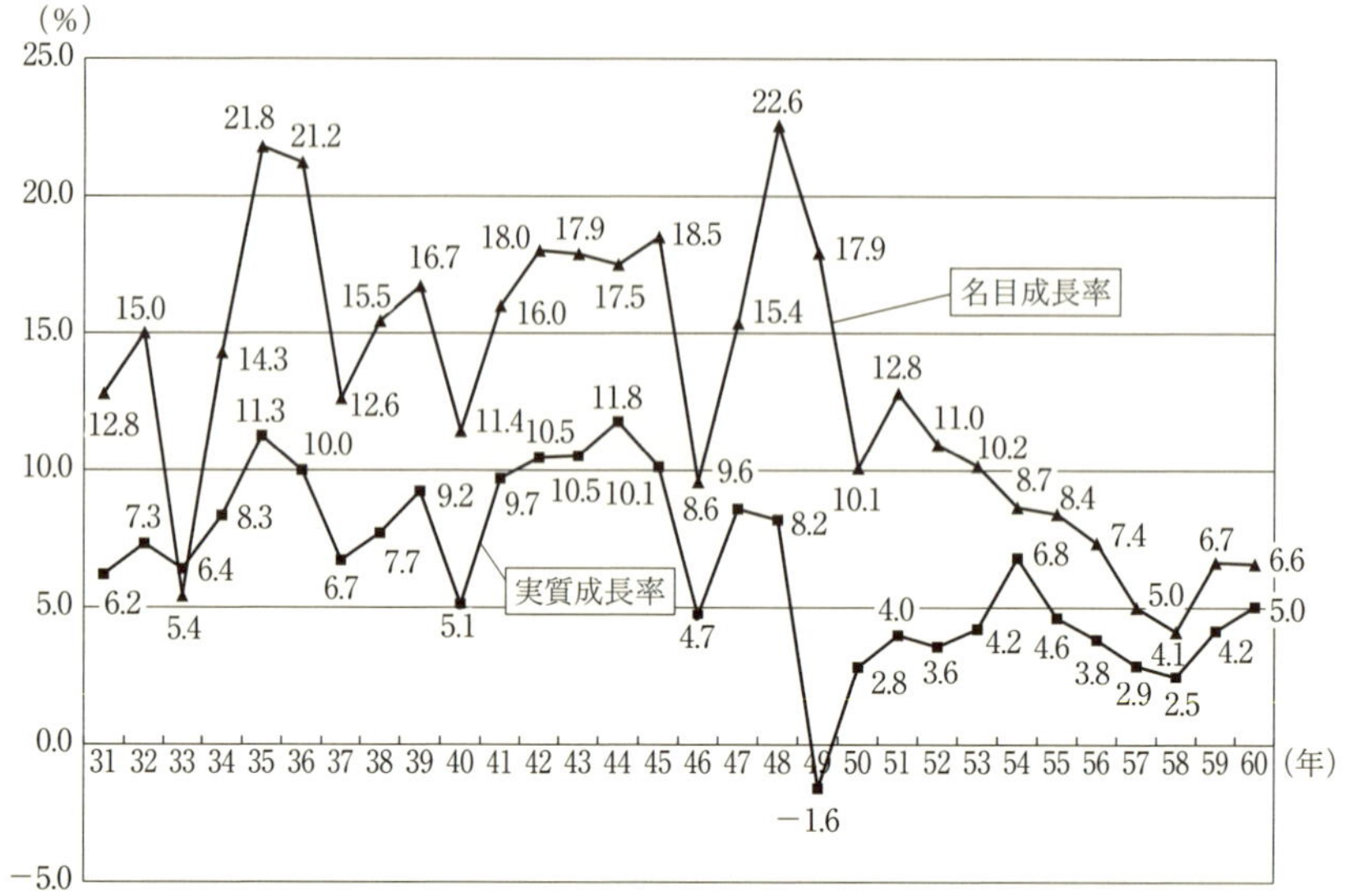

〔注〕図のデータの生産者価格表示の国内総生産は，中間投入をのぞき，統計上の不突合を含む。
〔資料〕総務省統計局ホームページ，第３章　国民経済計算，3−4　国内総生産及び要素所得（名目，実質，デフレーター）−平成２年基準（68SNA）（昭和 30 年〜平成 10 年）である。原資料は，内閣府経済社会総合研究所国民経済計算部「国民経済計算報告（長期遡及主要系列昭和 30 年〜平成 10 年）である。

図 3-1　GDP の成長率（名目と実質）の推移（昭和 31-60 年）

あり、年代的には三十年から始まる。但し、終期については第一次石油危機までとするか第二次石油危機までとするかについて論者によって食いちがう。そこで、三十一年以降六十年までのＧＤＰの成長率の推移を示すと図３−１のようである。[6] ご覧のように、ＧＤＰの実質の成長率を見ると、第一次石油ショックによって四十九年にはマイナス一・六％に低下した後は一〇％前後の成長率には達していない。したがって、武田のように、高度成長の時代を五十四年頃までとすることには無理があるであろう。本章においても高度成長期とは、基本的には三十年から四十八年までとする。

さて、本章の課題は高度成長期の山口県の財政である。しかし、前章で詳しく見たように、日本の高度成長が始まった三十年度の山口県の財政は一一億九、二〇〇万円の実質収支の赤字を出して財政の再建に迫られていた。そして、三十一年十一月に地方財政再建促進特別措置法にもとづく財政の再建が自治庁によって承認され、山口県は財政の再建に踏み出す。その後、財政の再建は順調に進み、三十六年度には財政再建債等を含めた実質収支が黒字となり、財政の再建が終了した。このような事情によって、山口県の財政が国の高度成長政策にしたがって運営されるようになったのは三十六年度以降である。

山口県の県政から見ると、橋本正之が山口県知事に就任したのは三十五年九月で、病気療養を理由として辞任したのは五十一年六月である。(7) したがって、山口県の「高度成長期」は、山口県の特殊な事情によって橋本の知事就任から始まり、四十八(一九七三)年の第一次石油危機までになる。しかし、財政に即して橋本県政期(橋本の最初の当初予算である三十六年度から最後の当初予算である五十年度までの一五年間)が山口県の「高度成長期」に近似すると考えると「高度成長期」は三十六年度から五十年度までになる。

本章においては、まず国民所得倍増計画と山口県の行政投資を概観し、次に高度成長期における橋本知事の財政政策を県議会における議論とからめつつ叙述する。そして、高度成長期の山口県の財政構造とその推移を分析して、山口県の高度成長期の財政の特徴を明らかにしたい。

最後に、昭和三十七年度以降四十八年度までの『歳入歳出決算審査意見書』並びに昭和四十二年度下期以降の『財政事情』をいくつか簡潔に紹介する。

一 国民所得倍増計画と山口県の行政投資

橋本知事は昭和三十六年二月二十七日の県議会において知事就任後初めての当初予算を提案し、その冒頭において「国は、最近におけるわが国経済成長の実情を基盤に、所得倍増の達成を十年後にもくろみつつ新年度予算を編成いたしましたわけでありますが、かかる趨勢に対処いたしまして、本県といたしましても国の施策を有効適切に導入し、その独自性の上にこれを十分消化して、県勢基盤のすみやかなる整備強化に資することが喫緊の要務であること申すまでもございません」[8]という。知事は、今後、政府の国民所得倍増計画に基づく施策を適切に導入し、山口県下における各種の基盤を整備し強化する決意を表明したのである。

周知のように、国民所得倍増計画は、池田勇人内閣が三十五年十二月に閣議決定した経済計画である。その骨子は、三十五年度の一三兆円の国民総生産を四十五年度に二倍の二六兆円（昭和三十三年度価格）にするというものであり、経済の成長率は複利で七・八％と想定された。[9]同計画は、この目標を達成するために五つの課題を掲げたが、政府の果たすべき役割の第一が社会資本の充実であった。そして、社会資本整備の第一の方向は経済成長の隘路となる可能性が相当強い「産業基盤強化のための社会資本をまず必要最小限確保すること」[10]である。目標としては「社会資本充実のための行政投資の企業設備投資に対する比率を、現在の1：3より、目標年次には1：2程度に拡大し、この計画期間中に合計一六・一三兆円（昭和三五年度価格）を投下することとした」[11]という。そして、行政投資の伸び率を、三十五年度以降、経済の年平均成長率の七・八％を上回る九％と計画した。[12]経済成長率より行政投資の伸び率が上回る国の政策は、その後の経済計画においても継続される。

ところで、「行政投資」という言葉がはじめて使われたのは国民所得倍増計画においてであった。[13]同計画の中の「第10表　行政投資実績および計画期間中の投資額」の備考の1は「行政投資とは、民間企業投資および政府の企業的投資以外の、いわば政府固有の役割を果たすための投資」[14]であり、具体的には「中央・地方の一般会計ないし普通会計並びに非企業特別会計の投資額、道路、首都高速、愛知用水、森林開発、機械開発、住宅の各公団、原子力研究所の投資額および地方準公営事業の投資額を指している」[15]という。本章では、自治省が行った都道府県別の行政投資実績調査のうち、山口県の行政投資に焦点を当て、国、公団、公社ほか並びに日本国有鉄道ほかは対象外とする。

行政投資は、当初、Ⅰ一般事業投資計、Ⅱ公営企業投資計、Ⅲ準公営企業投資計、Ⅳ収益事業投資、Ⅴ国民健康保険事業投資、Ⅵ公益質屋事業投資に区分されていた。[16] しかし、四十一年の地方財政法の改正によって、それ以前に用いられていた準公営企業という用語はなくなった。[17] したがって、四十五年度、五十年度においては、Ⅱ公営企業投資とⅢ準公営企業投資がⅡ公営企業投資に一本化された。なお、市町村に許されたり、市町村が実施したりする収益事業投資、国民健康保険事業投資、公益質屋事業投資は、当然であるが、山口県が行う行政投資の範疇外である。

山口県が投資主体となった行政投資における資金負担別投資実績の推移を見る。[18] ここでは高度成長下の橋本県政下の行政投資の推移を見るのが目的であるので、これらの表では、橋本が知事になる直前の昭和三十五年度、橋本財政が始まった三十六年度、以後五年置きの四十年度、四十五年度、橋本財政の最後の五十年度に限定した。

行政投資額は「事業費及び施設の維持補修費とし、事業費には事業に伴う事務費、調査費、用地取得費及び補修費を含め、歳出決算額」[19] である。そして、山口県の事業費は、(ア)「国庫支出金」(山口県の歳入科目のうち当該年度に収入)、(イ)都道府県費(ア)及び(ウ)以外の財源)、(ウ)市町村費(山口県の歳入科目のうち「分担金及び負担金」及び「寄附金」のうち市町村歳出に係るもの)、を合わせた額である。[20] したがって、山口県の行政投資といっても、山口県の資金だけで行うのではなく、国からの補助金や市町村からの分担金や負担金等によってもまかなわれるのである。

最初に、山口県が投資主体となった行政投資の総投資額を見ると、三十五年度には六一億二、九〇〇万円であったが、[21] 五十年度には六六七億二、一〇〇万円となり、[22] この間に一〇・九倍になっている。五十年度の総投資額の内訳を見ると、県費が三七二億七、七〇〇万円で五五・九%である。国費は二七七億八、七〇〇万円で四一・六%、市町村費が一六億五、七〇〇万円で二・五％である。

三十五年度から五十年度の国費、県費、市町村費の割合の推移を見ると、県費が三十六年度以降国費を上回って、四十五年度には六〇・五％に達している。他方、国費は四〇％前後で推移している。市町村費は分担金や負担金であるから割合は小さく、減少傾向である。

山口県の行政投資の内訳の推移を見ると、この期間を通じて常に第一位は道路（街路を含む）である。道路は山口県の行政投資の二三・七％から三〇・三％を占めている。次いで大きいのは治山治水で、一三・四％から一八・七％を占めている。第三位は農林水産業で、八・六％から一三・〇％を占める。農林水産業は、農業基盤整備の土地改良事業、開墾、干拓や林道、造林、漁港など多岐にわたる事業を行っている。[23] 第四位は災害復旧で、五・七％から一四・一％を占める。したがって、山口県が行う主要な行政投資は、道路、治山治水、農林水産業、災害復旧の四つであるが、それらの中で道路が突出している。

後に見るように、橋本知事は「道路知事」の異名をとったが、彼の政策的意図は行政投資の道路に表れているであろう。但し、行政投資の第一位が道路であるのは山口県に限ったことではない。例えば、金澤史男は、静岡県の行政投資について「全体に占めるその〔道路の〕比率は六六〜七〇年には四〇％を超えている。[24] 六〇年代の県下公共投資が道路を中心とする産業基盤整備に大きく傾斜していたことが確認できる」といっている。[25]

昭和五十年度の行政投資のうち、山口県下の国道、県道、市町村道の投資主体別資金負担別投資実績を見ると表3-1のようである。ご覧のように、国道は国費が八一・五％で圧倒的に多い。しかし、山口県と県下の市町村も直轄事業負担金として若干の負担をしている。他方、県道においては県費が中心かと思うだろうが、国庫支出金が交付され、それが五〇・八％に達している。そのために、県費は少し下回って四七・六％である。また、山口県は、県下の市町村からも若干の土木費負担金をもらっている。市町村道は市町村費が七九・八％で圧倒的に多いが、それでも国費が一九・五％投じられている。したがって、道路においては、国費が県道と市町村道にそれぞれ投じられ、国民所得倍増計画が掲げる行政投資の充実強化が実現されているといえるであろう。

最後に、近昭夫の行政投資の分類にしたがって、山口県が行う行政投資の資金負担別内訳を、生産基盤関係、国土保全関係、生活基盤関係、その他として見ると、表3-2のようである。ご覧のように、五ヶ年度を通じて生産基盤関係の合計は四九・〇％から五四・七％に達して、ほぼ半分を占めている。そして、国土保全関係が二五・三％から三九・〇％である。それに対して、生活基盤関係の合計は八・九％から一八・七％である。したがって、ほとんどが生産基盤関係と国土保全関係の行政投資である。近は、東海四県の公共投資の分析から、住宅、都市計画、上下水道等の生活基盤投資が大きい「都市型の公共投資」[26]と道路、治山治水等の生産基盤投資が大きい「農村型の公共投資」に分けるが[27]、それにしたがうと、山口県の行政投資は農村型といえるかもしれない。しかし、近は「結局、生活基盤投資の多寡が、さきにみた都市型と農村型とを分ける決定的な契機になっている」[28]という

表 3-1　国道，県道，市町村道の投資主体別資金負担別投資実績（昭和 50 年度）

（1,000 円，％）

国	国道		
	資金負担区分	金額	割合
	国費	15,697,108	81.5
	県費	3,522,766	18.3
	市町村費	40,069	0.2
	投資総額	19,259,943	100.0
山口県	県道		
	資金負担区分	金額	割合
	国費	7,144,529	50.8
	県費	6,687,509	47.6
	市町村費	224,559	1.6
	投資総額	14,056,597	100.0
市町村	市町村道		
	資金負担区分	金額	割合
	国費	1,947,914	19.5
	県費	72,524	0.7
	市町村費	7,981,526	79.8
	投資総額	10,001,964	100.0

〔資料〕自治大臣官房地域政策課『昭和 50 年度／行政投資実績〈都道府県別行政投資実績報告書〉』昭和 52 年 12 月，90-93 頁。

表 3-2　山口県が投資主体となった行政投資における生産基盤・国土保全・生活基盤・その他の割合の推移（昭和 35・36・40・45・50 年度）

（%）

行政投資先の大分類	中分類	小分類	35	36	40	45	50
生産基盤関係	運輸・交通関連施設	道路（街路を含む）	25.3	28.8	25.4	30.3	23.7
		空港	—	—	1.6	0.1	1.7
		小計	25.3	28.8	27.0	30.4	25.4
	工業・商業関連施設	港湾	5.0	6.3	4.8	4.4	3.8
		港湾整備	0.8	2.3	1.2	1.4	1.3
		工業用水道	5.4	6.5	9.4	1.6	11.3
		電気	—	0.8	3.8	1.1	0.2
		市場	—	—	—	0.0	0.0
		小計	11.3	16.0	19.1	8.6	16.6
	農業関連施設	農林水産業	13.0	8.3	8.6	10.0	11.5
	生産基盤関係の合計		49.6	53.1	54.7	49.0	53.5
国土保全関係		治山治水	17.7	13.4	14.1	14.9	18.7
		海岸保全	3.7	3.1	4.0	3.2	3.0
		災害復旧	14.1	11.1	12.4	5.7	8.4
		失業対策	3.4	3.4	2.0	1.5	0.4
		鉱害復旧	0.1	—	0.1	—	—
		小計	39.0	30.9	32.6	25.3	30.6
生活基盤関係	住宅・環境・衛生関連施設	住宅	1.5	1.7	2.0	3.4	3.5
		宅地造成	—	—	—	0.0	—
		都市計画	0.1	—	—	0.3	0.6
		環境衛生	—	0.0	0.0	0.4	0.2
		小計	1.6	1.7	2.0	4.1	4.3
	厚生福祉施設	厚生福祉	1.1	0.5	0.8	3.4	1.6
		病院	0.4	2.0	1.4	0.2	0.2
		観光施設	—	—	—	4.5	—
		文教施設	5.8	7.8	5.5	6.5	4.4
		小計	7.2	10.3	7.7	14.6	6.1
	生活基盤関係の合計		8.9	12.0	9.7	18.7	10.4
その他		官庁営繕	2.0	3.6	0.9	0.5	1.2
		その他	0.6	0.4	2.1	6.5	4.3
		小計	2.5	4.0	2.9	7.0	5.5
合　計			100.0	100.0	100.0	100.0	100.0

〔注〕行政投資の大分類・中分類は，近昭夫「第 4 章　東海地域における公共投資―静岡県におけるその特徴をめぐって―」，上原信博編著『地域開発と産業構造』御茶の水書房，1977 年，表 4-6，附表 4-3，にならった。

〔資料〕拙稿「高度成長期の山口県財政」，『山口県史研究』第 25 号，平成 29 年 3 月，表 1，表 2 から作成。

から、県に与えられた行政分野の性格から生産基盤関係と国土保全関係の割合が多くなるのはやむを得ないであろう(29)。

二　橋本知事の当初予算と県議会における審議

本節では、高度成長期において橋本知事が展開した財政政策を歳入歳出予算に関する県議会での審議を紹介しつつ分析する。なお、橋本知事の在任は、昭和三十五年九月から五十一年六月までであるが、本節で取り上げる予算は、昭和三十六年度山口県歳入歳出予算のほか、四十四年度、四十九年度、五十一年度（平井副知事が提案）の山口県歳入歳出予算の四つである。

橋本正之は三十五年九月に山口県知事に就任し、三十六年二月二十七日に、就任後初の当初予算を議案第一号「昭和三十六年度山口県歳入歳出予算」として県議会に提出した(30)。当初予算の規模は一九八億三〇〇余万円で、前年度当初予算を三九億九、八〇〇余万円上回る(31)。知事は、各行政部門の施策的経費の最初に「産業基盤の整備に最も関係のあります土木建設部門(32)」を置き、その総額を三八億五、六〇〇余万円とする。そして、「これによりまして、特に長期的視野に立っての道路、港湾の計画的建設、都市計画街路の整備、河川の改修等にそれぞれ相当の資金量を注ぎ込むこととし、年間実施予定額におきましては、前年度のそれに比較いたしまして、道路事業で三八％、港湾事業で二七％の伸びを確保することにいたしております(33)」という。そして、知事は、三月十一日の県議会において「〔国民〕所得倍増計画にのっとりまして、県政の推進、特になかんずく振興策を講じていく(34)」という。また、末宗照彦議員（日本社会党）の質問に答える中で、知事は「山口県の将来の姿がいわゆる国民所得の伸びに相応して伸びていくかどうかということにつきましては、今のところ確たる数字的なものは持っておりませんけれども、少なくとも山口県の今日の姿より〔国民〕所得倍増計画に向って、それにほぼひとしい成長を遂げていくことはでき得るんではないかというふうに考えておる[35]」という。

橋本知事は「道路知事」の異名をとったが、道路の必要性について次のようにいう。山口県下に工場を誘致する際には「…どうしてもです、道路の整備ということを主眼におきまして、それらの地域における工場の誘致が成立するような条件を成熟さしていかなければならないと考えておりまして、何といたしましても県道、地方道を通じまして道路の整備というものが、きわめて重要な要素に相なって参ることと存じます[36]」。なお、県議会において、橋本が「道路知事」だといわれているといった一例を挙げると、それは自民党の徳原啓議員の発言である[37]。

三月七日の県議会において、末宗議員は、予算編成においては公共事業に対する投資に片寄り、「社会福祉については全く影をひそめて[38]」いるという。徳原啓議員も、公共土木事業の予算が今後の繰り越しを考えると五〇億円近い予算となり、そこに当初予算の重点があるようだが、「最も重点的に考えてしかるべきこの福祉関係の予算が非常に僅少であるという印象を受けざるを得ないのであります。（「そうそう、その通りだ」と叫ぶ者あり[39]）」という。

三月二十日の本会議において、総務警察委員長の河上武雄議員は、議案第一号については委員会において採決した結果、賛成多数をもって可決すべきものと決定したと報告した。その後、瀧口純議長は、議案第一号を含む諸議案ならびに請願について質疑、討論を省略して直ちに採決をおこないたいといったが、それに対して異議が出た。その異議に賛成の議員が五名以上となり、異議の申し立てが成立した[40]。その後、質疑、討論を省略することについて記名投票が行われた結果、投票総数四六票、うち賛成の者（白票）が三八票、反対の者（青票）が八票で、委員会の委員長報告について質疑、討論を省略することが決定した[41]。議長が改めて議案第一号ほかの諸議案ならびに請願について各委員長の報告の通り決することに賛成する者の起立を求めたところ、起立多数で第一号議案ほかの諸議案ならびに請願は各委員長の報告の通りに決定された。[42]

　昭和四十三年八月に第七回の知事選挙が行われ、現職の橋本正之が三選を果たした。橋本知事は、四十四年二月二十八日に、議案第一号「昭和四十四年度山口県一般会計予算」を県議会に提出した。[43] 知事は、県政の目標を要約して「すぐれた人づくり」、「栄える県づくり」、「しあわせな社会づくり」の三つとし、これまでの「豊かな山口県の建設」、「住みよい山口県の建設」、「若さをはぐくむ山口県の建設」という三本のスローガンを改めるとした。[44] 県議会において斉藤暢二《ちょうじ》議員（純正民社クラブ）は「八年前にきめたこの色あせた文学少女的なタイトルでは、県民があきを感じている…[45]」ために橋本知事はスローガンを変更したというが、筆者は、高度成長の矛盾が顕在化するとともに国の福祉拡充政策を受けて知事は、それまでの産業基盤の整備を中心とする財政政策からの転換を図ろうとしたためではないかと推測する。知事は「『文教の振興』と『産業と生活の基盤整備と地域開発の推進』の二項目に重点を指向いたしまして、人づくりのための条件を整備し、繁栄につながる県づくりの基盤を整えていきたいと存じます[46]」という。その後の質疑の中で知事は「一つはやはり人をつくり上げていくということが、やはり県政の根本でなければならない、これを私は常に一番基本に置いております[47]」といっている。

　県議会の最終日の三月二十四日に総務警察委員長の加藤一男議員は、議案第一号は採決の結果賛成多数で可決すべきものと決定したと報告した。[48] その後、吉井公人議長は、討論の通告があったとし、順次発言を許すとする。最初に、山本利平議員（日本共産党）が第一号議案に反対の討論を行う。彼の結論は、「四十四年度の予算は、だれ[49]かが申されましたように、なるほど見ばは美しく、りっぱな板前の〔料理の〕ようになっておるが、内容、カロリーっていうものの、きわめて乏しい予算[50]」であり、「おおむね反対[51]」ということである。次いで、桑原孝行議員（日本社会党）は「このように、農村問題、教育問題、知事が最も力を入れたといわれる衛生、民生、労働問題等の社会開発、福祉行政に知事の力は予算となってあらわれてきておらないのであります…／よって私は、働く県民の立場から、第一号議案に反対の意を表して討論を終わります。[52]（拍手）」という。その後、吉井議長が委員長報告の通り決することに賛成の者の起立を求めたところ、起立した者が多数であり、議案第一号は原案の通り可決された。[53]

昭和四十七年八月に第八回の山口県知事選挙が行われ、橋本正之が四回目の当選を果たした。議案第一号「昭和四十八年度山口県一般会計予算」は、四十八年二月二十八日に橋本知事から県議会に提出された。知事は「社会資本の整備と社会保障の充実等国民福祉の向上のための諸施策を推進することを基本[54]」とする国の予算編成を受けて、山口県の当初予算も「福祉の充実と社会資本の整備を基調とする通年予算として[55]」編成するという。そして、県政の政策目標としては、教育県を目ざす「すぐれた人づくり」、福祉県をめざす「しあわせな社会づくり」、産業県をめざす「豊かな県づくり」の三本の柱であるという。[56]予算の総額は、一、三九四億二、一〇〇余万円であり、前年度の当初予算と比較して二七六億三、五〇〇余万円、二四・七％の増加である。[57]

県議会において、知事は、原田孝三議員（日本社会党）の質問に答えて、四十八年度予算の「重点はどこまでも今日の社会福祉の充実、それから社会資本の充実というものを生活関連、社会資本の充実ということを重点において、きめのこまかい配慮をしたことは、これはご理解を賜りたいと思うのであります[58]」と答える。また、知事は、山本利平議員の質問に答えても「今日の時代に予算編成の基本的な態度として、これは何回もいわれており〔申し上げており〕ますように、いわゆる従前の経済成長の成果を踏まえた福祉〔への〕転換の時代でありますし、それから、経済優先から福祉優先への考え方に立って予算を編成し、執行していくという考え方は、もうそのとおりであります[59]」と答える。

橋本知事には、時代は福祉の時代であるという認識があったと思われるが、注意すべきは、公共投資をないがしろにするということではないということである。知事は、安富隆吉議員（さつき会）の質問に対して、「…なるほど、福祉重点だから、ほかのものを削って福祉のほうに回せば、いとも簡単でありますが、県政全般からいけば、私はそうはいかないと思います」[60]といい、「福祉を中心の基本姿勢は変えていきませんが、やはりそういう公共投資等も、応じられるものをできるだけ重要度に応じて応じて《〔ママ〕》いくということにならざるを得ぬわけであります。この点も御理解をいただきたいと思います」[61]と答えている。したがって、福祉重視を予算編成の中心にすえるが、道路やダムの建設もおろそかにはしないということであろう。知事は、安永清議員（日本社会党）の質問に対して「やはり今日の時代は福祉充実が重点の時代であります。それは十分基礎に踏まえていかなければなりません。したがって、その基礎に踏まえた姿勢でいきますが、やはり成長と福祉というものは、長い山口県の将来の姿を考えてみても、両者を併存妙用していくところに、私は県勢の発展があるんではないか、そういうふうに考えます」[62]と答えている。知事は、福祉県をめざす「しあわせな社会づくり」と産業県をめざす「豊かな県づくり」をともに重視していたのであろう。

第一号議案については、三月二十八日に、総務警察委員長の吉永茂議員が委員会において採決の結果、賛成多数をもって原案の通り可決すべきものと決定したと報告した[63]。その後、日本社会党の原田孝三議員、日本共産党の山本利平議員、民社党の坪内藤義議員、さつき会の安富隆吉議員が、それぞれ議案第一号等に反対の討論を行った。討論終了後採決に入り、近間忠一議長が議案第一号ほかの二件について委員長の報告の通り決することについて賛成する者の起立を求めたところ、起立多数で原案のとおり可決された[64]。

昭和四十九年二月二十八日に、橋本知事は議案第一号「昭和四十九年度山口県一般会計予算」を県議会に提出した。知事は、冒頭において「私は、これまでの経済成長から得た成果を県民生活の安定と福祉の充実に結びつけつつ、…強力に県政推進に邁進してまいりたいと考えておるところであります」[65]という。そして、県政の政策目標としては、前年度と同様に「すぐれた人づくり」、「しあわせな社会づくり」、「豊かな県づくり」の三本の柱を掲げる。(66) 同年度の予算総額は一、五四〇億八、八〇〇余万円であり、前年度の当初予算と比較して一四六億六、七〇〇余万円、一〇・五％の増加である。(67)

県議会では、同年一月に策定された第二次社会福祉基本計画をめぐる審議が一つの焦点であった。坪内藤義議員が「この第二次社会福祉基本計画は、計画どおり必ず実施するという約束ができなければならないと思うのでありますが、その点はいかがでありましょうか」(68)と質問する。それに対して、知事は「何ぶんにも相当膨大な事業量になることは事実でございますが、先ほどもお話にありましたように国、県、市町村、民間、これらそれぞれの役割分担をはっきりさせながら、この〔第〕二次〔社会福祉〕基本計画の実現をはかっていきたい」(69)と答える。それに対して坪内議員は、国、県、市町村それぞれの役割があるというと、国と市町村が応じてくれないとできないということになるが、「少なくとも私〔知事〕の責任において、これだけのものはやります、こういう姿勢を示していただきたいと思う」(70)と質す。それに対して、知事は、県として五ヶ年間を目標とする計画なので「この計画を着実に実行していくということが基本的な態度であります」(71)と答える。

三月二十五日の県議会において総務企画委員長の友広博議員は、議案第一号は委員会において採決の結果賛成多数をもって原案の通り可決すべきものと決定したと報告した。(72) その後、賛否の発言があり、田辺孝三議長が議案第一号について委員長の報告の通り決することに賛成の者の起立を求めたところ、起立多数で議案第一号は原案の通り可決された。(73)

昭和五十一年二月二十八日に開会された県議会の冒頭に吹田《ふきた》愰《あきら》議長は、橋本知事から病気療養のために定例会を欠席する旨の届けがあり、説明及び答弁は地方自治法第百五十三条第一項の規定により副知事に代理させる旨の通知があったと報告した。(74) そこで、議案第一号の「昭和五十一年度山口県一般会計予算」は、平井龍《とおる》副知事が県議会に提出することになった。平井副知事は「具体的な予算編成において、今日、特に配慮しなければならない福祉対策、農林水産業及び中小企業対策については、現行の施策的事業をできるだけ充実強化するとともに、県政の基調である教育の振興につきましては、財源の増収を図り積極的に配慮したところであります」[75]という。昭和五十一年度山口県一般会計予算の総額は二、一八八億七〇〇〇余万円であり、前年度の当初予算に比較して二〇〇億七、六〇〇余万円、一〇・一%の増加である。但し、前年度現計予算と比較すると三・一%の増加である。[76]

その後の賛否の討論では、議案第一号について、日本社会党の俵田佐《たすく》議員が反対、自由民主党の大井喜栄議員が賛成、公明党の村木継明議員が反対、民社党の部谷《へや》孝之議員が反対、日本共産党の山本利平議員が反対した。さつき会の安富隆吉議員は賛成反対いずれとも判断しかねると発言した。議長の吹田愰議員が第一号議案ほかの議案五件を委員長の報告のとおり決することについて賛成する者の起立を求めたところ、起立多数で議案第一号ほかは原案の通り可決された。[77]

橋本知事は、五十一年六月三十日の定例会の初日に吹田議長に辞表を提出し、県議会は全会一致で辞任に同意した。[78] なお、橋本正之は同年九月九日に死亡した。

三　歳出歳入の推移と財政収支・県債

まず一般会計歳出はどのように推移したであろうか。橋本知事が就任する前年度の歳出決算額は二〇〇億九一五万五、〇〇〇円であったが、橋本知事就任後の最初の年度である昭和三十六年度には二四三億八、四八三万三、〇〇〇円となり二一・九%増加した。その後毎年度、前年度の歳出額を上回り、四十八年度には一、四六六億五、一二二万二、〇〇〇円となり、三十五年度にくらべて六・〇倍になった。そして、橋本財政の最後の五十年度には二、一四三億一、二一〇万七、〇〇〇円となり、八・八倍に達した。橋本県政下の三十六年度から五十年度の一五年間における歳出の年平均の伸び率は、名目額で一六・八％である。歳出の構造を見ると、三十六年度においては教育費が三三・四％で第一位、土木費が二四・二％で第二位、産業経済費が第三位で一〇・七％である。

ところで、三十八年九月に地方団体の歳入歳出予算の款項の区分並びに目ほかが変更され、三十八年度までと三十九年度以降の款以下についての時系列的な分析ができない。そのような事情のため、三十五年度から三十八年度は無視し、三十九年度以降においてとりあえず四十五年度の割合を見ると、第一位は教育費で三〇・七％、第二位は土木費で二二・二％、第三位は産業経済費で一〇・七％である。四十四年度以降橋本知事が展開した「福祉の充実と社会資本の整備を基調とする」(79)財政政策の推移を見るために、民生費に注目すると、それは四十五年度には四・八％である。

三十九年度から五十年度までの教育費、土木費、民生費の三つの経費の金額と歳出に占める割合を図にすると、図3-2のようである。教育費は三十九年度の一二八億円であったが、五十年度には六六九億円となり五・二倍の増加である。土木費は同じ期間に八二億円から四六九億円となり五・七倍であり、教育費の増加を少し上回る。しかし、歳出に占める割合は、教育費は、ご覧のように、四十七年度まで漸減傾向である。その後、増加に転じて五十年度には三一・二％となった。他方、土木費は教育費と逆の傾向を示し、四十七年度まで増加傾向で、三十九年度の二一・三％から四十七年度には二九・四％に達し、教育費の割合を上回った。しかし、この教育費と土木費の逆転は四十七年度のみで、その後土木費の割合は減少に転じた。特に四十九年度、五十年度の教育費の膨張は著しく、四十九年度の経費の増加額四九六億円のうち教育費は一七四億円で三五・〇％を占め、(80)五十年度は一八〇億円の増加額のうち教育費は七四億円で四一・九％を占めた。(81)

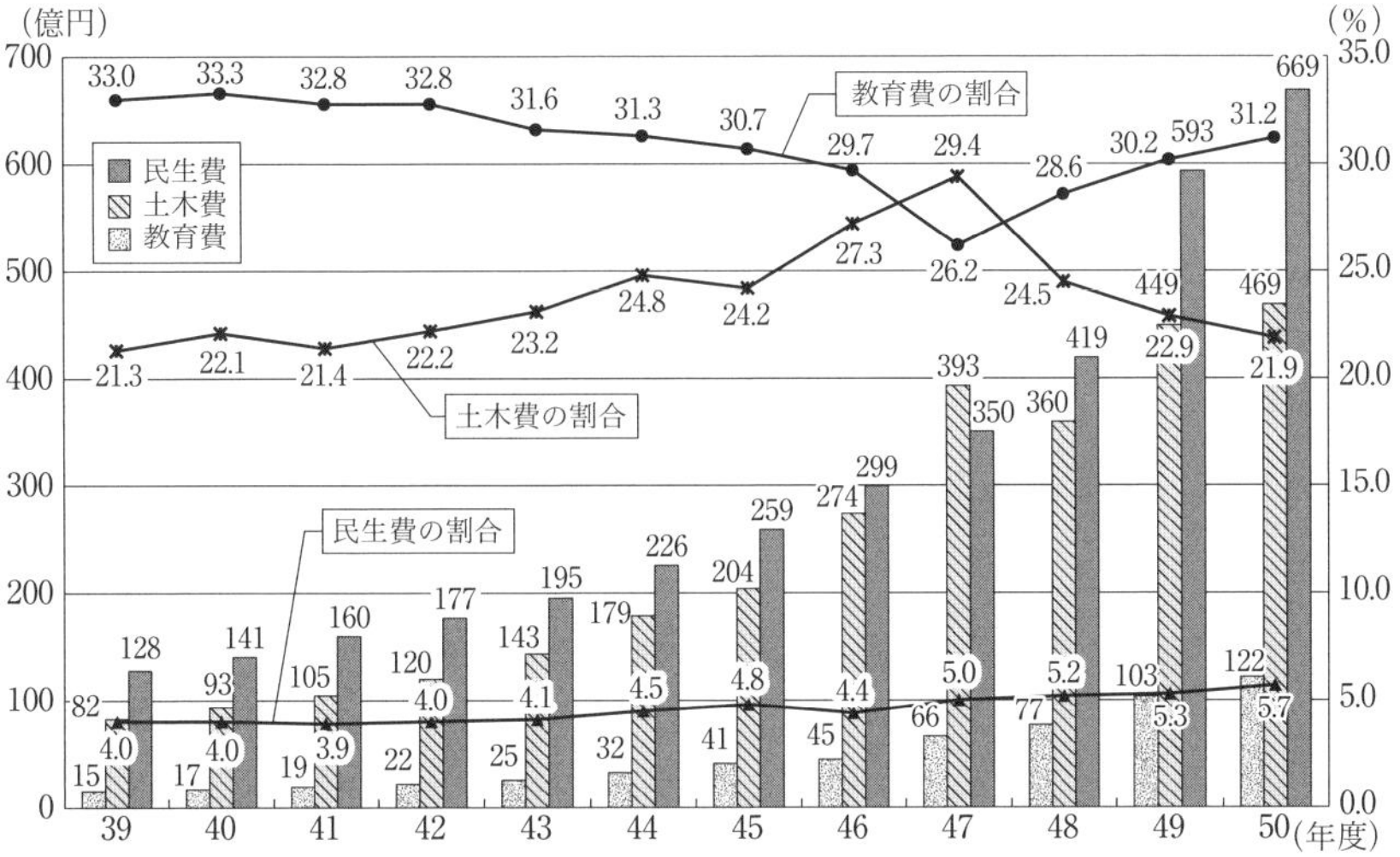

〔資料〕『山口県史』通史編 現代，502 頁，図 3-2-3 のデータ。

図 3-2 教育費・土木費・民生費の金額と歳出に占める割合の推移（昭和 39-50 年度）

昭和四十年代から五十年代前半までの地方経費の目的別構造を分析した藤田武夫は、まず注目されるのは土木費の推移であるという。土木費は「四〇年代前半にも最大の伸びを示し、その構成比は二五%を超え、教育費を抜いて首位についた。〔しかし〕四八年度から伸びが鈍化し、その構成比も落ちて、五五年度には二一%に低下した。…教育費も四九年度からふえて首位に復帰したが、その後構成比は漸落している」[82]という。したがって、山口県の一般会計における土木費と教育費の推移は、藤田の指摘とほぼ同じであろう。なお、山口県においては図3-2をご覧いただくと、土木費は四十八年度においては三六〇億円となり、四十七年度に比較して三三億円も減少した。それについて『山口県の財政』（昭和四十九年十一月）は「土木費は、総需要の抑制策に伴う公共事業の減が原因で漸減傾向にあります」[83]という。そして、性質別経費の投資的経費については「前年度に比較しますと九三・七%と減少しております。特に補助事業につきましては大幅な減少となっておりますが、これは国の総需要抑制策に伴う公共事業等の繰延べ措置によるもので

表 3-3　民生費の内訳の推移（昭和 39・45・50 年度）

（1,000 円，%）

年度／金額・割合 項目	39 年度		45 年度		50 年度		39 年度を 100 とする増加指数
	金額	割合	金額	割合	金額	割合	
社会福祉費	340,560	22.1	1,155,295	28.3	5,436,247	44.6	1,596
老人福祉費	73,193	4.7	307,667	7.5	2,058,535	16.9	2,812
児童福祉費	497,370	32.2	1,520,086	37.2	3,806,626	31.3	765
生活保護費	698,992	45.3	1,403,166	34.4	2,903,210	23.8	415
災害救助費	6,894	0.4	3,502	0.1	32,845	0.3	476
計	1,543,816	100.0	4,082,050	100.0	12,178,927	100.0	789

〔注 1〕金額は 1,000 円未満を四捨五入したので，項の合計は計とは合わない。
〔注 2〕割合と増加指数は筆者が計算した。
〔資料〕『昭和 39 年度／山口県歳入歳出決算に関する附属書』;『昭和 45 年度／山口県歳入歳出決算に関する付属書』;『昭和 50 年度／山口県歳入歳出決算に関する付属書』。

あります[84]」といっている。

　ところで、図3-2の民生費の推移である。民生費は三十九年度に一五億円であったが、五十年度には一二二億円となり、七・九倍も増加した。歳出に占める割合も四・〇%から漸増して、四十七年度には五・〇%に達し、五十年度には五・七%になっている。民生費の内訳をみると、表3-3のようである。ご覧のように、民生費は、社会福祉費、児童福祉費、生活保護費、災害救助費からなる。この間に、社会福祉費は二二・一%から四四・六%となり、金額は一五・九六倍に増加している。その増加の原因は、決算の分類では社会福祉費の目である老人福祉費の激増である。それはこの間に二八・一二倍に増加し、民生費の一六・九%に達した。このような民生費の増加傾向に「福祉の充実と社会資本の整備」を掲げた橋本知事の財政政策の特徴が出ているように思う[85]。

　次に歳入を見る。三十六年度の歳入は二四七億四、四四二万二、〇〇〇円であったが、五十年度には二、一五六億五、一六六万三、〇〇〇円となり、八・七倍に増加した。先に見た歳出の増加倍率、八・八倍を少し下回った。歳入の年平均の伸び率（名目額）は一六・七%であり、歳出のそれを少し下回る。

　歳入の内訳を見る。四十五年度には、県税が歳入の三一・七%で第

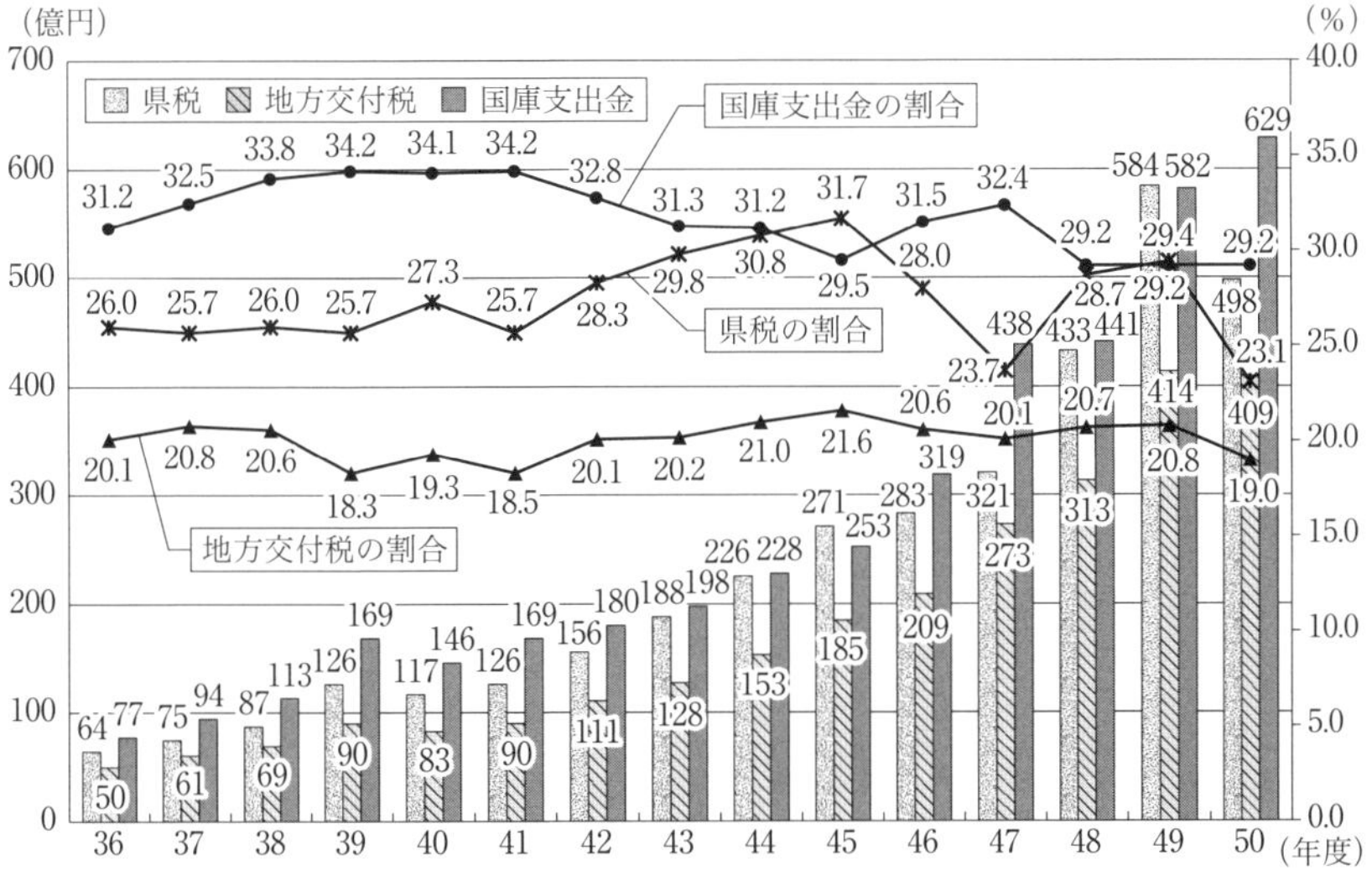

〔資料〕『山口県史』通史編 現代，504 頁，図 3-2-4 のデータ。

図 3-3 県税・地方交付税・国庫支出金の金額と歳入に占める割合の推移（昭和36-50 年度）

一位、次いで国庫支出金が二九・五％で第二位である。第三位は地方交付税で二一・六％である。したがって、橋本県政下の歳入の中心は県税、国庫支出金、地方交付税の三つである。

悉皆的なデータの提示は出来ないが、一五年間の右の主要な三つの歳入の推移を示すと図3-3のようである。県税は、三十六年度以降順調に毎年度増加しているが、五十年度には前年度の五八四億円から四九八億円へと減少した。『山口県の財政』（昭和五十一年十一月）は「…深刻な経済不況を反映し、県税の大幅な落ち込みが著しく額において八六億八、一八〇万九千円の減、構成比において六・三％の減少を示しており、地方財政を取り巻く環境の悪化は著しいものがあります[86]」という。地方交付税は一九％から二二％の間を推移して、大きな変化はない。国庫支出金は四十七年度までは、四十五年度に二九・五％に低下したのを除くと、三〇・八％から三四・二％の間を推移している。しかし、四十八年度以降は毎年度二九・

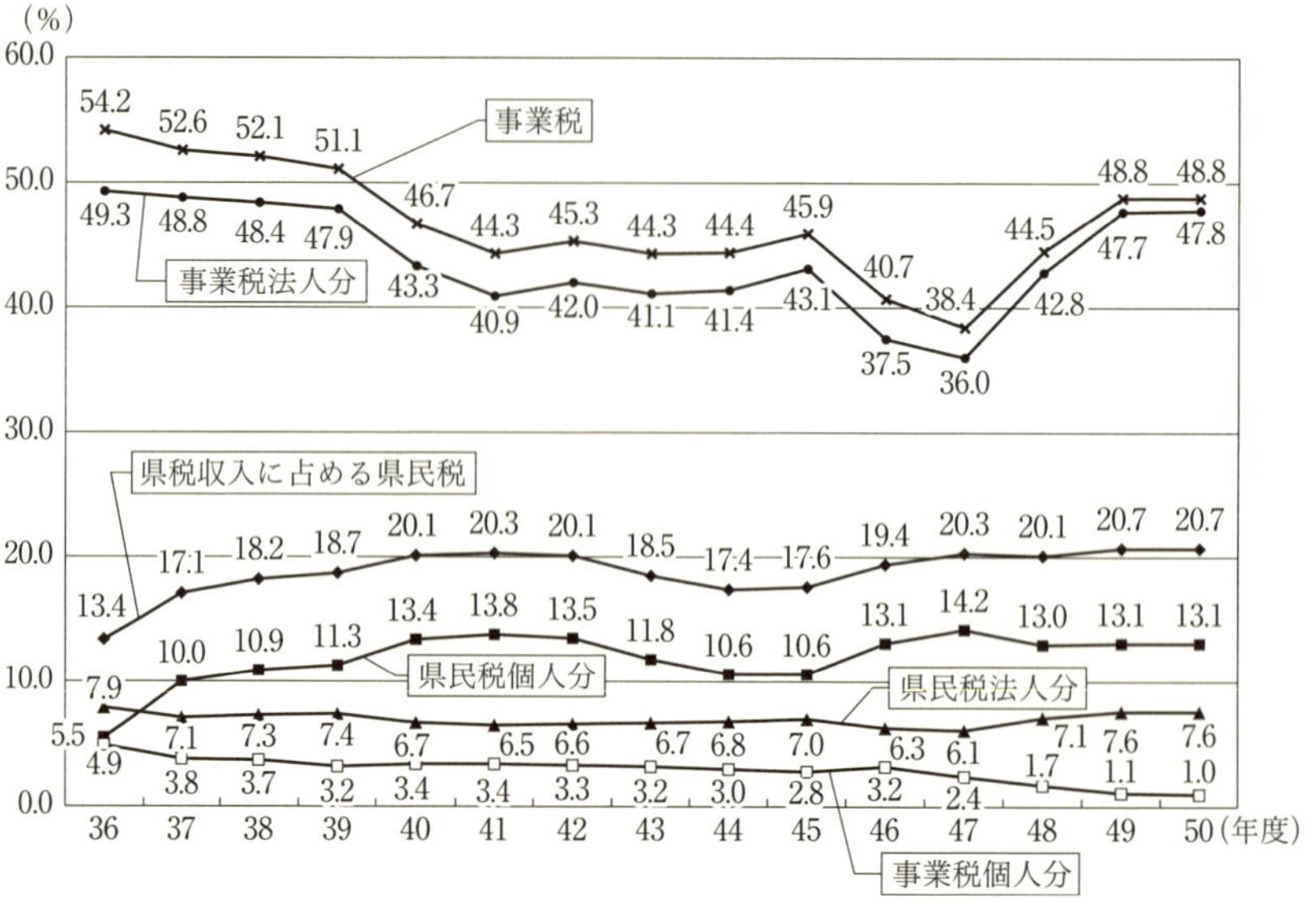

〔資料〕昭和 36 年度～38 年度は，山口県財政課『山口県財政概要』昭和 30 年代版（昭和 30 年度～39 年度）』所収の「歳入歳出諸決算書」による。昭和 39 年度以降は，『山口県歳入歳出決算に関する附属書』による。

図 3-4　県税収入に占める県民税，事業税の割合の推移（昭和 36-50 年度）

二％であった。四十九年度の国庫支出金について、『山口県の財政』（昭和五十年十一月）は「国庫支出金が総需要抑制策による明許繰越財源、給与改定財源及び物価上昇に伴う措置費等の単価アップに対する措置により対前年度比三二・〇％増の五八二億一、三四四万八千円となった」[87]という。

県税の内訳を見る。県税の中心は県民税と事業税である。例えば、四十五年度の県税収入二七一億円のうち、県民税が四七億七、〇〇〇万円で一七・六％、事業税が一二四億五、〇〇〇万円で四五・九％である。

金額と割合を同じ図で示すと、わずらわしいのでとりあえず割合のみを示すと、図3-4のようである。まず、県民税が県税収入に占める割合を見ると、それは三十六年度には一三・四％であったが、その後、県民税収入は増加して四十一年度には二〇・三％に達した。四十四年度、四十五年度には県税に占める割合は低下したが、その後再び増加して四十七年度に二〇・三％に達した。

県民税は個人県民税と法人県民税からなるが、ご覧のように県民税法人分は七％前後を推移しているのに対して、県民税個人分はほぼその倍の一三％前後である。県民税収入に占める県民税個人分の割合は三十六年度と三十七年度をのぞいて、県民税収入の六〇％から七〇％を占める。特に四十八年度以降において大きく増加して五十年度には九二億四、一〇〇万円となり、県民税収入の七六・一％に達した。

事業税の推移を図3-4で見る。ご覧のように、事業税収入と事業税法人分の折れ線はきれいな平行線を描いている。そして、その幅は数パーセントの違いであり、事業税収入の九〇％以上が事業税法人分である。特に四十八年度から五十年度においては事業税法人分が事業税収入の九六％以上を占めている。四十八年度の事業税収入について『山口県の財政』（昭和四十九年十一月）は「好景気が持続したため、法人二税（県民税法人分と事業税法人分）が大幅に伸張し、前年度に比較し、法人事業税は六〇・五％の増、法人県民税は五八・七％の増を示したことは特筆すべきこと」[88]とした。また、翌年度には県税が沖縄県、島根県に次いで全国三番目の伸び（前年度を一〇〇として一三三・九であった）を示したが、その理由は「本県主要産業の中でも特に大きなウエイトを占める化学工業が伸び率において前年度のおよそ二倍という異常な伸張を示したこと等により法人二税が大幅に伸びた」[89]ためという。

次に、山口県の三十六年度以降の財政収支の推移を普通会計で見ると、四十二年度までは財政再建債等ほかの未償還元金があったが、四十三年度以降はそれが皆無になった。したがって、四十三年度以降はいわば純粋の黒字ということになる。特に四十七年度と四十八年度においては実質収支の黒字が一四億五、〇〇〇万円と一五億六、七〇〇万円に達している[90]。但し、「地方公共団体は営利を目的として存立するものでない以上、黒字の額、すなわち純剰余金の額が多いほど、財政運営が良好であるとは断定できない」[91]という指摘がある。

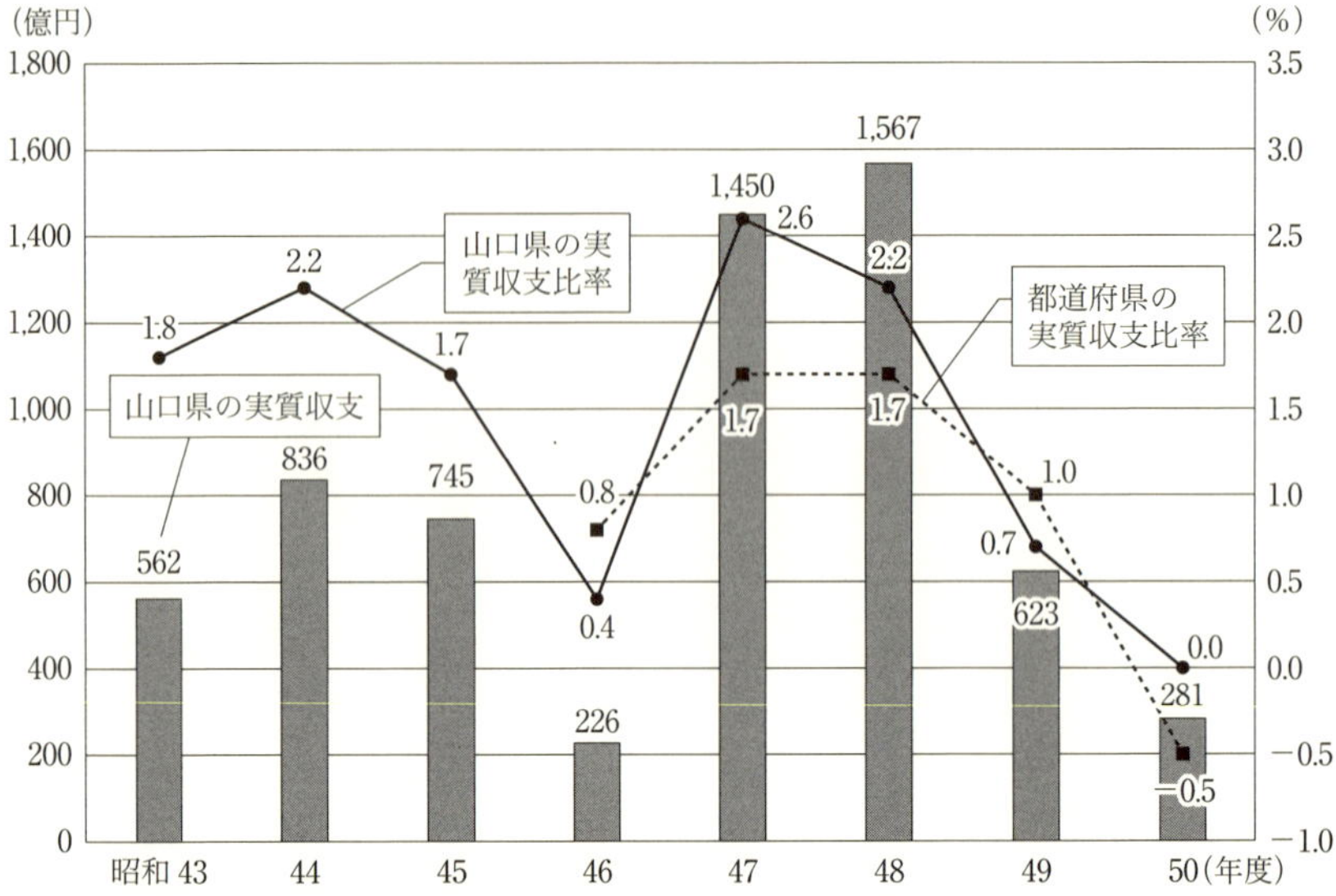

〔資料〕山口県の実質収支は,『山口県の財政』昭和 43 年 11 月, 33 頁;同, 45 年 11 月, 35 頁;同, 47 年 11 月, 37 頁;同, 51 年 11 月, 37 頁, から作成した。都道府県の実質収支比率は,『地方財政統計年報』(昭和 51 年度), 87 頁, による。なお, 山口県のそれは, 原データから筆者が計算した。

図 3-5 普通会計における実質収支と実質収支比率の推移(昭和 43-50 年度)

次に、普通会計における山口県と都道府県の実質収支と実質収支比率を見ると、図3-5のようである。実質収支比率は、山口県のそれは都道府県の実質収支比率（四十五年度以前の都道府県のデータは見つからない）を上回っているが、趨勢はほぼ同じである[92]。

最後に、県債を見る。県債の発行額は、四十五年度までは四〇億円以下であったが、四十六年度以降急増して四十九年度には九三億九、一六〇万円まで増加した。県債発行額の大部分は普通債であり、その中心は土木債である。土木債は特に四十八年度には五九億五、七〇〇万円に達して、県債発行額の六〇・一％に達した。なお、三十年代後半の特徴は、災害復旧債が二四・四％から三六・〇％に達していることである。その原因は、山口県を襲った多くの豪雨、第二室戸台風、三十九年の台風一四号等による被害のためであろう[93]。

県債残高は図3-6のようである[94]。県債残高

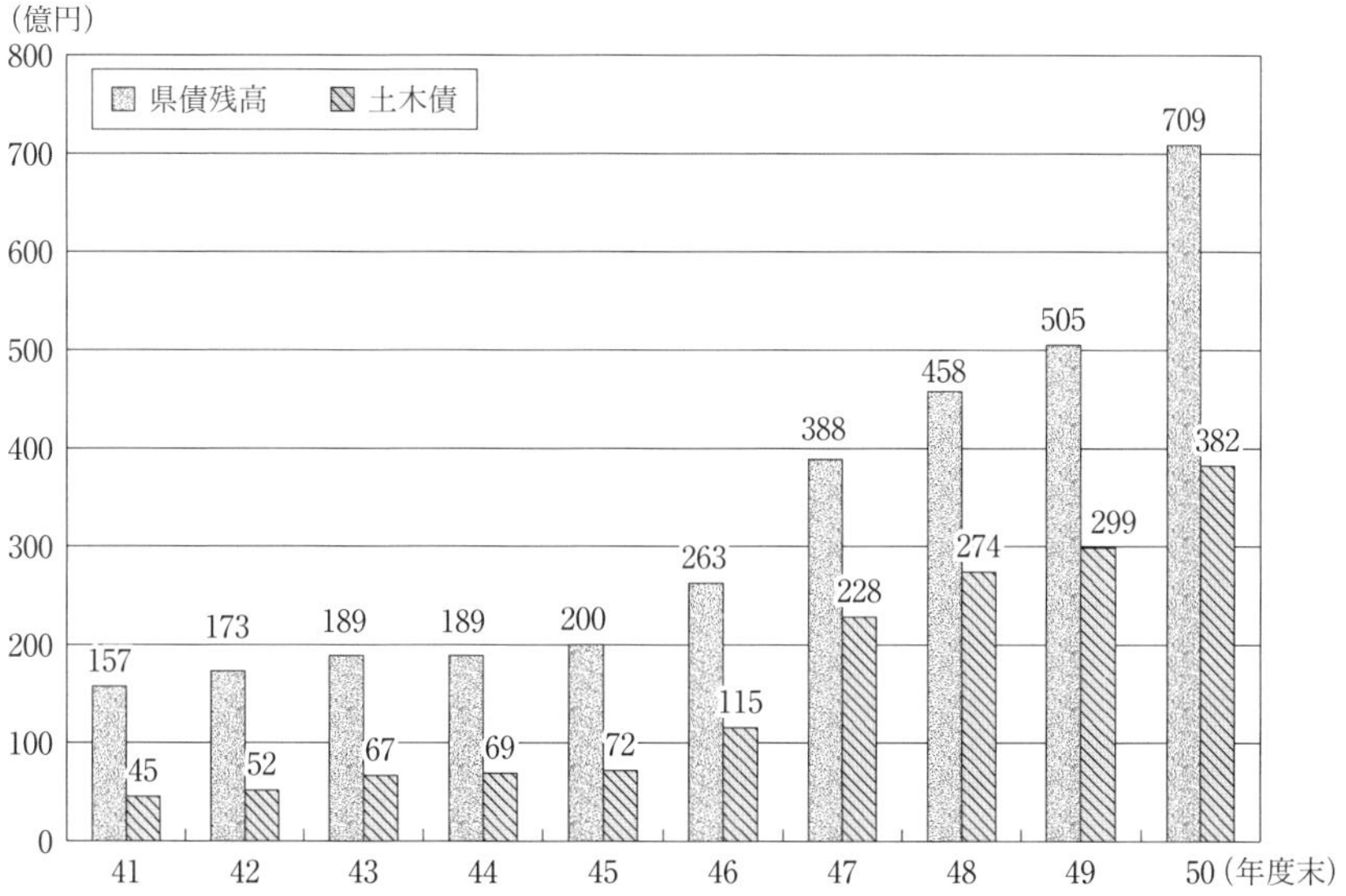

〔資料〕『山口県の財政』昭和 43 年 11 月，45 年 11 月，47 年 11 月，49 年 11 月，51 年 11 月，により作成。

図 3-6　県債残高の推移（昭和 41-50 年度末）（一般会計分）

は、県債発行の急増を受け四十六年度以降急増し、五十年度末には七〇〇億円を超えた。藤田は、最近（五十年代に入ってのことか）における地方団体の「異常な地方債の累増ぶりに驚かされる」[95]というが、この現象は山口県では四十年代後半から始まっている。そして、県債残高の半分以上が土木債であった。ここに土木事業をもおろそかにしなかった橋本財政の特徴がうかがえるであろう。

次に、県債残高が急増加した四十七年度以降の起債種並びに資金別の内訳を見る。起債種別に見ると、四ヶ年度において一定の傾向は見出しがたい。そこで、一つのサンプルとして、四十八年度を見ると、一般補助事業債が三六・三％、一般単独事業債が二〇・二％で過半を占める。次いで大きいのは、厚生福祉施設整備事業債が一四・八％、新産業都市等建設事業債が一四・七％であり、以上の四つの起債で九六％を占める。他方、資金別に見ると、市中銀行（山口県財政課に問い合わせたところ、それは山口銀行と推測され、利率は七％台だったとのことである）が五四・六％、政府資金が三五・〇％である。四十七年度から四十九年度を見ると、市中銀行からの資金調達が大きいのが特徴かと思う。五十年度を見ると、起債種別では、その年度の特殊な事情で減収補てん債が四四・六％を占めている。次いで大きいのは一般公共事業債で、二三・八％である。資金別では、この年度でも市中銀行からの資金の調達が最も大きく、五二・一％である。そして、その他の金融機関からの二〇・二％を加えると、七割以上となり、山口県の県債発行の資金調達は、一般の金融機関からが七〇％以上を占める。地方政府の山口県も私的な金融機関に資金の提供を求める傾向があるといえるであろう。

四　歳入歳出決算審査意見書と財政事情の公表

歳入歳出決算審査意見書については、第二章において昭和三十六年度の意見書までは紹介済である。[96]そこで、この節では、三十七年度以降四十八年度までの歳入歳出決算審査意見書について簡単に紹介する。

言うまでもなく、審査意見書は、この間においてはすべて橋本知事に提出されている。監査委員は、三十七年度については宮川重吉ほか二名の、計三名であったが、四十八年度の監査委員は、新田義介ほか三名の計四名になっている。一〇〇頁前後の審査意見書の内容の詳細を紹介する余裕はないが、一つの特徴を挙げると、三十七年度から四十七年度までは、県財政のすう向（趨勢）について述べられている点である。例えば、『昭和三十七年度山口県歳入歳出決算審査意見書』では「県財政の規模は逐年拡大されている。これを普通会計歳出決算額についてみると、昭和三十三年度を指数一〇〇とした場合昭和三十七年度は一八九・三となり、三十六年度に比べかなりな伸びを示している。これを全国平均の伸長率と比較すると本県の伸びはやや低位にあるが、一応順調な伸びを示しているとみられる」[97]という。もう一例を挙げると、昭和四十五年度の意見書は、「第1　決算のすう

表 3-4　一般会計歳入歳出決算額調

（1,000 円，%）

区分／年度	歳入			歳出			国民経済対前年度成長率
	金額	指数	対前年度増加率	金額	指数	対前年度増加率	
41	49,265,902	100.0	15.1	48,818,043	100.0	15.3	16.7
42	55,000,008	111.6	11.6	53,960,144	110.5	10.5	17.4
43	63,283,668	128.5	15.1	61,921,710	126.8	14.8	17.9
44	73,125,913	148.4	15.6	72,006,433	147.5	16.3	18.8
45	85,567,783	173.7	17.0	84,357,539	172.8	17.2	16.5

〔原注〕国民経済対前年度成長率は，経済企画庁発表の「国民所得統計速報」によるものである。
〔資料〕『昭和 45 年度／山口県歳入歳出決算および基金の運用状況に係る審査意見書』，2 頁。

勢」において、「ア　財政規模は、おおむね国民経済成長率に即応し、ほぼ順調な過程をたどっている。特に、昭和四十五年度における財政規模の増加率は、国民経済成長率の一六・五％を若干上回り、さらに昭和四十一年度以来最高位を示し、財政規模の増大となった」[98]という。このことを示す、審査意見書が掲げる表は表3-4のようである。この点について、一言加えると、山口県の歳入と歳出の増加率と国民所得の成長率の間には、かなり懸隔があるために、比較の観点からは山口県の県民所得の成長率の比較をも行うべきであったであろう。

また、歳入を依存財源、自主財源、及び県債に分けて見ると、「依存財源および県債は、逐年減少し、反面、自主財源は、上昇傾向を示している。また、自主財源の伸び率は、依存財源および県債の伸び率に比べ著しく上昇している」[99]とし、山口県の財政の独立性が高まったという。

なお、実質収支については、普通会計であるが、特に昭和四十七年度と四十八年度は大きく増加している。ここでは、四十八年度の審査意見書を紹介すると、「一般会計の実質収支額は、一、四六九、六六〇、八八一円で、前年度一、四一一、八一六、八六六円に比べ、五七、八四四、〇一五円増加しており、単年度実質収支額は、五七、八四四、〇一五円の黒字となっている」[100]と言っている。したがって、普通会計で見ても、一般会計で見ても、実質収支は黒字であり、健全な財政状況であることが分かる。

次に、山口県民に対する財政事情の公表について述べる。すでに前章において、財政再建の終了を宣言する昭和三十七年度下期の『山口県財政事情』については紹介した。したがって、ここではその後の『財政事情』について適宜選択して紹介する。[101]

第一に、『財政事情』には、橋本知事の「まえがき」がある。本章の「二 橋本知事の当初予算と県議会における審議」で見たように、三選をはたした橋本知事は、今後の県政運営のスローガンを「すぐれた人づくり」、「栄える県づくり」、「しあわせな社会づくり」の三つにするとしたことを紹介した。橋本知事は、昭和四十四年十一月の『財政状況』の「はじめに」において「県政の最高責任者として、私は、この郷土山口県をさらに魅力あるものにしていきたいと考え、『豊かな、住みよい、若さを育む』山口県の建設という三本の柱を引き継ぎ『すぐれた人づくり、栄える県づくり、しあわせな社会づくり』を県政運営の大綱といたし、その実現を期すべく諸施策の推進に努力してまいったところであります。幸い、県民皆様の積極的なご支援を得て、産業基盤の整備を始め各種社会資本の充実、県民生活の安定と社会福祉の増進、教育施設環境の整備等の諸施策が着々と実行をあげつつありますことは、皆様とともに喜びにたえない」という。その後の『財政事情』における、橋本知事の「まえがき」においても、同様の記述がある。

昭和四十五年度の予算の説明のうち、三本の柱のうち三つめの「しあわせな社会づくり」について『山口県の財政』は次のように言っている。「県民生活の安定向上と県民福祉の増進は、県政究極の目標であり、県民が等しく健康で文化的な社会生活を営むことを念願としてこれまで県政の推進に努めてきたところでありますが、特に『しあわせな社会づくり』のための諸施策につきましては、本年度の最重点施策としてとりあげ、積極的にこの問題と取り組んでまいるつもりであります」といっている。[102]

県の財政について言及している部分を挙げると、『財政事情』昭和四十二年度下期、においては、同年度の六月補正予算によって、山口県の予算規模が五〇〇億円を突破したが、「これは県政史上はじめてのことで、ますます発展する県政の動向を示すもの」[103]だという。また、『山口県の財政』昭和四十三年十一月においては、同年の九月補正予算によって「〔山口〕県の財政規模は初めて六〇〇億円を突破することとなりましたが、これは、ますます発展する県政の動向を示すもの」[104]だという。但し、橋本知事は、『財政事情』昭和四十二年度上期の「はじめに」において、「本県の財政も、苦しいながらも、何とか赤字を出さずにきております」といい、同年度下期の『財政事情』の「はじめに」においては「…本県の産業構造の特異性からして、県税収入の伸びがなお全国平均に達しない状態である反面、歳出面においては、当然増による義務的経費等の増大がかさみ、財政運営は、なお楽観できない情勢にあります」ともいって、財政再建団体からの脱却を経験した橋本知事は、山口県の財政について一抹の不安を示している。しかし、山口県の実質収支は四十三年度以降黒字であり、特に四十七年度と四十八年度においては、実質収支が特に大きくなっている。

むすび

本章は、山口県の高度成長期における橋本県政に焦点を当てて、三十六年度から五十年度までの行政投資、県議会での論議、そして、歳出歳入ほかの財政の諸側面について分析した。

まず、山口県が投資主体となった行政投資の内訳を見ると、第一位は道路に対する投資であり、そこには国民所得倍増計画にそって道路の整備を重視した橋本知事の政策的意図が表れている。行政投資におけるその他の重点項目は治山治水、農林水産業、災害復旧であり、行政投資の主要な事業目的は生産基盤関係と国土保全関係である。それは、国と市町村の中間に位置する県という行政体の性格から必然的に生じた結果であるといえるであろう。

次に、橋本知事の県議会での発言をたどると、当初は道路、港湾、都市計画や街路の整備に重点が置かれたが、三選を果たした四十四年度以降は、それまでの産業基盤の整備から人づくりや幸せな社会づくりに県政の重点が移行していったように見える。橋本知事には、時代が社会福祉の充実に向かっているとの認識があったようだが、成長と福祉を「併存妙用」して行くというのが橋本県政の基本であったと思われる。

財政を見ると、歳出の中心は教育費と土木費であったが、見逃してならないのは民生費の動きであり、そこには福祉予算を充実して行こうという知事の姿勢がうかがえる。勿論、民生費は歳出の数パーセントしか占めないが、福祉国家の到来を受けて、福祉予算の充実を意識していたことは間違いないであろう。そして、その方向は、次期の平井県政へと引き継がれていく。

歳入は、高度成長を受けて着実に増加して、歳出の伸び率を少し下回る程度であった。県税においては県民税と事業税が順調に増収となり、実質収支が黒字となった。県債の発行は、土木債を中心に増加し、県債残高は五十年度末には七〇〇億円を超えた。そして、県債残高の半分以上が土木債であった。ここにも道路の整備ほかを重視した橋本県政の特徴が出ているであろう。

歳入歳出決算審査意見書を見ると、県財政の規模は、国民経済成長率に即応し、順調に拡大しているとする。歳入を見ると、依存財源と県債は逐年減少し、自主財源は上昇傾向であるとする。実質収支は、昭和三十六年度以降プラスであり、特に四十七年度と四十八年度には、大きく増加しているという。

最後に、県民に対する財政事情の公表を見ると、橋本知事は、「はじめに」の中で、県税収入の伸びが全国の平均に達しておらず、当然増による義務的経費の増大がかさみ、財政運営はなお楽観できないとし、山口県の財政の今後について一抹の不安を示している。ここには、かつて山口県の財政再建に取り組んだ橋本知事の心情が出ていることがうかがえる。しかし、その後の山口県の財政を見ると、決算審査委員会の見解のように順調な過程を歩んでいったと思われる。

(1) 武田晴人『高度成長』(シリーズ日本近現代史⑧)、岩波新書、二〇一二年。
(2) 同右、八〇頁。傍点は、以下すべての引用文で断らない限り、筆者が付した。
(3) 一九七八年十二月から一九七九年一月のイラン革命によって一九七八年十二月二十六日から一九七九年三月五日までイランの原油が輸出停止になり、一九七九年の一年間で原油価格は二倍以上となった。その結果、二〇ドル原油、三〇ドル原油の時代になった(矢部洋三編『現代日本経済史年表 一八六八―二〇一〇年』日本経済評論社、二〇一二年、二六九、二七一頁)。
(4) 前掲、『高度成長』、二一〇頁。
(5) 小峰隆夫編『経済用語辞典』(第四版)、東洋経済新報社、二〇〇七年、一〇八頁。なお、「高度成長期」の執筆者は小峰隆夫である。
(6) 図3-6のGDPの成長率を算出する際の統計データの吟味は、香川大学名誉教授で統計学者の大藪和雄が行ってくれた。深謝する。
(7) 但し、橋本知事は五十一年一月から病気療養中のために議会を欠席して、平井副知事が代理をした(山口県議会編『山口県議会史』自昭和五十年/至五十八年、山口県議会、平成十一年、一七四頁)。なお、橋本知事は、『山口県議会史』によると、昭和四十三年二月の定例会も手術のために全会期を通じて欠席した(山口県議会編『山口県議会史』自昭和四十二年/至昭和五十年、山口県議会、平成八年、一二一頁)。また、四十四年六月臨時会も、病気療養のために欠席した(同書、一二七六頁)。さらに、翌月の七月定例会も、五月に再入院して再手術をしたために議案説明だけを行った(同書、二八〇頁)。
(8) 「昭和三十六年二月山口県議会定例会会議録」(その一)、一四～一五頁。
(9) 経済企画庁編『国民所得倍増計画』、昭和三十六年、一三頁。
(10) 同右、二三頁。
(11) 同右、二五頁。

(12) 同右、一九頁。
(13)『昭和45年度／行政投資実績〈都道府県別行政投資実績報告書〉』昭和四十七年九月、地方財務協会、一頁。
(14) 前掲、『国民所得倍増計画』、二六頁。
(15) 同右。
(16) 例えば、自治大臣官房企画室『都道府県別行政投資等実績調査報告』(昭和40年度)、目次、を参照。
(17) さしあたり、地方財務研究会編集『六訂 地方財政小辞典』ぎょうせい、平成二十三年、一三六〜一三七頁、「公営企業」の項を参照。
(18) 拙稿「高度成長期の山口県財政」、『山口県史研究』第二五号、平成二十九年三月、三〜六頁。
(19) 自治省行政局振興課『昭和38年／都道府県別行政投資等実績調査報告』、一頁。なお、この報告書からは、昭和三十五年度の調査結果を引用した。
(20) 同右、二頁。
(21) 三十五年度の一般会計歳出決算額は、二〇〇億九一六万円である(『昭和三十五年度山口県歳入歳出諸決算書』)。
(22) 五十年度の一般会計歳出決算額は、二、一四三億一、二二一万円である(『昭和五十年度山口県歳入歳出決算に関する付属書』)。
(23) 例えば、前掲『昭和45年度／行政投資実績〈都道府県別行政投資実績報告書〉』、七五〜七六頁、を参照。
(24) 静岡県『静岡県史』通史編6、近現代二、静岡県、平成九年、七一八頁。原資料によると、正確には「公共投資」ではなく、「行政投資」である。
(25) 試みに、筆者が行政投資実績報告書を使って、静岡県が投資主体となる、昭和三十六年度、四十年度、四十五年度、五十年度の資金負担別投資実績を算定した結果は以下のようである。道路(街路を含む)に限って行政投資総額に占める道路の割合を示すと、三十六年度は二一・二%(山口県は二八・八%)、四十年度は二七・〇%(同二五・四%)、四十五年度は二三・一%(同三〇・三%)、五十年度は二四・一%(同二三・七%)である。したがって、静岡県の道路の割合は山口県のそれと対照的にジグザグの動きをした後に、五十年度にはほぼ同じになった。これが実態であり、金澤が言う四〇%を超えているという指摘は解せない。なお、詳細なデータの提示は控える。
(26) 正確には「公共投資」ではなく、「行政投資」であろう。
(27) 近昭夫「第四章 東海地域における公共投資―静岡県におけるその特徴をめぐって―」、上原信博編著『地域開発と産業

構造』御茶の水書房、一九七七年、一四六頁。
(28) 同右、一五五頁。
(29)『行政投資実績』においては、行政投資をその事業の目的によって、生活基盤投資、産業基盤投資、農林水産業投資、国土保全投資及びその他の五部門に分類して分析している。そして、市町村道、住宅、環境衛生などは生活基盤投資であり、国県道、港湾、空港及び工業用水などは産業基盤投資である(『昭和50年度／行政投資実績／〈都道府県別行政投資実績報告書〉』昭和五十二年十二月、自治大臣官房地域政策課、一三頁。
(30)『山口県史』史料編 現代5、32 昭和三十六年度予算案についての橋本知事の説明、六六七頁以下、を参照。以下、史料編 現代5、と略称する。
(31)「昭和三十六年二月山口県議会定例会会議録」(その一)、二月二十七日、一八頁。
(32) 同会議録、一九頁。
(33) 同右。
(34) 同会議録(その七)、三月十一日、五一二頁。
(35) 同会議録(その三)、三月七日、五九頁。
(36) 同会議録(その四)、三月八日、一四八頁。
(37)「昭和四十四年二月山口県議会定例会会議録」(第三号)、三月十日、八六頁。徳原は、橋本がその名前にふさわしく、橋を架けることにも熱心であるといわれているという(同会議録(第三号)、八九頁)。『山口県議会史』も、橋本には「道路知事」あるいは「ダム知事」という異名があった(『山口県議会史』自昭和五十年／至昭和五十八年、平成十一年、一〇頁)という。
(38)「昭和三十六年二月山口県議会定例会会議録」(その三)、三月七日、六三頁。
(39) 同会議録(その三)、七六頁。
(40) 同会議録(その八)、三月二十日、五六六頁。
(41) 同会議録(その八)、五六七頁。
(42) 同会議録(その八)、五六八頁。
(43) 史料編 現代5、35 昭和四十四年度予算案についての橋本知事の説明、六七四～六七六頁、を参照。
(44)「昭和四十四年二月山口県議会定例会会議録」(第一号)、二月二十八日、一四、一六頁。

(45) 同会議録（第七号）、三月十四日、四五二頁。
(46) 同会議録（第一号）、二月二十八日、一五頁。
(47) 同会議録（第四号）、三月十一日、一四六頁。
(48) 同会議録（第八号）、三月二十四日、五七八頁。
(49) 純正民社クラブの長谷川大造議員である（同会議録（第三号）、三月十日、一一六頁）。
(50) 「昭和四十四年二月山口県議会定例会会議録」（第八号）、三月二十四日、五八八頁。
(51) 同右。
(52) 同会議録、五九六頁。
(53) 同会議録、六〇〇頁。
(54) 「昭和四十八年二月山口県議会定例会会議録」（第一号）、二月二十八日、一五頁。
(55) 同会議録、一六頁。
(56) 同右。
(57) 同会議録、三〇頁。
(58) 同会議録（第三号）、三月九日、三七～三八頁。
(59) 同会議録（第五号）、三月十二日、八三頁。
(60) 同会議録（第七号）、三月十四日、七〇頁。
(61) 同右。
(62) 同会議録（第八号）、三月十五日、八四頁。
(63) 同会議録（第十一号）、三月二十八日、二八頁。
(64) 同会議録（第十一号）、六五頁。
(65) 「昭和四十九年二月山口県議会定例会会議録」（第一号）、二月二十九日、一六頁。
(66) 同会議録（第一号）、一八～一九頁。
(67) 同会議録（第一号）、一九～二〇頁。
(68) 同会議録（第五号）、三月十一日、九頁。
(69) 同会議録（第五号）、一五頁。

(70) 同会議録(第五号)、二四頁。
(71) 同会議録(第五号)、二五頁。
(72) 同会議録(第九号)、三月二十五日、二五頁。
(73) 同会議録(第九号)、四一頁。
(74) 「昭和五十一年二月山口県議会定例会会議録」(第一号)、二月二十八日、一八頁。
(75) 同会議録(第一号)、二五頁。
(76) 同会議録(第一号)、三一頁。
(77) 同会議録(第八号)、三月二十五日、七四頁。
(78) 「昭和五十一年六月山口県議会定例会会議録」(第一号)、六月三十日、三四頁。
(79) 「昭和四十八年二月山口県議会定例会会議録」(第一号)、二月二十八日、一五頁。
(80) 『山口県の財政』(昭和五十年十一月)、二五頁。四十九年度予算における教育費の具体的な内容については、『山口県の財政』(昭和四十九年五月)、一六〜一八頁、を参照。
(81) 『山口県の財政』(昭和五十一年十一月)、二六頁。五十年度予算における教育費の具体的な内容については、『山口県の財政』(昭和五十年五月)、一六〜一八頁、を参照。
(82) 藤田武夫『現代日本地方財政史—「転換期」の地方財政と制度改革』(下巻)日本評論社、一九八四年、二六七〜二六八頁。
(83) 『山口県の財政』(昭和四十九年十一月)、二六頁。
(84) 同右、三一頁。
(85) 実は、このような傾向は全国的にも見られた。藤田は、昭和四十年度から五十五年度までの第52表を掲げ、それによると「民生費のうちで抜群に倍率の大きいのは老人福祉費であり、四〇—五五年度間に、実に六二倍増し、対民生費の構成比も六%弱から一挙に二二%へ急上昇し〔た。〕…特に四〇年代末期からの躍増が目立つ」(前掲、『現代日本財政史』(下巻)、二八一頁)という。また、児童福祉費の増加も著しく、「四〇年代後半から五〇年代前半の民生行政は、とくに老人福祉と児童福祉に力が注がれ、両者で民生費の五五%まで占めることになり、四〇年代前半までの生活保護中心の行政とはその様相を一変した」(同書、二八一〜二八二頁)という。但し、藤田の掲げる統計表は、都道府県、市町村を合わせたものであり、更に立ち入った分析が必要である。

(86)『山口県の財政』(昭和五十年十一月)、二三頁。
(87)同右、二〇〜二一頁。
(88)『山口県の財政』(昭和四十九年十一月)、二五頁。
(89)『山口県の財政』(昭和五十九年十一月)、二三頁。
(90)『山口県の財政』(昭和四十八年十一月)は、同県の一般会計についてであるが、「近年の実質収支、単年度実質収支の状況は、第5図〔二三頁〕に示したとおり47年度は下期の景気回復を反映して黒字額は著しく増加し、単年度実質収支においても前年度の赤字から黒字に転移しました」(同、二二頁)という。
(91)前掲、『六訂 地方財政小辞典』、二六八〜二六九頁。
(92)山口県の実質収支と都道府県の実質収支比率は、拙稿「高度成長期の山口県財政」、『山口県史研究』第二五号、平成二十九年三月、二五頁、註(80)を参照。
(93)災害教訓事例集編集委員会編集『災害教訓事例集〜後世に災害を語り継ぐ〜』山口県、平成二十八年三月、5-1頁、を参照。
(94)五十年度末の県債残高について、『山口県の財政』(昭和五十一年十一月)は、「五十年度末の県債現在高は、前年度末現在高に比べ二一八億二、八六六万五千円(二七・三%)増の八〇〇億七、五五七万三千円で、伸び率は前年度(一〇・六%)に比べ大幅に増加しております。/これは、今次の経済不況による県税の減収及交付税の減収に対する地方財源補てん措置が減収補てん債や財政健全化債の発行により補てんされたことによるものであります」(三二頁)といっている。
(95)前掲、『現代日本地方財政史』(下巻)、二九六頁。
(96)本書、第二章、五九〜六一頁を参照。
(97)『昭和37年度山口県歳入歳出決算審査意見書』、一頁。
(98)『昭和45年度/山口県歳入歳出および基金の運用状況に係る審査意見書』、二頁。
(99)同右、三頁。
(100)『昭和48年度/山口県歳入歳出及び基金の運用状況に係る審査意見書』、一四頁。
(101)細かい点であるが、財政事情の公表の冊子の表題は、「山口県の財政/昭和39年度上期」、となったり、「財政事情/昭和39年度下期」、となったりしている。なお、「財政状況の公表に関する条例」について付記しておく。この条例については、通史編 現代、において、同条例は昭和二十三年三月二十日の県議会で可決されたが、『山口県報』には搭載されず、発効されなかったことを指摘した（同書、九三頁）。しかし、公表に関する条例が無いままに、県民に対する『山口県の財政』は発行され続けた（史料編 現代5、五七五頁）。そこで、橋本知事は、昭和三十九年二月二十九日に開会された県議会に議案第二十九号として「財政状況の公表に関する条例」を提案した。三月十三日の県議会において、松村章議員（社会党）は「私は調査をいたしましたところ、昭和二十三年の三月の定例会で議案第三十号で提出をされ、三月の二十八日に議決がなっておるのであります。…同じ条例が生きおるのか死んでおるのかわかりませんが、…今回にも二十九号議案で提出されております。…〔橋本知事は〕昭和二十三年の三月八日に総務部長になっておられるようでありますから、…知事さんとしては十分御承知のはずでありますので、…一体この二十九号と二十三年に可決をされたところの三十号の議案との関係のかね合いをどうされるのか、廃止もされておらなければ改正もされておらないのでありますから、公布がせられておるのかしないのか、こういう点につきましても明確にしていただきたいと考えます。」（『昭和三十九年二月山口県議会定例会会議録（その六）』、三月十三日、四二七頁）と質問した。この質問に対して、橋本知事は「財政状況の報告云々の点につきましては、ちょっと私も今あれでございますので、調査の上御報告申し上げます」（同右、四三四頁）と答える。この知事の答弁に対して、松村議員は「『…あとで調べて回答する』これはまことに私は不可解であり、またけしからぬと思うわけであります。…少なくとも県議会が条例を議決いたしますというと、地方自治法の第十六条によりまして、三日以内に知事のもとに送付をしなければならぬ、もしそれを怠ったら、これは法律上の違反であるということであります。…その問題を『ちょっとようわからぬから調べて回答する』ということでは、ちょっと壇〔上〕から下がれないのであります。…どうも私が調べてみまするところによりますと、二十三年度の議事録も見ましたが、いずれにいたしましても公布がされておらないのではないか、こういうことになりますというと、私は知事の責任が課せられてくると思うのであります」（同右、四三八頁）という。これに対して知事は「財政状況の公表の問題、これは調査してお答え申し上げますと申すのは、はなはだ申しわけないんですが、当時これが公布されておらない形跡があるわけなんです。それでその間の事情を目下詳細に調査をいたしております。…この点はおわび申し上げ、後ほどはっきりいたしましたならば、はっきりお答えを申し上げたいと思います」（同右、四四三頁）と答える（傍点は筆者が付す）。三月二十五日になり、総務警察委員長の田辺孝三議員から議案第二十八号から議案第三十号までは原案通り可決すべきものと決定したと報告した（同右、六二八〜六二九頁）。同日、本会議でも、議案第二十九号を含む諸議案は、一括採決の結果、起立全員で可決された（同右、六四六頁）。なお、橋本知事が約束した、二十三年の財政状況の報告に関する議決のその後に関する調査について県議会に知事から報告がなされたということについては確認できない。なお、県議会で可決され、昭和三十九年四月一日の『山口県報』に掲載された「財政状況の公表に関する条例」については、史料編 現代5、36 財政状況の公表に関する条例（昭39）、六七六〜六七七頁、を参照。

(102) 『山口県の財政』昭和四十五年五月、二七頁。同様な予算の説明は、他の年度の予算の説明でも行われている。例えば、『山口県の財政』昭和四十六年五月、二八頁、を参照。なお、昭和四十五年度の当初予算の説明については、史料編 現代5、42 昭和四十五年度当初予算の状況、を参照。

(103) 『財政事情』昭和四十二年度下期、一頁。

(104) 『山口県の財政』昭和四十三年十一月、一頁。

第四章　平井県政下の山口県の財政

はじめに

平井龍《とおる》が橋本正之の知事辞任を受けて行われた山口県知事選挙で初めて当選して知事に就任したのは昭和五十一（一九七六）年八月であり、平井はその後五期二〇年間にわたって知事を務めた。その在任期間は昭和から平成にまたがり、それまでになく長期である。本章は二〇年間の平井県政下の山口県の財政の分析を課題とする。平井は橋本県政下で総務部長、副知事を務めて橋本県政を支えた(1)。橋本は、前章で見たように、高度経済成長期に山口県政を担当し、「道路知事」といわれ、県下の行政基盤の整備に努めた。橋本県政を支えた平井はどのような目標を掲げて二〇年間の県政を行ったのであろうか。彼は平成八（一九九六）年八月の退任にあたって記者会見をし、以下のようにのべた(2)。政策面の成果として「産業構造と都市構造の高度化に取り組んできた。産業については、昭和五十五年にマツダの誘致に成功したことと五十九年にテクノポリス法による指定を全国のトップとして受けたことが、特に印象に残っている」。また、「福祉先進県にしていきたいと考え、高齢者や障害者の

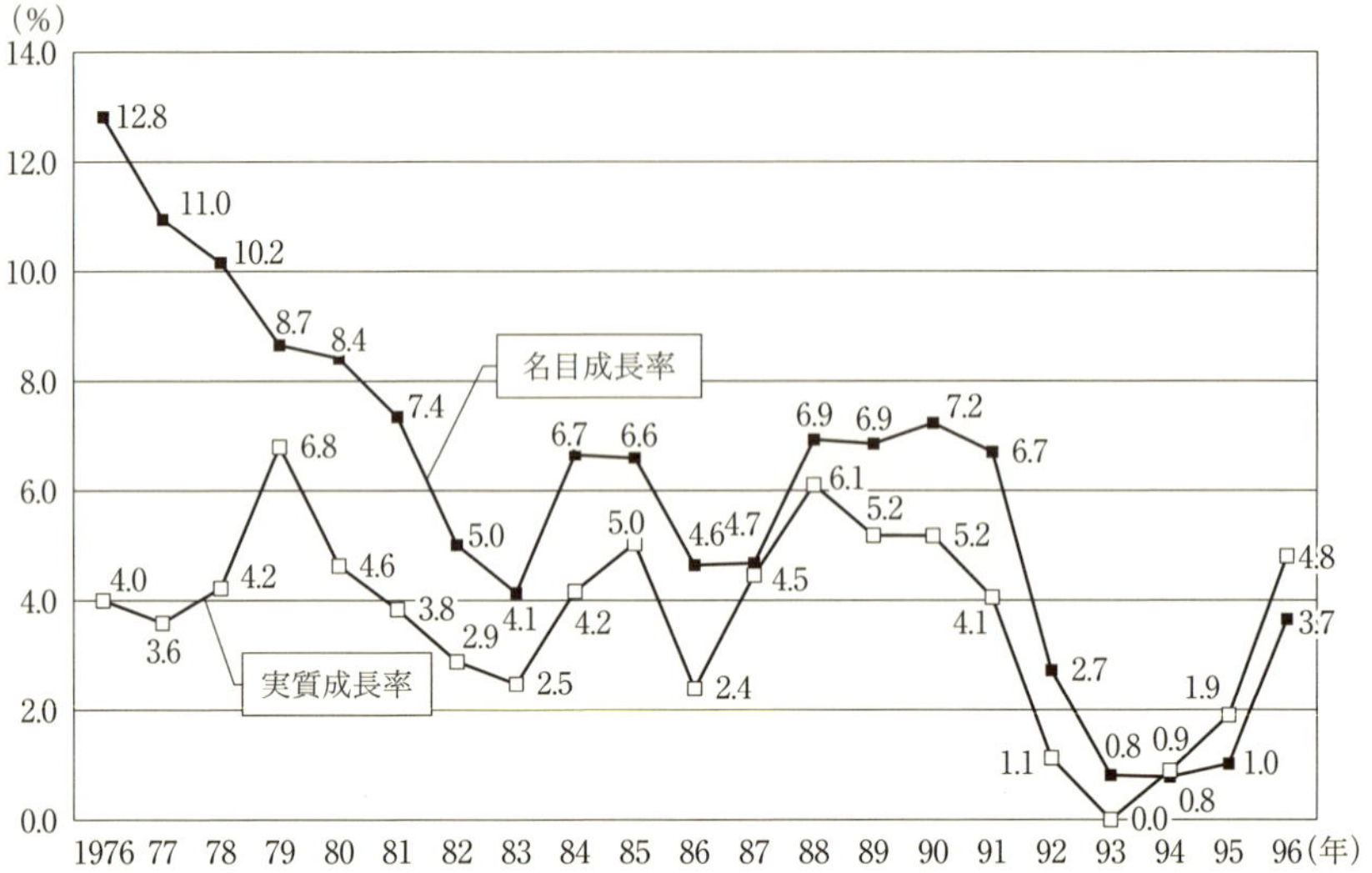

〔注〕図のデータの生産者価格表示の国内総生産は，中間投入を除き，統計上の不突合を含む。
〔資料〕総務省統計局ホームページ，第３章　国民経済計算，３－４　国内総生産及び要素所得（名目，実質，デフレーター）－平成２年基準（68SNA）（昭和30年～平成10年）である。

図 4-1　GDPの成長率（名目と実質）の推移（1976-96年）

福祉にも力を入れた。道路整備も進め、県土一時間構想もおおむね達成できた」とした。したがって、山口県の経済については橋本県政を引き継いで一層の高度化と成長の促進に取り組んだということであろう。しかし、平井県政の大きな特徴としてはやはり県民に対する福祉を充実して「福祉先進県」を目指すということであったであろう[3]。

ところで、橋本県政は高度成長期に展開されたが、高度経済成長は昭和四十八年の第二次石油ショックで終焉を迎え、その後はいわゆる「安定成長期」に入ったといわれる。そこで、昭和五十一（一九七六）年から平成八（一九九六）[4]年までのGDPの成長率の推移を見ると図4-1のようである[5]。図4-1に従うと、平井県政は一九七〇年代後半から一九九〇年代前半までの期間である。この二〇年間でGDPの実質の成長率が六％を超えるのは昭和五十四（一九七九）年と昭和六十三（一九八八）年の二年間だけである。そして、「一九八六年からバブル崩壊の一九九〇年までの五年間、日本はいわゆるバブル経済に踊った」[6]。その後、経済成長率は急落して平成五（一九九三）年には実質経済成長率が〇・〇％となった。そして、低成長にあえぐ一九九〇年代は「失われた一〇年」といわれる[7]。他方、国際的には、一九八九年十一月にベルリンの壁が崩壊し、一九九一年十二月にはソ連邦が消滅して戦後長く続いた「冷戦体制は終わった」[8]。

本章においては、まず、平井県政下における山口県の行政投資の構造と推移を概観し、次に平井知事の財政政策を県議会における議論とからめつつ叙述する。その後、平井県政下の山口県の財政のうち歳出、歳入、税の構造とその推移、そして県債、財政収支、歳入歳出決算審査意見書、県民に対して山口県の財政状況を伝える『山口県の財政』を紹介して、平井県政下の財政の特徴の一端を明らかにしたい。

一　平井県政下の行政投資

山口県が投資主体となる行政投資の推移を見る。行政投資は、前章でも説明したが、政府による資本形成に係る事業主体のすべて（国、都道府県、市町村、各種公団、営団等）[9]を含むが、ここでは都道府県の事業に限定する。投資額の算定には、事業費支出に係る人件費及び旅費、庁費、工事諸費などの事務費も資本形成に含まれる。また、用地費及び補償費を含む。都道府県の事業には、(A)国費、都道府県歳入科目の「国庫支出金」のうち、当該年度内に収入されたもの、(B)都道府県費、(A)及び(C)以外の財源、(C)都道府県歳入科目の「負担金・分担金・寄付金」のうち、市町村歳出に係るものである[10]。都道府県の事業に係る投資額については、昭和四十三年度以降は地方財政状況調査（自治省財政局調査）による。

拙稿「平井県政下の山口県の財政」[11]の表1と表2によって、山口県が投資主体となる行政投資額を見ると、昭和五十二年度が八八六億円、平成八年度が二、六二三億九〇〇万円であり、この間に総投資額は三・〇倍となっている。行政投資の小分類で見ると、常に第一位は道路である。行政投資全体に占める道路の割合は、昭和五十二年度が二四・〇％であり、五十六年度には二〇・九％に低下したが、それ以降上昇に転じて平成八年度には二九・二％にまで上昇している。先の拙稿の表1と表2では街路が別になっているが、それもほぼ同じ傾向である。

次に、前章の表3-2と本章の表4-1を使って、昭和三十六年度以降の橋本県政期を含む行政投資に占める道路（街路を含む）の割合の推移を示すと図4-2のようである。ご覧のように、平井県政下の道路（街路を含む）の割合は五十六年度に二〇・九％に低下したが、以降は一貫して上昇傾向であり、平成八年度には二九・二％に達し、橋本知事時代の最高の三〇・三％に迫る勢いであった。平井知事は県議会において五十年代末頃から、当初予算の編成において県民生活に密着した道路事業の予算の増額を図るとしばしば述べている[12]。そのことがこの図に現れているであろう。

道路に次いで大きいのは小分類の治山治水であり、それは平井県政下の昭和五十二年度には行政投資の一七・四％であったが、五十六年度には二一・〇％にまで上昇した。そして、六十年度には二一・三％にまで達した後、漸減傾向を示して平成八年度には一六・〇％になっている。

第三位は小分類の農林水産業であり、昭和五十二年度には一二・六％であった。それが五十六年度には一〇・九％に低下した。その後は上昇に転じ平成元年度には一六・六％にまでなっている。以降、農林水産業は低下に転じて、平成八年度には一二・六％になっている。

要するに、平井県政下における大きな行政投資は道路、農林水産業、治山治水の三つである。前章ですでに分析したように、橋本県政下では災害復旧が四番目の行政投資分野であったが[13]、平井県政下の二〇年間には大きな災害がなかったために災害復旧の割合は小さい。平成八年度の災害復旧を見ると行政投資全体の〇・七％である。

表 4-1　山口県が投資主体となった行政投資における生産基盤・国土保全・生活基盤・その他の割合の推移（昭和 52・56・60・平成元・5・8 年度）

（%）

行政投資先の大分類・中分類・小分類 ＼ 年度			昭和 52	56	60	平成元	5	8
生産基盤関係	運輸・交通関連施設	道路	24.0	20.9	25.2	26.1	27.6	29.2
		街路	2.7	1.8	2.8	3.5	3.4	4.5
		空港	1.6	0.5	0.2	0.2	0.2	1.1
		小計	28.3	23.2	28.2	29.8	31.2	34.8
	工業・商業関連施設	港湾	6.4	3.2	7.2	6.2	7.0	3.4
		港湾整備	0.9	0.5	0.6	0.8	0.7	3.4
		工業用水道	9.6	8.5	3.7	4.9	3.4	4.4
		電気	0.1	0.4	0.1	0.4	0.3	0.4
		市場	0.0	0.0	0.0	0.0	0.0	—
		小計	17.0	12.6	11.6	12.3	11.4	11.6
	農業関連施設	農林水産業	12.6	10.9	14.5	16.6	12.9	12.6
	生産基盤関係の合計		57.9	46.7	54.3	58.7	55.5	59.0
国土保全関係		治山治水	17.4	21.0	21.3	19.3	17.4	16.0
		海岸保全	1.2	3.0	1.2	0.8	1.2	2.8
		災害復旧	6.0	6.0	7.1	2.5	3.5	0.7
		失業対策	0.4	0.3	0.3	0.1	0.0	—
		小計	25.0	30.3	29.9	22.7	22.1	19.5
生活基盤関係	住宅・環境・衛生関連施設	住宅	5.5	3.9	3.5	3.4	3.3	3.3
		宅地造成	—	—	—	0.0	0.2	—
		都市計画	0.8	1.1	1.1	0.9	1.2	1.2
		環境衛生	0.3	0.1	0.1	0.1	0.1	0.2
		公共下水道	—	1.4	1.6	2.4	1.3	1.0
		小計	6.6	6.5	6.3	6.8	6.1	5.7
	厚生福祉施設	厚生福祉	1.3	1.4	0.9	1.1	1.7	4.8
		病院	0.2	3.0	0.1	0.5	0.2	0.4
		文教施設	5.8	5.6	4.6	3.3	4.2	5.7
		小計	7.3	10.0	5.6	4.9	6.1	10.9
	生活基盤関係の合計		13.9	16.5	11.9	11.7	12.2	16.6
その他		官庁営繕	0.2	3.2	0.8	1.1	1.4	0.6
		その他	3.0	3.2	3.0	5.8	8.6	4.2
		小計	3.2	6.4	3.8	6.9	10.0	4.8
合計			100.0	100.0	100.0	100.0	100.0	100.0

〔注 1〕行政投資の大分類・中分類は，近昭夫「第 4 章　東海地域における公共投資―静岡県におけるその特徴をめぐって―」，上原信博編著『地域開発と産業構造』御茶の水書房，1977 年，表 4-6，附表 4-3，にならった。
〔注 2〕割合は小数点以下第 2 位を四捨五入したために，合計は必ずしも 100.0%にならない。
〔資料〕拙稿「平井県政下の山口県の財政」，『山口県史研究』第 26 号，平成 30 年 3 月，表 1 と表 2 から作成。

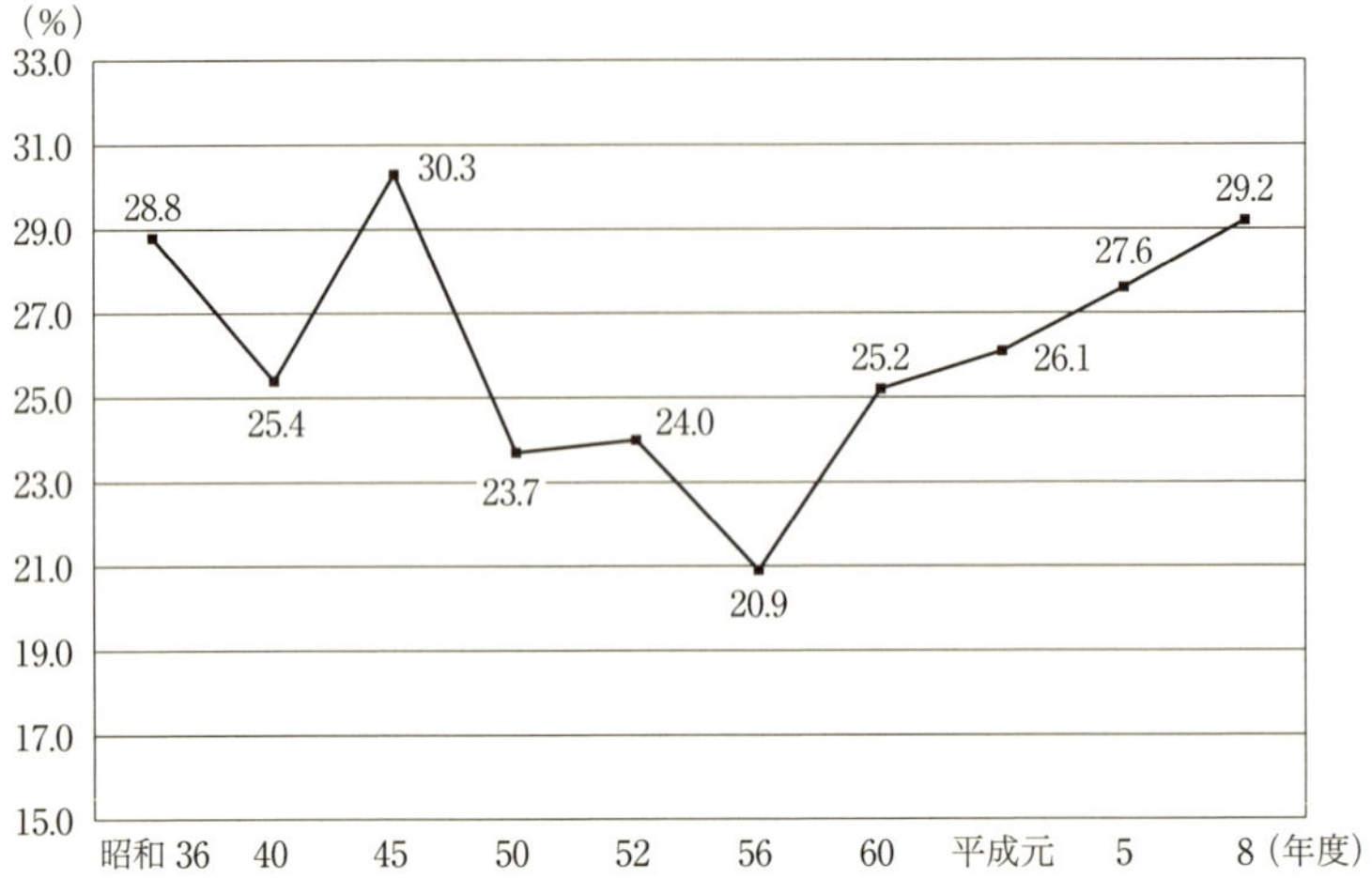

〔資料〕前章の表 3-2 および本章の表 4-1 をもとに作成。

図 4-2　行政投資に占める道路（街路を含む）の割合の推移（昭和 36〜平成 8 年度）

ところで、平井知事が掲げた「福祉先進県」をどのような行政投資で示すかは慎重な検討が必要であろうが、ここでは、仮に小分類の厚生福祉、病院、文教施設の三つを取りあげる。小分類の厚生福祉は、更に下位の保健医療、国立公園、社会福祉からなる。行政投資の事業範囲が示されている直近の行政投資実績は昭和四十八年度であるので、とりあえずそれを紹介する。[14]小分類の保健衛生[15]に関する都道府県の事業の範囲は保健衛生諸費、保健衛生施設整備費、精神衛生費である。国立公園についての都道府県の事業範囲は、国立公園等施設整備費である。[16]社会福祉は、社会福祉施設整備費である。文教施設は、公立文教施設整備費、その他の施設整備費である。公営企業の病院に関する事業範囲は、医療法（昭和二十三年法律第二百五号）第一条に規定する病床数二〇以上を有する施設の整備事業ならびに国民健康保険事業会計に属する病床数二〇以上を有する病院を含む。

　右のような事業範囲からなる厚生福祉、病院、文教施設の行政投資の割合を示すと図4-3のようである。ご覧のように、これらの三つの厚生福祉施設の小計の行政

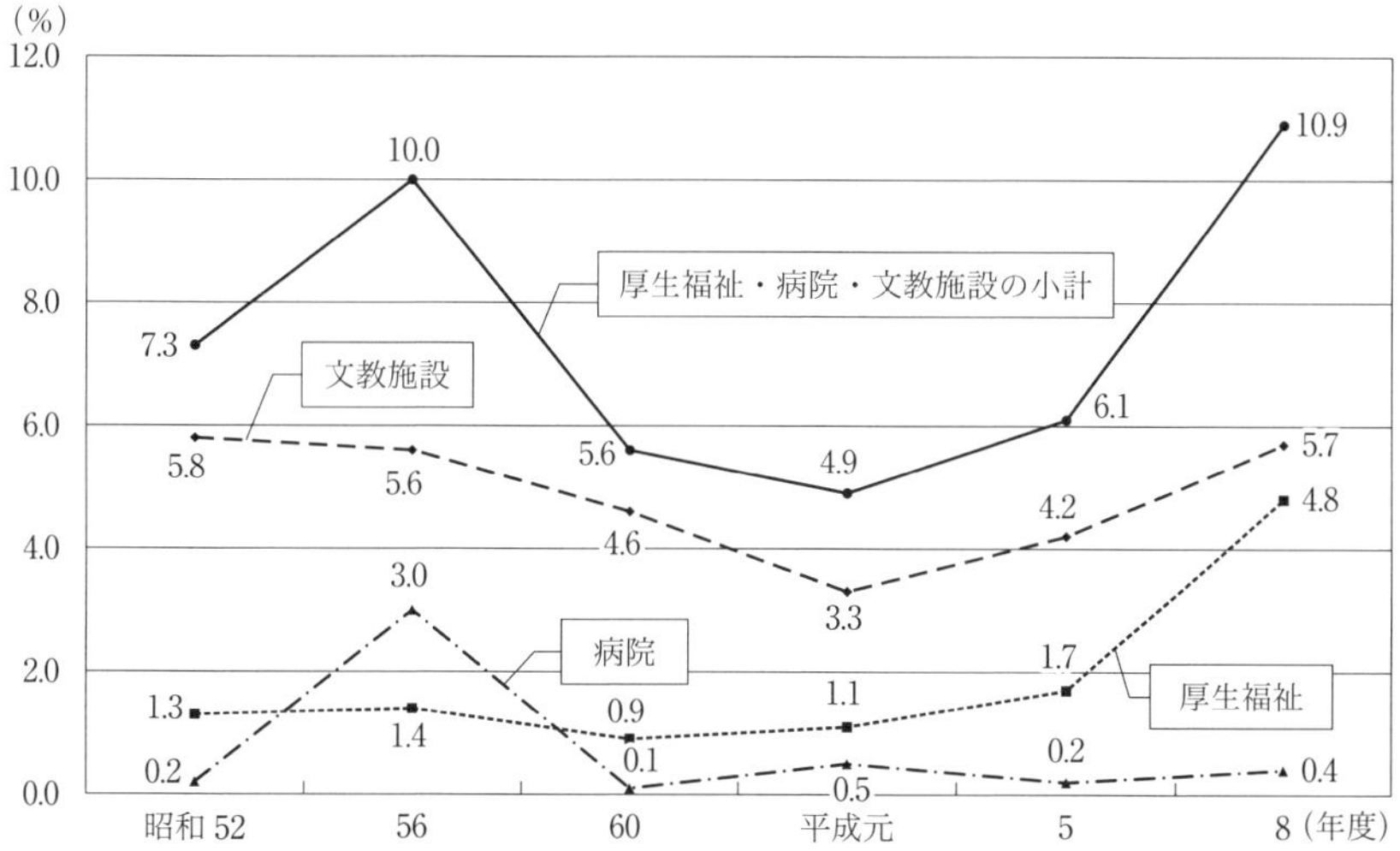

〔資料〕表 4-1 により作成。

図 4-3　厚生福祉・病院・文教施設・それらの小計の割合の推移（昭和 52～平成 8 年度）

投資は昭和五十六年度が一〇・〇％、平成八年度が一〇・九％であり、ほぼU字型をしている。昭和五十六年度と平成八年度が高くなったのは前者では病院に対する行政投資が伸び、平成八年度には厚生福祉の行政投資が伸びたためであろう。厚生福祉の行政投資はほぼ横ばいに推移し、平成八年度に四・八％になっている。以上の推移から見ると、平井県政下においてこれら三つの行政投資が趨勢的に増加したとはいえないであろう。

再び、表4-1をご覧いただきたい。これは前章と同じく[17]、近昭夫の行政投資先の分類に従って山口県が投資主体となる行政投資の内訳を、生産基盤関係、国土保全関係、生活基盤関係、その他としてまとめたものである。第一に、生産基盤関係の合計の割合は四六・七％から五九・〇％までであり、五十六年度を除き半分以上を占める。そして、生産基盤関係の割合は相対的に橋本県政下より大きくなっているといえるであろう。その理由は、すでに見たように平井県政下においては道路（街路を含む）に対する行政投資が増加傾向にあったということである。次いで国土保全関係が一九・五％から三〇・三％までを占める。国土保全関係の割合は、すでにのべたように災害復旧が少なくなったために小さくなっている。次に、生活基盤関係を見ると、住宅・環境・衛生関連施設が五・七％から六・八％である。すでに紹介したが、厚生福祉施設が四・九％から一〇・九％である。要するに、山口県が投資主体となる行政投資のうち生産基盤関係と国土保全関係を合わせると、三分の二以上、あるいは年度によって八割以上を占めているということが分かる。

二　平井知事の当初予算と県議会における審議

本節の課題は、平井知事の当初予算とそれを巡る県議会の審議を概観することである。しかし、二〇回の当初予算をすべて検討することはとうてい紙幅が許さないので大幅に省略するが了とされたい。本節では、平井が知事に就任した直後の補正予算と翌年度以降の二〇本の当初予算のうち九本の当初予算を取りあげる。

まず、当初予算の紹介に入る前に、知事に就任した翌月の五十一年九月の県議会定例会に平井知事が議案第一号として提出した「山口県一般会計補正予算」（その規模は七九億八、五〇〇余万円）とそれを巡る審議を簡潔に見る。(18)

平井の前任者の橋本知事は、前章で紹介したように、(19)昭和四十年代中頃以降、経済優先から福祉優先へと県政運営の舵を切ったが、橋本知事の下で総務部長や副知事を務めた平井知事は次のようにのべる。平井知事は、県政推進の政策目標として五つを掲げるが、その第一は「心のかよう福祉」である。平井は「心身障害の方々、老人、母子家庭、生活保護世帯等社会的に恵まれない人々が、すべてやすらぎと生きがいをもって生活できるよう、心の通った愛情ある福祉の政策をきめ細かく進めるとともに、児童福祉の推進を進めて〔ママ〕明るい福祉社会の建設に努め、また、勤労者に対する福祉政策を一層推進してまいる所存であります(20)」という。県議会では、桑原孝行議員（日本社会党）が「何を一体橋本県政からあなたは継承されようとしておるのか(21)」、また、「県政推進の政策目標として、『心のかよう福祉』『明日をひらく教育』『明るい健康』『住み良い環境』『豊かな生活』等を掲げておられますが、具体的な肉づけはどうされようとするのか(22)」と質問する。それに対して、平井は「私はすでに実施中の主要施策、主要事業は、これをできるだけ継続、完成をしてまいりたい、まいらなければならない責務を私は負わされておる(23)」と答える。

平井知事は、柳井勇夫《いさお》議員（同志クラブ）の質問に答えて、社会福祉基本計画について「…今後の福祉施策の展開につきましては、施設の整備、物的施設の整備もさることながら、やはり県民を温かく見守り、援助の手を差し伸べるような地域ぐるみ、町ぐるみの心の通う福祉の運動を展開し、そうして弱者の方々、あるいは老人の方々が生きがいをもって、安らぎをもって生活できるような、そのような環境づくり、これを私は展開をしてまいりたいことが基本的な考え方でございます(24)」と答える。したがって、平井の福祉県政の特徴の一つは、物的施設の整備よりは県民による福祉の運動あるいは環境づくりという、ソフトな福祉活動を重視しようとしていたということであろう。そして、このような視点は在任中変更がなかった。

平井知事は、五十二年二月二十八日に、就任後最初となる、議案第一号の「昭和五十二年度山口県一般会計予算」を県議会に提案した。冒頭に「心のかよう福祉」ほか、五つの政策目標を掲げ、「…社会福祉の充実を図ることは、福祉行政の基本的課題であります。このため、時代の要請に対応して現行の社会福祉基本計画を改定し、昭和五十三年度を初年度とする第三次社会福祉基本計画を策定いたすこととしております(25)」という。そして、老人福祉の向上ほかの関係事業費として総額五〇億七、九〇〇余万円を計上する。(26)建設事業予算については、「景気浮揚と雇用の安定を図るため(27)」補助公共事業費として四五八億四、〇〇〇余万円、単独公共事業費として三七億

五、三〇〇余万円を計上する。[28] 一般会計予算の総額は二、五七六億九、六〇〇余万円であり、前年度当初予算と比較すると一七・八％の増である。[29]

県議会における審議を少し紹介する。目〓《さっか》治議員（自由民主党）は、県債の歳入総額に占める割合が八・八％、二二五億八、四〇〇万円に上り、県債残高が一、〇〇〇億円を突破する現状からして「…借金返済のいわゆる公債費の肥大は、必然的に借金を返すために借金を重ねる悪循環を招くのはもちろん、財政硬直化の元凶の一つともなり、憂慮される」[30]という。それに対して、平井知事は「当初予算におきます県債の依存度〔は〕八・八％でありまして、地方財政計画の一〇・五％を下回っており、また公債償還費の構成比につきましても、ほぼ地方財政計画以下であるということからいたしまして、…おおむね妥当な水準にあるものと考えております」[31]と答える。

桑原孝行議員は「…知事は公共事業に重点を置かれ、福祉とは名ばっかりだとわれわれは考えております」[32]とのべ、「私は、もう当然にいまの状態でいくと、知事がいかに糊塗しようと、山口県は〔財政〕再建団体になることは事実なんです」[33]という。それに対して平井は、県債残高の「一千億円のうち約三百九十億円は、国が財政対策として、今後交付税におきまして、八〇％ないし一〇〇％措置する減収補てん債であり、財政対策債であり、特例債になるわけでございます。／ですから、私はただ県債を、名目的に、それの額なり、現債高なり、あるいは収入構成比なり、公債償還費なりというような率で計算するわけにはまいらないかと思います」[34]と反論する。[35]

以上のように、五十二年度当初予算に関する審議は「心のかよう福祉」に関する諸施策についての論議はほとんどなく、膨張する県債をめぐる財政問題が中心であった。平井知事は部谷《へや》孝之議員（民社党）に対する答弁の中で五十二年度の「この予算の性格でございますが、私は、景気浮揚と福祉両型並進予算として、この本年度の予算を県勢の発展の一つの基礎固めとして考えてまいりたい」[36]とのべる。[37] したがって、平井知事は、すでに前章で見たように成長と福祉をともに重視した橋本知事の路線を引き継いでいるといえるであろう。[38]

三月二十八日になり、一般会計予算の討論において、安永清議員（日本社会党）は「今回の予算は、補助公共事業の陰に隠れた福祉後退、福祉圧縮予算と言わざるを得ない」[39]として反対し、市河稔議員（自由民主党）は「平井知事が公共事業と福祉という並列的発想のもとに、予算編成に取り組まれたことは、真に時宜を得たもの」[40]として賛成した。その他には、村木継明議員（公明党）が反対、坪内藤義議員（民社党）が賛成、山本利平議員（日本共産党）が反対、安富隆吉議員（無所属）が反対の討論をした。その後、小河貞則副議長が議案第一号ほかについて賛成する者の起立を求めたところ、起立多数で議案第一号ほかは原案のとおり可決された[41]。

平井知事は、五十三年二月二十八日の県議会に議案第一号として「昭和五十三年度山口県一般会計予算」を提出した。平井は「景気・雇用対策と生活・福祉対策」[42]を二本の柱に最重点を置くとした。そして、第一の景気・雇用対策については「本県におきましても、国の施策に即応いたしまして、補助公共事業、単独公共事業、県営建築事業等の建設事業を積極的に導入実施する」[43]という。そして、第二の柱の生活・福祉対策のうち、福祉対策ついては「これまでの福祉行政が、ともすれば、老人、心身障害者、児童、母子等、社会的に弱い立場の人々に対する経済的な援護や施設保護対策に主眼を置きがちでありましたが、これからの福祉は、ボランティア活動や地域福祉活動の振興を図り、心の触れ合いを深めていくことが、きわめて重要なものとなってきております」[44]という。平井は、今回、第三次社会福祉基本計画を策定したので、今後の福祉施策は「この基本計画に基づきまして、県民の参加と協力のもとに推進してまいる所存であります」[45]とする。したがって、平井の推進する福祉施策においては、山口県民の参加と協力を求めて県民のボランティア活動を中心に展開しようとするものであろう。

県議会においては、新年度予算について桑原孝行議員（日本社会党）が、予算は「公共事業オンパレードの大型借金予算であるのであります。生活・福祉重点と言われても、ただのつけ足しであり、雇用対策も不十分であります」[46]と批判する。これに対して、平井は「…地方財政におきましても、県債の大幅な増高を来しておりますが、景気の早期回復を図るためには、やむを得ない措置であると考えております」[47]と弁明する。

三月十一日の県議会において、稲本勇一郎議員（公明党）は、「福祉の現場では老人福祉に限らず、母子福祉、心身障害施設等、切実な改善や建設が求められているのであります」[48]という。それに対して、知事は「今後の福祉の推進につきましては、どこまでもやはり自前の福祉ということも要請されると思うのでございます」[49]とのべ、「私は公の福祉ということも、今後財源の許す限り進めてまいりますと同時に、福祉活動を伸ばしていくためには、ボランティアの活動、いわゆる民間の自発的な福祉への参加、そういう参加の風土づくりということが大事」[50]であるとし、県民の福祉活動への参加を要請する。

ここで、県議会の審議にも登場する、五十三年二月に公表された『第三次社会福祉基本計画』をごく簡単に紹介する。この計画の副題は「心のかよう福祉を求めて」であり、平井の選挙公約の第一番目と同じである。まず、社会福祉の現状認識とその課題について「現状では、一般的に、自分を社会福祉の受益者として位置づけることに意識が片寄り、一人ひとりが社会福祉の担い手であるとの意識や責任感が希薄であり、社会福祉意識の高揚を図ることが今後の課題」[51]であるとする。そして、その課題を実現するために「…お互いが物の豊かさとともに心の豊かさを大切にしあい、立場の弱い人々を温かくつつむことのできる『福祉の風土』をつくっていくことがぜひ必要であり、県民の理解と協力を得て、いわゆる『参加する福祉』の推進に努力する」[52]。そして、「福祉の風土」を土台として「児童を健やかに育てようとする努力、老人を敬愛する心、心身障害者の個人の尊厳を重んずる心を出発点とし、老人、心身障害者、母子家庭、低所得者など社会的に弱い立場にある人々の自立への努力と生活意欲の向上を期待しまた次代を担う児童が健やかに成長するよう、在宅対策、地域対策等を拡充する」[53]。今後「福祉の風土づくり」を進めるために「学校教育、社会教育等との連携を図り、福祉の心を育てる教育を推進する」[54]。そして、地域における奉仕活動を担うボランティアの育成とその活動を支えるボランティア基金を設置する。(55)要するに、基本計画がいう「心のかよう福祉」とは、「福祉の風土」を土台として「参加する福祉」を作ることであり、県の役割は、山口県民が福祉活動に積極的に参加できるようにボランティア活動を金銭的に支援するということであろう。実際、五十三年度当初予算では、ボランティア振興財団に対して二億円の出資が計上された。(56)

県議会において安富隆吉議員は「この福祉基本計画を読んでみますと、私は修身の教科書を読んでおるのではないかという錯覚に実は陥ったのであります。／つまり精神主義、心がきわめて強調されておるのであります」(57)という。そして、「…何か責任の領域というものを、地域へ、あるいは個人の家庭へ、あるいは人の心に転嫁をされるんではないかというふうに、私は実は見ざるを得ないのであります」(58)ともいう。それに対して、平井は「私は安富議員の社会福祉基本計画についての御意見についても、それは私も部分的には、また御意見はその通りであると思います…」(59)と、福祉の推進は人の心の問題であると答える。山本利平議員（日本共産党）は、第三次社会福祉基本計画においては「…およそ心の通う福祉や県民の心を心とした行政などと、心の過剰とさえ思われ、乱用」(60)が目立つと批判する。

三月二十七日になり、吹田《ふきだ》愰《あきら》議長が議案第一号他の採決を行い、起立多数で原案のとおり可決された。(61)

平井知事は、議案第一号の「昭和五十六年度山口県一般会計予算」を五十六年二月二十七日に県議会に提案した。平井は「…引き続き『あたたかいふるさとづくり』を目指して、第三次県勢振興の長期展望に基づく諸施策を計画的かつ着実に推進していくことを基本として、『福祉・健康の増進』、『経済基盤の充実、強化』に最重点を置」(62)くとする。そして、第三次社会福祉基本計画については「…時代の要請に即した見直し改定を行い、…今後とも県民福祉向上のための諸施策を積極的に推進」(63)するとする。一般会計予算の総額は三、九三一億四、六〇〇余万円であり、前年度当初予算に比べて八・三％の増である。(64)

県議会では福本逸夫議員（自由民主党）が高齢化社会への移行という「現況を踏まえるならば、現行の社会福祉制度を維持、継続していくことは容易なことではありません。知事は、第四次社会福祉基本計画を策定するに当たって、どのような認識のもとに対処されるのか[65]」と質問する。それに対して、平井は「国の社会保障制度との関連も考慮しながら、地方自治体並びに民間の担当すべき分野について、県民のニーズを踏まえ、真に県民の理解を得た福祉対策を推進していくことが大切であると考えております。第四次社会福祉計画の策定にあたりましても、そのような考え方のもとに検討を進めてまいりたい[66]」と答える。

吉永弘志議員（同志クラブ）は山口県の財政の硬直化について質問して「財政硬直化現象が依然として解消されない事態にどのように対処されようとされるのか[67]」と質問した。これに対して平井は「…今後とも引き続き、そのような行政のスモール化、チープ化といいましょうか、そういうことには留意をいたしながら、たとえば職員定数におきましても、五十一年度以来、知事部局の職員定数は据え置きを堅持し、新規行政需要に対しましては配置転換と申しますか、スクラップ・アンド・ビルドによって対応する等の努力もいたしながら、一方において事務、事業の見直しに伴う行財政の効率化にも、サンセットあるいはスクラップ・アンド・ビルド等の方式によりまして対応をしていかなければならないと思います[68]」と答える。また、平井は、安富隆吉議員の質問に答えて「私は県行政の推進に当たりましては、昨日もお答えいたしましたように、常に最小の経費で最大の効果を上げるという、チープガバメントを基本理念として、…絶えず事務、事業の見直し、点検をし、定数配置の合理化、簡素化等に留意して、また組織機構につきましても、それぞれ毎年度点検をいたしてまいっているところでございます[69]」という。したがって、平井の財政運営の基本理念はいわゆる「チープガバメント」（安上がりの政府）であるが、その意味は最小の経費で最大の効果を上げるということである。そのための具体的方法としてはサンセット方式あるいはスクラップ・アンド・ビルド方式という手法を採る。三月二十四日になり、議案第一号は起立多数によって可決された。[70]

平井知事は、五十七年年二月二十六日に、県議会に議案第一号として「昭和五十七年度山口県一般会計予算」を提出した。平井は、五十七年度当初予算の編成に当たり「…『地域経済の振興』、『福祉・健康の増進』に最重点を置[71]」くとし、具体的な予算編成の第一の柱は「地域経済の振興[72]」であるとする。すなわち「…私といたしましては、国の公共事業等全般的な歳出抑制基調のもとで、厳しい財政事情にもかかわらず、単独公共事業、県営建築事業等の建設事業を積極的に計上、実施することとし、今後における民間経済活動の活性化と、あわせて生活関連社会資本の整備充実にも一層配意することとした次第であります。／したがって、補助公共事業につきましてもその事業量の確保に努め、現時点における内示見込額七百四十七億二千六百余万円を全額計上いたしますとともに、特に、単独公共事業につきましては、前年度当初の事業費に対し、地方財政計画の伸び率を大きく上回る一三・四%に相当する百三十一億三千余万円を当初より計上することとし、さらに県庁舎、中央病院を初め〔ママ〕、県立学校等各種県営建築事業につきましても、積極的に実施することとし、百三十一億二千六百余万円を計上いたすとともに、全体としての事業量につきまして、前年度に比し、下回ることがないようこれが確保に努めたところであります[73]」という。そして、この年度以降、予算編成の第一の柱は、地域経済の振興ないし活性化となる。

これまで重点項目の第一位に挙げられていた「福祉・健康の増進」はどのようになったのであろうか。平井は、「福祉・健康の増進」の最初の社会福祉対策については「…今回、新たに『第四次社会福祉基本計画』を策定いたし…今後の福祉施策につきましては、この基本計画に基づきまして、県民の参加と協力のもとに鋭意推進してまいる所存であります[74]」という。そして、今年度予算では、山口県ボランティア基金に出資金五、〇〇〇万円を計上する。[75]一般会計の総額は四、一三七億二、四〇〇余万円であり、前年度当初予算と比較すると五・二%の増である。[76]

ここで第四次社会福祉基本計画についてごく簡単に紹介する。社会福祉推進の基本的方向としては「…立場の弱い人々を温かく包むことのできる『福祉の風土』をつくっていくことが是非必要であり、県民の理解と協力を得て、いわゆる『参加する福祉』の推進に努力する」[77]。そして、「県民の『福祉の風土』を土台とした、児童を健やかに育てようとする努力、老人を敬愛する心、心身障害者の個人の尊厳を重んずる心を出発点とし、老人、心身障害者、母子家庭、低所得者など社会的に弱い立場にある人々の自立への努力と生活意欲の向上を期し、また次世代を担う児童が健やかに成長するよう在宅対策、地域対策等を拡充する」[78]とする。土台となる「福祉の風土づくり」については、「…福祉教育と幅広い啓発活動を推進して社会福祉意識の高揚を図り、福祉の風土づくりに努める。また、ボランティア活動など地域における自主的福祉活動を育成し、住民参加による福祉を推進することにより、ふれあう心の山口県、みんなの住みよい県土づくりを進める」[79]とする。計画期間は昭和五十七年度から六十年度までの四ヶ年度である。このような、住民参加を主体とする福祉の運動は、一見すれば県の財政負担が生じないように思われるが、この基本計画によると、昭和五十七年度から六十年度までにおける山口県の福祉医療費所要見込額は、老人医療費補助（負担）金、重度心身障害者医療費補助金、母子乳幼児医療費補助金の三つだけで合計一六一億四、二〇〇万円に達し、四年間に県費投入額はほぼ倍増（一・九倍）する[80]。

県議会では河村五良議員（自由民主党）が「…五十七年度から向こう四年間、県の福祉政策の針路図とも言うべき第四次社会福祉基本計画が示すところの、具体的福祉行政の展開はどのようなものなのか、また、第三次社会福祉基本計画との相違点について」[81]質問したのに対して、平井は「この新計画と第三次計画との相違点についてでございますが、私は、福祉の風土づくりという社会福祉計画の理念、精神、また、施策推進の基本的方向につきましては、旧計画のそれを踏襲をしているところでございまして、大きな相違点はない」[82]と答える。鹿嶋次郎議員（自民党県政クラブ）は、今後においては在宅福祉や地域福祉を基調として高齢者や障害者を援護する必要があると思われるが、地域におけるボランティア活動の振興についてどのように考えているかと質問した[83]のに対して、平井は「今回策定をいたしました第四次社会福祉基本計画の中におきましても、県民参加による地域福祉活動の推進を重点課題として取り上げまして、中でもボランティア活動は、その中核をなすものでございます[84]」という。そして、ボランティア振興財団には現在約五億円弱の基金があるが、今後は「より地域社会に密着したボランティアの実践活動を促進する必要があると考え[85]」、新年度予算では県ボランティア基金の第二次造成計画を策定して、五十七年度五、〇〇〇万円を計上したとする[86]。

芳坂《よしさか》則行議員（日本共産党）は、第四次社会福祉基本計画の中心的な方向がボランティア活動の推進、つまり奉仕活動等となっており、「一口に言って、福祉対策は、今後金のかからない、そういう方向に基本点が転換をしたのではないか[87]」と質問する。芳坂によれば、福祉政策の基本は、老人、身体障害者、婦人、子供などの社会的弱者に対して保護や援助を行うものであり、「…金のかかる事業と思うのであります。この点、第四次社会福祉基本計画は、この大黒柱が一本抜けているのではないかと思います[88]」と批判する。これに対して、斉藤昇民生部長は、社会福祉については国、県、市町村、さらには民間とそれぞれ役割分担があり、「国民の福祉の基本に関する問題は、国がその保障の責任をあくまでも負うんだと〔いうことであり〕、このことを前提といたしまして、その上に立って、県の役割りの分野でございますところの援護サービスの面を中心とした施策の基本指針を、この計画で示しておる[89]」という。そして、ボランティア活動や福祉の風土づくりなどの対策については、「これら社会保障や公的援護サービスなどの行政施策と並行いたしまして、県民参加の福祉活動の展開による住みよい郷土づくりを進めようとするもの[90]」であるという。確かに、斉藤部長のいう通り、福祉行政は、国を頂点として都道府県、市町村、さらには民間団体へと及ぶ階層構造をなしているが、第一線の機関は市町村であり、県の役割は二次的補完的であろう。ある文献は「都道府県および市町村による地方自治の関係性に焦点を当てると、福祉行政においては、市町村の優先の原則が貫かれている」[91]という。

三月二十三日になり、岩崎清副議長が議案第一号他の三件について賛成の者の起立を求めたところ、起立多数で議案三件は原案のとおり可決された。[92]

平井知事は、六十二年二月二十四日に議案第一号の「昭和六十二年度山口県一般会計予算」を県議会に提案した。当初予算の最重点項目は、五十九年度当初予算の第三番目として「教育・文化の振興」が加わって以降同じであり、その説明も似ている。なお、第二項の「福祉、健康、生活環境の整備充実」において「私といたしましては、今回新しく策定した第五次社会福祉基本計画に基づき、きめ細かな配慮を行い、福祉施策の充実に一層努めた」[94]といっている。一般会計の予算総額は前年度比で二・六％増の四、六一七億二〇〇余万円である。[95]

平井知事が言及した第五次社会福祉基本計画については、県議会でほとんど論議されなかったが、ここでほんの少し紹介しておく。この計画は昭和六十二年度から六十五年度までの四ヶ年を計画期間とする。そして、「現状では、一般的に自分を社会福祉の受益者として位置づけることに意識がかたより、一人ひとりが社会福祉の担い手であるという意識や責任感が薄れてきているため、今後、自立、自助の精神やお互いが共同して住みよい社会を築いていくという意識を持ち合わせることが大切であり、このような社会福祉意識の高揚をさらに図っていくことが今後の課題である」[96]。そのためには「福祉の風土づくり」が重要であり、「…福祉の心を育てる教育や幅広い啓発活動等を行い、広く県民に対して社会福祉意識の高揚を図り、心のかよう福祉の風土づくりを進める」[97]。ご覧のように、第五次社会福祉基本計画のアプローチは、基本的には第四次と同じあろう。但し、第四次と異なり、六十二年度以降の四ヶ年度の財政負担の見込みは示されていない。したがって、財政計画のない「福祉の風土づくり」は絵に描いた餅であろう。

ところで、六十二年度当初予算は総務企画委員会において賛成多数で可決されたが、[98]委員会報告について質疑が行われた。その後、村木継明議員外一五名から議案第一号の組み替えを求める動議があった。[99]村木議員は「…売上税の創設を前提とした売上譲与税、マル優制度の廃止を前提とした利子割県民税を予算計上[100]」しているため、「即刻、本予算案の組みかえを行い、再提出されるよう強く要求する」[101]という。

この組み替え動議に、田村茂照議員（社会党・県政クラブ）他の議員が賛成する。河村五良議長が組み替え動議に賛成する者の起立を求めたところ、起立少数で組み替え動議は否決された。[102]その後、議案第一号に対して柿本忠男議員（民社党）外一五名から修正の動議が出された。柿本議員は、売上譲与税九億六〇〇万円を全額削除する等の修正を提案する。[103]その後討論に入る。小河貞則議員（自由民主党）は修正案に反対し、議案第一号に賛成する。[104]山田健一議員（社会党・県政クラブ）、三木康博議員（公明党）、石川泉助議員（無所属）、浅野謙二議員（日本共産党）は修正案に賛成する。その後、採決が記名投票に付され、投票総数四四票、白票一七票、青票二七票で、修正案は否決された。[105]その後、議長が原案について採決をしたところ、議案第一号は起立多数で原案のとおり可決された。[106]

平成三年二月二十二日に平井知事は議案第一号の「平成三年度山口県一般会計予算」を県議会に提出した。平井は、五本の柱に重点を置いたというが、最初の三つは、これまでと同様に「県経済の自立、活性化」、「福祉、健康、生活環境の整備充実」、「教育、文化、スポーツの振興」である。[107]第一の柱は、これまでと同様に「第一次、第二次、第三次の全産業を通じて、バランスのとれた足腰の強い産業構造の構築に努める」[108]ということである。そして、「単独公共事業につきましては、特に県民生活に密着した道路事業を中心に増額を図ることとし、地方財政計画上の伸び率を上回る一二・三％増の二百三十八億四千七百万円を計上」[109]したとする。第二の「福祉、健康、生活環境の整備充実」の最初の社会福祉対策においては「…引き続き福祉の輪づくり運動を支援いたしますほか、ボランティア振興財団に出資することとし、出資金一億円を計上」[110]するという。「教育、文化、スポーツの振興」については、「…四十人学級の推進、養護学校高等部の定員増等に対応し、教職員の確保を図るとともに、研修の充実等教職員の資質の向上に努めてまいる」という。[111] 一般会計の予算総額は、前年度比八・七％増の六、〇八九億六、四〇〇余万円である。[112]

県議会においては、浅野謙二議員の福祉問題に関する質問に答えて、平井は「…県民からの要望の強い寝たきり老人介護見舞金制度の所得制限の撤廃や、ホームヘルパーの大幅増員なぞの在宅老人福祉対策の充実、また、母子医療対策の充実及び県単独による延長保育特別対策事業の創設、さらには私学運営費補助金の充実や、下水道施設対策の強化を図るなぞいたしまして、特に福祉、教育、生活環境の施策については、きめ細かな配慮をし、予算化[113]」したと答える。

三月八日には、消費税制度に関連して議案第一号、第十八号、第十九号について組み替え動議が提出されたが、それに賛成する者の起立が少数で、組み替え動議は否決された。[114] その後、議案第一号は、起立多数で原案のとおり可決された。[115]

平井知事は、平成六年三月二日に、議案第一号として「平成六年度山口県一般会計予算」を県議会に提出した。最重点項目は、これまでと同様であり、「県経済の自立、活性化」、「福祉、健康、環境施策の充実」、「教育、文化、スポーツの振興」の三つであった。第一の「県経済の自立、活性化」は、「第一次、第二次、第三次の全産業を通じて、バランスのとれた足腰の強い産業構造の構築に努める」という。[116] 「福祉、健康、生活施策の充実」については「本格的な高齢化社会に対応し、社会福祉基本構想、老人保健福祉計画等の『二十一世紀福祉ビジョン』の策定に伴い、平成六年度を新たな福祉のスタートの年として位置づけ、二十一世紀に向けた本県の福祉を展開してまいる所存であります。／このため、まず、地域福祉対策につきましては、二十一世紀福祉ビジョンの普及啓発に努めるとともに、地域福祉活動の一層の推進を図るため、福祉の輪づくり運動を大幅に拡充することとし、合わせて二千百余万円を計上[117]したという。第三の「教育、文化、スポーツの振興」の最初は、県立高校の整備であり、「山口中央高校の移転整備を初め、〔ママ〕質的整備にも配慮した高等学校の危険校舎の改築、体育施設の整備、特殊教育諸学校の整備を進めることとし、総額四十七億四千七百余万円を計上[118]する。一般会計の当初予算総額は、前年度比八・二%増の七、二〇九億五、一〇〇余万円である。[119]

県議会において吉井利行議員（自由民主党）が「…二十一世紀に向けて、今後どのように福祉行政を進めようとしておられるのか[120]」と質問したのに対して、平井は「新しい福祉のスタートの年となります平成六年度におきましては、目指すべき福祉社会を県民総参加により築いていくべく、これら〔老人保健福祉計画等の〕五つの計画の普及啓発を進めますとともに、在宅福祉三本柱の大幅な拡充、ホリデイ保育事業等保育サービスの充実、人にやさしいまちづくり事業の拡充、ボランティア活動の振興など、積極的な施策の展開に努めている[121]」と答える。そして、これらの計画の実施にあたっては市町村の役割が極めて重要であるから、「…市町村の主体的な取り組みを積極的に指導、支援してまいる所存であります。／今後とも、私は、これまで培ってまいりました福祉先進県としての伝統と実績を生かし、市町村との連携を緊密にいたし、県民の皆様や福祉関係団体、企業などの理解と協力を得ながら、心豊かでゆとりのある県民生活の実現に向けて、全力を尽くしてまいる[122]」という。平井は、藤山房雄議員（自由民主党）の質問に答えて「…現在策定中の『社会福祉基本構想』におきましては、福祉マインドと地域連帯感にあふれた福祉社会、いわば『心のかよう福祉社会』の実現を目指す[123]」とのべ、「私は今後とも、行政はもとより、県民の皆様や民間団体、農協、漁協等を含む企業などと一体となって福祉の輪を広げ、ともに支え合い、…ともに暮らせる福祉社会の実現に向けて、さらに鋭意努めてまいる所存[124]」という。したがって、平井の構想する山口県における福祉社会の実現には、県民はもちろん、農協、漁協等の民間団体にも働きかけて山口県下一円を巻き込むことが必要になるということであろう。なお、平井のいう「福祉先進県」のメルクマールや何時福祉先進県になったのか等は議会の答弁ではふれられていない。

三月二十四日になり、議案第一号について賛否の討論が行われた後、起立多数で原案のとおり可決された。[125]

平成七年三月二十二日に、平井知事は第一号議案の「平成七年度山口県一般会計予算」を県議会に提出した。最重点項目は前年度と同じで、「県経済の自立、活性化」、「福祉、健康、環境施策の充実」、「教育、文化、スポーツの振興」の三つであった。新年度の予算においては、公共事業の積極的な導入に努め、「単独公共事業につきましては、特に県民生活関連の道路事業を中心に増額を図ることとし、地方財政計画上の伸び率を大幅に上回る一〇%増の四百六十三億四千五百万円を計上[126]」した。重点項目の第一の「県経済の自立、活性化[127]」については、「第一次、第二次、第三次の全産業を通じて、バランスのとれた足腰の強い産業構造の構築に努める」という。「福祉、健康、環境施策の充実」においては「…新たに福祉マインドの醸成を図るための普及啓発事業に取り組むほか、地域福祉基金を活用し、民間団体が行う先駆的・先導的事業等、十二の事業を積極的に支援することとし、合わせて五千八百余万円を計上[128]」した。「教育、文化、スポーツの振興」については、まず「質的整備にも配慮した高等学校の校舎の改築、体育施設の整備、特殊教育諸学校の整備を進めることとし、総額二十七億三千二百余万円を計上[129]」したという。一般会計予算の総額は、前年度比六・六%増の七、四〇二億九、六〇〇余万円である。[130]

県議会では、桑原孝行議員（社会党・護憲共同）が「…この大型予算案に対して私たちは賛成であります。よくできた予算案だと思います[131]」とのべ、稲本勇一郎議員が、平井の積極型の予算編成について「我が公明〔党〕といたしましても、率直に評価いたすものであります[132]」という。浅野謙二議員は「このような来年度予算は、このままでは、とても容認できるものではありません[133]」と反対する。このように平成七年度の予算の審議においては、共産党を除いて賛成する複数の政党会派が現れたのである。

三月十日に議案第一号の採決が行われ、浅野議員のみが反対討論をした後、起立多数で原案のとおり可決された。(134)

平成八年二月二十八日に平井知事は第一号議案の「平成八年度山口県一般会計予算」を県議会に提出した。三つの最重点項目は前年度とほとんど同じの「県経済の自立、活性化」、「福祉、健康、環境、安全施策の充実」、「教育、文化、スポーツの振興」である。そして、「単独公共事業につきましては、特に、県民生活関連の道路事業を中心として過去最大規模の事業費の確保を図ることとし、地方財政計画の伸び率三・一%を大幅に上回る一七・六%増の五百四十五億円を計上(135)」する。また、「県民福祉の向上のための諸施策につきましては、可能な限り充実強化を図ることとし、これまで積み立ててきた財政調整基金や大規模事業基金を効果的に活用する(136)」とする。

まず第一項目の「県経済の自立、活性化」は前年度までと同じ「第一次、第二次、第三次の全産業を通じて、バランスのとれた足腰の強い産業構造の構築に努める(137)」とする。第二項の「福祉、健康、環境、安全施策の充実」については、「私は、県民だれもが、心豊かに安心して暮らせる福祉社会を実現するためには、『二十一世紀福祉ビジョン』を積極的かつ着実に推進していくことが必要である考えており、特に、地域福祉対策につきましては、幅広い県民の参加と実践を募りながら、積極的により一層の推進を図る(138)」という。「教育、文化、スポーツの振興」の第一は、県立学校の整備であり、「質的整備にも配慮した高等学校の校舎の改築、産業教育施設や体育施設の整備、特殊教育諸学校の整備等を進めるとともに、耐震補強対策を効果的に実施するため、新たに大規模改造事業に取り組むこととし、総額二十七億八千五百余万円を計上(139)」する。一般会計の予算総額は前年度比二・一%増の七、五五三億九、七〇〇余万円である。(140)

県議会においては、平成八年度一般会計予算を高く評価する発言が多くあった。吉井利行議員は、予算の内容が「景気対策のみならず、私ども県民生活の隅々まで十分に目を配られた内容充実型予算(141)」であり、「知事の御英断に謝意を表する」[142]という。藤谷光信議員（平成会）は「…各分野にわたりきめ細かな配慮もなされており、平成会といたしましても、平井知事の財政手腕を高く評価いたすものであります」[143]という。稲本勇一郎議員は「…依然として厳しい財政状況の中にありながらも積極型の予算編成がなされており」[144]、「知事の財政手腕を率直に評価いたすものであります」[145]という。加藤寿彦議員（社民クラブ）も、同様に「平井知事の財政手腕に対し、率直に評価をいたすものであります」[146]という。松永卓議員（香山会）も「…幅広い分野で、かつ細部にわたる配慮がなされた予算であると、改めて平井知事に対しましてお礼を申し上げたいと思います」[147]という。このように、県議会の予算をめぐる審議においては、前年度に引き続き、知事が提出した予算に賛成する政党会派が多く現れた。

三月十九日になり、議案第一号について討論が行われ、浅野謙二議員のみが、一般会計予算は「生活者重視、新しい地方の時代にふさわしいものとは言えません」[148]として反対した。しかし、議案第一号を含む諸議案は起立多数で原案のとおり可決された[149]。

三　歳出構造の推移

本節においては、歳出構造の推移を概観する。まず、昭和五十二（一九七七）年度から平成八（一九九六）年度までの一般会計の歳出構造を四年おきに（但し、平成五年度、八年度は三年置きである）示すと表4-2のようである。これは、議会費、総務費、警察費、災害復旧費、諸支出金及び前年度繰上充用金を除いた八つの経費を選び出し、それらが総計に占める割合ならびに昭和五十二年度を一〇〇とした指数を示したものである。なお、平成五年度におけるＮＮＴ債繰上償還金とは、特定資金公共事業債（通称「ＮＴＴ債」と呼ばれる）を繰上償還

表 4-2　山口県一般会計主要歳出の総計に占める割合と指数の推移
（昭和 52・56・60，平成元・5・8 年度）

（1,000 円，%）

金額・割合・指数＼年度		昭和 52	56	60	平成元	5	8
		1977	1981	1985	1989	1993	1996
民生費	金額	15,691,160	22,181,782	26,259,816	33,121,313	44,048,280	51,503,782
	割合	5.7	5.4	5.9	6.0	6.3	6.7
	指数	100	141	167	211	281	328
土木費	金額	65,647,881	95,518,979	93,258,546	115,804,699	168,944,296	197,912,716
	割合	23.8	23.5	20.8	21.0	24.3	25.6
	指数	100	146	142	176	257	301
教育費	金額	84,654,845	113,306,781	128,135,396	140,162,600	158,279,313	167,438,700
	割合	30.6	27.8	28.6	25.4	22.7	21.7
	指数	100	134	151	166	187	198
労働費	金額	2,818,196	5,369,917	6,804,291	6,366,253	9,876,786	12,386,692
	割合	1.0	1.3	1.5	1.2	1.4	1.6
	増加指数	100	191	241	226	350	440
衛生費	金額	10,623,994	13,871,856	15,280,888	16,650,969	19,613,466	27,357,163
	割合	3.8	3.4	3.4	3.0	2.8	3.5
	指数	100	131	144	157	185	258
農林水産業費	金額	30,016,099	43,095,802	44,612,283	56,625,316	75,752,575	76,065,378
	割合	10.9	10.6	10.0	10.3	10.9	9.9
	指数	100	144	149	189	252	253
商工費	金額	15,551,541	20,971,963	24,368,373	34,385,424	56,765,128	76,777,246
	割合	5.6	5.1	5.4	6.2	8.2	9.9
	指数	100	135	157	221	365	494
公債費	金額	11,960,541	29,975,260	46,052,596	47,185,390	80,817,363	56,766,695
	割合	4.3	7.4	10.3	8.6	7.0	7.4
	指数	100	251	385	395	676	475
総計	金額	276,337,083	407,231,308	448,121,818	551,114,341	728,127,123	771,954,914
	割合	100.0	100.0	100.0	100.0	100.0	100.0
	指数	100	147	162	199	263	279

〔注 1〕すべて決算額である。
〔注 2〕1,000 円未満を四捨五入したので総計は必ずしも合わない。
〔注 3〕指数は昭和 52 年度を 100 とする。
〔注 4〕平成 5 年度の数値は，NTT 債繰上償還金を除いた金額である。
〔資料〕『山口県の財政』（昭和 54 年 11 月），28 頁；『山口県の財政』（昭和 58 年 11 月），24 頁；『山口県の財政』（昭和 61 年 11 月），23 頁；『山口県の財政』（平成 2 年 11 月），24 頁；『山口県の財政』（平成 6 年 11 月）27 頁；『山口県の財政』（平成 9 年 11 月），24 頁。

することであり、自治体にとっては公債費が大幅に増加することになるが、ここではそれを除いた金額である。(150)

表4-2の構成比の推移を見る。五十二年度を見ると、最も多いのは教育費で三〇・六%、第二位は土木費で二三・八%、第三位は農林水産業費で一〇・九%であり、それらの三つの経費で六五・三%を占める。主要経費の割合が二〇年間にどのように変化したかを見ると、第一に、教育費はこの間に漸減して平成八年度には二一・七%になっている。第二に、その反面、五十二年度に第二位であった土木費は平成五年度以降教育費を上回り、平成八年度には二五・六%になって第一位になっている。教育費と土木費の逆転は、この表では示されていないが、平成四年度に生じ、その年度に教育費が二三・一%、土木費が二三・二%になり、逆転が生じたのである。福祉政策が金看板である平井県政下において、土木費が歳出の第一位になったのである。土木費の増加の原因は、すでに第一節で見たように、平井知事は橋本知事に迫る道路知事であり、県民生活に関連する道路事業に力を入れ、その事業費の増加を図ったためである。

土木費の内訳の推移を見ると、図4-4のようである。ご覧のように、土木費のうちで最も大きな割合を占めるのは道路橋りょう費であり、それは三七・四%から四六・三%を占め、しかも、昭和六十年度以降漸増傾向を示している。福祉財政の中心をなす民生費の割合を表4-2で見ると、それは五二年度に五・七%であったが、平成八年度には六・七%となり、やや増加したという程度である。

この二〇年間で構成比が増加した第一位は商工費であり、それは五十二年度の五・六%から平成八年度には九・九%となり、農林水産業費と並ぶ、第三位になるまで伸びている。商工費が大きく伸びたのは平成三年度からであるが、その原因は商工費の第四項に工業用水道費が加わったためであろう。それは、平成三年度に二一億五、二五五万六、〇〇〇円であったが、平成八年度には三〇億一、一四四万三、〇〇〇円になっている。労働費は五十二年度には一・〇%であったが、平成八年度には一・六%になっている。労働費の内訳を見ると、その大部分は労

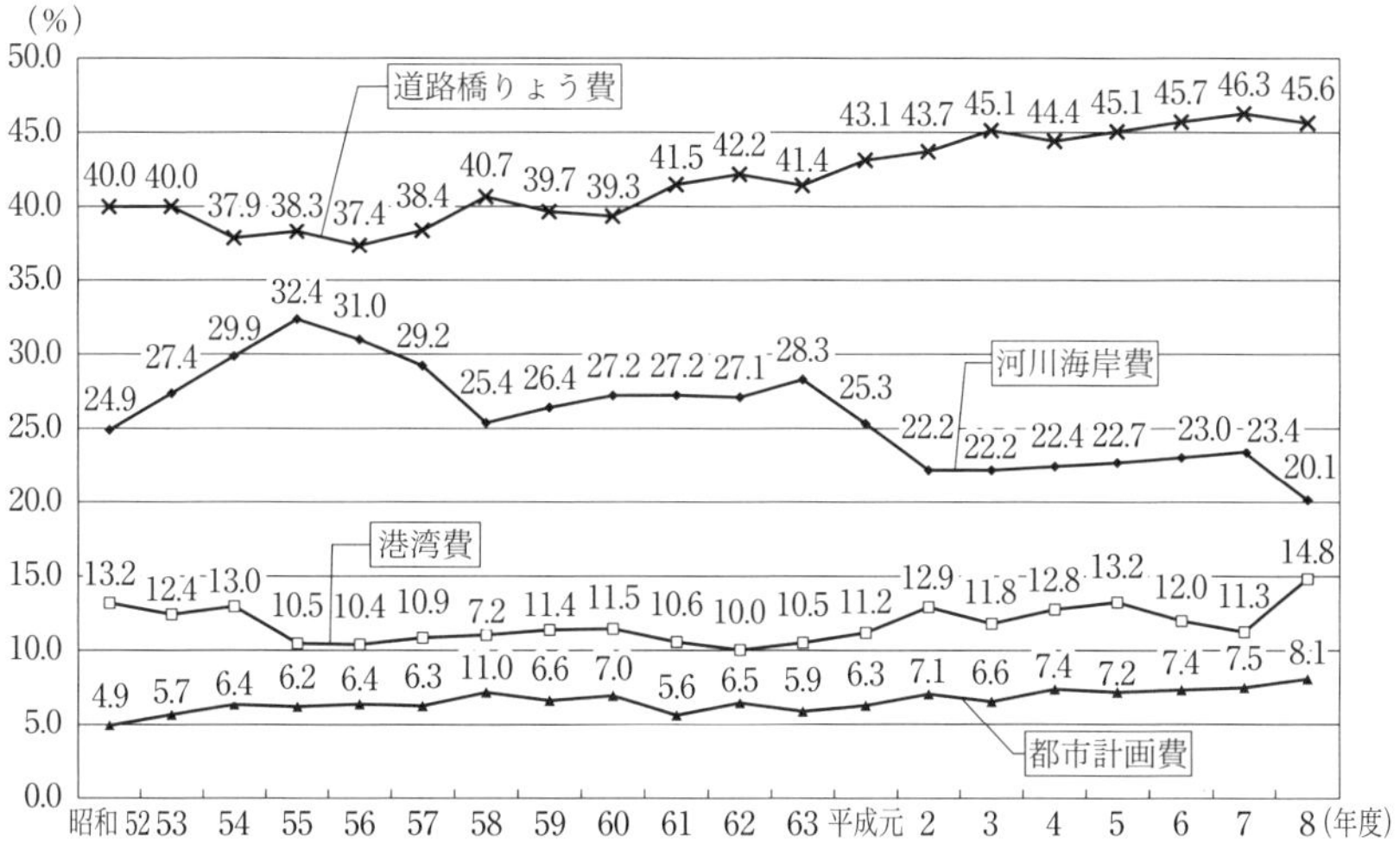

〔資料〕『山口県歳入歳出決算書』各年度版。

図 4-4　道路橋りょう費ほかが土木費に占める割合の推移（昭和 52～平成 8 年度）

政費であり、平成八年度では労働費の八五・二%を占める。公債費は、五十二年度には四・三%であったが、平成八年度には七・四%になり、大きく増加した。

昭和五十二年度を一〇〇とする指数を見る。歳出総計の指数は二・七九倍であり、それを上回って増加した経費を見ると、第一位は商工費の四・九四倍である。第二位は公債費の四・七五倍である。公債費は、地方債の増加が山口県の財政にも表れていることを示している。第三位は労働費で四・四〇倍、第四位は民生費で三・二八倍である。第五位は土木費で三・〇一倍である。

次に、「福祉先進県」の実態を財政支出で確認するため、福祉財政の中心である民生費を見る。民生費の内訳を示すと、表4-3のようである。この表は五年度間隔で示した。但し、最後の平成四年度と八年度の間は四年度間隔である。山口県の民生費における老人福祉費は、社会福祉費の第三目になっており、独立の項とはなっていないので、分けて記載した。ご覧のように、六十二年度を見ると、民生費の過半は社会福祉費であり、民生費の五一・四%を占める。社会福祉費はこの期間において

表 4-3　民生費の内訳の推移（昭和 52・57・62，平成 4・8 年度）

（1,000 円，%）

年度	昭和 52	57	62	平成 4	8	指数
	1977	1982	1987	1992	1996	
社会福祉費	7,232,227	12,071,297	14,907,200	26,338,418	32,320,494	447
	46.1	52.4	51.4	60.5	62.8	—
第 3 目　老人福祉費	2,586,424	4,233,019	5,435,811	9,410,622	8,909,945	344
	16.5	18.4	18.7	21.6	17.3	—
児童福祉費	5,045,238	6,688,040	9,626,786	13,332,697	14,910,495	296
	32.2	29.1	33.2	30.6	29.0	—
生活保護費	3,402,604	4,238,789	4,474,960	3,824,095	4,185,995	123
	21.7	18.4	15.4	8.8	8.1	—
災害救助費	11,091	17,680	11,352	19,459	86,798	783
	0.1	0.1	0.0	0.0	0.2	—
合計	15,691,160	23,015,806	29,020,297	43,514,668	51,503,782	328
	100.0	100.0	100.0	100.0	100.0	—

〔注 1〕1,000 円未満を四捨五入したので，各項目の計と合計は必ずしも合わない。
〔注 2〕指数は，昭和 52 年度を 100 とする。
〔資料〕『山口県歳入歳出決算書』各年度版。なお，第 3 目　老人福祉費は，『山口県歳入歳出決算に関する附属書』各年度版，による。

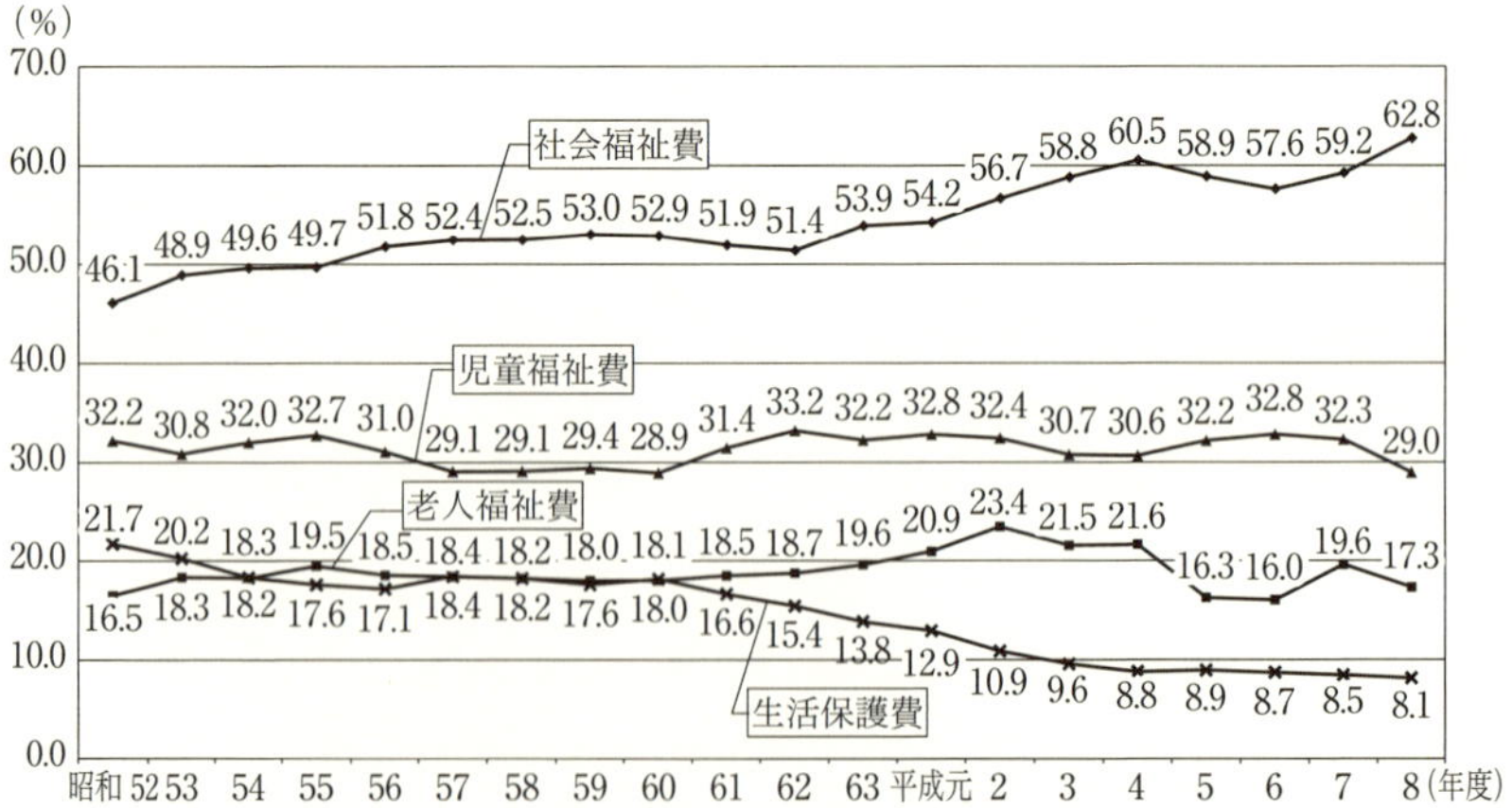

〔資料〕『山口県歳入歳出決算書』各年度版。なお，第 3 目　老人福祉費は，『山口県歳入歳出決算に関する付（附）属書』各年度版，による。

図 4-5　民生費に占める社会福祉費ほかの割合の推移（昭和 52～平成 8 年度）

は漸増傾向のように見える。社会福祉費の第三目である老人福祉費は、民生費全体の一八・七％である。そして、児童福祉費は三三・二％、生活保護費は一五・四％、災害救助費は〇・〇％である。

災害救助費を除いた四つの経費が民生費に占める割合の推移を図にすると図4-5のようである。ご覧のように、二〇年間において増加傾向にあるのは社会福祉費であり、昭和五十二年度の四六・一％から平成八年度の六二・八％へと一六・七ポイントも増加している。児童福祉費は五十二年度の三二・二％から平成八年度には二九・〇％となり、ほぼ横ばいある。老人福祉費も平成に入って若干変動はあるが、ほぼ横ばいであろう。生活保護費は昭和五十二年度の二一・七％から平成八年度には一七・三％となり、その地位を低下させている。したがって、この間に大きく伸びたのは社会福祉費であるが、その原因は何であろうか。社会福祉費の内訳の推移を示す表4-4をご覧いただきたい。社会福祉費における二大経費は老人福祉費と福祉医療対策費である。二〇年間に老人福祉費が三・四四倍の伸びであるのに対して、福祉医療対策費はその倍以上の八・一七倍である。社会福祉費に占める割合は昭和五十二年度には前者が三五・八％、後者が二一・四％であったが、平成八年度には前者が二七・六％、後者が三九・一％となり、第一位になっている。なお、国民健康保険及び国民年金費の指数は一〇・二九倍となっているが、社会福祉費に占める割合は五・〇％にすぎない。したがって、社会福祉費の増加は福祉医療対策費の増加が主要な原因であろう。そして、福祉医療対策費のかなりな部分は老人医療対策費であり、その又かなりの部分が山口県の医療費助成金である。[151] 結論的にいえば、福祉医療対策費の増加は、老人の適切な医療の確保に関する助成金制度の帰結であるといえるであろう。しかし、それが平井知事のかかげた「心の通った愛情ある福祉政策」の反映であるかどうかは判断が難しい。

表 4-4　社会福祉費の総計に占める老人福祉費他とその割合，指数の推移（昭和 52・60，平成元・5・8 年度）

（1,000 円，%）

金額・割合・指数 ＼ 年度		昭和 52	56	60	平成元	5	8
老人福祉費	金額	2,586,424	4,113,475	4,721,496	6,931,292	7,159,321	8,908,945
	割合	35.8	35.8	34.0	38.6	27.6	27.6
	指数	100	159	183	268	277	344
福祉医療対策費	金額	1,548,008	2,510,456	4,723,285	6,406,091	9,566,039	12,651,859
	割合	21.4	21.9	34.0	35.7	36.9	39.1
	指数	100	162	305	414	618	817
同和事業費	金額	905,545	1,291,615	895,008	474,259	428,414	461,090
	割合	12.5	11.2	6.4	2.6	1.7	1.4
	指数	100	143	99	52	47	51
国民健康保険及び国民年金費	金額	156,208	206,723	209,139	985,390	1,486,588	1,607,181
	割合	2.2	1.8	1.5	5.5	5.7	5.0
	指数	100	132	134	631	952	1,029
その他	金額	2,036,042	3,358,924	3,333,825	3,167,860	7,291,206	8,691,419
	割合	28.2	29.3	24.0	17.6	28.1	26.9
	指数	100	165	164	156	358	427
総計	金額	7,232,227	11,481,193	13,882,753	17,964,892	25,931,568	32,320,494
	割合	100.0	100.0	100.0	100.0	100.0	100.0
	指数	100	159	192	248	359	447

〔注 1〕金額はすべて決算額である。
〔注 2〕1,000 円未満を四捨五入したので総額は，総額に必ずしも合わない。
〔注 3〕「その他」は，社会福祉総務費，身体障害者福祉費，福祉金融対策費，厚生諸費，遺家族等援護費，精神薄弱者福祉費を含む。
〔注 4〕指数は昭和 52 年度を 100 とする。
〔資料〕『山口県歳入歳出決算に関する附属書』各年度。

四　歳入構造の推移

昭和五十二年度から平成八年度間での一般会計の歳入（決算額）の内訳を示すと表4-5のようである。この表は四年度間隔（平成五年度と八年度は三年度間隔）で示した。総額に占める割合(%)を見ると、県税、国庫支出金、地方交付税がほぼ二〇%台であり、それらが三つの大きな款である。それらに次ぐ四番目の款が県債である。それを視覚的に分かりやすいように示すと、図4-6のようである。ご覧のように、県税、地方交付税、国庫支出金は二九・二%から一九・六%の間を推移してい

表 4-5　山口県一般会計歳入（昭和 52・56・60，平成元・5・8 年度）

（1,000 円，%）

金額・割合・指数 ＼ 年度		52	56	60	平成元	5	8
		1977	1981	1985	1989	1993	1996
県税	金額	62,287,998	93,935,536	107,002,334	149,055,301	150,462,806	164,891,426
	割合	22.5	23.0	23.8	26.9	20.4	21.1
	指数	100	151	172	239	242	265
地方譲与税	金額	3,516,684	3,397,644	3,615,491	10,190,228	13,178,412	10,878,707
	割合	1.3	0.8	0.8	1.8	1.8	1.4
	指数	100	97	103	290	375	309
地方交付税	金額	65,529,688	93,090,235	116,864,851	153,459,979	175,746,024	174,564,605
	割合	24.0	23.0	26.0	28.0	24.0	22.0
	指数	100	142	178	234	168	166
交通安全対策特別交付金	金額	675,133	372,102	516,508	552,406	660,137	659,017
	割合	0.0	0.0	0.0	0.0	0.0	0.0
	指数	100	55	77	82	98	98
分担金及び負担金	金額	3,634,852	7,072,831	10,573,436	13,013,808	15,351,703	13,403,709
	割合	1.3	1.7	2.4	2.3	2.1	1.7
	指数	100	195	291	358	422	369
使用料及び手数料	金額	4,565,229	7,656,158	9,925,570	12,171,861	13,632,541	14,590,043
	割合	1.6	1.9	2.2	2.2	1.8	1.9
	指数	100	168	217	267	299	320
国庫支出金	金額	80,200,723	119,081,514	117,964,626	112,186,942	189,647,951	153,237,595
	割合	28.9	29.2	26.2	20.2	25.7	19.6
	指数	100	148	147	140	236	191
財産収入	金額	2,824,799.00	3,491,947.00	2,622,105.00	2,737,848.00	5,581,819.00	2,483,145.00
	割合	1.0	0.9	0.6	0.5	0.8	0.3
	指数	100	124	93	97	198	88
寄付金	金額	993,526	1,592,799	2,780,217	2,167,482	2,179,532	2,267,495
	割合	0.4	0.4	0.6	0.4	0.3	0.3
	指数	100	160	280	218	219	228
繰入金	金額	3,292,990	7,010,017	8,443,584	5,111,857	22,873,973	27,960,577
	割合	1.2	1.7	1.9	0.9	3.1	3.6
	指数	100	213	256	155	695	849
繰越金	金額	21,940	1,983,938	1,466,365	3,149,918	6,030,630	8,816,502
	割合	0.0	0.5	0.3	0.6	0.8	1.1
	指数	100	9,043	6,684	14,357	27,487	40,185
諸収入	金額	20,439,527	28,176,397	33,042,615	43,173,480	67,961,944	92,237,583
	割合	7.4	6.9	7.4	7.8	9.2	11.8
	指数	100	138	162	211	333	451
県債	金額	29,376,200	41,367,500	34,637,420	47,922,115	75,098,469	115,568,200
	割合	10.6	10.1	7.7	8.6	10.2	14.8
	指数	100	141	118	163	256	393
総額	金額	277,359,290	408,228,618	449,455,123	554,893,224	738,405,940	781,558,604
	割合	100.0	100.0	100.0	100.0	100.0	100.0
	指数	100	147	162	200	266	282

〔注 1〕すべて決算額である。
〔注 2〕1,000 円未満を四捨五入したので総額は必ずしも合わない。
〔注 3〕指数は昭和 52 年度を 100 とする。
〔資料〕『昭和 52 年度山口県歳入歳出決算に関する付属書』〜『平成 8 年度山口県歳入歳出決算書』。
その他に，『山口県統計年鑑』昭和 58 年刊；同，平成 3 年刊，256 頁；同，平成 11 年刊，256 頁，を参照した。

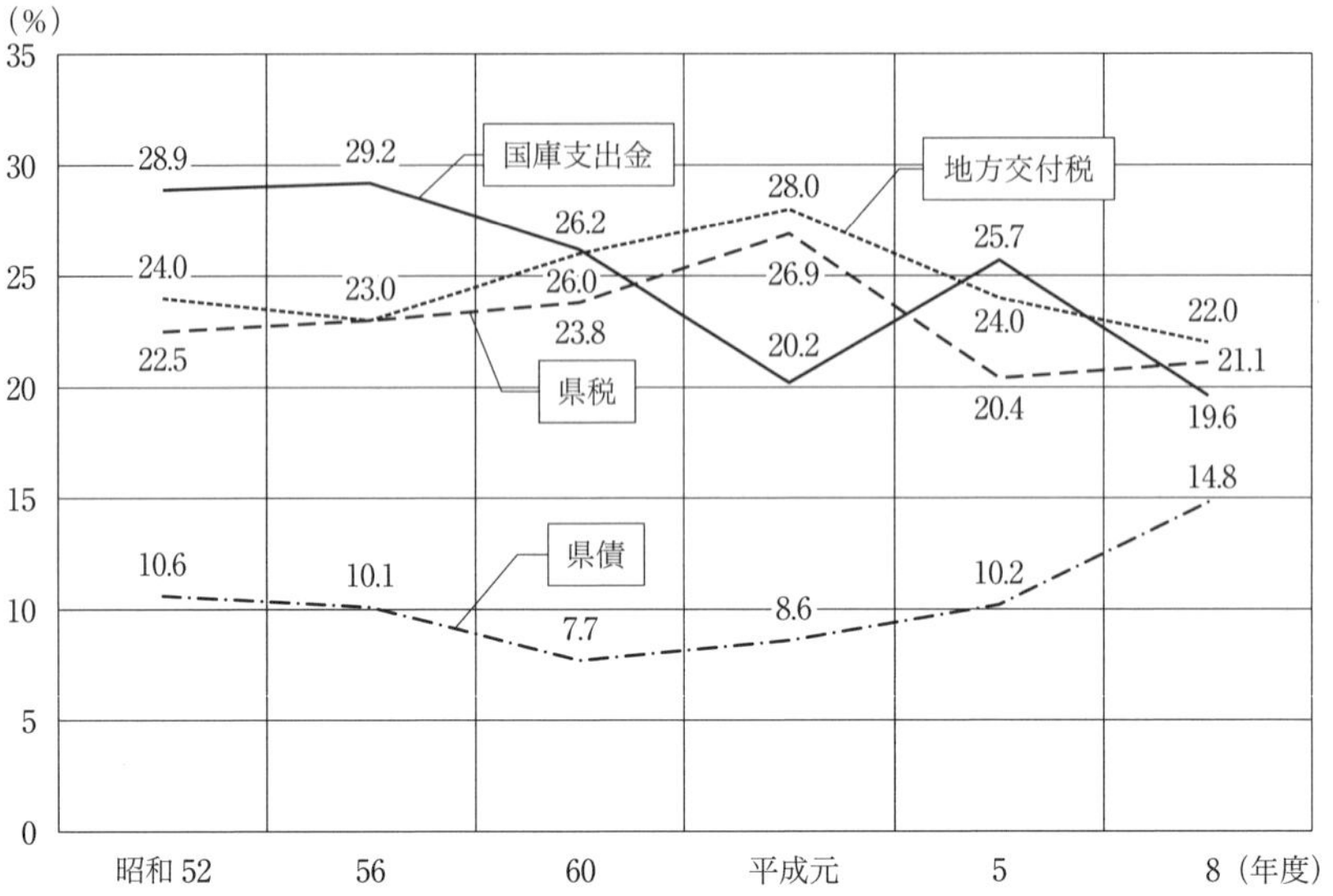

〔資料〕表4-5をもとに作成。

図4-6　県税・地方交付税・国庫支出金・県債の割合の推移

る。県債は、当初一〇%程度であったが、六〇年度以降増加に転じ、八年度には一四・八%に達している。

まず県税を項・目で示すと、表4-6のようである[152]。ご覧のように、県税の大きな三つの項は、県民税、事業税、自動車税である。そして、県民税については法人より個人が大きく、事業税については圧倒的に法人である。それらの三つの項を図で示すと、図4-7のようである。事業税は、一九八九年度には四三・一%に達して大きく伸びている。『山口県の財政』は、「好調な景気を反映した法人県民税、法人事業税等の大幅な増収[153]」があったとする。

次に、国庫支出金について少し立ち入って見る。表4-7をご覧いただきたい。9款の国庫支出金は、1項の国庫負担金、2項の国庫補助金、3項の国庫委託金からなる。ここで国庫支出金、国庫負担金、国庫補助金、委託金について簡単に説明すると以下のようである。国庫支出金は、一般的な定義では「国が特定の事務事業に対し、国家的見地から公益性があると認め、その事業の実施に資するため、相当の反対給付を受けないで交付する給付金である」[154]。国庫支出金は、国庫負担金、国庫補助金及び国庫委託金の三つに分かれる。

国庫負担金は、国が地方公共団体と共同責任をもつ事務に対して、経費の負担区分を定めて国が義務的に負担する金銭的給付をいう[155]。具体的項目は地方財政法第十条に列挙されている。そのうちで重要なのは、表4-7を見ると分かるように、10項の教育費国庫負担金である。それは、地方財政法の第十条の一に掲げられているが、義務教育職員の給与(退職手当、退職年金及び退職一時金並びに旅費を除く。)に要する経費である。例えば、昭和五十二年度の山口県の教育費国庫負担金、二五〇億七九七万二、〇〇〇円のうち、小学校教職員費が一三六億八、九〇三万二、〇〇〇円、中学校教職員費が八一億八、九九四万四、〇〇〇円であり[156]、教育費国庫負担金の五八・〇%を占める。

国庫補助金は、地方財政法第十六条にあるように、国は、その施策を行うため特別の必要があると認めるとき又は地方公共団体の財政上特別の必要があると認めるときに限り、当該地方公共団体に対して、補助金を交付することができる。『六訂 地方財政小事典』は、「国庫補助金は国が地方公共団体に対しいわば恩恵的ないし援助的に交付するものである[157]。」とし、前者を奨励的補助金と呼び、後者を財政援助的補助金と呼んでいる。表4-7をご覧いただくと、2項の国庫補助金の中で割合が最も大きいのは8土木費国庫補助金であり、次いで大きいのは6農林水産業費国庫補助金である。昭和五十二年度の8目 土木費国庫補助金のうち、4節道路新設改良費が七五億五、九四二万円、22節港湾建設費が二八億八、四四七万円、12節河川改良費が二五億六、二三八万円などである。したがって、土木費国庫補助金の上位の三つは道路、河川、港湾に関する国庫補助金である。6目の農林水産業国庫補助金を見ると、37節土地改良費が三六億五、九七五万円、36節農地防災事業費が九億九、六〇九万円、4節農業構造改善事業費が九億七、一一六万円である[158]。

60，平成元・5・8年度）

（1,000円，％）

平成元		5		8	
1989		1993		1996	
税額	割合	税額	割合	税額	割合
39,587,597	26.6	46,223,713	30.7	41,399,620	25.1
21,881,113	14.7	27,324,898	18.2	25,485,862	15.5
11,948,350	8.0	8,517,544	5.7	10,828,704	6.6
5,758,134	3.9	10,391,271	6.9	5,085,054	3.1
64,179,914	43.1	52,450,399	34.9	61,736,400	37.4
1,931,901	1.3	2,537,528	1.7	2,431,816	1.5
62,248,013	41.8	49,912,871	33.2	59,304,584	36.0
4,934,148	3.3	4,749,287	3.2	5,672,257	3.4
3,455,634	2.3	4,011,399	2.7	4,104,018	2.5
1,326,832	0.9	1,515,882	1.0	1,428,928	0.9
1,413,725	0.9	1,371,767	0.9	1,229,663	0.7
—	—	—	—	—	—
—	—	—	—	—	—
14,387,098	9.7	17,363,969	11.5	19,455,575	11.8
15,506	0.0	16,175	0.0	15,379	0.0
39,867	0.0	36,145	0.0	33,604	0.0
129,340,321	86.8	127,738,736	84.9	135,075,444	81.9
6,364,416	4.3	6,708,533	4.5	8,099,299	4.9
11,980,711	8.0	15,983,280	10.6	21,692,501	13.2
28,773	0.0	26,120	0.0	24,058	0.0
18,373,900	12.3	22,717,933	15.1	29,815,858	18.1
1,341,080	0.9	6,137	0.0	124	0.0
149,055,301	100.0	150,462,806	100.0	164,891,426	100.0

月；同，平成6年11月；同，平成9年11月。いちいちの頁数は省略した。

教育費国庫負担金、農林水産業国庫補助金、土木費国庫補助金の割合の推移を図に示すと図4-8のようである。傾向的には、教育費国庫負担金の割合が低下し、土木費国庫補助金の割合が増加しているのが見て取れる。

国庫委託金は、本来、国自ら行うべき事務であるが、地方公共団体に行わせた方が効率的である場合に、その事務を地方公共団体に行わせ、その経費については全額国が負担するものである。具体的には、地方財政法第十条の四にあるように、国会議員の選挙、国勢調査、外国人登録に要する経費ほかである。国庫委託金は、表

表 4-6　県税の内訳の推移（昭和 52・56・

年度	昭和 52		56		60	
	1977		1981		1985	
項・目 ＼ 税額・構成割合	税額	割合	税額	割合	税額	割合
1. 県民税	15,939,885	25.6	25,214,997	26.8	30,898,967	28.9
(1) 個人	12,058,464	19.4	18,866,168	20.1	23,078,472	21.6
(2) 法人	3,881,421	6.2	6,348,829	6.8	7,820,495	7.3
(3) 利子割	—	—	—	—	—	—
2. 事業税	20,412,150	32.8	33,002,659	35.1	35,924,702	33.6
(1) 個人	618,780	1.0	1,046,718	1.1	1,220,196	1.1
(2) 法人	19,793,370	31.8	31,955,841	34.0	34,704,506	32.4
3. 不動産取得税	2,672,392	4.3	3,626,537	3.9	4,036,481	3.8
4. 県たばこ消費税	2,719,117	4.4	3,281,831	3.5	3,617,795	3.4
5. ゴルフ場利用税	—	—	—	—	—	—
6. 特別地方消費税	—	—	—	—	—	—
7. 娯楽施設利用税	957,379	1.5	1,349,929	1.4	1,773,466	1.7
8. 料理飲食等消費税	4,183,096	6.7	4,956,351	5.3	5,110,581	4.8
9. 自動車税	7,481,747	12.0	10,781,139	11.5	12,951,911	12.1
10. 鉱区税	17,861	0.0	17,656	0.0	15,147	0.0
11. 狩猟免許税(狩猟者登録税)	66,230	0.1	56,606	0.1	49,335	0.0
普通税計	54,449,857	87.4	82,287,705	87.6	94,378,385	88.2
12. 自動車取得税	3,247,490	5.2	4,109,204	4.4	4,507,629	4.2
13. 軽油引取税	4,539,801	7.3	7,495,923	8.0	8,080,910	7.6
14. 入猟税	50,850	0.1	42,704	0.0	35,409	0.0
目的税	7,838,141	12.6	11,647,831	12.4	12,623,948	11.8
15. 旧法による税	—	—	—	—	—	—
合計	62,287,998	100.0	93,935,536	100.0	107,002,333	100.0

〔注 1〕 すべて決算額である。
〔注 2〕 狩猟者登録税は，昭和 56 年度以降である。
〔注 3〕 利子割は，平成元年度以降である。
〔注 4〕 県たばこ税は，平成元年度以降である。
〔資料〕『山口県の財政』昭和 53 年 11 月；同，昭和 57 年 11 月；同，昭和 61 年 11 月；同，平成 2 年 11

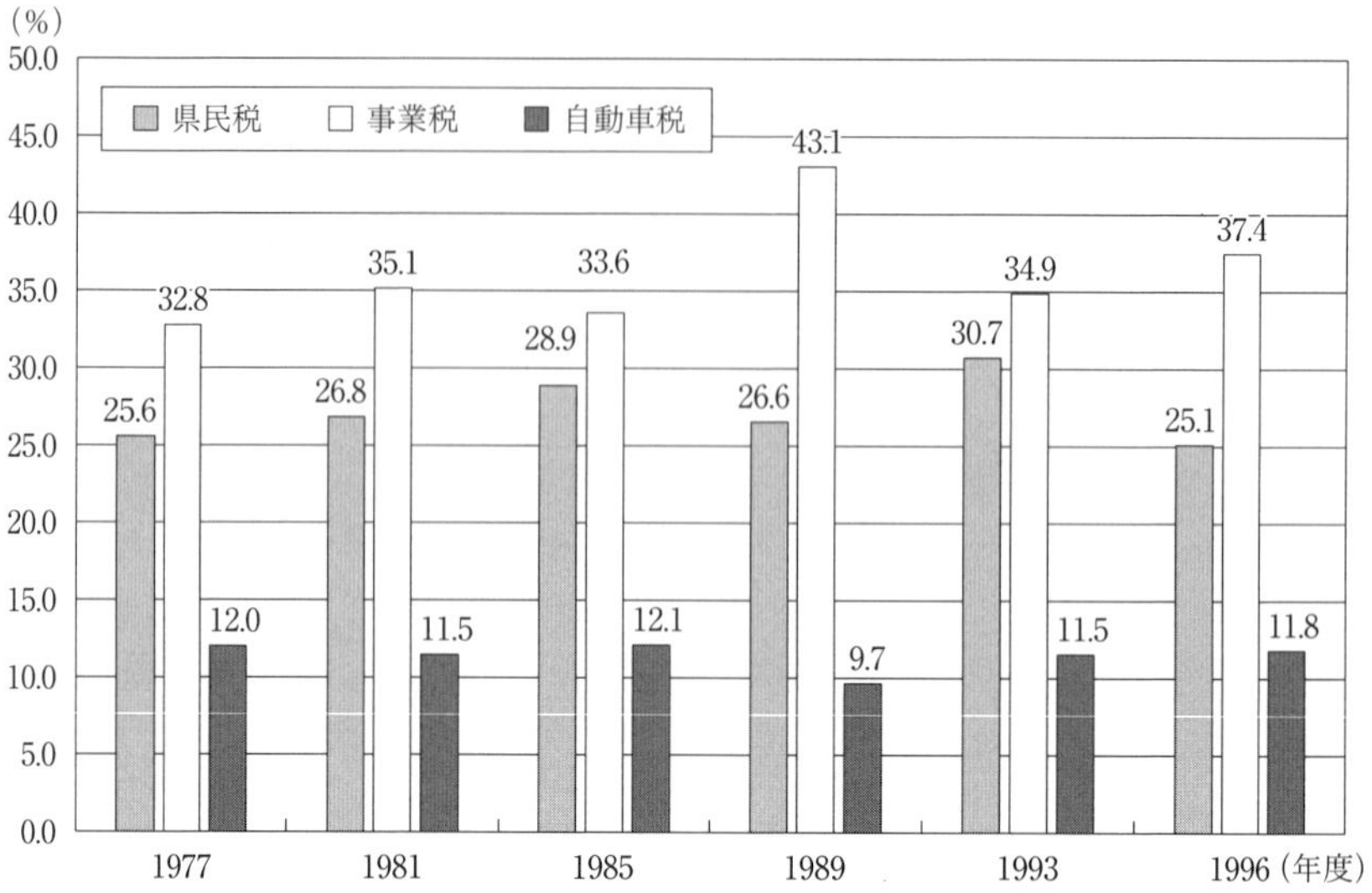

〔資料〕表4-6をもとに作成。

図4-7　主要な3つの県税の割合の推移（1977-96年度）

4-7に示すように、山口県の場合には、国庫支出金の〇・七％から二・〇％である。

最後に、国庫負担金と国庫補助金の割合の趨勢を線形近似で示すと、図4-9のようである。ご覧のように、趨勢的に国庫負担金は低下傾向であり、国庫補助金は増加傾向である。

地方交付税は、シャウプ勧告によって昭和二十五年度に創設された地方財政平衡交付金が二十九年度に改正され、地方団体間の財政力の調整をするために設けられた。但し、その仕組みや問題点については、紙幅の関係で省略する。[159]

まず、山口県の地方交付税総額の計算と推移を示すと表4-8のようである。ご覧のように、交付税決定総額のうち大部分は普通交付税であり、普通交付税は基準財政需要額から基準財政収入額を差し引いて交付基準額が算出される。それに年度によって調整額を加味し、特別交付税を加えて交付税決定総額が算出される。この二〇年間の推移を見ると、特別交付税は二・一三倍であり、普通交付税は二・六八倍である。

少し逆戻りするが、表4-5をご覧いただくと、地方交付税が歳入総額に占める割合は平成元年度においては二八・〇%となり、この表では最大になっている。これについて『山口県の財政』は「財源対策債償還基金費及び地域振興基金が新設されたこと等により基準財政需要額が増加したため」と言っている。[160]

ところで、団体間の財政調整がどのように行われているかを示す指標となるのが、地方税と地方交付税を合わせた、使途が特定されず、どのような経費にも使用することができる一般財源の人口一人当たりの額である。山口県は、四七都道府県においてグループCに属しており、その推移を見ると表4-9のようである。[161] この期間において、地方交付税に注目すると、平成元年度においては歳入構成比が二七・八%と最大になり、一般財源の歳入構成比も五五・三%になっている。[162]

一般財源の人口一人当たり額における都道府県については、グループ別の分類があり、山口県はこの期間においては常にCグループであった。グループの区分は財政力指数で行われる。山口県の財政力指数は、表4-8の通りである。二〇年度間の財政力指数と線形近似を示すと、図4-10の通りである。線形近似を見ると、一目瞭然であるが、傾向的には低下傾向にあることが分かる。そのためであろう、山口県は、昭和五十二年度には、Cグループおいては岐阜県に次いで上から二番目であったが、平成八年度においては最後の奈良県に次いで、下から二番目になっている。

歳入の最後に県債について少し見る。[163] 前掲図4-6を見ると、県債は歳入の七・七%から一四・八%の間を推移している。平成八年度の県債収入は、一、一五五億六、八一〇万円であり、歳入の一四・八%となっている。ここで、平成八年度の山口県の県債の内訳を見ると、表4-10のようである。ご覧のように、土木費が圧倒的に大きく、七五・九%を占める。

山口県の昭和五十二年度から平成八年度までの県債残高の推移を示すと、図4-11のようである。一般会計の県債残高の対前年度比を見ると、昭和五十年代中頃と平成六年度以降が特に増加率が高い。ここでは、さしあたり平成六年度以降の一般会計県債残高の増加について、『山口県の財政』を見ると、次のように言っている。六年度末の県債現在高（見込額）は前年度末現在高に比べて四四五億三、一四四万円の増（九・二％）の五、二六九

（昭和 52・56・60，平成元・5・8 年度）

（1,000 円，％）

平成元		5		8		昭和 52 年度の収入済額を 100 とする平成 8 年度の指数
1989		1993		1996		
収入済額	割合	収入済額	割合	収入済額	割合	
112,186,942	100.0	189,647,951	100.0	153,237,595	100.0	191
53,312,346	47.5	57,887,370	30.5	53,972,665	35.2	137
7,484,706	6.7	6,540,135	3.4	7,521,719	4.9	141
3,016,618	2.7	3,034,300	1.6	2,579,026	1.7	70
1,834,797	1.6	2,824,492	1.5	2,642,944	1.7	128
38,462,530	34.3	40,708,346	21.5	40,106,757	26.2	160
2,513,695	2.2	4,780,098	2.5	1,122,218	0.7	34
*56,660,494	50.5	129,814,473	68.5	96,919,318	63.2	244
863,469	0.8	497,558	0.3	727,172	0.5	340
1,992,259	1.8	3,173,407	1.7	4,841,191	3.2	431
1,633,597	1.5	1,615,704	0.9	2,172,184	1.4	325
320,358	0.3	318,218	0.2	320,536	0.2	128
18,475,207	16.5	31,236,037	16.5	31,597,850	20.6	275
2,606,567	2.3	2,773,974	1.5	2,522,236	1.6	267
26,981,701	24.1	50,440,780	26.6	51,035,595	33.3	231
534,097	0.5	599,309	0.3	654,499	0.4	137
1,812,365	1.6	1,857,128	1.0	1,944,953	1.3	233
1,133,302	1.0	3,599,998	1.9	943,793	0.6	72
307,546	0.3	33,702,359	17.8	159,308	0.1	51
2,214,102	2.0	1,946,108	1.0	2,345,612	1.5	434

数点第 2 位を四捨五入したために，合計が 100.0％にならない年度がある。

表 4-7　国庫支出金の内訳の推移

年度	昭和 52		56		60	
	1977		1981		1985	
収入済額・構成割合 款・項・目	収入済額	割合	収入済額	割合	収入済額	割合
9 国庫支出金	80,200,723	100.0	119,081,514	100.0	117,964,626	100.0
1 国庫負担金	39,449,474	49.2	53,350,593	44.8	57,036,750	48.4
3 民生費国庫負担金	5,330,577	6.6	7,065,306	5.9	7,528,059	6.4
4 衛生費国庫負担金	3,704,570	4.6	4,415,674	3.7	3,306,072	2.8
6 農林水産業国庫負担金	2,061,902	2.6	3,021,352	2.5	1,939,726	1.6
10 教育費国庫負担金	25,007,972	31.2	33,614,621	28.2	39,036,891	33.1
11 災害復旧費国庫負担金	3,344,453	4.2	5,233,640	4.4	5,226,001	4.4
2 国庫補助金	39,699,596	49.5	64,631,511	54.3	59,313,571	50.3
2 総務費国庫補助金	213,868	0.3	311,271	0.3	450,696	0.4
3 民生費国庫補助金	1,122,465	1.4	1,640,099	1.4	1,114,405	0.9
4 衛生費国庫補助金	668,667	0.8	875,148	0.7	1,295,310	1.1
5 労働費国庫補助金	249,878	0.3	505,734	0.4	323,486	0.3
6 農林水産業費国庫補助金	11,502,865	14.3	17,783,325	14.9	17,927,142	15.2
7 商工費国庫補助金	945,926	1.2	2,261,839	1.9	2,521,966	2.1
8 土木費国庫補助金	22,062,789	27.5	33,413,914	28.1	29,923,614	25.4
9 警察費国庫補助金	477,740	0.6	589,424	0.5	535,468	0.5
10 教育費国庫補助金	836,475	1.0	1,870,964	1.6	1,822,044	1.5
11 災害復旧費国庫補助金	1,307,212	1.6	4,781,175	4.0	2,766,166	2.3
12 公債費国庫補助金	311,712	0.4	598,618	0.5	633,273	0.5
3 委託金	540,601	0.7	1,099,409	0.9	1,614,305	1.4

〔注 1〕金額は 1,000 円未満を四捨五入したために，計が合わない款・項がある。また，割合（%）は小
〔注 2〕*2 国庫補助金の 56,660,494 千円は，目の合計，56,660,468 千円より 26 千円多い。
〔注 3〕欠番となっている目の国庫負担金ならびに国庫補助金は記載がない。
〔資料〕『山口県歳入歳出決算に関する附属書』各年度版。いちいちの頁は省略した。

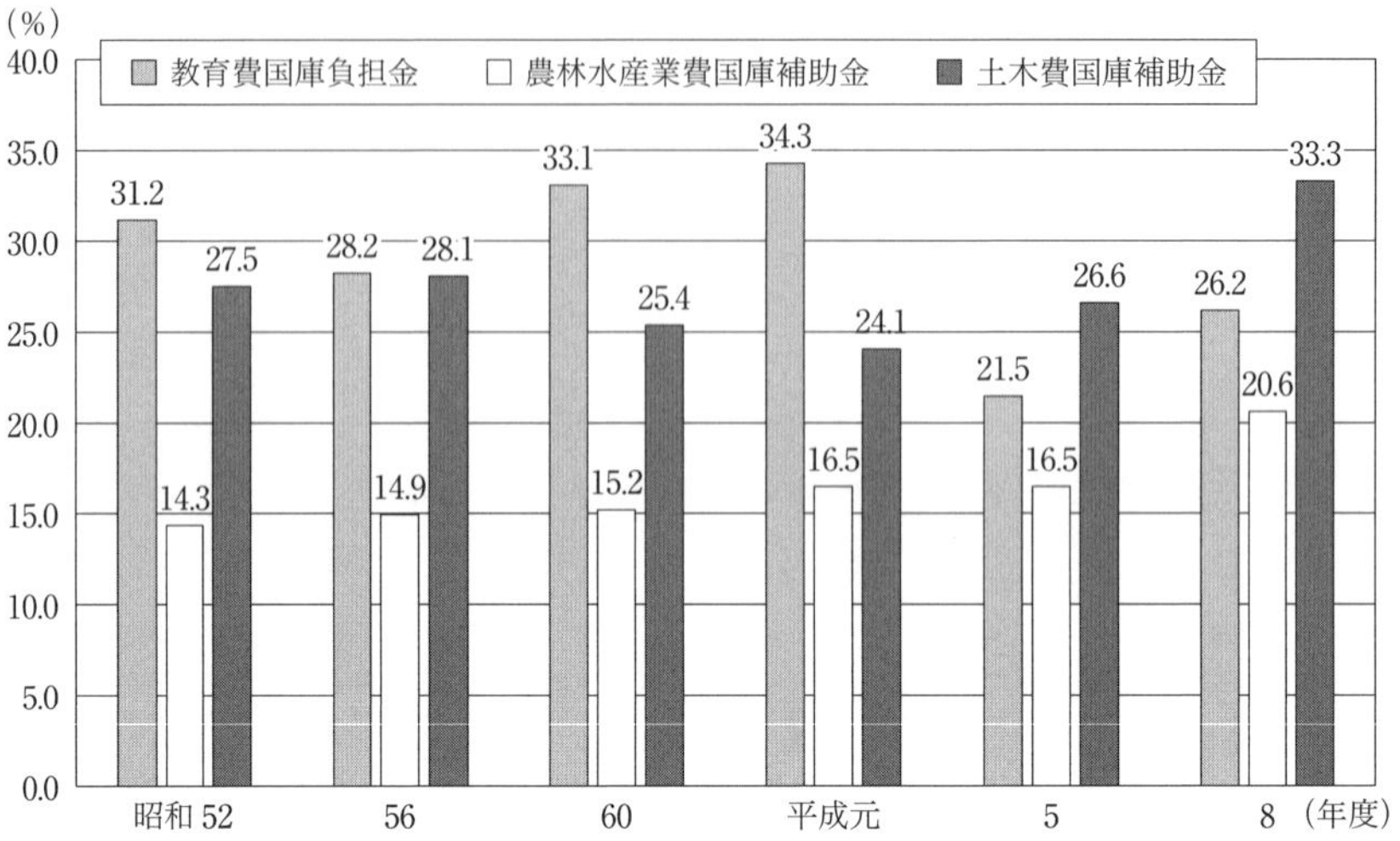

〔資料〕表 4-7 をもとに作成。

図 4-8 教育費国庫負担金，農林水産業国庫補助金，土木費国庫補助金の県歳入における割合の推移（昭和 52・56・60，平成元・5・8 年度）

億三、二二二億八、〇〇〇円（特別会計を含む）となり、増加率は前年度末の三・五％の増加率に比べて高くなっている。その理由は、平成六年度においては、国において、地方財源の不足等に対処するための措置として一般公共事業債に臨時公共事業債が増額計上されたこと等による。[164] 平成七年度末の県債現在高は、前年度末の県債現在高に比べて八五一億一、二一三万円（一六・二％）増の六、一二〇億四、四二五万六、〇〇〇円（特別会計を含む）となり、その増加率は平成六年度末の増加率（九・二％）に比べて一・八倍となっている。

元・5・8 年度）

(1,000 円)

5	8	指数
金額	金額	
175,746,024	174,564,605	266
4,025,700	3,990,926	213
171,720,324	170,573,679	268
299,998,314	302,918,280	274
127,727,480	132,344,601	283
172,270,834	170,573,679	267
550,510	—	—
0.43	0.44	

して得た数値の過去 3 ヶ年間の平均値をいい，

平成 11 年刊，259 頁。

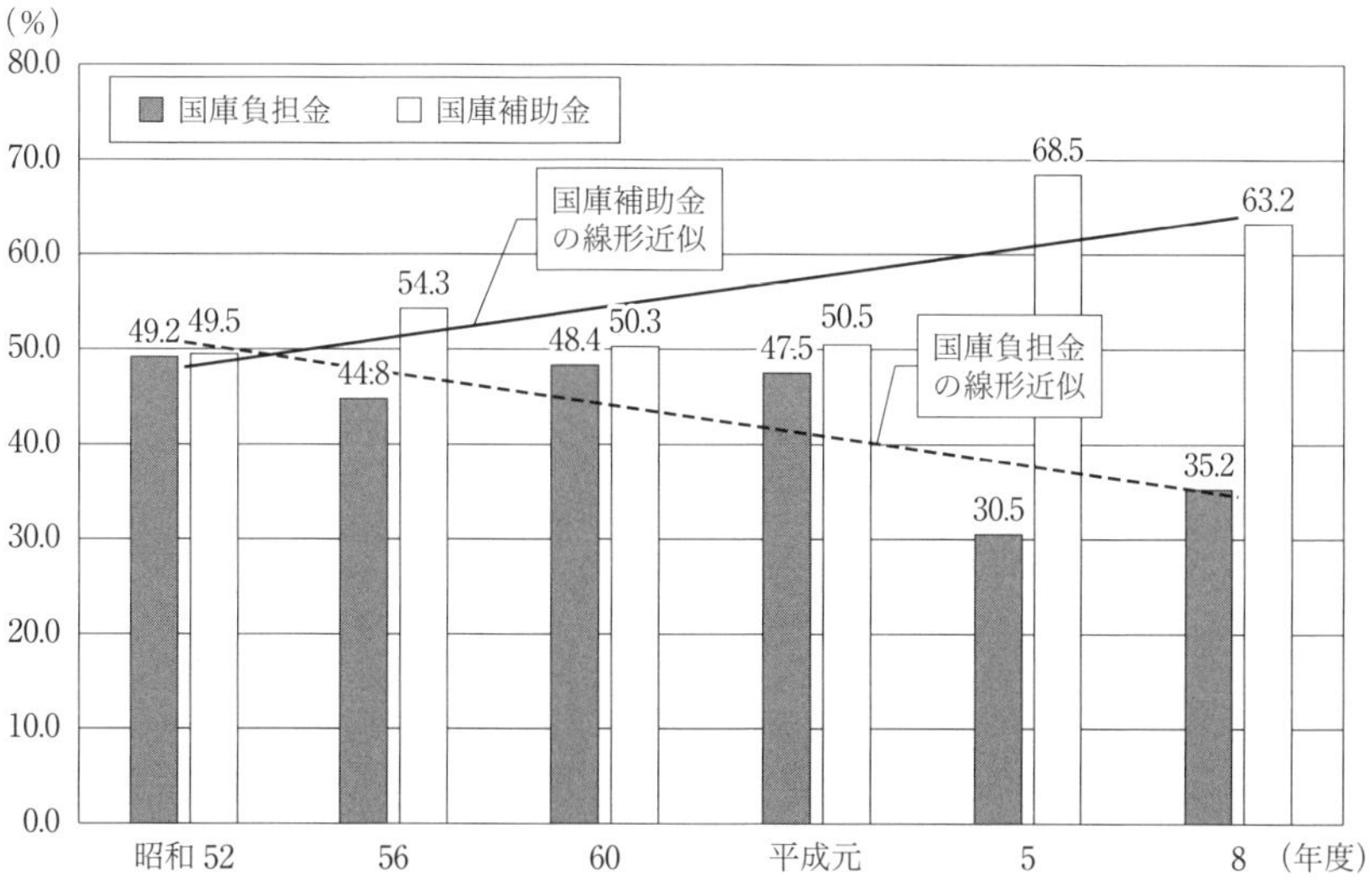

〔資料〕表 4-7 をもとに作成。

図 4-9　国庫負担金と国庫補助金の構成割合の趨勢（昭和 52・56・60，平成元・5・8 年度）

表 4-8　山口県の地方交付税の推移（昭和 52・56・60，平成

年度	昭和 52	56	60	平成元
項目	金額	金額	金額	金額
交付税決定総額	65,529,688	93,090,235	116,864,851	153,459,979
特別交付税	1,875,487	2,706,565	2,550,646	3,502,467
普通交付税（C－D）	63,654,201	90,383,670	114,314,205	149,957,512
基準財政需要額（A）	110,609,950	173,361,495	203,358,036	268,044,908
基準財政収入額（B）	46,797,851	82,867,127	88,759,258	118,087,396
交付基準額（A－B）（C）	63,812,099	90,494,368	114,598,778	149,957,512
調整額（D）	157,898	110,698	284,573	—
財政力指数	0.42	0.48	0.44	0.44

〔注 1〕指数は昭和 52 年度の金額を 100 とする。
〔注 2〕財政力指数は，地方交付税法の規定により算定した基準財政収入額を基準財政需要額で除
　地方公共団体の財政力を示す指数として用いられる。
〔資料〕『山口県統計年鑑』昭和 59 年刊，257 頁；同左，平成 3 年刊，259 頁；同左，259 頁；同左，

表 4-9　山口県における一般財源の人口１人当たりの金額の推移
（昭和 52・56・60，平成元・5・8 年度）

（円，％）

年度	地方税		地方交付税		一般財源		グループ
	人口１人当たりの金額	歳入構成比	人口１人当たりの金額	歳入構成比	人口１人当たりの金額	歳入構成比	
昭和 52	38,035	21.6	41,704	23.7	81,977	46.6	C
56	57,174	22.4	59,694	23.0	118,011	46.2	C
60	64,908	23.1	73,498	26.2	140,679	50.1	C
平成元	89,736	25.6	97,630	27.8	193,849	55.3	C
5	89,762	20.0	112,927	25.2	211,156	47.1	C
8	100,476	20.2	112,795	22.7	220,300	44.3	C

〔資料〕『地方財政白書』昭和 54 年版，218 頁；同左，昭和 58 年版，210 頁；同左，昭和 62 年版，216 頁；同左，平成 3 年版，254 頁；同左，平成 7 年版，280 頁；同左，平成 10 年版，296 頁。

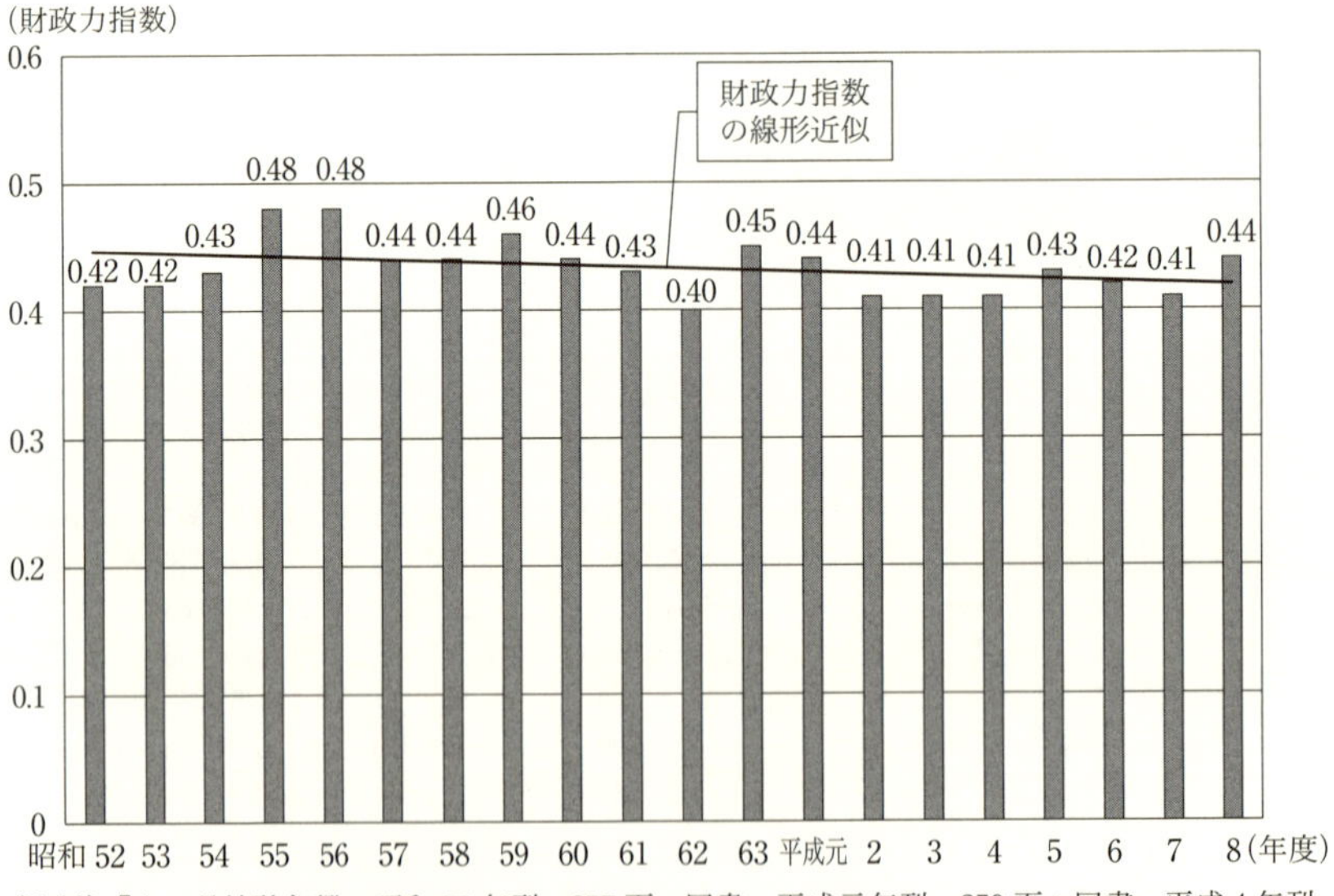

〔資料〕『山口県統計年鑑』昭和 59 年刊，257 頁；同書，平成元年刊，259 頁；同書，平成 4 年刊，259 頁；同書，平成 10 年刊，259 頁。

図 4-10　山口県の財政力指数の推移（昭和 52〜平成 8 年度）

表 4-10　山口県の平成 8 年度の県債の内訳

（1,000 円，%）

節	金額	割合
2 総務債	1,549,000	1.3
3 民生債	152,000	0.1
4 衛生債	2,814,000	2.4
6 農林水産債	9,589,200	8.3
7 商工債	3,728,000	3.2
8 土木費	87,701,000	75.9
9 警察債	929,000	0.8
10 教育債	4,330,000	3.7
11 災害復旧債	762,000	0.7
14 住民税等減税補てん債	4,014,000	3.5
合計	115,568,200	100.0

〔注〕欠番は附属書に記載がない。
〔資料〕『山口県歳入歳出決算に関する附属書』平成 8 年度。

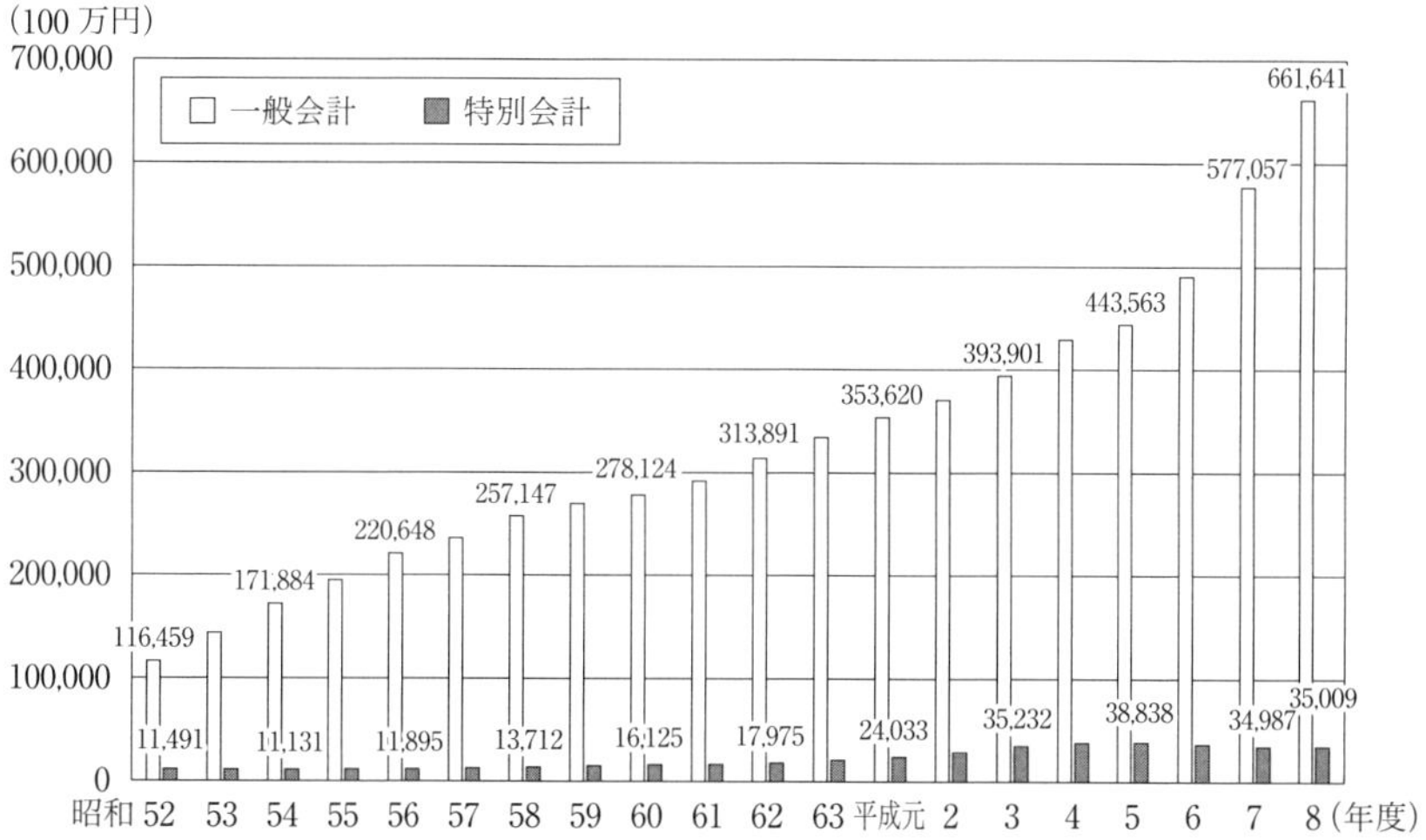

〔注〕各年度末の現在高である。
〔資料〕『山口県の財政』昭和 54 年 5 月，50 頁；同書，55 年 11 月，34-35 頁；同書，57 年 11 月，32-33 頁；同書，59 年 5 月，72 頁；同書，59 年 11 月，32-33 頁；同書，61 年 5 月，67 頁；同書，61 年 11 月，32-33 頁；同書，62 年 5 月，33-34 頁；同書，63 年 11 月，33-34 頁；同書，平成元年，11 月、32-33 頁；同書，2 年 11 月，35 頁；同書，3 年 11 月，38 頁；同書，4 年 11 月，36 頁；同書，5 年 11 月，39 頁；同書，6 年 11 月，39 頁；同書，7 年 11 月，40 頁；同書，8 年 11 月，35 頁；同書，9 年 11 月，35 頁；同書，10 年 11 月，38 頁。

図 4-11　県債残高の推移（昭和 52～平成 8 年度）

その理由は「国において、地方財源の不足等に対処するための措置として一般公共事業債に臨時公共事業債が増額計上されたこと、及び国の経済対策に伴う補助公共事業等に係る地方負担額については、全額地方債をもって措置することとされたこと等による[165]」という。平成八年度末の県債現在高（特別会計を含む）は、前年度末現在高に比べて八四六億六〇一万七、〇〇〇円（一三・八％）増の六、九六六億五、〇二七万円となり、その増加率は前年度末の一六・二％に比べてやや低くなっている。その理由は「平成八年度においては、経済対策関連の補正予算債の減、大規模プロジェクト関連の地総債（地域総合整備事業債）の減等により地方債発行額が前年度を大きく下回ったことによる[166]」という。以上のように、山口県の県債現高は、国の地方債政策に大きく依存し、その増加の程度が変動している[167]。

五　一般会計における財政収支・監査意見書ならびに財政事情の公表

一般会計における、この期間の財政収支を見ると、表4-11のようである。歳入から歳出を差し引いた形式収支は、傾向的には漸増し、平成五年度には一〇二億七、八八一万七、〇〇〇円、八年度には九六億三、三九〇万円となっている。次に、実質収支を見る。それは「地方公共団体の財政運営の良否を判断する重要なポイ

平成８年度）

（1,000 円）

前年度実質収支 (F)	単年度収支 ((E)−(F)) (G)
△278,946	1,129,040
850,094	68,461
918,555	201,722
1,120,277	86,008
1,206,285	△573,121
633,164	261,154
894,318	338,773
1,233,091	△53,881
1,179,210	△197,627
981,583	228,918
1,210,501	333,981
1,544,482	299,503
1,843,985	271,712
2,115,697	513,250
2,628,947	198,503
2,827,450	△851,227
1,976,223	△257,814
1,718,409	153,670
1,872,079	522,847
2,394,926	254,541

頁；同書，59 年 11 月，17 頁；61
18 頁；同書，4 年 11 月，19 頁；同

表 4-11　山口県一般会計における財政収支の推移（昭和 52～

年度	歳入 (A)	歳出 (B)	歳入歳出差引（形式収支）((A)－(B)) (C)	翌年度繰越財源充当額 (D)	実質収支 ((C)－(D)) (E)
昭和 52	277,359,290	276,337,083	1,022,207	172,113	850,094
53	318,747,946	317,522,782	1,225,164	306,609	918,555
54	356,166,741	354,228,902	1,937,839	817,562	1,120,277
55	387,315,134	385,331,196	1,983,938	777,653	1,206,285
56	408,228,618	407,231,308	997,310	364,146	633,164
57	418,571,669	416,807,802	1,763,867	869,549	894,318
58	423,990,294	422,398,131	1,592,163	359,072	1,233,091
59	424,520,968	423,054,603	1,466,365	287,155	1,179,210
60	449,455,123	448,121,818	1,333,305	351,722	981,583
61	465,395,280	463,919,367	1,475,913	265,412	1,210,501
62	496,105,293	493,919,742	2,185,551	641,069	1,544,482
63	510,384,278	507,234,361	3,149,917	1,305,932	1,843,985
平成元年	554,893,223	551,114,341	3,778,882	1,663,185	2,115,697
2	590,911,503	586,573,152	4,338,351	1,709,404	2,628,947
3	643,968,057	637,719,443	6,248,614	3,421,164	2,827,450
4	683,363,329	677,332,700	6,030,629	4,045,406	1,976,223
5	(706,103,173) 738,405,940	(695,825,356) 728,127,123	10,278,817	8,560,408	1,718,409
6	(727,125,885) 753,410,686	(719,978,268) 746,263,896	7,146,792	5,274,713	1,872,079
7	787,374,782	778,558,281	8,816,501	6,421,575	2,394,926
8	781,558,604	771,954,914	9,603,390	6,954,223	2,649,467

〔資料〕『山口県の財政』昭和 54 年 11 月，21 頁；同書，56 年 11 月，24 頁；同書，58 年 11 月，18
年 11 月，17 頁；同書，63 年 11 月，18 頁；同書，平成元年 11 月，17 頁；同書，平成 2 年 11 月，
書，6 年 11 月，20 頁；同書，8 年 11 月，18 頁；同書，9 年 11 月，18 頁。

ント」[168]と言われる。実質収支は、表4-11を見ると、漸増して平成八年度には二六億四、九四六万七、〇〇〇円となっている。山口県の財政運営は、好調であるといえるであろう。それを図にすると図4-12（一五四頁）のようである。ご覧のように、線形近似のラインは右肩上がりである。但し、別のところですでに言ったように、「実質収支において黒字の額が多いほど良いといえるものでない。地方公共団体は営利を目的として存立するものでない以上、黒字の額、すなわち純剰余金の額が多いほど、財政運営が良好であるとは断定できないからである」[169]。

次に、山口県監査委員の『山

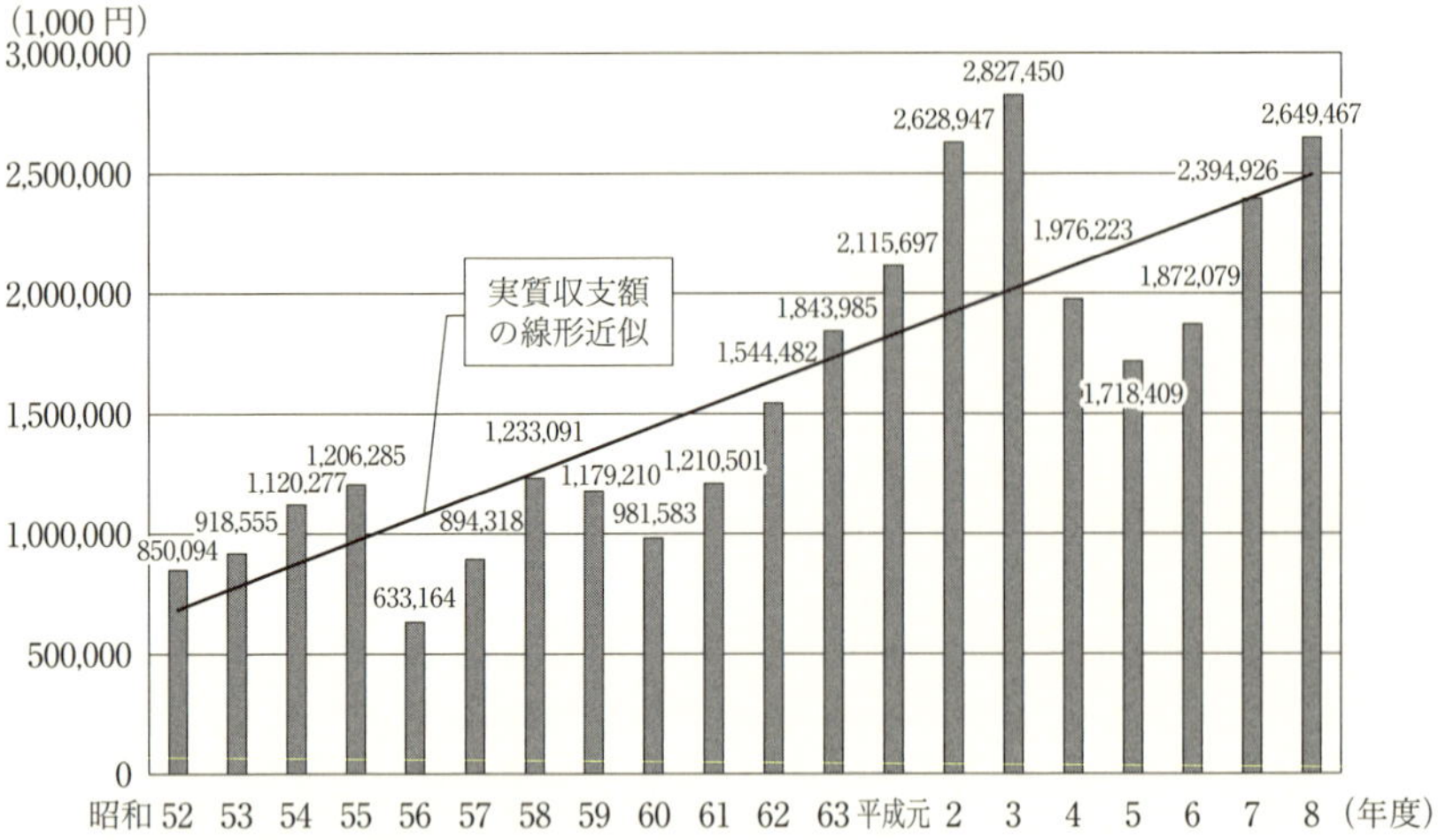

〔資料〕4-11をもとに作成。

図 4-12 山口県の一般会計における実質収支額の推移（昭和52〜平成8年度）

口県歳入歳出決算及び基金の運用状況に係る審査意見書』について瞥見する。意見書は、本文が三〇頁以上あり、それに関連する付表がついて全体では六〇頁前後になる年度の意見書がある。ここで、それを二〇年度分紹介するのは困難なので、選択した二つの年度の意見書のみを取り上げることにする。

一つは、昭和六十一年度の『意見書』である。同『意見書』の「意見」は、「県財政をめぐる情勢は、国庫補助負担率の削減、義務的経費の増加など、依然として厳しいものがある。／今後とも、行財政の運営にあたっては、歳入の確保に努めると共に、歳出面については、行財政改革をひきつづき推進し、経費の節減合理化、事務事業の見直し等により財源の重点的配分、行政の簡素合理化、効率化に努め、県勢の活性化と県民福祉向上のために諸施策を計画的に推進されると共に、県民の付託に充分応えられるよう望むものである」[170]という。

もう一つは、平成四年度の『意見書』である。同『意見書』の「意見」は、「平成四年度の決算については、…『第四次県勢振興の長期展望』に掲げた六つの構想や主要プロジェクトをはじめとする諸施策を積極的に推進するため、歳入の確保と予算の効率的執行に努力が払われ、総じて平成四年度予算は適正に執行され、おおむね所期の目的を達成したものと認められた」[171]という。

ほんの二年度分の紹介だけであるが、予算は適正かつ効率的に執行され、山口県財政に関しては、今後、赤字財政に転落するような不安はないという意見であろう[172]。

次に、平井知事からの県民に対する財政状況の報告を少し紹介する。二〇年間の平井県政下で刊行された、昭和五十二年十一月から平成八年五月までの四〇点の『山口県の財政』（五月と十一月に刊行）をすべて紹介することは紙幅が許さないので、はしょって取り上げるが寛恕されたい。昭和五十二年十一月の『山口県の財政』の「まえがき」において、知事は「私は…県民の心を心とした『調和のとれた清新な県政』の実現を基本理念として、…従来に増して財源の重点的配分と経費支出の効率化に徹した財政運営に鋭意努力をいたしているところであります」という。本文では、昭和五十二年度当初予算について「積極的に公共事業の導入に努めるとともに、県民福祉向上のための諸施策を可能な限り充実強化することとし、きめ細かい慎重な配慮をした『景気と福祉の両面並進型』の性格を持つ通年予算を編成した」[173]という。したがって、先に見たような橋本県政の基本路線を継承するということであろう。同様な路線は翌昭和五十三年度当初予算においても採用された。「当初予算は、公共事業等の建設事業については、これを積極的に導入するとともに、県民福祉の向上のための諸施策については、これら二本の柱を中心として可能な限り充実強化する…」[174]という。その後、予算編成において「最重点を置く」項目は、「『福祉・健康の増進』『生活・文化の充実』[175]」から、「『地域経済の振興』、『福祉・健康の増進』[176]」へと移行する。さらに、「『地域経済の活性化』、『福祉・健康の確保』、『教育・文化の振興』[177]」へと、最重点項目は幅が広がる。そして、昭和六十一年度当初予算の最重点項目は、「『地域経済の自立・活性化』、『福祉、健康、生活環境の整備充実』、『教育・文化・スポーツの振興』[178]」となり[179]、ますます総花的になる。そして、平成三年度当初予算の編成においては、最重点を置く「項目」ではなく、『県経済の自立、活性化』、『福祉、健康、生活環境の整備充実』、『教育、文化、スポーツの振興』、『地域振興と交流基盤の整備』、『人口定住促進対策の推進』[180]の五本の柱となる。平井県政最後の平成八年度当初予算の最重点項目は、『県経済の自立、活性化』、『福祉、健康、環境、安全施策の充実』、『教育、文化、スポーツの振興』[181]の三本になる。山口県民は、このように総花的になる予算編成の重点項目をどの程度認識していたであろうか。

むすび

本章は、昭和五十二年度以降平成八年度までの、日本経済が低成長にあえいだ期間を含む「安定成長期」の二〇年間の平井県政下の山口県の財政を概観した。

まず山口県が投資主体となる行政投資を分析した結果、平井県政下では道路（街路を含む）に対する行政投資の割合が傾向的に増加しており、平井知事は「道路知事」といわれた橋本知事に迫る道路知事であることが分かった。

平井県政は、五期、二〇年間という、それまでにない長期にわたる県政であった。本章では、平井知事が県議会に提案した、九本の当初予算とそれを巡る審議を紹介したが、特に平成七年度以降は当初予算に対する異論が日本共産党を除くとなく、二元代表制の下とはいえ、総与党に近い現象が見られた。

平井知事の二〇年間にわたる当初予算における最重点項目は当初は「景気・雇用対策」と「生活・福祉対策」の二本であったが、特に後者に力点が置かれ「心のかよう福祉」が強調された。そして、平井は、県民生活に密着する道路事業に力を入れた。「福祉、健康、環境、安全施策の整備充実」においては、ボランティア活動を担う県民の福祉活動への参加が求められ、県はボランティア振興財団への出資等を行った。

ある文献によれば、福祉行政における都道府県の役割は、①自らが又は民間業者に委託して医療・介護・福祉等のサービスを提供すること、②法律や制度の円滑な施行に向けて実際に事業を行う市町村や民間業者等に対して必要な許認可や指導・監督等を行うこと、③法律等の規定に基づき又は独自に医療・介護・福祉等のサービス提供に必要な費用を補助金・負担金等の形で負担すること、等だという[182]。したがって、都道府県の役割のうち、主として財政負担を伴うのは①と③であろう。但し、①に属するのは県立中央病院他であり、一例として平成元年度の行政投資額を見ると、八億三、二〇〇万円で、〇・五%である[183]。福祉行政における財政負担の中心は③である。決算書を見ると、民生費のうちの老人福祉費にしても福祉医療対策費にしても負担金、補助金、交付金が大きな割合を占めている。

「福祉先進県」の実現を目指す平井県政下の民生費の内訳を見ると、社会福祉費が増加しているが、その主因は福祉医療対策費の増加が原因と思われる。そして、その増加のかなりな部分が老人医療対策費であり、そのほとんどが山口県の医療費助成負担金であり、それが平井知事の掲げる「心のかよった愛情のある福祉政策」の反映であるかどうかの判断は難しい。

歳入構造の推移を見る。歳入の三つの大きな款は、県税、国庫支出金、地方交付税交付金の三つである。県税の中心は、法人に対する法人事業税である。それは、好景気を反映して伸びている。国庫支出金のうち過半は国庫補助金であり、増加傾向を示している。国庫補助金の中で大きい割合を占めるのは、土木費国庫補助金である。その内訳を見ると、道路、河川、港湾に関する国庫補助金が大きい。地方交付税交付金は、団体間の財政調整を目標とするが、一般財源の人口一人当たり額で見ると、山口県は四七都道府県の中でCグループに属する。そして、山口県はCグループの中ではその位置が低下傾向にある。

県債を見ると、二〇年間に増加傾向にあり、平成八年度の県債の内訳を見ると、土木費の県債が七五・九％を占める。これも、道路（街路を含む）投資に力を入れた平井県政の現れの一つであろう。

一般会計における財政収支のうち実質収支を見ると、漸増して財政収支は堅調であった。そして、実質収支はすべての年度において黒字であった。実質収支額の近似曲線は右肩上がりに推移している。

監査意見書は、予算は適正かつ効率的に執行され、財政運営は堅調であると見ている。年二回刊行される県民に対する財政状況の報告書は、当初は、地域経済の振興と福祉と健康の増進の二つであったが、後になると教育、文化、スポーツまでをも含むようになり、だんだんと総花的になって行く。山口県民は、知事の財政報告をどのように評価していたのであろうか。

（1）平井は昭和四十年に自治省から総務部長として迎えられ、四十九年に副知事に就任した（山口県議会編『山口県議会史』自昭和五十年／至昭和五十八年、山口県議会、平成十一年、一〇頁）。

（2）『朝日新聞』（山口版）一九九六（平成八）年八月二十二日。右の『山口県議会史』自昭和五十年／至昭和五十八年、一〇頁、も参照。

（3）平井の選挙公報を見ると、昭和五十一年八月と五十五年八月の知事選挙公報の「私の約束」では第一が、いずれも「心のかよう福祉（をめざして）」である。しかし、五十九年八月の「私の決意と約束」では第一に「心ゆたかな人づくり」が、六十三年七月の「私の決意と約束」では第一に「二十一世紀をになう心ゆたかな人づくり」が掲げられ、最後の平成四年七月の「私の約束」では最初に「人の心に豊かさを！」が掲げられている。以上、いずれも山口県選挙管理委員会発行の「知事候補者選挙公報」による。

（4）図4-1のＧＤＰの成長率を算出する際の統計データの吟味は、大藪和雄が行ってくれた。深謝する。

（5）一九九四年から一九九六年までは国民総生産デフレーター（平成二年基準）が前年比で低下し続けたために、名目成長率が実質成長率を下回った。

（6）中村政則『戦後史』岩波新書、二〇〇五年、一六九頁。

(7) 同右、二〇四頁。吉見は「日本の九〇年代は、まさしくこの呼称〔「失われた一〇年」〕に相当する停滞の時代であった」(吉見俊哉『ポスト戦後社会』(シリーズ日本近現代史⑨)、岩波新書、二〇〇九年、一六九頁)という。経済循環から見ると、一九九〇年のバブルの崩壊以降「二〇〇二年二月の底打ちに至る一二年間の長期に渡る不況を九〇年代不況という」(矢部洋三編『現代日本経済史年表/一八六八〜二〇一五年』日本経済評論社、二〇一六年、三七〇頁)。

(8) 前掲、『戦後史』、一八五頁。

(9) 自治大臣官房地域政策室編『平成8年度/行政投資実績〈都道府県別行政投資実績報告書〉』平成十年、四頁、別表―1、を参照。

(10) 自治大臣官房地域政策課『昭和52年度/行政投資実績〈都道府県別行政投資実績報告書〉』昭和五十四年十一月、一〜二頁。

(11) 拙稿「平井県政の山口県の財政」、『山口県史研究』第二六号、平成三十年三月、表1、二〜三頁、表2、四〜五頁。

(12) 「昭和五十八年二月山口県議会定例会会議録」第一号、二月二十二日、二〇頁。その他では、例えば、「昭和六十三年二月山口県議会定例会会議録」第一号、二月二十九日、二〇頁、「平成三年二月山口県議会定例会会議録」第一号、二月二十日、二二頁他を参照。

(13) 第三章、表3-4。

(14) 自治大臣官房地域政策課『昭和48年度/行政投資実績〈都道府県別行政投資実績報告書〉』昭和五十年九月、六六〜六九頁。

(15) 昭和五十一年度以降は「保健医療」となっている(自治大臣官房地域政策課『昭和51年度/行政投資実績〈都道府県別行政投資実績報告書〉』昭和五十三年十二月、四頁)。

(16) 国立公園が「厚生福祉」に含まれるのは、自然公園法第一条に規定するように「…その利用の増進を図ることにより、国民の保健、休養及び教化に資する」とあるからであろう。

(17) 本書第三章、表3-2。

(18) 『山口県史』史料編、現代5、24 平井知事就任後の初の県議会での所信表明(昭51)、を参照。以下、史料編 現代5、と略称する。

(19) 本書第三章、八四頁。

(20) 「昭和五十一年九月山口県議会定例会会議録」第一号、九月三十日、一五頁。傍点は筆者が付す。以下も同じ。

(21) 同会議録、第二号、十月四日、二八頁。
(22) 同右。
(23) 同会議録、第二号、三四頁。
(24) 同会議録、第三号、十月五日、三一頁。
(25) 「昭和五十二年二月山口県議会定例会会議録」第一号、二月二十八日、一九頁。
(26) 同会議録、第一号、二一頁。
(27) 同会議録、第一号、二七頁。
(28) 同右。
(29) 同会議録、第一号、二八頁。
(30) 同会議録、第三号、三月九日、一一頁。
(31) 同会議録、第三号、二一頁。
(32) 同会議録、第五号、三月十一日、六二頁。
(33) 同会議録、第五号、七五頁。
(34) 同会議録、第五号、七八〜七九頁。
(35) 公債の現在高や償還費についての平井知事の考え方については、同会議録、第六号、三月十二日、三六頁、も参照。
(36) 同会議録、第五号、九〇頁。
(37) 平井は、柳井勇夫議員の質問に対して「公共事業も全面的に受け入れると同時に、特に福祉の問題、教育の問題、健康等の問題に対しまして、きめ細かく配慮をいたしますと同時に、行政水準の低下を来さないように単独事業等の水準につきましても、最善を尽くしたつもりでございます」（同会議録、第六号、二〇頁）と答えている。
(38) 本書第三章、八五頁。
(39) 「昭和五十二年二月山口県議会定例会会議録」第九号、三月二十八日、三五頁。
(40) 同会議録、第九号、三七頁。
(41) 同会議録、第九号、五九頁。
(42) 「昭和五十三年二月山口県議会定例会会議録」第一号、二月二十八日、一九頁。
(43) 同会議録、第一号、二一頁。

(44) 同会議録、第一号、二四頁。
(45) 同右。
(46) 同会議録、第三号、三月九日、三一頁。
(47) 同会議録、第三号、三八頁。
(48) 同会議録、第五号、三月十一日、一五頁。
(49) 同会議録、第五号、二三頁。
(50) 同右。
(51) 山口県『第三次社会福祉基本計画―心のかよう福祉を求めて―』昭和五十三年二月、四頁。
(52) 同右、八頁。
(53) 同右。
(54) 同右、一六頁。
(55) 同右、一九頁。
(56) 『山口県の財政』昭和五十三年五月、一七頁。
(57) 「昭和五十三年二月山口県議会定例会会議録」第六号、三月十三日、九一頁。
(58) 同会議録、第六号、九三頁。
(59) 同会議録、第六号、一〇〇頁。
(60) 同会議録、第八号、三月十五日、一三頁。
(61) 同会議録、第九号、三月二十七日、七二頁。
(62) 「昭和五十六年二月山口県議会定例会会議録」第一号、二月二十七日、一八頁。
(63) 同会議録、第一号、二〇頁。
(64) 同会議録、第一号、三六頁。
(65) 同会議録、第三号、三月十日、一七頁。
(66) 同会議録、第三号、三月十日、二五頁。
(67) 同会議録、第四号、三月十一日、五二頁。
(68) 同会議録、第四号、五八頁。

(69) 同会議録、第七号、三月十四日、七二頁。
(70) 同会議録、第八号、三月二十四日、四四頁。
(71) 「昭和五十七年二月山口県議会定例会会議録」第一号、二月二十六日、一七頁。
(72) 同会議録、第一号、一八頁。
(73) 同会議録、第一号、一八〜一九頁。
(74) 同会議録、第一号、二三頁。
(75) 同右。
(76) 同会議録、第一号、三〇頁。
(77) 山口県『第四次社会福祉基本計画―心のかよう福祉を求めて―』昭和五十七年二月、一三頁。
(78) 同右。
(79) 同右、一四頁。
(80) 同右、九頁。
(81) 「昭和五十七年二月山口県議会定例会会議録」第三号、三月九日、一六頁。
(82) 同会議録、第三号、二四頁。
(83) 同会議録、第三号、三六頁。
(84) 同会議録、第三号、四三頁。
(85) 同右。
(86) 同右。
(87) 同会議録、第六号、三月十二日、五一頁。
(88) 同右。
(89) 同会議録、第六号、六六頁。
(90) 同会議録、第六号、六六〜六七頁。
(91) 磯部文雄／府川哲夫編著『概説／福祉行財政と福祉計画』（改定版）、ミネルヴァ書房、二〇一七年、一五頁。
(92) 「昭和五十七年二月山口県議会定例会会議録」第八号、三月二十三日、五三頁。
(93) 「昭和五十九年二月山口県議会定例会会議録」第一号、二月二十九日、一八頁。

(94)「昭和六十二年二月山口県議会定例会会議録」第一号、二月二十四日、二六頁。
(95)同会議録、第一号、三二頁。
(96)山口県『第五次社会福祉基本計画―心のかよう福祉を求めて―』昭和六十二年二月、一一頁。
(97)同右、一五頁。
(98)「昭和六十二年二月山口県議会定例会会議録」第七号、三月十二日、二九頁。
(99)同会議録、第七号、四〇頁。
(100)同会議録、第七号、四一頁。
(101)同右。
(102)同会議録、第七号、五七頁。
(103)同会議録、第七号、六〇頁。
(104)同会議録、第七号、六一頁。
(105)同会議録、第七号、八六～八七頁。
(106)同会議録、第七号、八八頁。
(107)「平成三年二月山口県議会定例会会議録」第一号、二月二十日、二一頁。
(108)同会議録、第一号、二二頁。
(109)同右。
(110)同会議録、第一号、二六頁。
(111)同会議録、第一号、二九頁。
(112)同会議録、第一号、三四頁。
(113)同会議録、第五号、二月二十七日、四一頁。
(114)同会議録、第七号、三月八日、四七頁。
(115)同会議録、第七号、四八頁。
(116)「平成六年三月山口県議会定例会会議録」第一号、三月二日、一九頁。
(117)同会議録、第一号、二三頁。
(118)同会議録、第一号、二六頁。

(119) 同会議録、第一号、三一頁。
(120) 同会議録、第二号、三月八日、一五頁。
(121) 同会議録、第二号、二五頁。
(122) 同会議録、第二号、二五～二六頁。
(123) 同会議録、第三号、三月九日、一九頁。
(124) 同右。
(125) 同会議録、第七号、三月二十四日、四三頁。
(126) 「平成七年二月山口県議会定例会会議録」第一号、二月二十二日、二〇頁。
(127) 同右。
(128) 同会議録、第一号、二四～二五頁。
(129) 同会議録、第一号、二八頁。
(130) 同会議録、第一号、三三頁。
(131) 同会議録、第二号、二月二十七日、三四頁。
(132) 同会議録、第二号、七七頁。
(133) 同会議録、第五号、三月三日、二九頁。
(134) 同会議録、第六号、三月十日、四〇頁。
(135) 「平成八年二月山口県議会定例会会議録」第一号、二月二十八日、一九頁。
(136) 同右。
(137) 同右。
(138) 同会議録、第一号、二三～二四頁。
(139) 同会議録、第一号、二七頁。
(140) 同会議録、第一号、三二頁。
(141) 同会議録、第二号、三月五日、一〇頁。
(142) 同会議録、第二号、一一頁。
(143) 同会議録、第二号、三二頁。

(144) 同会議録、第二号、五三頁。
(145) 同右。
(146) 同会議録、第二号、七四頁。
(147) 同会議録、第四号、三月七日、八五頁。
(148) 同会議録、第七号、三月十九日、三四頁。
(149) 同会議録、第七号、三九頁。
(150) 『山口県の財政』平成六年十一月、二〇頁。
(151) 山口県の『主要な施策の成果並びに基金の運用状況説明書』(平成八年度)によれば、福祉医療対策費等の推進のa老人の適切な医療の確保において「七〇才以上の老人及び六五～六九才のねたきり老人等について総医療費から一部負担金を除いた額の五%(老人保健施設療養費等については1/12)相当額を助成した」(四四頁)とあり、決算額は九九億八九〇万円が支出された。
(152) 史料編 現代5、26 平成元年三月における県税の税目、を参照。
(153) 『山口県の財政』平成二年十一月、一九頁。
(154) 地方財務研究会編集『六訂 地方財政小辞典』ぎょうせい、二〇一一年、一八三頁。
(155) 同右。
(156) 『昭和52年度/山口県歳入歳出決算に関する附属書』、一〇目。
(157) 『六訂 地方財政小辞典』、一八四頁。
(158) 前掲、『昭和52年度/山口県歳入歳出決算に関する附属書』。
(159) 仕組み、機能、問題点などについては、坂本忠次『現代地方自治財政論』青木書店、一九八六年、一二五頁以下を参照。坂本は「地方交付税制度は、わが国の中央官僚が創出した財政調整制度で、世界に〝冠〟たる精緻な制度」(同書、一二五頁)であると言う。
(160) 『山口県の財政』平成二年十一月、二〇頁。
(161) 山口県の地方交付税の歳入に占める割合が表4-9と表4-5では、昭和五十六年度を除き、食いちがっているが、歳入総額を普通会計でとらえるか、一般会計でとらえるかが原因だろう。
(162) 一般財源には、地方税、地方交付税の他に、地方譲与税、交通安全特例交付金他の交付金を含む。

(163) 県債を含む地方債制度の概要と問題点などについては、さしあたり、前掲、『現代地方自治財政論』、一九八頁以下、神野直彦・小西砂千夫『日本の地方財政』有斐閣、二〇一四年、第九章、を参照。
(164) 『山口県の財政』平成七年十一月、三九頁。
(165) 同右、平成八年十一月、三四頁。
(166) 同右、平成九年十一月、三四頁。
(167) 史料編 現代5、28 山口県減債基金条例の設置(昭54)、を参照。
(168) 前掲、『六訂/地方財政小事典』、二六九頁。
(169) 同右、二六八〜二六九頁。
(170) 山口県監査委員『昭和61年度/山口県歳入歳出決算及び基金の運用状況に係る審査意見書』、二〜三頁。
(171) 山口県監査委員『平成4年度歳入歳出決算審査意見書』、四〜五頁。
(172) 参考までに、史料編 現代5、33 昭和六十三年度決算審査意見書、34 平成三年度決算審査意見書、を参照。
(173) 『山口県の財政』昭和五十二年十一月、一頁。
(174) 同右、昭和五十三年十一月、一頁。
(175) 同右。
(176) 同右、昭和五十七年五月、一頁。
(177) 同右、昭和五十九年五月、一頁。
(178) 同右、昭和六十一年五月、一頁。
(179) 史料編 現代5、35 昭和六十一年度当初予算の状況、を参照。
(180) 『山口県の財政』平成三年五月、一頁。
(181) 同右、平成八年五月、一頁。
(182) 前掲、『概説/福祉行財政と福祉政策』、一〇九頁。
(183) 拙稿「平井県政下の山口県財政」、『山口県史研究』第二六号、平成三十年三月、五頁。なお、中央病院の事業損益計算書を見ると、平成元年四月から九月末までの当期純損益は七、八八八万円であり(『山口県の財政』平成元年十一月、五〇頁)、平成二年度上半期のそれは、九、五九五万円(同、平成二年十一月、五三頁)である。

第五章　二井県政下の山口県の行財政

はじめに

二井関成は、一九六六年に自治省に入省後一九七九年に山口県の財政課長として赴任した。その後、一九八二年にいったん自治省に帰ったが、二年後の一九八四年に山口県庁に戻り、企画部長、民生部長、総務部長、出納長を歴任後、一九九六年八月に山口県知事に当選した。(1) その後、四期、一六年間の県政の舵取りを担った。彼は、著書『未来へ　ホップ・ステップ・ジャンプ』(2) の中で「私の四期一六年は、バブル崩壊後のいわゆる『失われた二〇年』と呼ばれた時期と重なり、県政も荒海を進む船のごとき、極めて難しい航海になりました。懸命の舵取りで、行政改革、財政改革、公社改革にも努めてきましたが、依然として多額の借金を抱えていますし、人口減少への歯止めをかけることもできませんでした(3)」と率直に反省をしている。

本章は、行財政改革に取り組んだにもかかわらず、それを十分に達成できず、多額の県債を積み重ねざるをえなかった二井県政の行財政の検討を課題とする。

一　二井知事の事績と財政指標の推移

二井知事は、それまでの知事に比べて、講演や著作が多いが、一六年間の県政をきちんと振り返っている著作は『未来へ』であろう。二井によれば、『未来へ』の副題の「ホップ・ステップ・ジャンプ」は、山口県の「県民力は、山口きらら博で『ホップ』、国民文化祭で『ステップ』、山口国体で『ジャンプ』と着実に高まり、それを通じて、地域力も高まっていった」[4]ということにちなんでつけたという。周知のように、山口きらら博は二〇〇一年七月から九月、国民文化祭は二〇〇六年十一月、山口国体は二〇一一年九月から十月に開催された。したがって、それらの行事はちょうど五年ごとに開催された。そして、それらはそれぞれ成功裏に終わり、山口県の地域力も高まったと二井はいう[5]。その総まとめとして二井が三期目の知事選に掲げたのが「住み良さ日本一」[6]というスローガンであった。そして、二〇一二年八月の退任時には「住み良さ日本一」の一〇四の数値目標のうち八一指標（七七・九％）を達成できたという[7]。また、二〇一五年度の世論調査では[8]、九割近い県民が「山口県は住み良い」と答えており、二井は「一定の評価はいただけるのではないかと思っています」[9]という。但し、この世論調査は二〇一五年六月に行われたものであり、村岡嗣政知事の時の調査である。

確かに、設問四-一の山口県の住み良さをたずねた質問の回答は「住みよい県だと思う」が回答者の三六・五％、「どちらかといえば住み良い県だと思う」が五一・三％で、合わせると八七・八％となり、九割近い県民が「住み良い」と答えたのである。したがって、二井がいう「一定の評価」を得たというのはまちがいではないであろう。しかし、この調査は県内の二〇歳以上の男女三、〇〇〇人を対象とした調査であり、御国自慢的心情によって「住み良い県だと思う」と答えた者がいたかもしれない。

ところで、設問一-二では「いまのお宅のくらし向きにあなたは」どのように思っているのかについてたずねている。その回答を見ると、「満足」という回答が九・八％、「やや満足」という回答が三七・三％で、満足という回答の合計は四七・一％である。それに対して「やや不満」という回答が三八・四％、「不満」という回答が一〇・六％であり、不満という回答の合計は四九・〇％である。つまり、県民のほぼ半分は、いまのくらし向きについて不満と答えているのである。

また、設問一-三の「これからのお宅の生活の見通しは」についてたずねたところ、「明るい」が四・七％、「やや明るい」が二九・六％で合計三四・三％が「明るい」であるのに対して、「やや暗い」が四六・六％、「暗い」が一四・八％であり、「暗い」の合計は六一・四％に達する。したがって、半分ないし過半の民《たみ》の竈《かまど》の現在と将来は明るいとはいえないということであろう。それでも、山口県民は山口県が住みよい県だと思っていると二井はいうのであろうか[10]。

さて、筆者が特に関心を持つ行政改革と財政改革について、二井は『未来へ』においてどのように述べているのであろうか。残念であるが、本書において行財政について述べているのは、四期目の「前例のない公社改革」中のわずか一ヶ所である。

まず、行政改革については、二井は、一六年間に知事部局の職員を五、〇〇〇人から三、八〇〇人へと一、二〇〇人削減し、給与総額も二五％以上削減したという[11]。「知事部局」とは、通常、知事の任命権が及ぶ、今日の山口県でいえば本庁の総務部他九つの部と局並びに出先機関を指す。『山口県統計年鑑』が掲げる「一般行政関係」の職員数と知事部局の職員数とは異なることは承知で、一次的接近として知事部局の職員を「一般行政関係」の職員と見なすと、それは平成九年四月一日には四、八八二人であった[12]。そして、平成二十四年四月一日には三、七三六人となり[13]、一、一四六人減少している。その数は二井のいう「一二〇〇人」よりは少し少ないが、当たらずとも遠からずといえるであろう。[14] 但し、どの部門の職員が削減され、それがどのような影響を県民に対する行政サービスに及ぼしたのか等についての説明は二井の文章にはない。

次に、知事部局の職員の給与総額である。『山口県統計年鑑』における平成九年度の普通会計歳出、財源及び性質別内訳の人件費は二、一五三億四、一〇八万円であり、[15] 二十四年度の人件費は一、八七一億七、二九四万円であるから、[16] 一三・一％の減少である。それは、二井がいう二五％以上の給与総額の削減の半分程度である。[17] それにしても、知事部局の職員の給与総額は統計資料として公表されていないというから、二井はどのようにして二五％の給与総額の削減を算定したのであろうか。

次に、二井は、財政改革については「少しでも財政構造が硬直化（人件費などの義務的経費のウエートが高まること）しないように努力しました」[18] という。そして、「知事退任時に公表されていた〔二〇〕一〇年度〔平成二十二年度〕でみますと、例えば、財政の弾力性を示す経常収支比率は全国一二位、借入金の返済額などが財政に及ぼす負担の程度を示す実質公債費比率は全国一六位と、いずれも一〇位台を確保できました。財政運営の自主性を表す財政力指数は全国二五位でした」[19] という。

そこで、まず、財政構造が硬直化しないように人件費などの義務的経費の抑制をしたという二井の努力の程度を検証する。表5-1を見てほしい。厳密な意味での義務的経費は、人件費、扶助費、公債費の三つの費目である。[20] 表5-1は、一般会計に占める三つの費目の割合の推移を示している。人件費は歳出総額の二七％台で推移し、ほぼ同じである。扶助費はその割合が小さく、漸減傾向である。注目すべきは公債費で平成九年度には八・四％であったが、その後漸増して平成二十四年度には一六・〇％となり、七・二ポイントも増加した。そして、一六年間に公債費は一・六三倍になっている。それが原因で歳出総額に占める義務的経費の割合は平成九年度の三八・三％から二十四年度には四五・五％に達し、財政構造の硬直化が進行したといえるであろう。

表5-1　一般会計における義務的経費の推移
(平成9・17・24年度)

(100万円, %)

年度	平成9年度		17年度		24年度		指数
金額・割合 ／ 区分	金額	歳出総額に占める割合	金額	歳出総額に占める割合	金額	歳出総額に占める割合	
人件費	216,944	27.5	204,754	27.1	187,173	27.7	86
扶助費	19,102	2.4	12,539	1.7	12,449	1.8	65
公債費	66,352	8.4	105,857	14.0	108,269	16.0	163
計	302,398	38.3	323,150	42.8	307,891	45.5	102

〔注1〕金額はすべて決算額である。
〔注2〕金額は100万円未満を四捨五入したので，計の金額は必ずしも合わない。
〔注3〕指数は平成9年度を100とした24年度の指数。
〔資料〕『山口県の財政』平成10年11月，28頁；同書，平成18年11月，20頁；同書，平成25年11月，9頁。

二井は「はじめに」で紹介したように「多額の借金を抱えている」といった。山口県の県債の平成九年度末現在高見込額は一般会計が七、四四八億七、〇八六万円、特別会計が三三九億三、三四六万円で、合計金額は七、七八八億四三一万円であった。[21] ところが、平成二十四度末の県債現在高見込額は一般会計の合計が一兆一、九四八億一、三七〇万円、特別会計が四四一億七、〇八四万円で、合計一兆三、三八九億八、四五四万円[22]であり、県債見込額は一・七倍になっている。平成二十四年度末の県民一人当たりの県債残高は八九万五、八八四円[23]となっている。

表5-2を見てほしい。この一六年間の歳出決算額に対する普通会計債(退職手当債、地域改善対策特定事業債等の特例債を含む)の割合は、平成九年九月には九五・四%であったが、年度を追ってその割合が増加し、二十四年度には一九八・六%になり、歳出決算額の倍になった。全国の順位(順位の小さい方が地方債現在高の割合が大きい)を見ると、山口県は、平成十年度には三八位であったが、その後十九年度以降漸減傾向を示し、二十四年度には二二位にまで上昇した。地方債現在高の割合が増加したのが原因で、全国的に見て山口県は地方債の割合が高い県になったのである。

次に、先に紹介したように、二井は、経常収支比率の全国におけ

表5-2 山口県の地方債現在高の割合と順位の推移（平成9年次〜24年度）

(%)

年次／年度	9/9〔注1〕	10	11	12	13	14	15	16
地方債現在高の割合（対歳出決算額）	95.4	99.9	106.7	113.7	125.9	136.0	145.2	149.5
山口県の順位	38	38	40	38	33	35	37	37
年度	17	18	19	20	21	22	23	24
地方債現在高の割合（対歳出決算額）	154.2	160.1	166.7	174.3	167.7	179.4	180.9	198.6
山口県の順位	36	36	35	30	30	33	32	22

〔注1〕9/9は，平成9年9月時点を示す。
〔注2〕地方債現在高は普通会計債である。
〔資料〕平成9年9月から平成13年までは，総務省統計局編集・発行『統計でみる県のすがた』2000-2004，平成14年度から24年度までは，同『統計でみる都道府県のすがた』2005-2015，による。なお，いちいちの頁は省略した。

る順位が山口県は一二位であるという。経常収支比率は、地方税、普通交付税交付金、地方譲与税を中心とする経常一般財源収入が、人件費、扶助費、公債費等という縮減が困難な義務的性格の経常経費にどの程度充当されているかを測り、財政構造の弾力性を判断する指数である[24]。表5-3をご覧いただきたい。山口県の平成九年九月の経常収支比率は八六・六%であったが、二十四年度には九三・〇%に達している。つまり、財政の弾力性が低下しているのである。山口県の経常収支比率の全国における順位について、二井は二〇一〇（平成二十二）年度には一二位というが[25]、表5-3のように、正しくは三四位である。そして、山口県の順位は傾向的には低落傾向である。

次に実質公債費比率を見る。表5-4をご覧いただきたい。二井がいうように、平成二十二年度の山口県の実質公債費比率は一三・九%で、全国の順位は一六位である。これは正しい。地方債の制限は、昭和五十二年度以降起債制限比率によって行われてきたが、平成十八年度に地方債協議制度が導入されたことに伴い、実質公債費比率による制限がなされている。そして、実質公債費比率の過去三ヶ年度の平均が一八%以上二五%未満の団体は公債費負担適正化計画の内容及び実施状況に応じて、また二五%以上三五%未満の団体

表 5-3　山口県の経常収支比率と順位の推移（平成 9 年次〜24 年度）

（%）

年次・年度	9〔注1〕	10	11	12	13	14	15	16
山口県の経常収支比率	86.6	88.7	85.9	84.0	86.9	87.8	87.3	90.5
山口県の順位	27	27	29	35	33	35	32	35
全国	88.3	90.5	87.7	86.6	88.9	91.5	89.1	92.4
年度	17	18	19	20	21	22	23	24
山口県の経常収支比率	91.7	92.5	95.9	95.9	93.9	89.3	92.0	93.0
山口県の順位	32	34	31	25	34	34	37	35
全国	92.8	93.6	96.7	95.3	95.2	90.9	93.9	94.1

〔注 1〕平成 9 年度は年次であり，平成 9 年 9 月の数値である。
〔注 2〕「全国」は，47 都道府県の経常収支比率の合計の平均である。
〔資料〕平成 9 年 9 月から 13 年度までの経常収支比率と山口県の順位は，総務省統計局編集・発行『統計でみる県のすがた』2000-2004，14 年度以降は，同『統計でみる都道府県のすがた』2005-2015，による。なお，いちいちの頁は省略した。

表 5-4　山口県，広島県，福岡県の実質公債費比率と順位の推移（平成 18-24 年度）

（%）

県＼年度		18	19	20	21	22	23	24
山口県	山口県の実質公債費比率	12.6	12.0	15.5	12.9	13.9	14.9	15.0
	山口県の順位	14	13	35	15	16	21	26
広島県	広島県の実質公債費比率	15.6	15.7	15.3	15.1	14.2	14.0	13.8
	広島県の順位	34	32	34	32	19	12	11
福岡県	福岡県の実質公債費比率	13.8	13.7	16.8	14.7	15.4	15.3	15.0
	福岡県の順位	21	23	40	29	29	25	27

〔資料〕総務省ホームページ：『平成 18 年度都道府県決算状況調』〜同『平成 24 年度都道府県決算状況調』，実質収支比率等の状況，から抽出。

表 5-5　山口県の財政力指数と順位の推移（平成 9 年次～24 年度）

年次／年度	9〔注 1〕	10	11	12	13	14	15	16
山口県の財政力指数	0.432	0.438	0.411	0.378	0.354	0.351	0.349	0.344
順位	26	24	24	24	25	25	26	27
年度	17	18	19	20	21	22	23	24
山口県の財政力指数	0.365	0.409	0.454	0.480	0.469	0.437	0.406	0.395
順位	26	25	24	24	24	25	25	25

〔注〕平成 9 年度は年次であり，平成 9 年 9 月の数値である。
〔資料〕平成 9 年次から 13 年度までの経常収支比率は，総務省統計局編集・発行『統計でみる県のすがた』2000-2004，14 年度以降は，同『統計でみる都道府県のすがた』2005-2015，による。

は財政健全化計画の内容及び実施計画に応じ、それぞれ一般的な許可基準により許可を行うこととされている。(26) 山口県は、平成十八年度以降実質公債費比率は一二％台から一五％台であり、地方債の発行に制限は課されていない。なお、近県の広島県と福岡県をみると、両県ともに一八％未満である。但し、順位は山口県が平成二十年度に三五位となり、同年度に福岡県が四〇位となっている。そして、二十四年度には広島県が一一位、山口県が二六位、福岡県が二七位である。(27)

最後に財政力指数をみる。財政力指数とは、地方交付税法の規定により算定した基準財政収入額を基準財政需要額で除して得た数値の過去三ヶ年間の平均値をいい、地方公共団体の財政力を示す指数である。財政力が一を超える場合には当該地方公共団体は普通交付税の不交付団体、つまり普通交付税が配分されない団体になる。平成二十四年度では一を超える団体はない。財政力指数が一以下の団体であっても、一に近い団体ほど普通交付税算定上のいわゆる留保財源が大きいことになり、財源に余裕があるということである。(28)

表5-5をご覧いただきたい。二井がいうように、山口県の平成二十二年度の財政力指数は〇・四三七で、全国の中では二五位である。したがって、二五位という二井の指摘は正しい。平成九年次以降を見ると、〇・四のラインを中心に平成十七年度まではそれを下回り、十八年度以降は上回っている。平成二十年度が〇・四八〇でピークとなるが、それ以降は低下し、二十四年度には〇・

三九五になっている。したがって、山口県は、基準財政需要額の四割程度しか基準財政収入額でまかなえないということである。全国の順位もほぼ二〇位台の中頃を推移している。平成二十二年度（平成二十〜二十二年度の三ヶ年度平均）の財政力指数のグループ分けでみると、Aグループは愛知県のみで、一・〇〇三八三である。山口県はCグループの中位で、〇・四三七二〇である。その下に、D、Eグループがある。東京都は別格のFグループであり、一・一六一七〇である[29]。

二　二井県政下の当初予算と県議会での審議

この節では、二井知事の一般会計予算とそれを巡る県議会での審議を紹介して、二井の行財政運営の特徴を探る。但し、二井は一六年間の任期中に一六本の一般会計予算を県議会へ提出したが、ここでは、そのうちの九本の一般会計予算を取り上げる。

仁井が知事に就任した後の初めての一般会計予算は平成九年度予算である。二井は、「二十一世紀に自活できるたくましい山口県の創造」を目指して、「人づくり」、「地域づくり」、「産業づくり」を基本として、「徹底した経費の節減合理化に加え、将来の財政負担となる県債の発行を極力抑制するなど[30]」して、「たくましい山口県づくりに向けての第一歩となる『チャレンジ元年予算』として編成[31]」したという。そして、社会資本の整備を進めるために補助公共事業及び直轄事業については、前年度当初予算に比して一・三％増の一、四二二億一、七〇〇万円、単独公共事業については前年度と同額の五四五億円を「県民生活に密着した道路事業を中心として計上[32]」したという。その結果、一般会計予算の総額は前年度当初予算に比べ二・四％増の七、七三五億二〇〇〇万円になった[33]。

県議会では、水野純次議員（日本共産党）が公共事業のあり方について質問した[34]のに対して、二井は「特に、道路事業を中心とした生活関連社会資本につきましては、引き続き整備を図る必要がある」[35]と答える。そして、財政の健全化について二井は「国庫補助事業の導入や良質財源の確保を図りつつ、事業の重点化や効率化等についても十分配慮し、財政負担が極力軽減されるよう努めていく」[36]という。また、斉藤良亮議員（香山会）が財政の健全化を図る際のネックとなる公債費の増加について質問したのに対して[37]、二井は、公債費は平成九年度の六七八億円から十三年度には一、〇〇〇億円台に達するが、そのためには財政の健全化を図る必要があり、財政の健全化のためには内部管理経費の節減の強化などに加え県債の発行を極力抑制する必要があるとする。[38]

三月十九日になり討論に入る。水野純次議員が議案第一号に反対、村木継明議員（公明党）が賛成の討論を行った。その後採決に入り、起立多数で第一号議案は可決された。[39]

二井は、平成十年度の一般会計予算を同年二月二十五日に県議会へ提出した。二井は、当初予算を「『デザイン21元年予算』と位置づけ、『チャレンジ性にあふれ、メリハリのある予算』として編成いたしました」[40]という。一般会計予算の総額は、前年度比で三・四％増の七、九九八億三〇〇〇万円である。彼は、財政健全化への取り組みを強化して、内部経費等の削減、スクラップ・アンド・ビルドの徹底による事務事業の見直し等を進めるとともに、国の財源対策債の活用を図り、それでも不足する財源については財政調整基金四〇億円、減債基金二一〇億円を取り崩して埋め合わせたという。[41]

県議会において、松原守議員（県政クラブ）は、平成四年当時に約一、二〇〇億円近くあった基金は現在二六〇億円になっていること、また県債残高は八、一六三億円、公債費は七三三億円となり、来年度以降公債費は一、〇〇〇億円に達するという。[42]また、松永卓議員（香山会）は、明年度の当初予算においては六〇〇億円という未曾有の財源不足が生じ、かつては一、〇〇〇億円を超えていた基金も大幅に減少する一方、県債残高は平成十年度末には八、〇〇〇億円を超える見込みであり、公債費も毎年度一〇〇億円程度増加すると見込まれるが、このような財政の硬直化に知事はどのように対応するかと質問する。[43]
二井は、松原議員の質問に対して「財政の健全化を図ることが、現下の最重要課題となっております」[44]と述べ、十一年度も大幅な財源不足が見込まれるので、財政の健全化に向けては中期的な視点に立った取り組みが求められること、そのために本年六月を目処に「中期財政見通し」を作成するという。[45]また、松永卓議員の質問に対しても、二井は、ほぼ同様な回答をする。つまり、財政の健全化に対する取り組みを強化し、県債の発行総額を圧縮するとともに、将来の償還に応じて地方交付税措置がなされる良質な県債を優先的に導入して、後年度負担を実質的に軽減する。また、金融機関の協力を得て高金利県債の繰り上げ償還を実施し、公債負担の軽減に努めるという。[46]そして、「中期財政見通し」の中で、「今後の公債費の推移とあわせ、その対応方針をお示ししたい」[47]という。
三月十八日になり、討論が行われた。中島修三議員（日本共産党）のみが第一号議案に反対し、起立多数で可決された。[48]
平成十年六月に「山口県中期財政見通し」が公表されたので簡単に紹介する。この「見通し」の期間は平成十年度から十三年度までの四年間である。経済成長率を三・五％とした場合の四年間の財源不足は八五九億円である。それに対応する方針としては、歳出に関しては、事業の新設、拡充はスクラップ・アンド・ビルドの徹底を原則とすること、人件費については定員規模の抑制等を図ること、県債については、交付税等を伴う有利な県債の活用に努めること、国に対しては、地方税の充実強化、地方交付税制度の充実等、地方税財源の充実確保を要請することなどとする。[49]
二井は平成十二年八月に知事に再選された。[50]平成十三年度一般会計予算は十三年二月二十七日に県議会に提案された。山口県は、予算編成にあたっては常に財源不足に悩まされてきたが、十三年度においても一七〇億円を超える財源不足が見込まれた。そこで、未利用財産の処分促進や内部経費の削減などを行い、二〇億円を調達したが、なお不足する一五〇億円については減債基金などを取り崩して収支の均衡を図った。一般会計予算の総額は八、二七九億一、〇〇〇万円であったが、前年度当初予算に比べて二・二％の減となった。[51] これは、二井県政下において、初めての前年度比マイナス予算である。

県議会では佐々木明美議員（社会民主党）が、新年度予算は四二年ぶりに対前年度比二・二％のマイナス予算になったと述べた後、県債も対前年度比で一〇％の削減を図った結果県債発行額は九四六億円になった、しかし、来年度末の県債残高は一兆二五八億円になり、二〇〇二年度以降も財源不足が見込まれるが、財政の健全化と財源の確保をどのように進めるのかと質問した。[52] それに対して、二井は、財源不足対策については景気回復による県税収入の増加や国の地方財政対策の拡充等に期待するとともに、事業評価制度を活用して事業の見直し、減債基金の活用等により収支の均衡を図るという。[53] そして、国から地方への税源移譲や外形標準課税の導入などを、全国知事会等を通じて国に強く要請するという。[54]

加藤寿彦議員（民主党）は、公債費のピークは何年度で、来年度末の県債残高にかかる支払利息はいくらか、またそのうち自前（山口県）の負担はいくらになるのかと質問した。[55] それに対して谷晋総務部長は、改定した中期財政計画に基づくと、公債費は平成十六年度に一、一〇〇億円程度のピークを迎え、[56] その後徐々に減少する、また、各地方債にかかる現行の交付税措置率や予定される特定財源を前提にすると、元金六九三億円のうち三八五億円について、また利息二九三億円のうち一五二億円についてはそれぞれ交付税措置等が見込まれ、それが公債費全体に占める割合は五五％程度になると答えた。[57]

三月十九日になり、藤本一規議員（日本共産党）は、四二年ぶりの減額予算で、県債発行額を減らし、公債費を増やすという姿勢から「借金漬け財政からの転換の事実を認める」[58] としながらも、本格的な財政再建に踏み込んでいない等として議案第一号に反対する。その後、議案第一号は起立多数で可決された。[59]

平成十六年度予算は同年二月二十五日に二井によって県議会へ提案された。冒頭において二井は「住みよさ日本一の『元気県山口』の実現に向けて、取り組んでいかなければなりません」[60]といった。このキャッチフレーズの表明は、これが最初であろう。しかし、財政状況が厳しいことは以前と同じであった。二井は「…明年度予算は、地方交付税等の大幅な落ち込み等から、過去最大の財源不足が見込まれる」[61]という。明年度の最終の財源不足額は過去最大の三〇〇億円に達するが、そこで財政調整基金から三〇〇億円、減債基金から二七〇億円を取り崩して収支の均衡を図る。[62]一般会計の予算総額は前年度当初予算に比較して二・〇％減の七、六二八億一、六〇〇万円であり、「四年連続のマイナス予算」[63]である。

県議会では、十六年度予算について、近藤一義議員（自由民主党）が、「…雇用対策、少子化・教育対策などの緊急課題に的確に対応した予算であると評価する」[64]という。藤谷光信議員（民主・連合の会）は「…県予算にめり張りがつき、わかりやすい予算となっています」[65]とのべて賛成した。[66]二井は、藤谷議員が今後の財政運営の方針について質問したのに対して、[67]「…私は基本的には、現在の慢性的な財源不足の状態から脱却をし、収支の改善を図ること、硬直化した県財政の構造に弾力性を取り戻すこと、この二点を目指しまして取り組んでいかなければならない」[68]と答える。財政収支の改善については、経費の節減合理化を図りつつ、「選択」と「集中」の視点に立ってこれまで以上に施策にめり張りをつける。また、硬直化については、引き続き県債の発行総額の抑制に努めると答えた。[69]

木村康夫議員（民主・連合の会）が「住み良さ日本一」の内容や指標について質問したのに対して、[70]二井は、具体的には「…子育てがしやすい環境の整備、少人数教育の推進、さらには、就職に対する支援、健康の保持、住環境の整備、高齢社会への対応など、県民のどの年齢層にとっても、住みよさについて満足いただけるように、施策を推進していく必要がある」[71]と答える。そして、「来年度予算編成におきましても、『雇用対策』『少子化・教育対策』『暮らしの安心・安全』『高齢者対策』を重要課題とし、住みよさを高める施策を積極的に進める」[72]という。しかし、二井は、指標についてまでは述べなかった。

三月十七日になり、十六年度予算に関する討論が行われた。水野純次議員のみが議案第一号に反対の討論をしたが、議案第一号は起立多数で可決された[73]。

二井は、平成十六年八月の知事選挙の公約において「山口県の知恵と力を結集して、住み良さ日本一の『元気で存在感のある県づくり』を実現してまいります」といい、政策としては「『8つの夢戦略』の実現」を掲げ[74]、三回目の当選を果たした。

二井は十七年二月二十三日に平成十七年度当初予算を県議会に提案した。二井は、まず「住み良さ日本一の元気県山口」[75]の実現を期す決意を表明した後、「暮らしの安心・安全基盤の強化」を最重点項目とする五分野について説明した。なお、本年度も財源不足は発生し、しかもそれは前年度に引き続き三〇〇億円である。不足する財源については、財政調整基金から三〇億円、減債基金から二七〇億円を取り崩して対応する。一般会計の予算総額は、前年度当初予算に比較して二・二%減の七、四五七億円で、「五年連続のマイナス予算」[76]であった。

県議会において、木村康夫議員は、「住み良さ日本一」の指標について質問した。第一に、五つの分野にわたる四一の指標は「県民生活のほとんどの分野に及ぶ幅広い内容」[77]であり、「山口県として何を目指すのかがよく分からない」[78]という。また、「『住み良さ』という概念は極めて抽象的であります」[79]ともいう。そして、いつまでに目標を達成するのかという「時間軸」[80]を設定しなければならないという。それに対して二井は「現時点で選定をしている五分野四十一指標すべてを充実する」[81]と答え、「当面、平成二十二年度を目途とする数値目標を設定するということにいたしております」[82]という。

重宗紀彦議員（自由民主党）は、「住み良さ日本一」の四一指標の全国順位を平均すると一九・五五位になるといい、指標をもっと拡大する必要があること、そして、「官民挙げて『住み良さ日本一』を目指そうではありませんか」という。[83]それに答えて、二井は「…県民一人一人のライフステージに応じて『住み良さ』が実感できる、真にバランスがとれた『住み良さ日本一の元気県山口』の実現を目指してまいりたい」[84]と答える。[85]

三月十五日になり、議案第一号の討論に入る。藤本一規議員が反対、大西倉雄議員（自由民主党）が賛成、佐々木明美議員が賛成、西嶋裕作議員（民主・連合の会）が賛成し、起立多数で可決された。[86]

二井は、十八年二月二十八日に十八年度一般会計予算を県議会へ提出した。二井は、「暮らしの安心・安全基盤の強化」ほか六つの重点施策を提案した。しかし、同年度の財源不足額は三〇七億円に達したために、財政調整基金から三七億円、減債基金から二七〇億円を取り崩して収支を均衡させた。同年度の予算総額は前年度比二・〇％減の七、三〇五億二、五〇〇万円であり、「六年連続のマイナス予算」[87]となった。

県議会では、新谷和彦議員（自由民主党）が「私は、このたびの予算を評価する一方で、将来に向けた財政運営に一抹の不安を覚える」[88]とのべ、今後の財政運営について質問した。これに対して、二井は、新たに策定する「行政改革推進プラン」[89]に基づき県職員の定員を二十二年度までの五年間に一、一六四人、五・三％削減して総人件費の抑制を図る一方、公債管理特別会計を新たに設け、利子の軽減や償還額の平準化を図るなどを行うと答えた。[90]

久保田后子《きみこ》議員（新政クラブ）は、新年度予算は前年度比一五二億円の減少となり、「六年連続のマイナス予算です。借金である県債残高は、平成十八年度末には一兆一千五百六十七億円となり、頼りにしている基金は百七十六億円まで減少する見込みです。／大変厳しい財政状況が続き、県政全体の構造改革が急がれます」[91]という。

三月十七日になり、討論に入る。第一号議案については、水野純次議員が反対、末貞伴治郎議員（自由民主党）

が賛成、佐々木明美議員が賛成した後、起立多数で可決された[92]。

平成二十年八月の知事選挙で二井は最後の、そして四回目の出馬をした。選挙公約では「現在進めている『住み良さ日本一の元気県づくり』を皆様とともに加速化してまいります」といい、『21』の約束の実現」をかかげた[93]。そして、二井は大差で当選して公選の第一七代知事に就任した。

二井は、平成二十一年度一般会計予算を同年二月二十四日に県議会に提案した。二井は、同年度予算を「加速化プラン元年予算」と銘打ち、具体的には「くらしの安心・安全基盤の強化」ほかを提案した[94]。

二十一年度予算では、過去最大であった平成十八年度の三〇七億円の倍となる六一〇億円に達する財源不足が発生したために、知事等の給料の減額割合を拡大するとともに、同年四月から県庁職員の給料の減額を行う[95]。そして、山口県振興財団寄付金の活用と減債基金の取り崩しを行い、二六〇億円の臨時財政対策債の追加発行を行う[96]。その結果、予算総額は、前年度当初予算に比べ〇・六%増の七、一四一億一、三〇〇万円となり、「九年ぶりに前年度の予算規模を上回った[97]」と二井はいう。なお、県債発行額は、臨時財政対策債の大幅な増加等のために、前年度当初予算に比べて二四・三%増の一、一一五億四、七〇〇万円になった。二井は、二十一年度末の県債残高は、一兆一、九七四億となり、臨時財政対策債の発行を抑制して、かろうじて一兆一、〇〇〇億円台に「踏みとどまった」という[98]。

県議会では、伊藤博議員（自由民主党）が「…私は、我が党の要望に対し、最大限の対応をされた予算であると高く評価する」という[99]。それに答えて、二井は「『加速化プラン元年予算』として、ドクターヘリの導入や、すべての小学校における三十五人学級化など、加速化プランに基づく諸施策に対しましては、…可能な限りの財源配分を行った」と答えた[100]。財政の健全化に関する加藤寿彦議員（民主・連合の会）の質問に答えて[101]、二井は、県債発行額を公債費以下に抑えるとするプライマリーバランスは一〇五億円の赤字となったこと、また、臨時財政対策債を二六〇億円追加発行せざるを得なくなったことは「予測ができなかったところであります。私としては、これのことについては、深く反省をいたしております」[102]といった。県職員の給与のカットについては、職員団体の理解も得ながら実施するが、これは人事委員会の勧告制度とは異なった特例的な措置であり、来年度の勧告の取り扱いにかかわらず「引き続き実施する」[103]という。

西嶋裕作議員が六〇〇億円を超える財源不足の原因について質問したのに対して[104]、二井は、地方税が前年度比で二〇・四%の減であり、それが歳入不足の「大きな要因」[105]であるという。また、臨時財政対策債の発行をできる限り抑制したことも「あわせて歳入不足の原因」[106]になっているという。

佐々木明美議員が「…やっぱり住みよさ日本一の旗は降ろそうじゃありませんか。もう恥ずかしいですよ。／住みよさ日本一というのは、暮らしの土台がしっかりしていると、どこにも負けないよと、…山口県は医療だとか、福祉だとか、雇用の問題だとか、それがどこにも負けない施策を持っている、それが私は住みよさ日本一を目指す第一の県民の要望だというふうに思います」[107]といい、知事に「住みよさ日本一」を目指す意図をたずねる。それに対して二井は「…かつてない厳しい今《ママ》財政状況にあります。／そういう中でも、私としては『住み良さ日本一の元気県づくり』を目指していきたいと考えておりますが、財政の方がどうなっても知りませんというわけには私としてはいかないわけでありますから、財政状況もしっかりと見きわめながら、…予算編成に当たらなければならない」[108]と答える。

三月十三日になり、討論に入る。議案第一号について藤本一規議員が反対、宇田宗治議員（自由民主党）が賛成、佐々木明美議員が反対、加藤寿彦議員が賛成、小泉利治議員（公明党）が賛成、合志栄一議員（新政クラブ）が賛成し、起立多数によって議案第一号は可決された[109]。

二井は、平成二十二年度一般会計予算を同年三月二日に県議会に提案した。二井は「住み良さ日本一の元気県づくり」を着実に進めるが、二十二年度の財源不足は三四七億円に及ぶという。[110] そこで、「選択と集中の視点を一層重視しながら、予算の重点配分を行った」とする。[111] そして、小中学校の三十五人学級化を、来年度は新たに小学校三・四年の全学級で実施する。[112] 三十五人学級化の残りは小学校五・六年生のみとなり、平成二十三年度には完全実施する。ところで、県債残高は二十二年度末には一兆二、五三〇億円となる。県債の発行は、臨時財政対策債等の大幅な増加により前年度当初予算に比べて一一・六%増の一、二四五億二、五〇〇万円となり、県債残高を、二十一年度末をピークに減少させることが困難となった。「非常に残念でありますが、県の努力だけではいかんともしがたい要因であり、やむを得ない」[113] という。一般会計予算の総額は、前年度比で〇・四%の減となり、七、一一一億五、一〇〇万円となる。

県議会では、大西倉雄議員の質問に答えて、二井は、地方団体の財源不足対策として「いわゆる赤字地方債である臨時財政対策債の大幅な増発が盛り込まれたことは、地方の借入金への依存を一層高めるものであり、極めて遺憾であります」[114] と答える。吉敷昌彦議員（民主・連合の会）が県債残高については二〇〇九年度末をピークに減少に転じさせるのが「知事の公約」であったが、二〇一〇年度末の県債残高は一兆二、五三〇億円になり過去最大になると指摘したのに対して、[115] 二井は、地方債の特別分である国の臨時財政対策債の増加が県債残高の増嵩《すう》の原因であり、特別分の県債は福祉、医療、教育などの行政サービスの財源であり、その発行を抑制した場合には県民サービスの低下に直結するという。そこで、政府に対しては地方の自主財源の大幅な拡充を、全国知事会等を通じて強く求めていくと答える。[116] 水野純次議員は、本年度末をピークに減少に転じる見込みの県債残高は一兆二、五三〇億円と過去最大となり、「借金膨れ」、「看板の堅実さは後退」などの酷評が聞かれるが、県財政の現状についてどのように考えているのかと質問した。[117] それに対して、二井は「…〔ご指摘のような〕目標の達成が困難になったことは、非常に残念に思っております」と答えた。[118] 水野議員が再質問において財政再建の方向性についてたずねた[119]のに対して、二井は県債の増大はいわゆる特別分の赤字地方債が増えたためであり、それについては「国のほうでしっかりと対応していただかなければなりません」と答える[120]。三月十九日となり、討論が行われた。議案第一号に対して、水野純次議員が反対、塩満久雄議員（自由民主党）が賛成、佐々木明美議員が反対、合志栄一議員が賛成し、起立多数で可決された[121]。

二井は平成二十三年度予算を同年二月二十二日に県議会へ提案した。二井は、加速化プランの総仕上げを目指し、「最重要課題である『くらしの安心・安全基盤の強化』に関連する学校の耐震化や防災対策の強化等を初め（ママ）、三十五人学級化の推進、新規雇用二万人創出構想及び年間観光客三千万人構想の実現、…は、特に優先すべき重点事業として位置づけるとともに、『住み良さ・元気指標』の目標達成に向け、予算の集中的・重点的な配分を行いました[122]」とのべた。そして、一〇四の指標のうち、達成済みまたは達成可能なものが七五指標で、達成率は七二・一％である[123]。収支の均衡を図るために、財政調整基金は一〇〇億円、減債基金は一四〇億円取り崩す。なお、県債残高の全体は二十三年度末で一兆二、八三〇億円である[124]。予算総額は、前年度比で五・〇％増の七、四六四億三〇〇万円であり、六年ぶりに七、四〇〇億円台となった[125]。

県議会では、大西倉雄議員の質問に答えて、二井は、財政改革に言及し、平成二十一年度決算では財政構造の弾力性を示す経常収支比率が全国一四位[126]、実質公債費比率が一五位となり、「県債の新規発行の抑制等の効果があらわれてきております[127]」という。そして、二井は、明年度には「…『住み良さ・元気指標』の達成と行財政改革の確実な推進に努めてまいります[128]」という。小泉利治議員の質問に答えて、二井は、県立学校の耐震化率については九〇％以上の目標を一年前倒しして明年度には目標を達成し、「全国第八位と大きくランクアップする[129]」という。また、明年度には「全国初となる小中学校の完全三十五人学級化の実現」を達成する積極的な対応を講ずる。そして、「…県民だれもが、本県に生まれ、育ち、そして住んでよかったと心から実感でき、また県外からは、住んでみたくなる活力あふれる住み良さ日本一の元気県づくりに全力で取り組んでまいります[130]」という。

水野純次議員が、二井知事は県債残高を一兆一、〇〇〇億円台に抑制すると公約していたが、次年度末には公債残高は一兆二、八三〇億円になる、「事ここに至って公約違反は明確じゃありませんか[131]」と糺したのに対して、二井は、二十年秋のリーマン・ショックや二十一年、二十二年の豪雨災害等のために県債の増発を強いられ、「目標の達成が困難な状況になったことは、まことに残念[132]」と弁明する。しかし、県債の一般分は平成十五年度以降その残高を減少させ、「その効果は、例えば、平成二十一年度決算の実質公債費比率が全国十五位となるなど、主要な財政指標において、全国的に良好な水準としてあらわれてきております[133]」という。水野議員は再質問において、二井が知事に就任したときの予算規模は七、五五四億円であったが、今はそれ以下に縮小していること、県債残高は当時六、六一六億円だったが今は倍近くになっていること、知事は一般分の県債が減り続けているからいいじゃないかというが、県債残高は一兆円を超えていると反論する[134]。二井は「借金を無駄に使ったとは、私は思っておりません。社会資本の整備、あるいは学校教育とか、そういういろいろなサービスに提供したわけでありますから、それの成果は上がってきていると思います。／したがいまして、借金のほうだけに着目をすることではなく、やはりサービスとかいう面にもぜひ着目をして考えていただきたい[135]」と反論する。

三月十一日になり討論が行われる。議案第一号に対して水野議員は反対、林哲也議員（自由民主党）は賛成、佐々木明美議員は反対する。そして、佐々木議員は「県政全般から見たとき、とても住み良さ日本一の看板は掲げられません[136]」という。その後、議案第一号は起立多数で可決された[137]。

二井は、最後となる平成二十四年度一般会計予算を同年二月二十八日に県議会に提出した。二井は「まさに総仕上げのラストスパートの予算[138]」であるとし、「『住み良さ・元気指標』の目標を一つでも多く、また高い水準で達成することができるよう、予算の優先的な配分を行いました[139]」という。一般会計予算の総額は、前年度比で六・九％減の六、九五二億二、〇〇〇万円である。[140] 県債残高の増嵩を抑制するために減債基金を一一六億円取り崩す。[141]

県議会では曽田聡議員が加速化プランに基づく取り組みの中で特に成果が上がった点をたずねたのに対して、[142] 二井は、一〇四の指標の中で八一指標、おおむね八割を達成見込みであること、県立学校や県有の防災拠点施設の耐震化目標九〇％を一年前倒しで達成したこと、ドクターヘリの導入等による救急医療体制の確立を図ったこと、職員定数の大幅な削減を図ったこと、一般分の県債残高を着実に減少したこと等を挙げた。[143] 井原寿加子議員（草の根）が現在の県債残高は一兆二、〇〇〇億円を超えているのではないかと質問したのに対して、[144] 二井は、残高の増加は臨時財政対策債の増発が原因であり、「県において発行を抑制することは困難なところであります」[145] と答える。藤井哲男総合政策部長は、一般会計の決算ベースでの県債の残高は二十二年度末で一兆二、三六三億円であること、「現在の県債残高の増加は、国が償還に責任を負うべき臨時財政対策債の増加によるものでありますことから、償還財源としての地方交付税が適切に措置される限り、県民生活への影響は生じない」[146] と断言した。

佐々木明美議員は、臨時財政対策債については国が交付税措置を約束しているから実質的に県の借金ではないという認識について質問したのに対して、[147] 藤井は「県といたしましては、国に対して、今後とも償還財源に対する交付税措置を確実に講じるとともに、臨時財政対策債に依存しない財政運営が早期に確立できるよう、必要な地方一般財源の確保が地方交付税の増額等によりなされるよう、引き続き全国知事会等を通じて強く求めてまいります」[148] という。

三月十六日になり討論が行われた。議案第一号に対して、木佐木大助議員（日本共産党）が反対、河村敏夫議員（自由民主党）が賛成、佐々木明美議員が反対、合志栄一議員が賛成し、採決の結果起立多数で可決された。[149]

三　二井県政下の行政投資

二井知事の当初予算をめぐる県議会での議論から分かるように、二井は「住み良さ日本一」の山口県を創造することに力を入れた。前章において、平井知事は、「福祉先進県」の実現を掲げたが、道路の建設にも力を入れた。本節では、二井県政下の行政投資の推移について簡単に見る。行政投資の内訳については、前章の「二平井県政下の行政投資」の冒頭で説明したが、山口県が投資主体となった行政投資における資金負担別投資実績の推移[150]についてⅠ一般事業に注目すると、小分類で大きな割合を占めるのは、1道路、5農林水産、9治山治水の三つである。そこで、それら三つの事業の割合を図で示すと、図5-1のようである。ご覧のように、道路（街路を除く）に対する行政投資は平成九年度から二十四年度までの二井県政下においては、道路への行政投資は三〇・九％から二六・二％へと緩やかに低下している。農林水産は、ほぼ横這いである。治山治水は、二十一年度と二十四年度には大きく増加している。その原因は、両年度における豪雨災害である。平成二十一年度の七月豪雨では、死者が二二人、被害総額は約一八一億円に達した[151]。平成二十四年度には、四月と七月に暴風と豪雨が山口県に襲来し、被害総額は四月には三億九、〇〇〇万円、七月には二億一、〇〇〇万円の損害をもたらした[152]。

二井県政下の行政投資における道路の割合の傾向をもう少し長いスパンで見ると、図5-2のようである。橋本県政が昭和三十五年から五十一年まで、平井県政が同年から平成八年まで、二井県政が同年から平成二十四年までである。図5-2が示すように、福祉先進県を掲げた平井県政下において行政投資に占める道路（街路を除く）は急速に上昇したが、平成九年度を境に二井県政下では道路に対する行政投資は明白に低下している。したがって、橋本知事、平井知事と続いてきた「道路知事」の流れは二井知事で終焉を迎えたといってよいであろう。

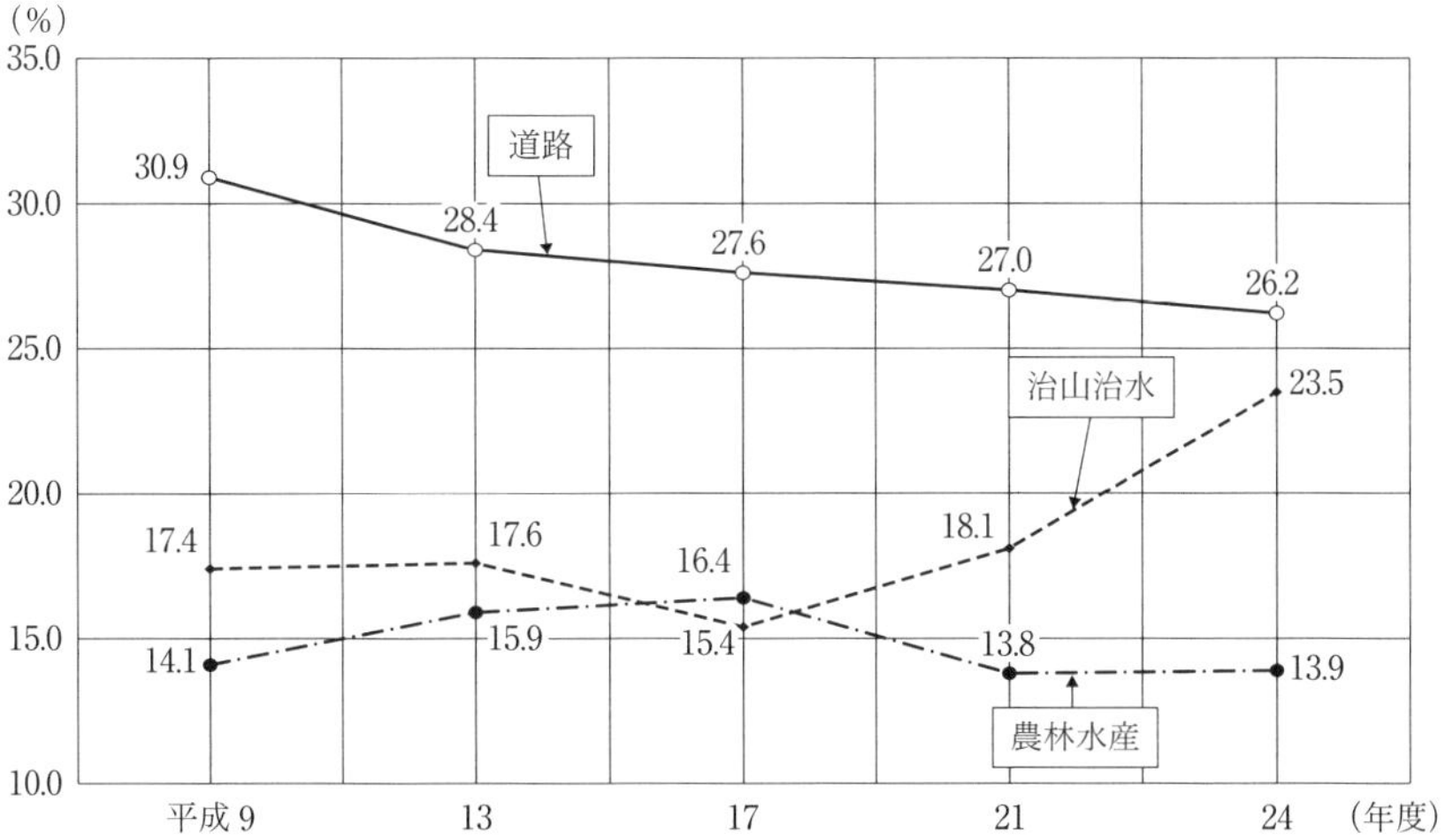

〔資料〕表 5-7 をもとに作成。

図 5-1　山口県の行政投資に占める道路（街路を除く）・農林水産・治山治水の割合の推移（平成 9-24 年度）

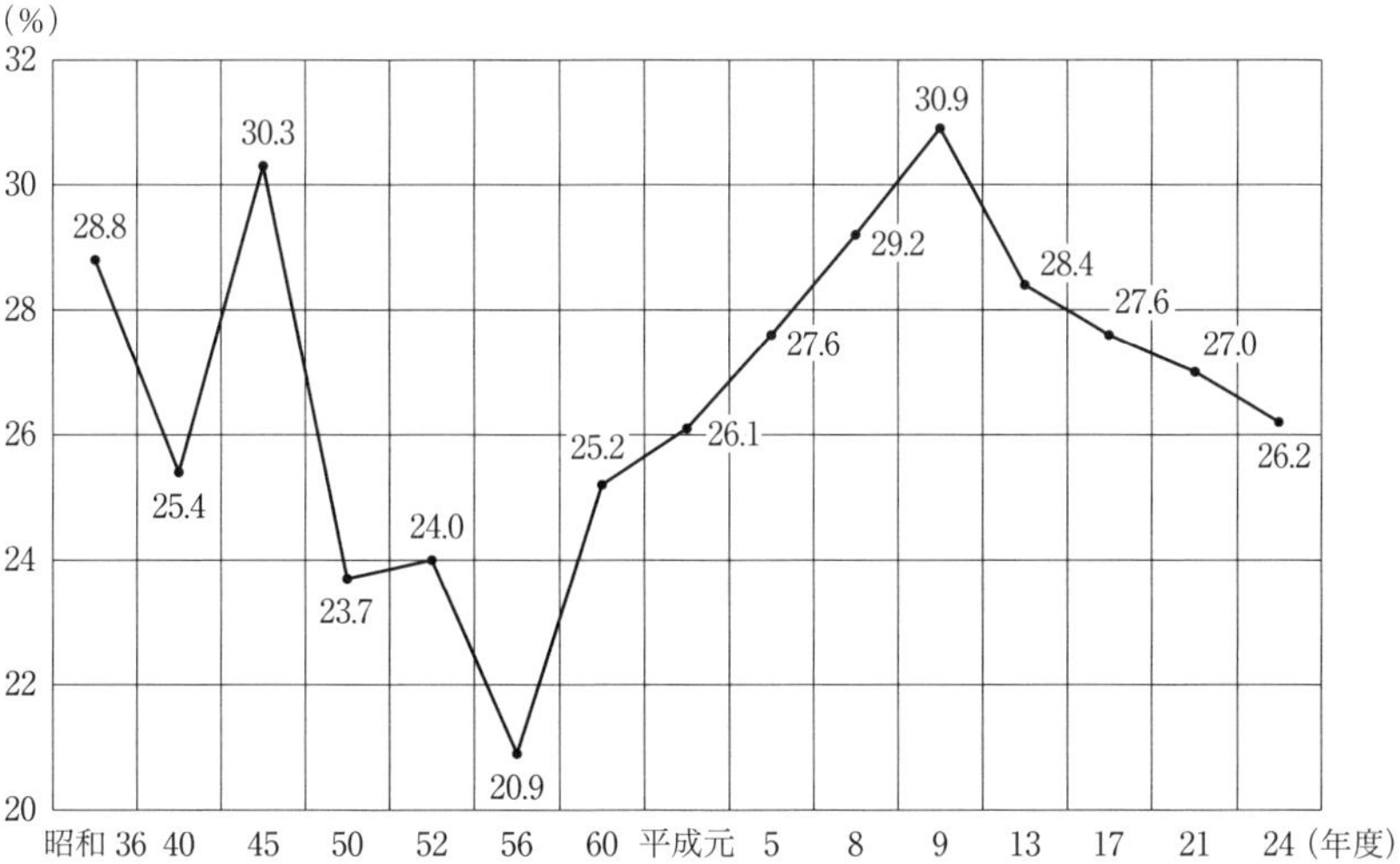

〔資料〕第 3 章の表 3-2，第 4 章の表 4-1，本章の表 5-7 をもとに作成。

図 5-2　行政投資に占める道路（街路を除く）の割合の推移（昭和 36〜平成 24 年度）

表5-6　土木費の内訳の推移（平成9・14・19・24年度）

（100万円，%）

項＼年度，金額	9年度		14年度		19年度		24年度		指数
	金額	割合	金額	割合	金額	割合	金額	割合	
管理費	11,042	5.9	10,543	6.4	8,942	7.8	7,379	10.7	67
道路橋りょう費	82,909	44.6	68,144	41.5	47,541	41.6	23,998	34.7	29
河川海岸費	39,033	21.0	35,044	21.3	21,399	18.7	17,833	25.8	46
港湾費	23,529	12.7	20,688	12.6	14,653	12.8	9,480	13.7	40
都市計画費	17,852	9.6	18,860	11.5	10,865	9.5	6,782	9.8	38
住宅費	11,348	6.1	10,956	6.7	10,872	9.5	3,633	5.3	32
合計	185,714	100.0	164,235	100.0	114,271	100.0	69,105	100.0	37

〔注1〕金額はすべて決算額である。
〔注2〕100万円未満を四捨五入したために各項目の合算と合計は必ずしも合わない。
〔注3〕指数は平成9年度を100とする。
〔資料〕『山口県統計年鑑』平成15年刊；16年刊；21年刊；26年刊。いちいちの頁は省略した。

このことの傍証として二井県政下における土木費の内訳の推移を見ると表5-6のようである。ご覧のように、土木費は管理費以下六項からなる。土木費のうち道路橋りょう費が第一位であり、十九年度までは土木費の四〇%台を占めていたが、二十四年度には三四・七%にまで低下した。そして、指数は九年度比で二九である。金額では九年度が八二九億円であった。この表には掲げていないが二十三年度にはそれが四一五億円になり、二十四年度には更に減少して二四〇億円になったのである。

次に、山口県が投資主体となった行政投資を生産基盤、国土保全、生活基盤、その他に再分類して示すと、表5-7のようである。ご覧のように、生産基盤関係の運輸・交通関係においては先に指摘したように、道路の割合が低下したためであろう、小計では平成九年度の三八・四%から三一・五%に低下している。工業・商業関連施設では、工業用水道が平成二十四年度に増加したために小計では増加している。国土保全関係を見ると、治山治水が一七・四%から二三・五%へと増加したために、国土保全関係の割合が二三・一%から二八・〇%へと増加している。厚生福祉施設では、文教施設がこの間に二・九%から五・三%へと増加したために小計が五・八%から八・四%へと増加している。総じて、国土保全関係と生活基盤の中の厚

表 5-7　山口県が投資主体となった行政投資における生産基盤・国土保全・生活基盤・その他の割合の推移（平成 9・13・17・21・24 年度）

（%）

行政投資先の大分類・中分類・小分類 ＼ 年度			9	13	17	21	24
生産基盤関係	運輸・交通関連施設	道路	30.9	28.4	27.6	27.0	26.2
		街路	5.3	6.8	7.5	6.5	4.9
		空港	2.2	0.3	0.7	0.5	0.4
		小計	38.4	35.5	35.8	34.0	31.5
	工業・商業関連施設	港湾（一般事業）	3.5	5.9	4.6	4.4	3.2
		港湾整備（公営企業）	0.7	0.6	1.0	1.2	1.1
		工業用水道	—	1.5	1.7	1.7	2.7
		電気	0.2	0.3	0.2	0.2	0.3
		市場	—	0.0	0.0	0.0	0.0
		小計	4.4	8.3	7.5	7.5	7.3
	農業関連施設	農林水産	14.1	15.9	16.4	13.8	13.9
	生産基盤関係の合計		56.9	59.7	59.7	55.3	52.7
国土保全関係		治山治水	17.4	17.6	15.4	18.1	23.5
		海岸保全	3.2	3.7	4.3	2.8	2.9
		災害復旧	2.5	1.3	4.4	2.9	1.6
		小計	23.1	22.6	24.1	23.8	28.0
生活基盤関係	住宅・環境・衛生関連施設	住宅	3.5	4.0	3.8	3.4	3.8
		都市計画	1.6	0.7	0.6	3.5	2.0
		環境衛生	0.4	0.7	0.1	0.1	0.1
		公共下水道	0.7	0.8	0.1	0.4	0.2
		小計	6.2	6.2	4.6	7.4	6.1
	厚生福祉施設	厚生福祉	2.7	3.1	2.0	0.6	3.1
		病院	0.2	0.2	1.4	0.5	—
		文教施設	2.9	3.1	4.0	7.3	5.3
		小計	5.8	6.4	7.4	8.4	8.4
	生活基盤関係の合計		12.0	12.6	12.0	15.8	14.5
その他		官庁営繕	0.3	0.3	0.8	0.4	0.8
		その他	8.0	4.8	3.3	4.6	3.9
		小計	8.3	5.1	4.1	5.0	4.7
合　計			100.0	100.0	100.0	100.0	100.0

〔注 1〕行政投資の大分類・中分類は，近昭夫「第 4 章　東海地域における公共投資―静岡県におけるその特徴をめぐって―」，上原信博編著『地域開発と産業構造』御茶の水書房，1977 年，表 4-6，附表 4-3，にならった。

〔注 2〕割合は小数点以下第 2 位を四捨五入したために，合計は必ずしも 100.0％にならない。

〔資料〕『平成 9 年度／行政投資実績〈都道府県別行政投資実績報告書〉』平成 12 年 3 月；『平成 13 年度／行政投資実績〈都道府県別行政投資実績報告書〉』平成 16 年 6 月；『平成 17 年度／行政投資実績〈都道府県別行政投資実績報告書〉』平成 19 年 12 月；『平成 21 年度／行政投資実績〈都道府県別行政投資実績報告書〉』平成 24 年 2 月；『平成 24 年度／行政投資実績〈都道府県別行政投資実績報告書〉』平成 27 年 3 月。なお，編者並びにいちいちの出所の頁は省略した。

生福祉施設が増加したといえるであろう。ここでは全国的な比較はできないが、近昭夫がいう「都市型の公共投資」(153)のタイプに近づいているといえるかもしれない。

四　歳出構造の推移

本節では、歳出構造の推移を概観する。表5-8をご覧いただきたい。この表は、議会費、総務費、警察費、災害復旧費、諸支出金をのぞいた八つの経費を選び出し、五年度ごとに金額、歳出総額に占める割合、平成九年度を一〇〇とした指数を示したものである。

まず割合の推移を見る。平成九年度は土木費が総額の二三・五%で第一位である。次いで教育費が二〇・六%で第二位、第三位は農林水産業費で九・五%、第四位は公債費で八・四%であった。ところが、二十四年度を見ると、第一位が教育費となり、二一・三%である。この表では途中の年度を省略しているが、教育費が第一位になったのは十五年度で、その年度に教育費が一九・一%、土木費が一九・〇%となって逆転が生じたのである。土木費の割合は、その後漸減して二十四年度には一〇・二%になった。

図5-3は、歳出構造が視覚的によく分かるように、土木費他の四つの経費の、平成九年度から二十四年度までの歳出に占める割合を示した。ご覧のように、この間の土木費の割合の低下傾向がはっきりと分かる。右に指摘したように、平成二十四年度には、土木費は民生費を下回り、最も小さくなったのである。他方、教育費は漸増である。公債費も、漸増している。民生費も、同様に漸増傾向である。二十四年度の第一位は教育費であり、第二位は公債費で、一六・〇%に達した。第三位は民生費で、それは土木費を上回り、一二・六%になった。二十四年度に土木費は前年度の一、一五四億円から六九一億円に激減した。それにしても、二井県政下における土木

表 5-8　二井県政下の一般会計主要歳出の割合と指数の推移
（平成 9・14・19・24 年度）

（1,000 円，%）

金額・割合・指数 ＼ 年度		平成 9	14	19	24
民生費	金額	55,295,029	67,769,384	67,465,061	84,944,280
	総額に占める割合	7.0	8.5	9.5	12.6
	指数	100	123	122	154
土木費	金額	185,713,635	164,235,380	114,271,305	69,104,781
	総額に占める割合	23.5	20.5	16.0	10.2
	指数	100	88	62	37
教育費	金額	162,507,103	152,285,548	148,789,655	143,932,322
	総額に占める割合	20.6		20.9	21.3
	指数	100	94	92	89
労働費	金額	13,514,830	12,542,648	4,535,447	6,901,682
	総額に占める割合	1.7	1.6	0.6	1.0
	増加指数	100	93	34	51
衛生費	金額	21,110,225	19,996,914	18,490,414	22,503,702
	総額に占める割合	2.7	2.5	2.6	3.3
	指数	100	95	88	107
農林水産業費	金額	74,904,861	68,672,383	47,250,479	34,690,727
	総額に占める割合	9.5	8.6	6.6	5.1
	指数	100	92	63	46
商工費	金額	80,217,587	73,383,668	67,420,978	62,273,319
	総額に占める割合	10.2	9.2	9.5	9.2
	指数	100	91	84	78
公債費	金額	66,360,573	97,121,946	97,256,158	108,353,463
	総額に占める割合	8.4	12.1	13.6	16.0
	指数	100	146	147	163
歳出総額	金額	789,413,658	800,319,100	713,062,795	676,777,507
	総額に占める割合	100.0	100.0	100.0	100.0
	指数	100	101	90	86

〔注 1〕すべて決算額である。
〔注 2〕割合と増加指数は筆者が計算した。なお，指数は平成 9 年度を 100 とする指数である。
〔資料〕『山口県の財政』平成 11 年 11 月～25 年 11 月。いちいちの頁は省略した。

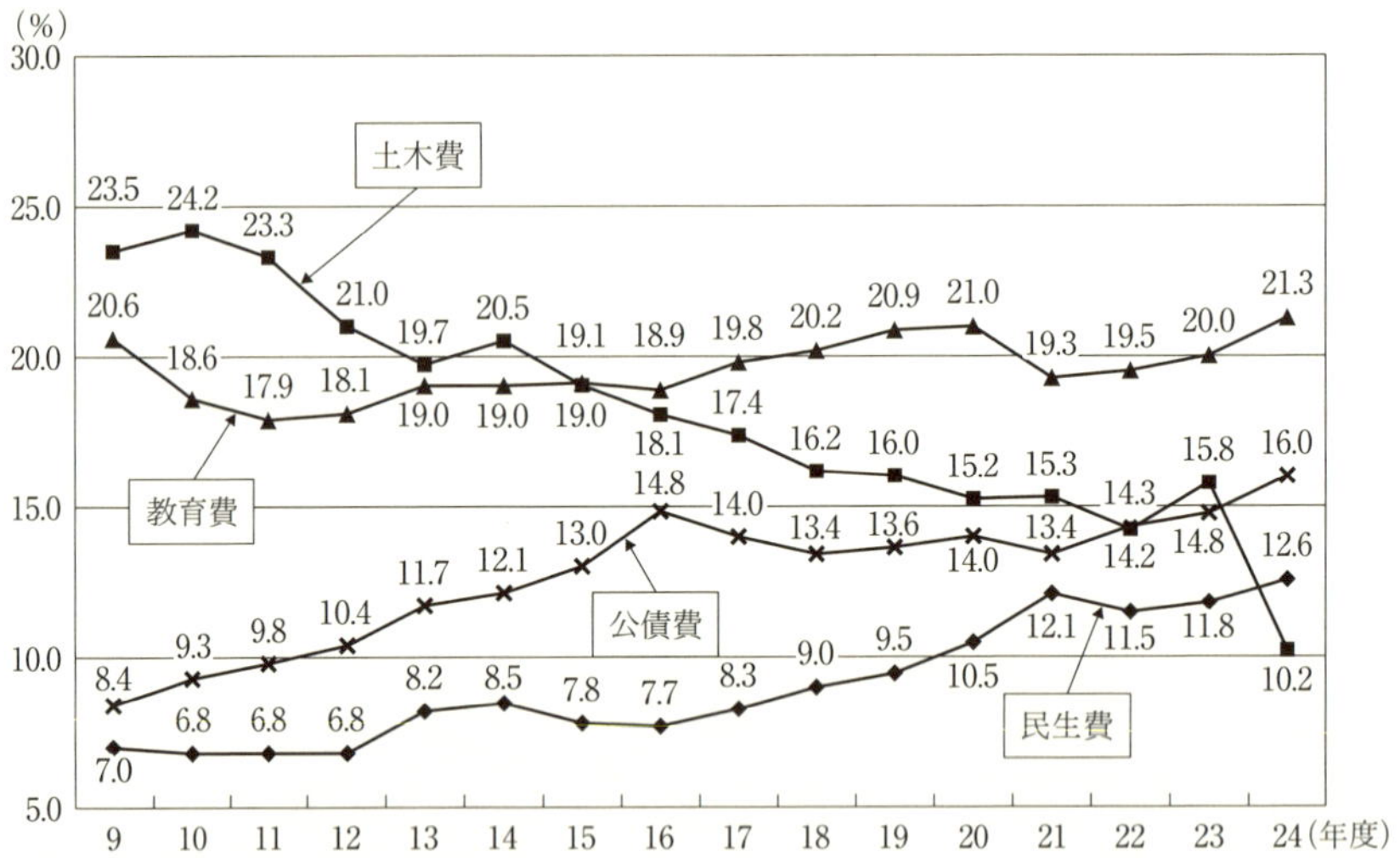

〔資料〕表5-8をもとに作成。

図5-3 土木費ほかの4つの経費が歳出に占める割合の推移（平成9-24年度）

費の低下傾向は顕著である。

次に、表5-8に戻って歳出総額の指数をご覧いただくと、この一六年間に八六となり、一四%も減少している。名目額であるが、金額では九年度には七、八九四億円であったが、二十四年度には六、七六八億円となり、名目額で一、一二六億円の減である。各費目の中で最も大きく縮小しているのは土木費で三七である。土木費は、金額でいうと九年度に一、八五七億円であったが、二十四年度には六九一億円となり、一、一六六億円も減少した。この金額は総額の減少額よりも多い。したがって、総額の減少に大きく影響を及ぼしたのは土木費の減少である。総額の指数の八六を超えて大きく伸びている経費を見ると、公債費の一六三、民生費の一五四である。

次に、県債について概観する。まず公債費の総計に占める割合は表5-8に示した。一般会計の歳出総額に占める公債費の割合は平成九年度の八・四%から二十四年度には一六・〇%と倍増して、財政の硬直化が進行している。

県債残高（一般会計）を見ると、九年度末現在高（平

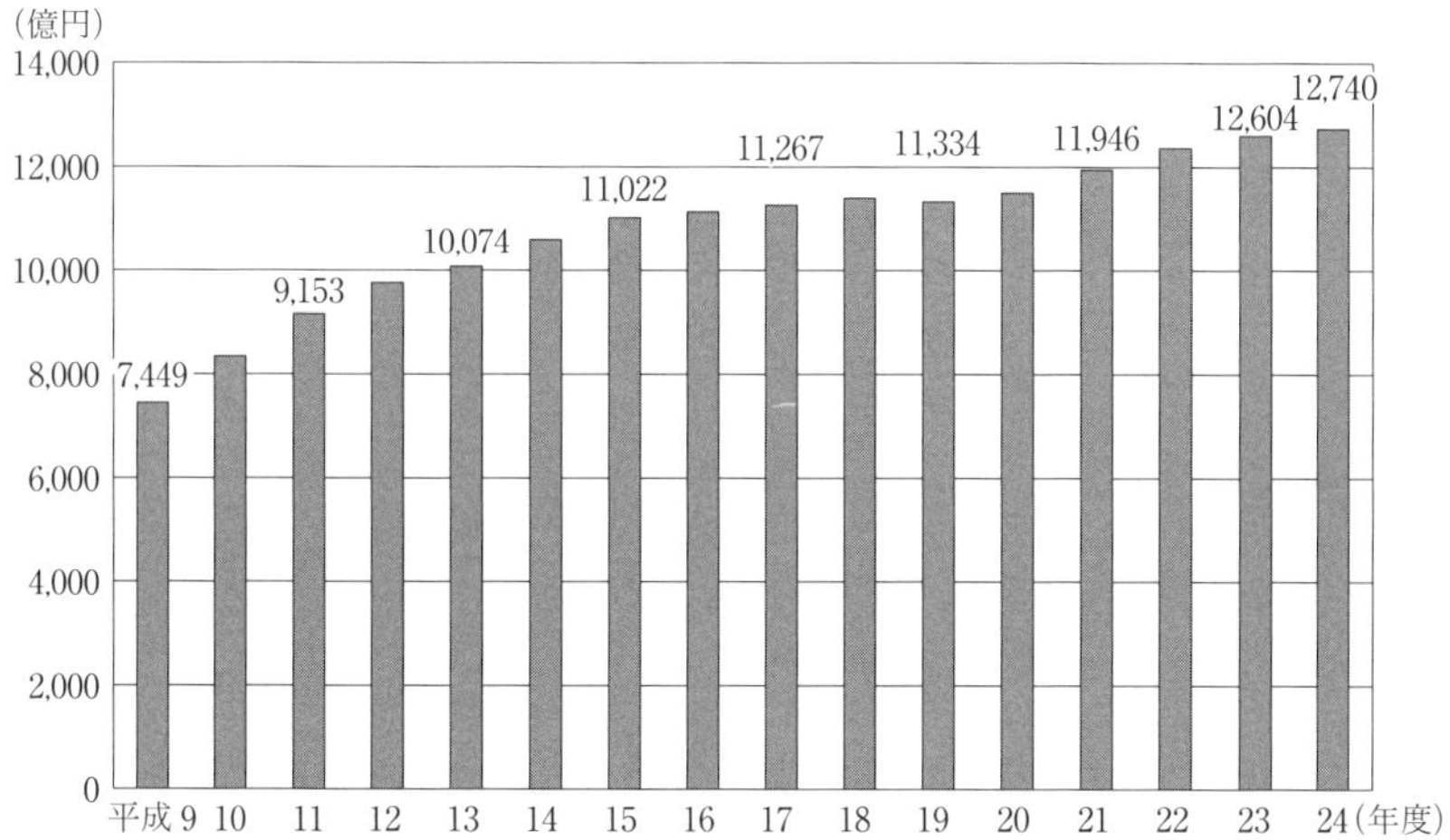

〔資料〕『山口県の財政』平成11年11月；同，平成12年11月；同，平成13年11月；同，平成14年11月；同，平成15年11月；同，平成16年11月；同，平成17年11月；同，平成18年11月；同，平成19年11月；同，平成20年11月；同，平成21年11月；同，平成22年11月；同，平成23年11月；同，平成24年11月；同，平成25年11月により作成。

図5-4　年度末県債残高の推移

成十一年九月三十日現在）では七、四四八億七、〇〇〇万円であったが、[154] 二十四年度末現在（平成二十五年十一月三十日現在）の県債現在高は一兆二、七三九億六、〇〇〇万円に達している。[155] この間の年度末県債残高（二年度毎）を億円単位で示すと図5-4のようである。今述べたように、平成九年度末の県債残高は七、四四九億円であったが、その後急速に増加し十三年度末には一兆円を超えて一兆七四億円に達した。すでに紹介したように、二井は、当初は県債の発行総額の抑制に努めるとしたが、残高が一兆円を超えると、十七年二月の県議会では一兆一、〇〇〇億円を超えることのないように努めるとする。しかし、二十一年度末をピークに県債残高を減少させるという目標の実現が困難になったので、平成二十二年二月の県議会では、すでに紹介したように、二井は「非常に残念」とし、それは県の努力だけではいかんともしがたく「やむを得ない」という。その後も県債の残高は漸増し、二十四年度末には一兆二、七四〇億円に達したのである。

次に、一般会計の年度末県債残高の区分を見ると表5-9のようである。ご覧のように、平成九年度末から十三年度末においては、普通債の残高は九三％程度であった。この頃にも、減税補てん債、臨時税収補てん債や十三年度に導入された臨時財政対策債があった。しかし、その割合は小さく、すでに紹介したように、二井は、それらは地方交付税措置がなされ、後年度負担が軽減される「良質な県債」と呼んだ。十四年度末から十六年度末においては普通債の残高の割合は九〇％を割り、十六年度末には八五・二％になった。そして、大きく伸びたのは臨時財政対策債の残高であり、同年度末には九・三％に達した。臨時財政対策債は、地方団体に対して国が交付すべき地方交付税の財源が不足したために、中央政府と地方団体が「折半ルールと呼ばれる考え方」[156]によって特例債を発行してその不足を埋め合わせようとしたものである。つまり、国は赤字国債を発行して財源を調達し、地方団体は何らかの借入金で当座の財源を調達する。そして、地方団体の公債の元利償還金は、将来の地方交付税で国が措置することにしたのである。[157]

臨時財政対策債は九年間続いたが、二十二年度においても単年度措置として存続された。[158]二井は、すでに紹介したが、二十一年二月の県議会において、臨時財政対策債を二六〇億円追加発行せざるを得なかったことについて「深く反省をいたしております」とのべた。二十四年度末の残高をご覧いただくと、普通債の残高の割合は急速に低下し、六四・八％になっている。他方、臨時財政対策債の残高の割合は急速に増加し、二十四年度末には二八・一％に達して、県債残高全体の三分の一に達するまでになった。すでに引用したが、藤井総合政策部長は、二十四年二月の県議会において、国が償還に責任を負うべきである臨時財政対策債が増大しても地方交付税によって適切に措置される限り「県民生活への影響は生じない」と断言した。しかし、二十三年二月の総務部財政課は「『収支所要財源』の措置に関する課題」において「臨時財政対策債を追加発行することにより、当面の財源確保は図れるが、県債残高が増嵩し、後年度の負担が生じる[159]」とする。したがって、財政課の判断によると、後

表5-9　一般会計における県債残高の区分の推移
（平成9・13・14・16・17・21・24年度末）

（100万円，％）

区分　　年度・金額・割合	9年度末		13年度末	
	金額	割合	金額	割合
普通債	694,915	93.3	937,797	93.1
災害復旧債	13,079	1.8	12,958	1.3
港湾整備事業債	22,176	3.0	18,880	1.9
過疎地域下水道代行事業債	379	0.1	1,198	0.1
特定資金公共事業債	—	—	193	0.0
借換債	—	—	6,146	0.6
減税補てん債	8,589	1.2	14,046	1.4
臨時税収補てん債	5,733	0.8	5,447	0.5
臨時財政対策債	—	—	10,743	1.1
計	744,871	100.0	1,007,407	100.0

区分　　年度・金額・割合	14年度末		16年度末	
	金額	割合	金額	割合
普通債	957,153	90.3	948,896	85.2
災害復旧債	11,457	1.1	9,621	0.9
港湾整備事業債	19,325	1.8	19,128	1.7
過疎地域下水道代行事業債	1,223	0.1	1,148	0.1
特定資金公共事業債	12,299	1.2	2,543	0.2
借換債	6,159	0.6	6,090	0.5
減収補てん債	14,958	1.4	17,649	1.6
臨時税収補てん債	5,155	0.5	4,553	0.4
臨時財政対策債	32,392	3.1	103,940	9.3
計	1,060,121	100.0	1,113,568	100.0

区分　　年度・金額・割合	17年度末	
	金額	割合
普通債	946,617	84.0
災害復旧債	10,399	0.9
港湾整備事業債	19,211	1.7
過疎地域下水道代行事業債	1,105	0.1
減税補てん債	18,691	1.7
臨時税収補てん債	4243	0.4
臨時財政対策債	126477	11.2
退職手当債	—	—
計	1,126,743	100.0

区分　　年度・金額・割合	21年度末		24年度末	
	金額	割合	金額	割合
普通債	905,613	76.9	825,703	64.8
災害復旧債	8,591	0.7	8,788	0.7
過疎地域下水道代行事業債	874	0.1	727	0.1
減税補てん債	16,265	1.6	12,287	1.0
臨時税収補てん債	2,940	0.2	1,892	0.1
臨時財政対策債	217,680	18.5	358,193	28.1
減収補てん債	19,056	1.4	23,774	1.9
退職手当債	23,535	2.0	42,591	3.3
計	1,194,554	100.0	1,273,956	100.0

〔注1〕金額は各年度末の現在高である。
〔注2〕金額は100万円未満を四捨五入したために各区分と計とは必ずしも合わない。
〔資料〕図5-4と同じである。

表 5-10　民生費の内訳の推移（平成 9・14・19・20・22・24 年度）

（100 万円，%）

平成 9 年度		14 年度		19 年度		20 年度		22 年度		24 年度		指数
金額	割合	金額	割合	金額	割合	金額	割合	金額	割合	金額	割合	
35,374	64.0	45,863	67.7	53,591	79.4	58,196	79.6	66,206	79.7	69,507	81.8	196
10,220	18.5	20,413	30.1	16,882	25.0	34,040	46.6	42,534	51.2	44,548	52.4	436
13,579	24.6	13,526	20.0	18,124	26.9	5,341	7.3	3,643	4.4	3,718	4.4	27
15,624	28.3	17,265	25.5	12,203	18.1	13,276	18.2	15,211	18.3	13,956	16.4	89
4,266	7.7	4,614	6.8	1,592	2.4	1,516	2.1	1,599	1.9	1,480	1.7	35
31	0.1	27	0.0	79	0.1	88	0.1	66	0.1	0	0.0	0
55,295	100.0	67,769	100.0	67,465	100.0	73,076	100.0	83,083	100.0	84,944	100.0	154

額である。

満を四捨五入したために項目と合計は必ずしも合わない。

が計算した。なお指数は平成 9 年度を 100 とする。

算書』各年度版。なお，3 目 老人福祉費と 6 目 福祉医療対策費は，『山口県歳入歳出決算に関する附属

年度負担という形で県民に対して何らかの影響が発生するということである。

　最後に、民生費について簡単に見る。表5-10をご覧いただきたい。先に指摘したように、民生費は公債費に次ぐ指数を示した。民生費は社会福祉費以下四項からなる。平成九年度の構成比を見ると、第一位は社会福祉費で六四・〇%、次いで児童福祉費の二八・三%、第三位は生活保護費の七・七%である。ところが、一六年間に社会福祉費は漸増して、この表には示していないが、十六年度に七〇・八%、二十一年度に八一・〇%、二十四年度に八一・八%に達している。したがって、今日の民生費のほとんどは社会福祉費である。そして、一六年間において最も伸びたのも社会福祉費で、一・九六倍である。

　社会福祉費の内訳を見ると、老人福祉費と福祉医療対策費が拮抗して、二つの大きな目をなしている。そのような状況は十九年度まで続くが、二十年度以降、福祉医療対策費は急減して民生費の中に占める割合も近年は四%程度になっている。他方、老人福祉費は、近年は民生費のほぼ半分を占めるようになった。老人福祉費が二十年度以降急増したのは、同年四月一日から後期高齢者医療制度が実施されたためである。(160) 同年度の予算において山口県

年度，金額，割合，増加指数 / 項目
社会福祉費
3目　老人福祉費
6目　福祉医療対策費
児童福祉費
生活保護費
災害救助費
合計

〔注1〕金額はすべて決算
〔注2〕金額は100万円未
〔注3〕割合と指数は筆者
〔資料〕『山口県歳入歳出決
書』各年度版，による。

は、皆増で後期高齢者医療対策費事業に一三四億五、三三一万円を計上した。(161) 同年度の決算を見ると、老人福祉費三四〇億四、〇〇〇万円のうち、三二六億七、九一六万円が負担金補助及び交付金である。(162) そして、表5-10が示すように、老人福祉費は平成九年度に比較して四・三六倍も増加した。

五　歳入構造の推移

歳入構造の推移を見る。まず表5-11をご覧いただきたい。この表は四年度間隔としたが、平成二十一年度と二十四年度は三ヶ年度となっている。そして、この間の歳入の款は1款の県税以下15款の県債までの一五である。これらの年度における総額に占める割合(%)を見ると、大きい割合は、県税、地方交付税、国庫支出金、県債の四つである。それらは、平成九年度を見ると、合計で七七・八%を占める。平成二十四年度では、それらの合計は、七三・四%である。

図5-5をご覧いただきたい。この図は、それらの四つの款の総額に占める割合を毎年度示したものである。ご覧のように、地方交付税は、二一・三%から二六・五%を占めてほとんどの年度において第一位の割合を占めていたが、十八年度から二十年度においては県税の割合が上回っている。平成十七年度、十八年度、十九年度の県税の収入額を見ると、一、六五三億円、一、七七五億円、二、一三〇億円へと増収になっている。前年度比で見ると、十八年度が七・四%、十九年度が二三・四%の増収である。『山口県の財政』は、両年度も同じ表現であるが、十九年度については「県税の増収については、景気の回復を背景に、輸送機器等の製造業を中心に企業収益が改

表 5-11　山口県一般会計歳入（平成 9・13・17・21・24 年度）(1,000 円，%)

	年度	平成 9	13	17	21	24
科目	金額，割合，指数	1997	2001	2005	2009	2012
県税	金額	162,431,299	169,074,297	165,321,075	153,356,666	147,055,823
	割合	20.4	20.1	21.5	20.2	21.5
	指数	100	104	102	94	91
地方消費税清算金	金額	6,971,469	27,643,717	27,322,290	25,818,613	25,423,852
	割合	0.9	3.3	3.6	3.4	3.7
	指数	100	397	392	370	365
地方譲与税	金額	5,415,464	2,557,560	11,815,903	10,793,527	20,830,987
	割合	0.7	0.3	1.5	1.4	3.0
	指数	100	47	218	199	385
地方特例交付金	金額	—	1,110,801	9,363,516	1,866,295	437,968
	割合	—	0.1	1.2	0.2	0.1
	指数	—	—	—	—	—
地方交付税	金額	178,856,657	216,942,356	181,573,157	162,022,187	176,123,750
	割合	22.4	25.8	23.7	21.3	25.7
	指数	100	121	102	91	98
交通安全対策特別交付金	金額	667,821	599,451	566,490	538,627	487,604
	割合	0.1	0.1	0.1	0.1	0.1
	指数	100	90	85	81	73
分担金および負担金	金額	13,019,060	12,162,549	7,489,497	5,892,522	4,944,213
	割合	1.6	1.4	1.0	0.8	0.7
	指数	100	93	58	45	38
使用料および手数料	金額	14,143,719	13,569,930	13,621,434	10,969,293	7,555,855
	割合	1.8	1.6	1.8	1.4	1.1
	指数	100	96	96	78	53
国庫支出金	金額	157,240,565	156,960,273	116,532,493	143,901,233	74,823,235
	割合	19.7	18.7	15.2	18.9	10.9
	指数	100	100	74	92	48
財産収入	金額	2,085,155	2,706,379	2,016,163	1,481,961	2,430,345
	割合	0.3	0.3	0.3	0.2	0.4
	指数	100	130	97	71	117
寄付金	金額	2,345,741	5,719,071	2,632,228	3,886,410	4,968
	割合	0.3	0.7	0.3	0.5	0.0
	指数	100	244	112	166	0
繰入金	金額	32,249,917	26,016,536	41,891,448	23,022,462	30,076,190
	割合	4.0	3.1	5.5	3.0	4.4
	指数	100	81	130	71	93

表 5-11（つづき）

（1,000 円，％）

	年度	平成 9	13	17	21	24
科目	金額，割合，指数	1997	2001	2005	2009	2012
繰越金	金額	9,603,690	11,372,868	12,643,591	8,834,631	8,350,457
	割合	1.2	1.4	1.6	1.2	1.2
	指数	100	118	132	92	87
諸収入	金額	90,189,118	91,787,053	76,376,399	82,906,671	81,828,398
	割合	11.3	10.9	9.9	10.9	11.9
	指数	100	102	85	92	91
県債	金額	122,123,200	101,403,660	98,141,520	125,583,159	104,916,000
	割合	15.3	12.1	12.8	16.5	15.3
	指数	100	83	80	103	86
総額	金額	797,342,875	839,626,501	767,307,204	760,874,257	685,289,645
	割合	100.0	100.0	100.0	100.0	100.0
	指数	100	105	96	95	86

〔注 1〕すべて決算額である。
〔注 2〕1,000 円未満を四捨五入したので総額は必ずしも合わない。
〔注 3〕指数は平成 9 年度を 100 とする。
〔資料〕『山口県の財政』平成 10 年 11 月，23 頁；同，平成 14 年 11 月，17 頁；同，平成 18 年 11 月，16 頁；同，平成 22 年 11 月，7 頁；同，平成 25 年 11 月，7 頁。

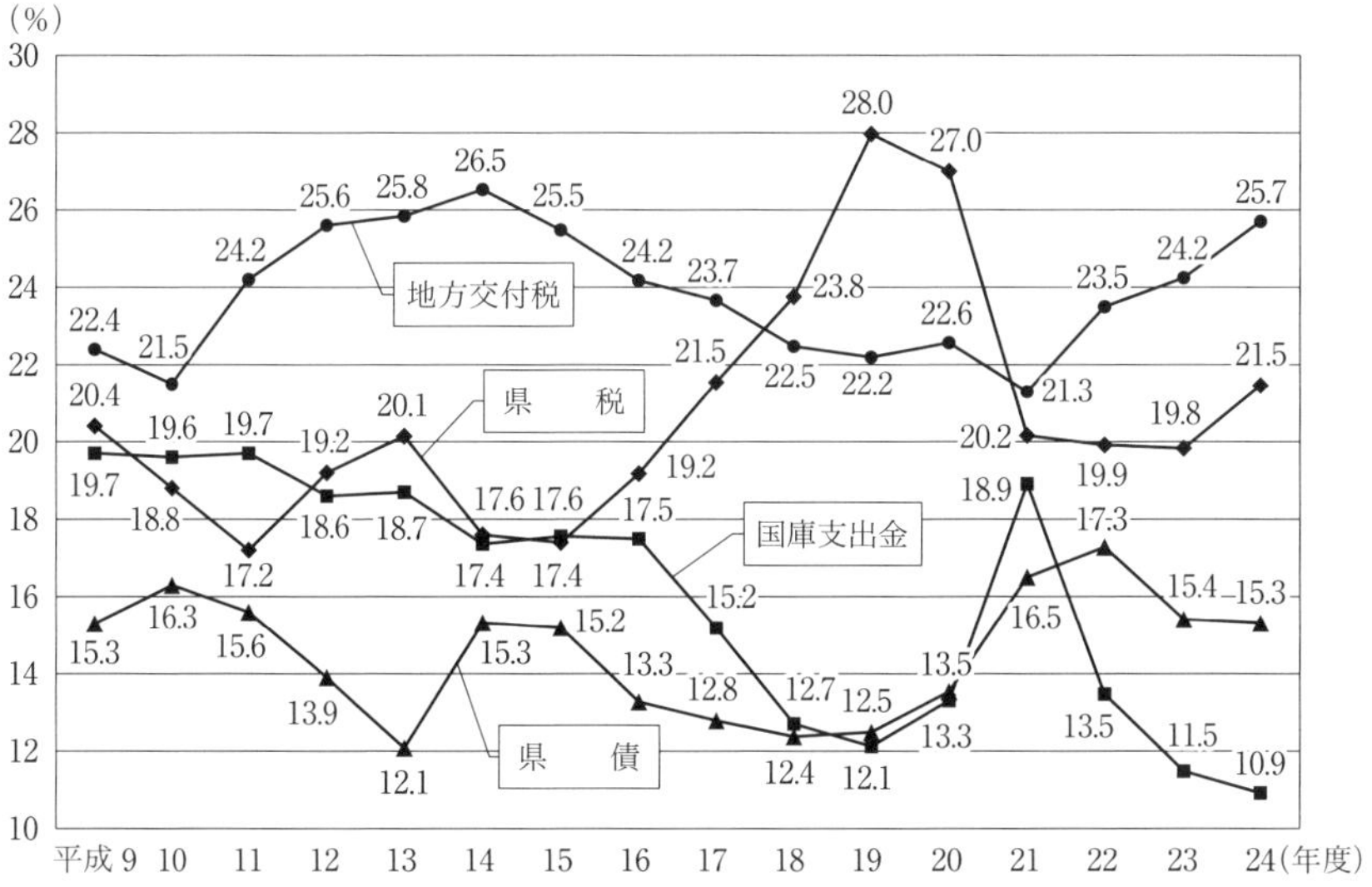

〔資料〕表 5-11 より作成。

図 5-5　県税・地方交付税・国庫支出金・県債の割合の推移（平成 9-24 年度）

推移（平成 9・13・17・21・24 年度）

（1,000 円，％）

		21			24		
税額	割合	項・目	税額	割合	項・目	税額	割合
34,642,459	21.0	1　県民税	53,886,534	35.1	1　県民税	52,162,684	36.2
23,180,107	14.0	1 個人	46,170,960	30.1	1 個人	44,185,124	30.7
9,708,189	5.9	2 法人	6,290,693	4.1	2 法人	7,028,746	4.9
1,754,164	1.1	3 利子割	1,404,881	0.9	3 利子割	948,814	0.7
51,745,145	31.3	2　事業税	28,746,571	18.7	2　事業税	22,664,217	15.7
1,734,182	1.0	1 個人	1,483,120	1.0	1 個人	1,295,024	0.9
50,010,963	30.3	2 法人	27,263,450	17.8	2 法人	21,369,194	14.8
28,349,575	17.1	3　地方消費税	28,469,096	18.6	3　地方消費税	31,543,793	21.9
3,690,000	2.2	4　不動産取得税	3,008,281	2.0	4　不動産取得税	2,459,398	1.7
2,891,249	1.7	5　県たばこ税	2,576,487	1.7	5　県たばこ税	2,994,896	2.1
730,243	0.4	6　ゴルフ場利用税	694,951	0.5	6　ゴルフ場利用税	608,215	0.4
20,389,274	12.3	7　自動車取得税	2,754,792	1.8	7　自動車取得税	2,465,830	1.7
10,538	0.0	8　軽油引取税	12,326,518	8.0	8　軽油引取税	13,399,122	9.3
142,448,484	86.2	9　自動車税	19,232,880	12.5	9　自動車税	18,474,551	12.8
5,229,796	3.2	10　鉱区税	10,050	0.0	10　鉱区税	8,414	0.0
17,347,912	10.5	16　狩猟税	37,388	0.0	16　狩猟税	35,438	0.0
51,337	0.0	17　産業廃棄物税	214,489	0.1	17　産業廃棄物税	239,265	0.2
242,880	0.1	18　旧法による税	1,398,628	0.9	計	147,055,823	100.0
22,871,925	13.8	計	153,356,665	100.0			
666	0.0						
165,321,075	100.0						

税は平成 16 年度以降，狩猟税に統合される。平成 17 年度の産業廃棄物税は平成 16 年度に制定される。
頁；平成 21 年度と 24 年度は，『山口県歳入歳出に関する附属書』平成 21 年度；平成 24 年度による。

表 5-12　県税の内訳の

税目＼年度，税額，割合（%）	平成 9		13			17
	税額	割合	税目	税額	割合	税目
1　県民税	41,217,941	25.4	1　県民税	47,747,539	28.3	1　県民税
（1）個人	27,743,922	17.1	（1）個人	22,994,340	13.6	（1）個人
（2）法人	9,290,176	5.7	（2）法人	7,734,732	4.6	（2）法人
（3）利子割	4,183,843	2.6	（3）利子割	19,018,464	10.1	（3）利子割
2　事業税	52,622,225	32.4	2　事業税	40,582,723	24.0	2　事業税
（1）個人	2,572,941	1.6	（1）個人	2,028,663	1.2	（1）個人
（2）法人	50,049,284	30.8	（2）法人	38,554,060	22.8	（2）法人
3　地方消費税	9,075,830	5.6	3　地方消費税	27,294,470	16.2	3　地方消費税
4　不動産取得税	5,875,373	3.6	4　不動産取得税	4,425,490	2.6	4　不動産取得税
5　県たばこ税	2,655,985	1.6	5　県たばこ税	2,920,842	1.7	5　県たばこ税
6　ゴルフ場利用税	1,444,124	0.9	6　ゴルフ場利用税	1,107,522	0.7	6　ゴルフ場利用税
7　特別地方消費税	1,150,289	0.7	7　自動車税	20,609,392	12.2	7　自動車税
8　自動車税	20,032,134	12.3	8　鉱区税	12,122	0.0	8　鉱区税
9　鉱区税	14,182	0.0	9　狩猟者登録税	29,534	0.0	普通税　計
10　狩猟者登録税	32,896	0.0	普通税　計	144,729,631	85.7	9　自動車取得税
普通税　計	134,120,979	82.6	10　自動車取得税	5,468,538	3.2	10　軽油引取税
11　自動車取得税	7,040,089	4.3	11　軽油引取税	18,843,636	11.1	11　狩猟税
12　軽油引取税	21,246,604	13.1	12　入猟税	21,902	0.0	12　産業廃棄物税
13　入猟税	23,605	0.0	目的税　計	24,334,076	14.3	目的税　計
目的税　計	28,310,298	17.4	14　旧法による税	10,590	0.0	13　旧法による税
14　旧法による税	22	0.0	計	169,074,297	100.0	計
計	162,431,299	100.0				

〔注 1〕すべて決算額である。
〔注 2〕平成 21 年度と 24 年度は，1,000 円未満を四捨五入したので，総額は必ずしも合わない。
〔注 3〕平成 9 年度の地方特別消費税は平成 12 年度以降廃止される。平成 13 年度の狩猟者登録税と入猟
〔資料〕『山口県の財政』平成 10 年 11 月，25 頁；同，平成 14 年 11 月，19 頁；同，平成 18 年 11 月，18
附属書のいちいちの頁は省略する。

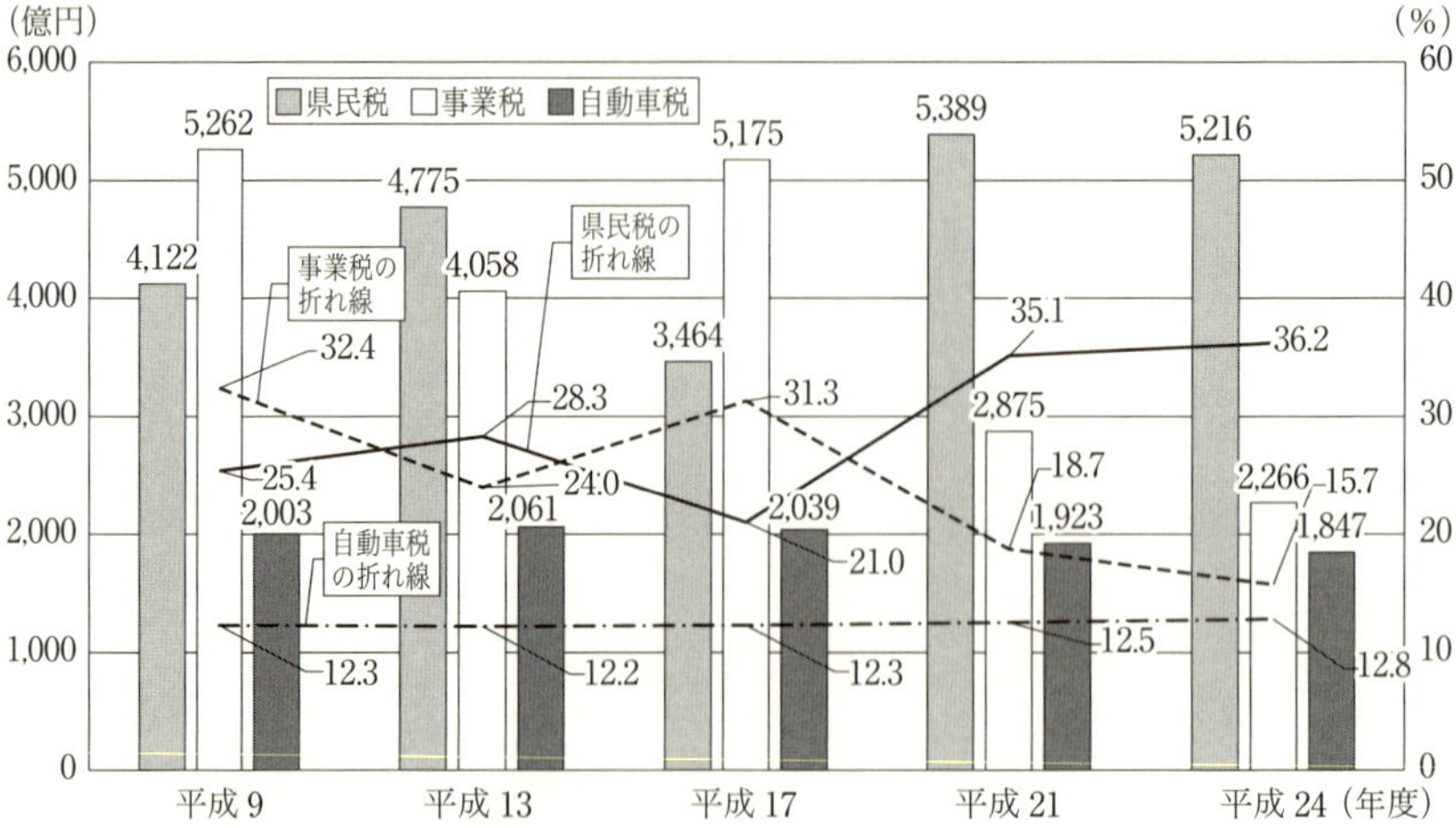

〔資料〕表5-12より作成。

図5-6 県民税，事業税，自動車税の税額と県税に占める割合の推移（平成3-24年度）

善したことに伴う法人二税の増収、税源移譲等による所得割等の個人県民税の増収、輸入額の増加に伴う地方消費税の増収等によるものです[163]」という。

表5-12をご覧いただきたい。これは県税の内訳を示したものである。県税の中で比較的大きな割合を占めるのは、県民税、事業税、自動車税である。これらの三つの税で、例えば平成二十四年度の場合には、県税の七割から六割以上を占める。

次に図5-6をご覧いただきたい。これは、表5-12から県税に占める割合の大きい県民税、事業税、自動車税の三つを選んで税額と県税収入に占める割合の推移を示した図である。まず、自動車税は、ご覧のように、税額、割合ともにこの間にほとんど変化がない。税額と割合に変化があるのは、県民税と事業税である。二十一年度と二十四年度においては、事業税が県民税の半分程度に減少しているのが分かる。

それを数値で検証する。表5-13をご覧いただきたい。十七年度を基準にすると、県民税の個人は二十一年度ではほとんど変わりなく、二十四年度に一割程度減収となって

表 5-13　県民税と事業税の増減率の推移（平成 17・21・24 年度）

(1,000 円)

年度と増減率	平成 17 年度	21 年度	24 年度	17 年度を基準とする 21 年度の増減率	17 年度を基準とする 24 年度の増減率
税額と %	税額	税額	税額	%	%
県民税	34,642,459	53,886,534	52,162,684	55.6	50.6
1. 個人	23,180,107	46,170,960	44,185,124	99.2	90.6
2. 法人	9,708,189	6,290,693	7,028,746	-35.2	-27.6
3. 利子割	1,754,164	1,424,881	948,814	-18.8	-45.9
事業税	51,745,145	28,746,571	22,664,217	-44.4	-56.2
1. 個人	1,734,182	1,483,120	1,295,024	-14.5	-25.3
2. 法人	50,010,963	27,263,450	21,369,194	-45.5	-57.3

〔注〕原資料の金額を四捨五入した。
〔資料〕平成 17 年度は，『山口県の財政』平成 18 年 11 月，18 頁；21 年度と 24 年度の税額は，『平成 21 年度／山口県歳入歳出決算に関する附属書』，『平成 24 年度／山口県歳入歳出決算に関する附属書』による。なお，『附属書』のいちいちの頁は省略する。

いる。法人の県民税は、二十一年度には三五・二%減収となり、二十四年度には二七・六%減収となっている。他方、大きく減収となったのは事業税の法人分である。それは、二十一年度には四五・五%、二十四年度には五七・三%も減収となっている。その状況について『山口県の財政』はまったく触れていないので、少し補足する。国際的に見ると、平成二十（二〇〇八）年九月にアメリカでリーマン・ショックが発生し、日本における平成二十一年七月の失業率は五・七%になり、過去最高を記録した。[164] さらに、平成二十三年三月に東日本大震災が発生した。平成二十一年から二十四年は民主党政権下であり、日本経済は大震災と円高の影響で低迷した。そのような状況が山口県の企業にも影響を与え、事業税収入が大幅に減少したのであろう。[165]

次は地方交付税交付金である。表5-14をご覧いただきたい。二井県政下の交付税の総額は、右端の指数が示すように、この間にほとんど変わりがない。このことは、図5-5をご覧いただくと分かるように、歳入に占める地方交付税の割合は十四年度の二六・五%が最高であり、二十一年度の二一・三%が最低である。表5-15に示されている、財政力指数を見てもほとんど変化がない。同表をご覧いただくと、全国的に見ても山口県の財政力指数は二

表 5-14　山口県の地方交付税の推移（平成 9・13・17・21・24 年度）

（1,000 円）

年度	平成 9	13	17	21	24	平成 9 年度の金額を 100 とする指数
項目	金額	金額	金額	金額	金額	
交付税決定総額	178,856,657	216,942,356	181,573,157	162,022,187	176,123,750	98
特別交付税	4,031,830	4,237,482	3,064,126	2,779,890	2,766,871	69
震災復興特別交付税 1)	—	—	—	—	130,111	—
普通交付税（C－D）	174,824,827	212,704,874	178,509,031	159,242,297	173,226,768	99
基準財政需要額（A）	314,653,824	334,642,041	301,780,420	282,184,436	289,777,545	92
基準財政収入額（B）	139,545,406	121,689,302	123,271,389	122,688,370	116,550,777	84
交付基準額（A－B）（C）	175,108,418	212,952,739	178,509,031	159,496,066	173,226,768	99
調整額（D）	282,591	247,865	—	253769	—	—
財政力指数（単年度）	0.44	0.36	0.41	0.43	0.40	—

〔資料〕『山口県統計年鑑』平成 16 年刊，259 頁；同左，平成 20 年刊，253 頁；平成 26 年刊，257 頁。

〇位の中頃であり、都道府県のほぼ中位である。図5-7は、表5-15を使って線形近似を描いたものである。ご覧のように、財政力指数は、傾向的にはほとんど変化がないが、やや右上がりであることが確認できる。

表5-16をご覧いただきたい。前章でも述べたが、都道府県間の財政調整がどのように行われているかを示す指標となるのが一般財源の人口一人当たり額である。山口県において地方税が歳入に占める割合は、一八・〇%から二〇・三%であり、大きな開きはない。それに地方交付税が交付されて、一般財源が歳入に占める割合は、四二・七%から五〇・一%であり、地方交付税によって一定の財源調整が行われているといえよう。注目すべきは、財政力指数による都道府県のグループ区分である。平成九年度では山口県はCグループであったが、十三年度と十七年度にはDグループとなり、二十一年度には再びCグループに復帰した。しかし、二十四年度には再びDグループに転落している。周知のように、グループの分類は、財政力指数に従っている。Cグループは、財政力指数が〇・四から〇・五の団体であり、Dグループは、財政力指数が〇・三から〇・四の団体である。そこで、山口県の財政力指数の推移を示す、先に掲げた図5-7をご覧いただきたい。この図

表 5-15　山口県の財政力指数と順位の推移（平成 9-24 年度）

年度	平成 9	10	11	12	13	14	15	16
山口県の財政力指数	0.432	0.438	0.411	0.378	0.354	0.351	0.349	0.344
順位	26	24	24	24	25	25	26	27
年度	17	18	19	20	21	22	23	24
山口県の財政力指数	0.365	0.409	0.454	0.480	0.469	0.437	0.406	0.395
順位	26	25	24	24	24	25	25	25

〔注〕財政力指数は，過去 3 ヶ年度の平均値によっている。
〔資料〕平成 9 年度から 13 年度までの財政力指数は，総務省統計局編集・発行『統計でみる県のすがた』2000-2004，14 年度以降は，同『統計でみる都道府県のすがた』2005-2015，による。なお，いちいちのページ数は省略した。

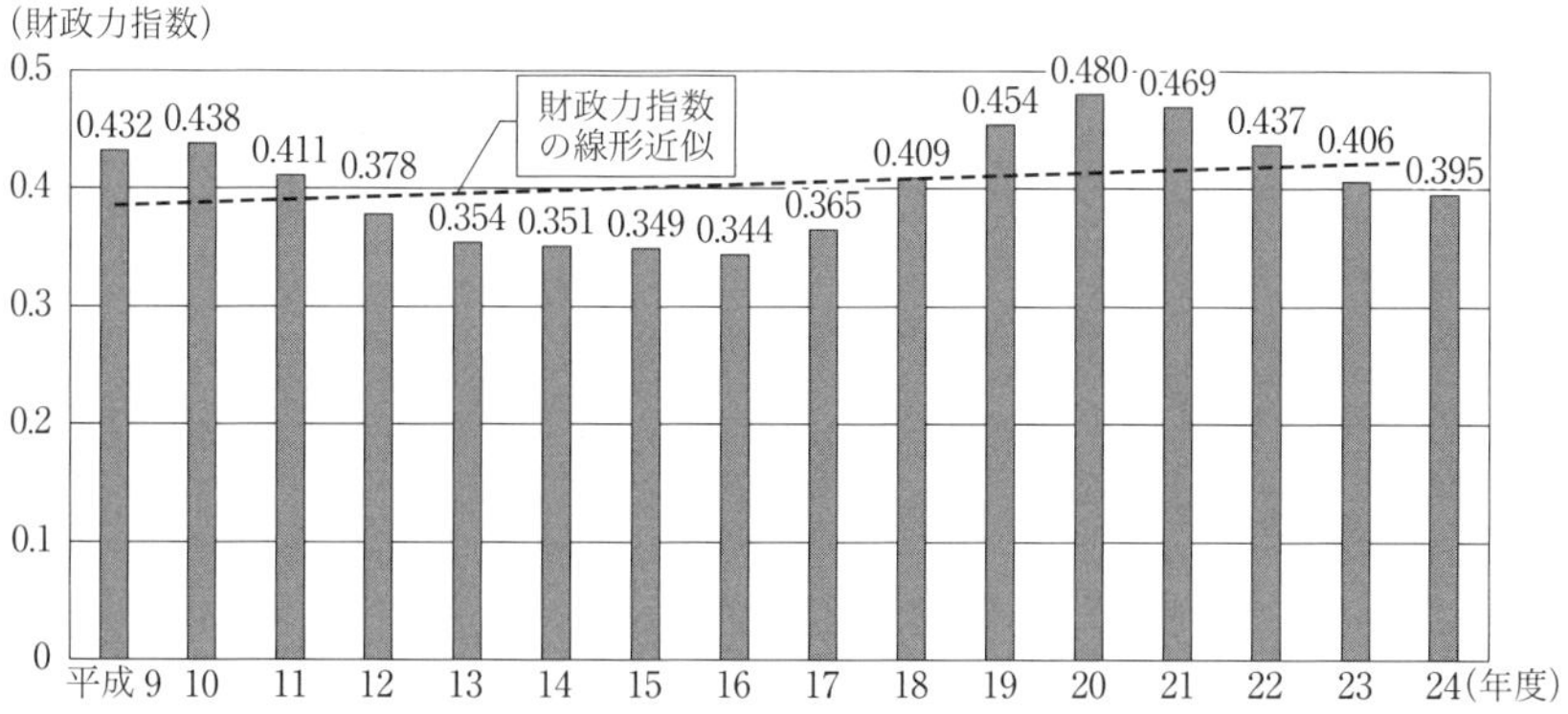

〔資料〕表 5-15 をもとに作成。

図 5-7　山口県の財政力指数の推移（平成 9-24 年度）

表 5-16　山口県における一般財源の人口 1 人当たり額の推移
（平成 9・13・17・21・24 年度）

（円，%）

年度	一般財源		地方税		地方交付税		グループ
	人口 1 人当たり額	歳入構成比	人口 1 人当たり額	歳入構成比	人口 1 人当たり額	歳入構成比	
平成 9	216,914	42.9	97,546	19.3	115,860	22.9	C
13	237,660	46.0	92,778	18.0	142,473	27.6	D
17	232,363	48.5	97,104	20.3	121,129	25.3	D
21	209,154	42.7	89,858	18.3	110,650	22.6	C
24	222,577	50.1	86,209	19.4	121,675	27.4	D

〔資料〕『地方財政白書』平成 11 年版，304 頁；同，平成 15 年版，資 65 頁；同，平成 19 年版，資 40 頁；同，平成 23 年版，資 38 頁；同，平成 26 年版，資 38 頁。

を見ると、山口県の財政力指数の推移が一目瞭然である。〇・三から〇・四の間はグループDであり、〇・四から〇・五はCグループである。山口県は、平成九年度から二十四年度において、DグループとCグループの間を行きつ戻りつしたのである。

次は国庫支出金である。国庫支出金の内容と仕組みついては、前章の「四　歳入構造の推移」において説明済みであるので、そこをご覧いただきたい。ここでは、二井県政下の国庫支出金の構造と推移について説明する。まず、表5-17をご覧いただきたい。すでに説明したように、国庫支出金は国庫負担金と国庫補助金に分かれが、前者において大きな割合を占めるのは10項の教育費国庫負担金であり、国庫補助金で大きな割合を占めるのは、6項の農林水産業国庫補助金と8項の土木費国庫補助金であり、それらを合せると三八・三%から五二・六%を占める。教育費国庫負担金の小学校教職員費と中学校教職員費の推移を図で示すと、図5-8のとおりである。国庫負担金はこの間に減少傾向である。また、教育費国庫負担金も減少傾向であるが、その中の小学校教職員費と中学校教職員費の合計を見ると平成九年度の三五二億七〇〇〇万円から二十四年度には一九〇億一、一〇〇万円へ四六%も減少している。この原因を分析するいとまはないが、生徒数の減少が関係していることは明らかであろう。国庫補助金は、表5-17から明らかなように平成九年度の九八五億五、三〇〇万円から二十四年度の四一七億四、八〇〇万円へとなり、平成九年度を一〇〇とすると四二となっている。つまり、五八%も減少しているのである。

県債収入について一言述べる。県債残高については、前節で見たように、十三年度末には一兆円を超えて一兆七四億円に達したが、その後も漸増して二十四年度末には一兆二、七四〇億円に達した。二井県政下の県債収入は表5-11に示したとおりであり、一二・一%から一六・五%を占めた。『山口県の財政』によると、平成九年度の県債の増加は「臨時税収補てん債等の起債額が増加したこと」(166)によるという。二十一年度の県債については、

表 5-17　国庫支出金の内訳の推移（平成 9・17・24 年度）

（1,000 円，%）

年度 / 款・項・目	平成 9 収入済額	割合	17 収入済額	割合	24 収入済額	割合	指数
9 国庫支出金	157,240,565	100.0	116,532,493	100.0	74,823,235	100.0	48
1 国庫負担金	57,217,135	36.4	39,716,046	34.1	31,194,583	41.7	55
2 総務費国庫負担金	—	—	—	—	136,598	0.2	—
3 民生費国庫負担金	7,913,875	5.0	4,279,163	3.7	2,137,911	2.9	27
4 衛生費国庫負担金	2,409,837	1.5	2,044,227	1.8	2,999,438	4.0	124
6 農林水産業国庫負担金	2,067,968	1.3	1,163,386	1.0	540,429	0.7	26
10 教育費国庫負担金	41,254,482	26.2	28,095,991	24.1	24,540,096	32.8	59
11 災害復旧費国庫負担金	3,570,973	2.3	4,133,280	3.5	840,111	1.1	24
2 国庫補助金	98,553,139	62.7	74,170,583	63.6	41,747,512	55.8	42
1 議会費国庫補助金	—	—	—	—	—	—	—
2 総務費国庫補助金	657,278	0.4	483,781	0.4	462,873	0.6	70
3 民生費国庫補助金	4,949,690	3.1	2,969,054	2.5	3,291,644	4.4	67
4 衛生費国庫補助金	2,741,643	1.7	2,627,440	2.3	1,955,600	2.6	71
5 労働費国庫補助金	314,695	0.2	369,371	0.3	2,654,553	3.5	844
6 農林水産業費国庫補助金	30,400,036	19.3	22,270,006	19.1	10,166,087	13.6	33
7 商工費国庫補助金	2,547,849	1.6	996,411	0.9	2,203,935	2.9	87
8 土木費国庫補助金	52,358,526	33.3	38,666,618	33.2	18,504,641	24.7	35
9 警察費国庫補助金	881,963	0.6	710,502	0.6	707,402	0.9	80
10 教育費国庫補助金	1,820,074	1.2	1,520,142	1.3	1,558,240	2.1	86
11 災害復旧費国庫補助金	1,742,765	1.1	1,014,126	0.9	242,537	0.3	14
12 公債費国庫補助金	138,622	0.1	2,543,132	2.2	—	—	—
3 委託金	1,470,291	0.9	2,645,864	2.3	1,881,140	2.5	128

〔注 1〕金額は 1,000 円未満を四捨五入したために，計が合わない款・項がある。また，割合は小数点第 2 位を四捨五入したために，合計が 100.0%にならない年度がある。
〔注 2〕指数は，平成 9 年度の収入済額を 100 とする平成 24 年度の指数である。
〔注 3〕欠番は附属書に記載がない。
〔資料〕『山口県歳入歳出に関する附属書』各年度版。なお，いちいちの頁は省略した。

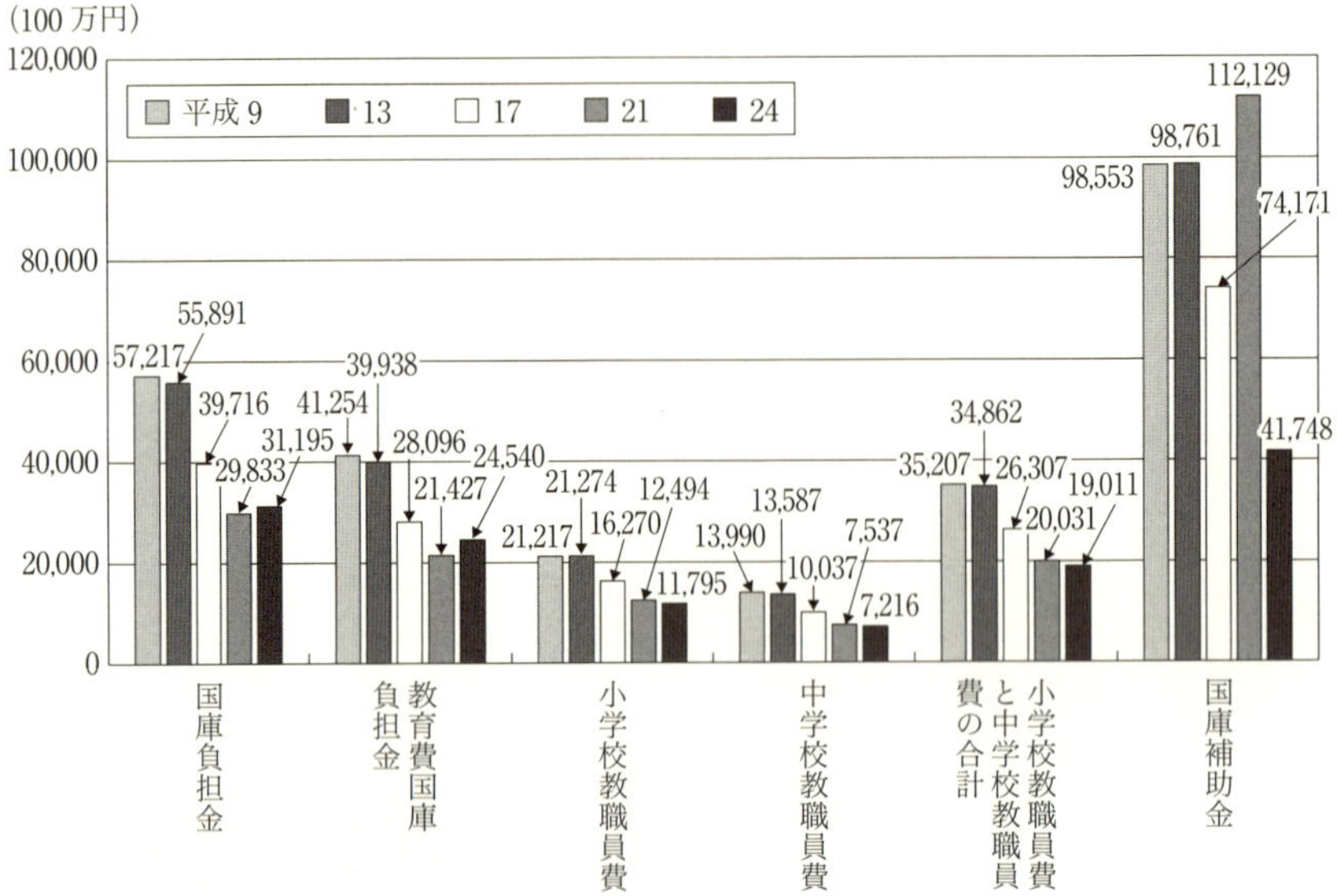

〔資料〕表5-17をもとに作成。

図5-8　山口県の国庫負担金・教育費国庫負担金・小学校・中学校教職員費・国庫補助金の推移（平成9・13・17・21・24年度）

「臨時財政対策債の増加等により、前年度決算と比べ、三一・五％増の一、二五五億八、三一五万九、〇〇〇円となりました」[167]という。

他方、十七年度の県債の減小については「公共事業の減等により、県債の新規発行が減少したことによるものです」[168]という。なお、平成十三年度以降の県債歳入の内訳を見ると表5-18の通りである。ご覧のように、平成十三年度は土木債が七〇・二％で、県債収入の大部分であったが、年度を追うごとに臨時財政対策債の割合が増加し、二十四年度にはそれは四八・七％となり、ほぼ半分となった。

表5-19をご覧いただきたい。この表は、対歳出決算額に対する山口県の地方債現在高（普通会計債）の割合を示したものである。平成九年度から二十四年度までを見ると、地方債現在高の割合は、平成九年度の九五・四％から漸増して、平成二十四年度には一九八・六％へとほぼ倍増し、全国の都道府県に

占める順位も平成九年度の三八位から二十四年度の二二位へと都道府県の中位以上に上昇している。つまり、全国の都道府県の中でも、山口県はだんだんと多くの県債を抱える県になっていったのである。

表 5-18　山口県の県債歳入の内訳（平成 13・17・21・24 年度）

（1,000 円，%）

目	平成 13 年度		17 年度	
	金額	割合	金額	割合
2 総務債	2,572,000	2.5	3,021,000	3.1
3 民生債	441,000	0.4	95,520	0.1
4 衛生債	39,950	0.0	0	0.0
5 労働債	10,172,630	10.0	3,000	0.0
6 農林水産債	171,000	0.2	9,928,000	10.1
7 土木債	71,216,080	70.2	54,177,000	55.2
9 警察債	182,000	0.2	460,000	0.5
10 教育債	1,667,000	1.6	2,753,000	2.8
11 災害復旧債	1,011,000	1.0	2,358,000	2.4
15 借換債	1,136,000	1.1	—	—
18 臨時財政対策債	10,743,000	10.6	23,101,000	23.5
19 減収補てん債	2,052,000	2.0	2,245,000	2.3
15 款　県債計	101,403,660	100.0	98,141,520	100.0

目	21 年度		24 年度	
	金額	割合	金額	割合
2 総務債	6,178,900	4.9	1,253,200	1.2
3 民生債	201,500	0.2	806,300	0.8
4 衛生債	20,800	0.0	20,800	0.0
5 労働債	43,800	0.0	4,000	0.0
6 農林水産債	5,572,200	4.4	4,901,900	4.7
7 土木債	49,601,559	39.5	33,128,000	31.6
9 警察債	2,730,400	2.2	1,724,300	1.6
10 教育債	3,922,000	3.1	7,438,400	7.1
11 災害復旧債	1,135,500	0.9	574,200	0.5
18 臨時財政対策債	46,120,500	36.7	51,137,900	48.7
19 減収補てん債	10,056,000	8.0	3,927,000	3.7
15 款　県債計	125,583,159	100.0	104,916,000	100.0

〔注〕欠番は附属書に記載がない。

〔資料〕『平成 13 年度／山口県歳入歳出に関する附属書』；同，平成 17 年度；同，平成 21 年度；同，平成 24 年度。1,000 円未満は四捨五入した。なお，いちいちのページ数は省略した。

表 5-19　山口県の地方債現在高の割合と順位の推移（平成 9-24 年度）

（%）

年度	平成 9	10	11	12	13	14	15	16
地方債現在高の割合（対歳出決算額）	95.4	99.9	106.7	113.7	125.9	136	145.2	149.5
山口県の順位	38	38	40	38	33	35	37	37

年度	17	18	19	20	21	22	23	24
地方債現在高の割合（対歳出決算額）	154.2	160.1	166.7	174.3	167.7	179.4	180.9	198.6
山口県の順位	36	36	35	30	30	33	32	22

〔注〕地方債現在高は普通会計債である。

〔資料〕平成 9 年度から平成 13 年度までは，総務省統計局編集・発行『統計でみる県のすがた』2000-2004，平成 14 年度から 24 年度までは，同『統計でみる都道府県のすがた』2005-2015，による。なお，いちいちの頁は省略した。

六　一般会計における財政収支・監査意見書ならびに財政事情の公表

一般会計における二井県政下の財政収支を見ると、表5-20のようである。歳入から歳出を差し引いた形式収支は最大が平成十三年度の一四八億一、一四七万五、〇〇〇円であったが、平成十九年度には六六億一、九四五万七、〇〇〇円となり、大きく減少した。形式収支は、傾向的には減少傾向であろう。そこで、前章でも述べたが、「地方公共団体の財政運営の良否を判断する重要なポイント」といわれる実質収支額の推移を見ると、図5-9のようである。実質収支額は、年度によってかなりでこぼことなり、その傾向を判断するのは難しい。そこで、線形近似のラインを引くと、ご覧のように、二井県政下では緩やかに右肩上がりに推移しているといえるであろう。なお、表5-20の単年度収支(G)を見ると、赤字の年度が七ヶ年度ある。

次に、平成九年度から二十四年度までの二井県政下(169)の監査委員会審査意見書について、ごく簡単に紹介する(170)。審査意見書において、三つの特徴を挙げると、第一は、意見書は、一六年間を通じて財政の硬直化を常に指摘していることである。九年度の審査意見書は、「財政構造の弾力性の指標である経常収支比率は八六・六%（前年度八一・〇%）、公債費負担比率は一五・四%

表 5-20　山口県一般会計における財政収支の推移
（平成 9-24 年度）

（1,000 円）

年度	歳入（A）	歳出（B）	歳入歳出差引（形式収支）（A－B）（C）	翌年度繰越財源充当額（D）	実質収支（C－D）（E）	前年度実質収支（F）	単年度収支（E－F）（G）
平成 9	797,342,875	789,413,658	7,929,217	5,683,164	2,246,053	2,649,467	△403,414
10	875,440,975	864,371,047	11,069,928	7,738,966	3,330,962	2,246,053	1,084,909
11	897,990,955	885,118,155	12,872,800	8,027,952	4,844,848	3,330,961	1,513,887
12	895,205,915	883,833,047	11,372,868	8,158,099	3,214,769	4,844,848	△1630,079
13	839,626,501	824,815,026	14,811,475	10,928,630	3,882,845	3,214,769	668,076
14	813,892,174	800,319,100	13,573,074	8,810,971	4,762,103	3,882,845	879,258
15	793,548,776	780,090,474	13,458,302	8,908,031	4,550,271	4,762,103	△211,832
16	791,070,832	778,427,241	12,643,591	7,888,723	4,754,868	4,550,271	204,597
17	767,307,204	755,435,523	11,871,681	7,205,620	4,666,060	4,754,868	△88,807
18	747,087,427	738,657,964	8,429,463	4,850,323	3,578,140	4,666,060	△1,086,920
19	719,682,252	713,062,795	6,619,457	4,146,784	2,472,673	3,579,140	△1,106,467
20	705,446,841	696,612,210	8,834,631	5,418,269	3,416,362	2,472,673	943,689
21	760,874,257	747,629,913	13,244,344	8,887,026	4,357,318	3,416,362	940,956
22	734,188,713	723,296,194	10,892,519	6,031,418	4,861,101	4,357,318	503,783
23	739,018,154	730,667,697	8,350,457	3,845,290	4,505,167	4,861,101	△355,934
24	685,289,645	676,777,507	8,521,138	5,126,397	3,385,741	4,505,167	△1,119,426

〔資料〕『山口県の財政』9 年 11 月，18 頁；同書，11 年 11 月，15 頁；同書，13 年 11 月，15 頁；同書，15 年 11 月，15 頁；同書，17 年 11 月，15 頁；19 年 11 月，15 頁；同書，21 年 11 月，5 頁；同書，23 年 11 月，4 頁；同書，24 年 11 月，4 頁；同書，25 年 11 月，5 頁。

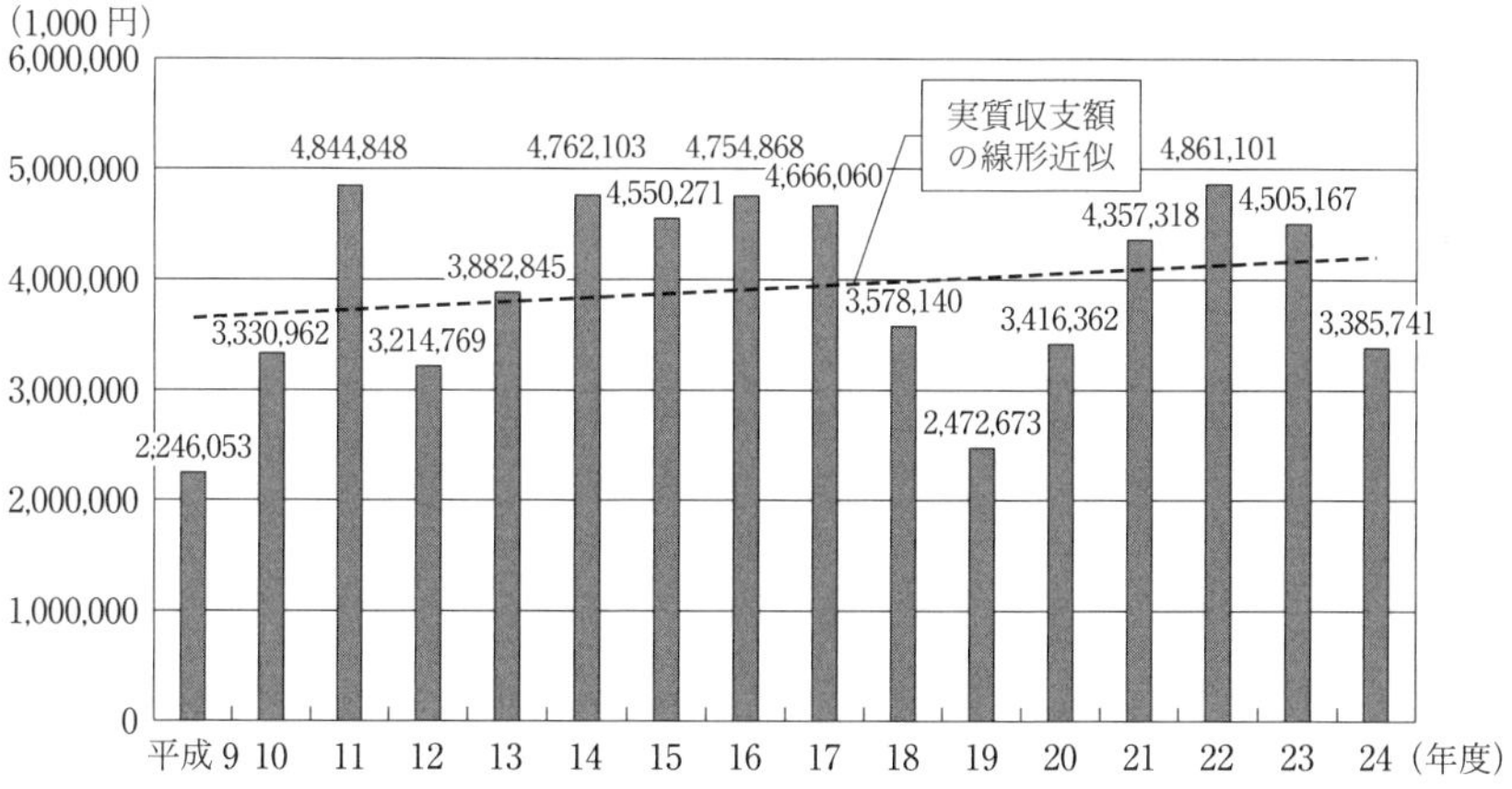

〔資料〕表 5-20 をもとに作成。

図 5-9　山口県の一般会計における実質収支額の推移（平成 9-24 年度）

（前年度一三・三％）に上昇するなど、財政硬直化の傾向が見られる」[171]という。最後の、平成二十四年度の意見書も「財政構造の弾力性を示す経常収支比率が九三・〇％と前年度より一・〇ポイント、公債費に係る財政負担の実態を示す実質公債費比率が一五・〇％と前年度より、〇・一ポイント、それぞれ上昇しており、引き続き財政硬直化が認められる」[172]という。したがって、二井県政下では、経常収支比率は六・四ポイント上昇したことになる。第二の特徴は、地方財政論から見て興味深いのは、十三年度より、普通会計における公債費負担比率、公債費比率、財政力指数、経常収支比率という主要な財政指標が一括してグラフで示されていることである。これによって、県民は、山口県の財政の状況が一目瞭然に分かるであろう。第三に、二井県政下の当初予算をめぐる県議会での審議や歳出構造の推移においてすでに指摘したが、県債残高の増加についての警鐘である。一例のみを挙げると、平成二十二年度の意見書は、県債の残高は五四二億一、八六五万円増の二、三三五億七、五四八万円となり、「県債全体としては、発行額、残高ともに増加しており、今後とも、多額に上る県債残高の縮減が財政健全化の最重要課題であることに変わりはない」[173]という。

最後に、二井知事の県民に対する財政状況の報告である『山口県の財政』の冒頭の知事の「まえがき」を簡潔に紹介する。最初は、知事の「まえがき」ではなく、本文であるが、平成十年十一月の『山口県の財政』は、「本県の〔平成十年度の〕当初予算は…新しい県政運営の指針である『やまぐち未来デザイン21』に沿って、新しい県づくりの第一歩を踏み出す、『デザイン21元年予算』と位置づけ、『チャレンジ性にあふれ、メリハリのある予算』として編成した」[174]という。平成十一年度の当初予算の状況の「まえがき」においては、二井は「…これまで以上に、県民の皆様や市町村の方々と、知恵を出し合い、力を合わせながら、『やまぐち未来デザイン21』に基づく、新しい県づくりを積極果敢に進めていきたい」[175]という。平成十三年度当初予算の説明の「まえがき」では、二井知事は「…全国に誇れる『元気県山口』を創造していきたい」[176]という。そして、平成十五年度の当初予算を説明する『山口県の財政』は、その「まえがき」において「…デザイン21の第2ステージのスタートダッシュを目指す第三次実行計画を着実に推進し、県民の皆様に、将来に向けて、明るい展望を持っていただける希望の年にしていきたい[177]」という。平成十六年度当初予算を説明する『山口県の財政』の「まえがき」において、二井知事は「全国に誇れる、また全国から注目される『元気で存在感のある県づくり』の実現を期してまいる決意であります[178]」という。ところが、平成十六年十一月の『山口県の財政』の「まえがき」は、どのような理由があったのかは分からないが、わずか八行の、ごく短いものとなる。このような短文の「まえがき」はその後間歇的に見られるようになる[179]。ところで、平成十七年度の当初予算を説明する『山口県の財政』の「まえがき」においては、二井知事は「…『住み良さ日本一の元気県山口』の実県《ママ》を期してまいる決意であります[180]」という。十八年五月の『山口県の財政』の「まえがき」では、「何事にもチャレンジ精神を持って、一つひとつの課題に意欲的に取り組むなど、『住み良さ日本一の元気県山口』の実現に新たな決意で臨む覚悟であります[181]」という。平成二十年五月の『山口県の財政』の「まえがき」では、「…三年後に迫った『おいでませ！山口国体』などの成功につなげながら、『住み良さ日本一の元気県づくり』を加速化していきたい[182]」という。最後に、平成二十一年五月の『山口県の財政』の「まえがき」は、「…様々な困難はありましても、『住み良さ日本一の元気県づくり』の加速化と持続可能な行財政基盤の構築を、ともに着実に進めていかなければなりません[183]」という。そして、二井県政が終わる平成二十五年十一月の『山口県の財政』では、二井の署名が入った「まえがき」はなくなる。本章では、「元気県山口」の実現が年度の予算にどのように盛り込まれたのかの検討は紙幅が許さないが、山口県民は、二井知事のそのような様々な、元気なスローガンをどのように感じ、どのように受け入れたのであろうか。

そもそも山口県民は、県民に対する知事の財政状況の報告である『山口県の財政』にどの程度の関心をもっていたのであろうか。

むすび

本章は平成九年度以降二十四年度までの、二井の言葉を使うと、「バブル崩壊後のいわゆる『失われた二〇年』と呼ばれた時期」における二井県政下の行財政を概観した。

本章で明らかになった第一点は、二井県政は、二井自身の言葉を使うと「慢性的な財源不足」に悩まされたということである。山口県は、財源不足を補うために多額の県債を発行したために、県債残高と公債費は増加し、二井の努力目標に逆行して財政構造の硬直化が進行した。また、財政調整基金、減債基金ほかの基金の取り崩しをおこなったために、基金の残高は急速に減少した。表5-21をご覧いただきたい。基金の種類は年度によって異なり、その種類は多い。しかし、中心は財政調整基金と減債基金である。平成九年度と二十四年度のみの比較であるが、財政調整基金は一六年間に二割ほど増えている。大きく減ったのは減債基金である。それは七六％も減っており、金額では三三〇億円余である。基金全体では三三％の減少であり、金額でいうと二九八億円である。

次に、山口県の単年度収支の推移を見る。表5-22をご覧いただきたい。まず断っておかなければならないのはこの表は普通会計の単年度収支である。単年度収支とは、当該年度の実質収支（その年度の歳入歳出差引額から翌年度へ繰り越すべき財源等を差し引いた決算の金額）から前年度の実質収支を差し引いた額をいう。単年度収支が赤字の場合、前年度の実質収支が黒字の場合には過去の剰余金の食いつぶしであり、赤字の場合には赤字額の積み増しを意味する。単年度収支が黒字の場合、前年度の実質収支が黒字の場合、当該年度に新たな剰余金が生じたことを意味し、前年度の実質収支が赤字であった場合には過去の赤字を解消したことになる。(184) 平成九年度以降を見ると、単年度収支が赤字の年度が一六年間のうち七年もある。特に十二年度、十九年度、二十四年度

表 5-21　山口県の財政調整基金他の推移（平成 9・24 年度）

（1,000 円）

年度	平成 9 年度	24 年度	増減額	指数（平成 9 年度を 100 とする）
財政調整基金	7,755,100	9,505,000	1,749,900	123
減債基金	43,238,152	10,184,696	△33,053,456	24
その他の基金	38,971,253	40,493,304	1,522,051	104
計	89,964,505	60,183,000	△29,781,505	67

〔注〕△はマイナスを示す。
〔資料〕『山口県の財政』平成 10 年 11 月，36 頁；同，平成 25 年 11 月，15 頁。

表 5-22　山口県の普通会計における単年度収支の推移（平成 9-24 年度）

（1,000 円）

年度	単年度収支（A）	財源留保額（B）	財源留保額内訳		積立金取崩し額（C）	実質単年度収支（A）+（B）−（C）
			積立金	繰上償還額		
平成 9	△626,072	3,093,950	2,081,744	1,012,206	9,000,000	△6,532,122
10	832,336	4,548,675	4,043,195	505,480	4,000,000	1,381,011
11	1,660,552	5,005,059	3,995,681	1,009,378	4,000,000	2,665,611
12	△2,011,492	4,025,148	3,016,647	1,008,501	2,000,000	13,656
13	△980,861	4,013,772	3,006,081	1,007,691	2,000,000	1,032,911
14	1,507,864	4,009,837	3,002,567	1,007,270	3,000,000	2,517,701
15	△509,023	4,007,461	3,009,999	1,006,462	3,000,000	498,438
16	837,201	4,008,547	3,002,557	1,005,990	3,000,000	1,845,748
17	593,528	3,002,245	3,002,245	—	3,000,000	595,773
18	935,933	3,707,871	3,707,871	—	3,700,000	943,804
19	△1,097,004	2,927,534	2,927,534	—	3,600,000	△1,769,470
20	982,595	1,275,169	1,275,169	—	6,800,000	△4,542,236
21	946,547	1,718,098	1,718,098	—	—	2,664,645
22	511,149	9,437,457	9,437,280	177	3,800,000	6,148,606
23	△349,538	5,749,798	4,045,443	1,704,355	10,000,000	△4,599,740
24	△1,115,698	6,206,569	4,502,325	1,704,244	—	5,090,871
計	2,118,017	66,737,190	55,774,436	10,971,754	60,900,000	7,955,207

〔資料〕平成 9 年度から 19 年度までは，地方財務協会『地方財政統計年報』平成 11 年版～21 年版；それ以降は，総務省ホームページ，による。いちいちの頁は省略した。

表 5-23　山口県の転入者数と転出者数の推移（平成 15-29 年）

（人）

年次	転入者数（A）	転出者数（B）	（A）-（B）
15	30,601	34,113	Δ3,512
16	29,843	32,995	Δ3,152
17	28,594	32,291	Δ3,697
18	28,315	32,718	Δ4,403
19	27,869	32,172	Δ4,303
20	26,930	30,785	Δ3,855
21	26,024	28,442	Δ2,418
22	24,213	26,923	Δ2,710
23	24,389	26,442	Δ2,053
24	24,095	27,855	Δ3,760
25	25,900	27,905	Δ2,005
26	25,424	28,451	Δ3,027
27	26,002	29,227	Δ3,225
28	25,863	27,491	Δ1,628
29	26,074	28,390	Δ2,316

〔資料〕山口県統計分析課「山口県人口の動き～平成 29 年山口県人口移動統計調査概要～」。

には赤字が一〇億円から二〇億円も出ている。

財源留保額は毎年度大なり小なり出ているが、その内訳は積立金と県債の繰上償還額である。しかし、県債の繰上償還に使われない年度が十七年度から二十一年度まである。その理由は、財源不足が発生したために、繰上償還の財源がなかったためである。他方、積立金の取り崩し額は合計で六〇九億円であり、積立金の合計五五八億円を上回る。最後に、実質単年度収支を見ると、赤字は四年間に減っているが、合計は一七四億円に達する。

第三に、二井県政の後半を彩る「住み良さ日本一元気県づくり」について少し検討する。二井は、すでに紹介したように、平成二十四年三月の県議会で、一〇四の指標の中でおおむね八一指標を達成見込みであるといい、『未来へ』の中では県民から「一定の評価」を得たといい、「住み良さ日本一元気県づくり」はほぼ達成したとする。しかし、県議会では、議員から「住み良さ」の概念は極めて抽象的であると指摘されたり、住み良さ日本一の旗は降ろそうではないかという発言も出たりした。率直にいって、一〇四の指標からなる「住み良さ日本一」はいわば大風呂敷であり、県民一人一人のライフステージに応じた「住み良さ日本一」の実現がかなり困難であろうことは容易に分かるであろう。

ところで、二井がいうように、本当に住んでみたくなる活力あふれる住み良さ日本一の県に山口県がなったのであれば、他県から多くの人々が山口県に押しかけてきて住むはずである。それを確認する一つの指標として、山口県への転入者数と県外への転出者数を見ると、表5-23のようである。ご覧のように、十五年以降二十九年までの転入者数と転出者数を見ると、すべての年において転出者数が転入者数を上回っている。「住み良さ日本一」の山口県が実現したかどうかは多面的な検討が必要であるが、本章ではさしあたりこの程度にとどめる。

(1) 二井関成『未来へ　ホップ・ステップ・ジャンプ―私の県政16年』(以下、『未来へ』と略記する) みなと山口合同新聞社、二〇一六年、奥付、による。
(2) この著書は、『山口新聞』に六七回(平成二十七年五月十二日から同年十二月二十三日まで)にわたって連載した記事を書物にしたものである。書誌的に見ると、「はじめに」は新たに書き下ろしたものであるが、その他では体裁を少し変更したところがあるものの、内容的に大きな変更はない。
(3) 『未来へ』、一二頁。
(4) 同右、二一七頁。
(5) 同右。
(6) 同右、一六七頁。
(7) 同右、二〇〇頁。
(8) 山口県『平成二十七年度県政世論調査報告書』。
(9) 同右、二〇〇頁。
(10) 二井県政の最後の年度に行われた県政世論調査については、『平成二十四年度県政世論調査報告書』を参照。本文で述べた傾向は、ここでもほぼ同じである。
(11) 『未来へ』、二〇一頁。
(12) 『山口県統計年鑑』平成10年刊、二七八頁。
(13) 同右、平成25年刊、二七六頁。
(14) 知事部局の職員数についての筆者からの照会に対して、山口県統計分析課からは、「一般行政関係」の県職員には知事部局の他、議会事務局、監査委員事務局等の各種委員会事務局の職員を含み、一般行政関係の職員のうち何名が知事部局の職員かを読み取ることはできないとの回答を得た。
(15) 『山口県統計年鑑』平成11年刊、二六〇頁。
(16) 同右、平成26年刊、二五八頁。
(17) この「人件費」についても、山口県統計分析課に問い合わせたところ、「人件費」は知事部局の他、議会事務局、監査委員事務局等の各種委員会事務局の職員にかかる給料本俸、諸手当、共済費、退職手当等の事業主が負担すべき費用の総額であり、知事部局の職員の給与総額のみは読み取れないし、それは統計資料としても公表されていないという回答を得た。
(18) 『未来へ』、二〇一～二〇二頁。
(19) 同右、二〇二頁。
(20) 地方財務研究会編集『六訂 地方財政小辞典』、平成二十三年、八〇頁。
(21) 『山口県の財政』平成十年十一月、三八頁。
(22) 同右、平成二十四年十一月、一六頁。
(23) 同右、平成二十五年十二月、一一頁。
(24) 前掲、『六訂 地方財政小辞典』、一一二～一一三頁。
(25) 二井は、『未来へ』の原稿は県庁担当部局にチェックしてもらい、正確性を期したという(『未来へ』、二七七頁)。したがって、二〇一〇(平成二十二)年度の経常収支比率の順位は、担当部局がまちがって彼に報告したのであろうか。なお、二〇一〇年度の経常収支比率の表(総務省統計局編集・発行『統計でみる都道府県のすがた』二〇一三年、二六頁)では、鹿児島県と埼玉県が九三・三%でともに一一位であり、一二位はない。ついでにいえば、『住み良さ日本一元気県づくり加速化プラン』でも、平成十八年度の経常収支比率は全国で一四位となっている(同書、一六一頁)。
(26) 前掲、『六訂 地方財政小辞典』、二六八頁。『地方財政白書』平成十八年版、一八〇頁、平成十七年版地方財政白書ビジュアル版、2地方債協議制度への移行、も参照。
(27) 総務省統計局長は、都道府県の順位は「あくまでも数値を見やすくするための目安」(前掲、『統計でみる都道府県のすがた』、まえがき)にすぎないといっている。
(28) 前掲、『六訂 地方財政小辞典』、二二五頁。

(29) 総務省ホームページ、平成二十二年度都道府県財政指数表。
(30) 「平成九年二月山口県議会定例会会議録」第一号、二月二十八日、二一頁。
(31) 同右。
(32) 同右。
(33) 同右。
(34) 同会議録、第四号、三月六日、一七頁。
(35) 同会議録、第四号、二七頁。
(36) 同会議録、第四号、二七〜二八頁。
(37) 同会議録、第四号、四六頁。
(38) 同会議録、第四号、五七頁。なお、平成八年度の当初予算の県債の発行額は一、一〇五億七、一〇〇万円で、前年度比二一・八％の大幅な増加であった（『山口県の財政』平成八年五月、九頁）。しかし、九年度当初予算の県債の発行額は一、〇六八億八、六〇〇万円で、前年度比で三・三％の減であった（同書、平成九年五月、九頁）。
(39) 同会議録、第七号、三月十九日、五三頁。
(40) 「平成十年二月山口県議会定例会会議録」第一号、二月二十五日、一九頁。
(41) 同会議録、第一号、二〇頁、二九頁。
(42) 同会議録、第二号、三月三日、三二〜三三頁。
(43) 同会議録、第四号、三月五日、四五頁。
(44) 同会議録、第二号、三月三日、四二頁。
(45) 同会議録、第二号、四三頁。
(46) 同会議録、第四号、五七〜五八頁。
(47) 同会議録、第四号、五八頁。
(48) 同会議録、第七号、三月十八日、四五頁。
(49) 「山口県中期財政見通し」平成十年（一九九八年）六月二日。
(50) この時の公約は「元気で存在感のある／山口県の創造」（「平成十二年八月六日執行／山口県知事選挙／選挙公報」）であった。

(51)「平成十三年二月山口県議会定例会会議録」第一号、二月二十七日、二一頁。
(52)同会議録、第四号、三月七日、五四〜五五頁。
(53)同会議録、第四号、六六頁。
(54)同会議録、第四号、六六〜六七頁。
(55)同会議録、第六号、三月九日、一二頁。
(56)「中期財政見通し（中期財政試算）」平成十四年二月改訂版、では、平成十六年度の公債費は一、一五二億円である。
(57)「平成十三年二月山口県議会定例会会議録」第六号、二四〜二五頁。
(58)同会議録、第七号、三月十九日、三九頁。
(59)同会議録、第七号、四六頁。
(60)「平成十六年二月山口県議会定例会会議録」第一号、二月二十五日、一七頁。
(61)同会議録、第一号、一九頁。
(62)同会議録、第一号、二三、二八頁。
(63)同会議録、第一号、二三頁。
(64)同会議録、第二号、三月二日、一〇頁。
(65)同会議録、第二号、三三頁。
(66)同様な評価は、公明党の小泉利治議員も行っている（同会議録、第二号、五七頁）。
(67)「平成十六年二月山口県議会定例会会議録」第二号、三五頁。
(68)同会議録、第二号、四六頁。傍点は筆者が付す。以下、同じである。
(69)同会議録、第二号、四七頁。
(70)同会議録、第三号、三月三日、三三頁。
(71)同会議録、第三号、四三頁。
(72)同会議録、第三号、四四頁。
(73)同会議録、第七号、三月十七日、三九頁。
(74)山口県選挙管理委員会「平成十六年八月八日執行／山口県知事選挙／選挙公報」。ゴチックは原文の通り。
(75)「平成十七年二月山口県議会定例会会議録」第一号、二月二十三日、二三〜二六頁。なお、五分野、四一指標については、山口県『やまぐち住み良さ指標／「住み良さ日本一の山口県」をめざして』平成十七年十月、を参照。
(76) 同会議録、第一号、二八頁。
(77) 同会議録、第三号、三月二日、二六頁。
(78) 同会議録、第三号、二七頁。
(79) 同右。
(80) 同右。
(81) 同会議録、第三号、三八頁。
(82) 同会議録、第三号、三九頁。
(83) 同会議録、第五号、三月四日、五八～五九頁。
(84) 同会議録、第五号、六九頁。
(85) 「住み良さ日本一の元気県山口」というスローガンは野心的で雄大ではあるが、当時の県民一五〇万人にそれぞれ応じた「住み良さ」を五年間で実感できるようにすることはかなり困難であったであろう。
(86) 「平成十七年二月山口県議会定例会会議録」第七号、三月十五日、五四頁。
(87) 「平成十八年二月山口県議会定例会会議録」第一号、二月二十八日、二八頁。
(88) 同会議録、第二号、三月六日、一三～一四頁。
(89) 同日、上岡康彦議員（公明党）の質問に答えて、二井は、一般行政部門については二十二年度までに四〇〇〇人、八・六％の削減を目指すという（同会議録、第二号、六九頁）。
(90) 同会議録、第二号、二四頁。
(91) 同会議録、第六号、三月十日、一〇頁。
(92) 同会議録、第七号、三月十七日、五三頁。
(93) 山口県選挙管理委員会「平成20年8月3日執行／山口県知事選挙／選挙公約」。ゴチックは原文の通り。ご覧のように、前回は「実現」であったが、今回は「加速化」になった。
(94) 「平成二十一年二月山口県議会定例会会議録」第一号、二月二十四日、二〇～二八頁。
(95) 同会議録、第一号、二九頁。
(96) 同右。

(97) 同会議録、第一号、三〇頁。
(98) 同会議録、第一号、二九頁。
(99) 同会議録、第二号、三月二日、一一頁。
(100) 同会議録、第二号、二三頁。
(101) 同会議録、第二号、三六頁。加藤は「民主・連合の会を代表して」(同上、三二頁)といっている。
(102) 同会議録、第二号、四七頁。
(103) 同会議録、第二号、四九頁。
(104) 同会議録、第三号、三月三日、三六頁。
(105) 同会議録、第三号、四五頁。
(106) 同右。
(107) 同会議録、第四号、三月四日、一三一頁。
(108) 同会議録、第四号、一三六頁。
(109) 同会議録、第七号、三月十三日、七〇頁。
(110) 「平成二十二年二月山口県議会定例会会議録」第一号、三月二日、一九頁。
(111) 同会議録、第一号、二三頁。
(112) 同会議録、第一号、二四頁。
(113) 同会議録、第一号、二九頁。
(114) 同会議録、第二号、三月八日、二四頁。
(115) 同会議録、第二号、三三頁。
(116) 同会議録、第二号、四五〜四六頁。
(117) 同会議録、第四号、三月十日、一一頁。
(118) 同会議録、第四号、二二頁。
(119) 同会議録、第四号、四一〜四二頁。
(120) 同会議録、第四号、四四頁。
(121) 同会議録、第七号、三月十九日、六〇頁。

(122)「平成二十三年二月山口県議会定例会会議録」第一号、三月二十二日、一九頁。
(123)同会議録、第一号、二四頁。
(124)同会議録、第一号、二七頁。
(125)同会議録、第一号、二六頁。
(126)表5-3のように、平成二十一年度の経常収支比率は九三・九％で全国三四位である。なお、平成二十三年二月に山口県総務部財政課が作成した『収支所要財源』の措置に関する課題」では、平成二十一年度決算ベースで山口県の経常収支比率は九三・九％で、全国一四位であるとされている。二井知事の発言は、そのような財政課のデータにしたがっているのであろう。
(127)「平成二十三年二月山口県議会定例会会議録」第二号、二月二十八日、二四頁。
(128)同右。
(129)同会議録、第二号、七一頁。
(130)同会議録、第二号、七一頁。
(131)同会議録、第三号、三月二日、八六頁。
(132)同会議録、第三号、一〇〇頁。
(133)同右。
(134)同会議録、第三号、一二一～一二二頁。
(135)同会議録、第三号、一二六頁。
(136)同会議録、第六号、三月十一日、五〇頁。
(137)同会議録、第六号、五五頁。
(138)「平成二十四年二月山口県議会定例会会議録」第一号、二月二十八日、一七頁。
(139)同会議録、第一号、二三～二四頁。
(140)同会議録、第一号、二八頁。
(141)同会議録、第一号、二九頁。
(142)同会議録、第二号、三月五日、七四頁。
(143)同会議録、第二号、八四～八五頁。県債の発行については、藤井哲男総合政策部長の発言も参照（同会議録、第三号、三月六日、七一〜七二頁)。

(144) 同会議録、第四号、三月七日、六九頁。

(145) 同会議録、第四号、七五頁。

(146) 同会議録、第四号、七八頁。

(147) 同会議録、第四号、九〇〜九一頁。

(148) 同会議録、第四号、一〇六頁。

(149) 同会議録、第七号、三月十六日、五五頁。

(150) 山口県が投資主体となった行政投資における資金負担別投資実績の推移については、総務省自治行政局地域振興室『行政投資実績(都道府県別行政投資実績報告書)』によった。集計した生産基盤、国土保全、生活基盤、その他の割合については、表5-7を参照。

(151) 災害教訓事例集編集委員会編『災害教訓事例集〜後世に災害を語り継ぐ〜』平成二十八年三月、一〜二一頁。『山口県の財政』(平成二十二年十一月)は、二十一年度の「投資的経費については、災害の発生等により、前年度決算と比べ、一二・三%増の一、四三〇億五二二万九千円となりました」(同書、八頁)といっている。

(152) 右の『災害教訓事例集〜後世に災害を語り継ぐ〜』、五〜六頁。但し、二十四年度の災害復旧事業費は、一六億二、七二一万円であり、前年度に比較して三八億七、九〇〇万円減少している(『山口県の財政』平成二十五年十一月、九頁)。

(153) 上原信博編著『地域開発と産業構造』御茶の水書房、一九七七年、一四九頁。

(154) 『山口県の財政』平成十一年十一月、三三頁。

(155) 同右、平成二十五年十一月、一七頁。

(156) 神野直彦・小西砂千夫『日本の地方財政』有斐閣、二〇一四年、九二頁。

(157) 同右を参照。臨時財政対策債に切り換えた理由については、小西砂千夫『日本地方財政史/制度の背景と文脈をとらえる』有斐閣、二〇一七年、七六頁、を参照。小西は、臨時財政対策債を「理想的な仕組みであるとは誰も考えない。制度運営においては堕落した姿である」(同書、一一頁)という。

(158) 前掲、『六訂 地方財政小辞典』、五五八〜五五九頁。

(159) 傍線とゴチック文字は原文の通りである。

(160) 後期高齢者医療制度の簡単な概要については、厚生労働省『厚生労働白書』平成二十三年版、〈社会保障の検証と展望〉、七五～七七頁を参照。

(161)『山口県の財政』平成二十年五月、二五頁。他に、後期高齢者医療保険基盤安定制度二三億七八一万円他が計上された。山口県健康福祉部『平成20年度／健康福祉部予算の概要／心のかよう福祉社会』、三五頁、も参照。

(162)『平成20年度／山口県歳入歳出決算に関する附属書』、一〇八頁。

(163)『山口県の財政』平成二十年度十一月、一六頁。

(164)矢部洋三編『現代日本経済史年表／一八六八―二〇一五年』日本経済評論社、二〇一六年、五二七頁。

(165)山家悠紀夫『日本経済30年史／バブルからアベノミクスまで』岩波新書、二〇一九年、二二二～二三一頁。

(166)『山口県の財政』平成十年十一月、一三頁。

(167)同右、平成二十二年十一月、六頁。

(168)同右、平成十八年十一月、一六頁。

(169)但し、二十四年度審査意見書は、同年八月に山本繁太郎県政が発足したので、山本知事に宛てたものである。但し、二十四年度当初予算は、「住み良さ日本一元気県づくり加速化プラン」と「県政集中改革」が計画終期を迎え、二井県政の「総仕上げ」の予算として編成されたものである（『平成二十四年度歳入歳出決算審査意見書』、二頁。

(170)平成九年度から二十四年度までの監査委員会審査意見書は、公文書開示請求書を山口県知事に提出して入手した。

(171)『平成九年度／山口県歳入歳出決算及び基金の運営状況に係る審査意見書』、四頁。

(172)『平成二十四年度／審査意見書』、四～五頁。

(173)『平成二十二年度／審査意見書』、四頁。

(174)『山口県の財政』、平成十年十一月、一頁。

(175)同右、平成十一年五月、「まえがき」。

(176)同右、平成十三年五月、「まえがき」。

(177)同右、平成十五年五月、「まえがき」。

(178)同右、平成十六年五月、「まえがき」。

(179)例えば、平成十七年十一月の『山口県の財政』の「まえがき」、平成十八年十一月の「まえがき」、平成十九年十一月の「まえがき」他。

(180)同右、平成十七年五月、「まえがき」。

(181) 同右、平成十八年五月、「まえがき」。
(182) 同右、平成二十年五月、「まえがき」。
(183) 同右、平成二十一年五月、「まえがき」。
(184) 前掲、『六訂 地方財政小辞典』、三六五～三六六頁。

第六章　中国地方の五県における山口県財政の位置

はじめに

第一章から第五章までは、山口県の戦後財政を昭和二十一（一九四六）年度から平成二十四（二〇一二）年度まで、歴代の知事の財政運営を中心に概観してきた。本章では、やや視点を変えて、山口県の財政が中国地方の五県の中でどのような位置を占め、どのような特徴があるのかなどについて概観する。但し、戦後の六七年間のすべてを対象とすることは資料の制約等もあり不可能なので、基本的に昭和五十八（一九八三）年度から平成二十四（二〇一二）年度までの三〇年間、つまり世間でいう一世代に限定して分析を試みるが、この期間を悉皆的に対象とするものではない。ご覧のように、最近の一〇年間を対象としたり、三〇年間でも国勢調査の年に合わせて五年ごとに掲載したりする等を行った場合があることをあらかじめ断っておく。

表 6-1　山口県の人口と日本の人口の推移（昭和 60〜平成 27 年）

年	昭和 60 年	平成 7 年	平成 17 年	平成 27 年	指数
山口県の人口（A）　（人）	1,601,627	1,555,543	1,492,606	1,404,729	88
日本の人口（B）（1,000 人）	121,049	125,570	127,768	127,095	105
（A）／（B）　（割合）	1.32	1.24	1.17	1.11	−

〔注〕指数は昭和 60 年の人口を 100 とする平成 27 年の値である。
〔資料〕山口県の人口は，「平成 30 年刊　山口県統計年鑑」，13 人口，世帯数及び人口密度（明治 9 年〜平成 29 年）（山口県統計分析課 HP）による。日本の人口は，総務省統計局『第六十八回／日本統計年鑑／平成 31 年』平成 30 年，40-41 頁，による。

一　山口県の人口ならびに老年（六五歳以上）人口の割合の推移

最初に財政現象の基盤をなす人口について少し見る。表6-1をご覧いただきたい。山口県と日本の人口は、一〇年ごとの国勢調査によって掲げた。ご覧のように、山口県の人口は昭和六十年の一六〇万一、六二七人から減少し、平成二十七年には一四〇万四、七二九人になった。これは昭和六十年を一〇〇とすると、一二％の減少である。山口県の人口は昭和四十五年の一五一万一、四四八人を境に昭和四十六年から小幅ではあるが、年々増加していた。しかし、昭和六十年の一六〇万一、六二七人を境に昭和六十一年から再び減少に転じている。[1] 他方、日本の人口は、平成二十七年の国勢調査で明らかになった一億二、七〇九万五、〇〇〇人から、以後減少に転じる。[2] そして、平成二十二年から二十七年の都道府県別の総人口の推移を見ると、三九道府県で総人口が減少している。その中に山口県も入っている。[3] そして、表6-1が示すように、日本の人口に占める山口県の人口の割合は、昭和六十年の一・三二％から漸減して、平成二十七年には一・一一％になっている。[4]

この表では日本の人口は昭和六十年に比較して五％増加している。しかし、この表では示していないが、日本の人口は平成二十年に一億二、八〇八万四、〇〇〇人に達して最大となるが、その後漸減して平成二十九年には一億二、六七〇万六、〇〇〇人になっている。[5]

表 6-2　山口県と日本の老年（65 歳以上）人口の推移（昭和 60・平成 7・17・27 年）

区分＼年	昭和 60 年	平成 7 年	平成 17 年	平成 27 年	指数
山口県の老年人口　（人）	212,237	295,702	373,346	450,743	212
日本の老年人口（1,000 人）	12,468	18,261	25,672	33,465	268

〔注〕指数は昭和 60 年を 100 とする平成 27 年の指数である。
〔資料〕山口県の老年（65 歳以上）人口は，山口県統計分析課：市町年齢別推計人口，統計分析課 HP，による。日本の老年（65 歳以上）人口は，総務省統計局『第五十四回／日本統計年鑑／平成 17 年』平成 16 年，46 頁；同『第六十八回／日本統計年鑑／平成 31 年』平成 30 年，60 頁，による。

次にもう一点、財政に影響を与える人口の高齢化について見る。まず、山口県の人口に占める六五歳以上の人口（以下、老年人口と称する）の割合の推移を見る。表6-2をご覧いただきたい。山口県の老年人口は昭和六十年には二一万二、二三七人であったが、平成二十七年には四五万七四三人となり、二・一二倍となっている。他方、日本の老年人口は同じ期間に一、二四六万八、〇〇〇人から三、三四六万五、〇〇〇人へと二・六八倍になっている。したがって、山口県より日本の老年人口の方が、指数は大きいように見える。但し、これは山口県と山口県を含む日本全体との比較である。

表6-3をご覧いただきたい。この表は中国地方の五県の総人口に占める六五歳以上の老年人口の割合と全国におけるその順位を示す。山口県の老年人口の割合は昭和六十年に一三・二五%であり、全国の順位が九位であった。しかし、その後老年人口の割合は増加して平成二十七年には三二・一%となり、山口県の人口のほぼ三分の一が六五歳以上の人口となった。そして、全国の順位は四位にまで上昇したのである。

他の四県を見る。特に注目すべきは、山陰の鳥取県と島根県、特に島根県の老年人口の割合である。島根県の全国における順位は平成十七年まで常に第一位であった。しかし、島根県の順位は、二十七年に第三位と低下した。二十七年の第一位は秋田県で老年人口の割合が三三・八%、第二位は高知県で三二・八%[6]、第三位が島根県、第四位が山口県であった。

表 6-3　中国地方の 5 県における老年（65 歳以上）人口の割合の推移
（昭和 60・平成 2・7・12・17・22・27 年）

（%）

県名	割合（対総人口），順位，全国の指標値	昭和 60 年	平成 2 年	7 年	12 年	17 年	22 年	27 年
山口県	割合（対総人口）	13.25	15.86	19.01	22.2	25.0	27.9	32.1
	全国における順位	9	7	7	6	5	4	4
鳥取県	割合（対総人口）	13.73	16.20	19.25	22.0	24.1	26.1	29.7
	全国における順位	4	5	6	7	11	14	16
島根県	割合（対総人口）	15.32	18.19	21.65	24.8	27.1	28.9	32.5
	全国における順位	1	1	1	1	1	2	3
岡山県	割合（対総人口）	13.02	14.84	17.39	20.2	22.4	24.9	28.7
	全国における順位	13	19	22	23	24	22	22
広島県	割合（対総人口）	11.47	13.39	15.84	18.5	20.9	23.7	27.5
	全国における順位	27	27	28	28	30	31	33
老年人口の全国の指標値		10.30	12.05	14.54	17.3	20.1	22.8	26.6

〔資料〕総務庁統計局編集・発行『統計でみる県のすがた』昭和 61 年 12 月；同／1991，平成 4 年 2 月；同／1997，平成 9 年 3 月発行；同／2002，平成 14 年 3 月；『統計でみる都道府県のすがた／2007』平成 19 年 2 月；同／2012，平成 24 年 2 月発行；同／ 2017，平成 29 年 2 月発行。なお，いちいちの頁は省略した。全人口に占める 65 歳以上の人口の割合（表 6-3 では，老年人口の全国の指標値）は，国勢調査によれば，昭和 60 年が 10.3，平成 2 年が 12.1，7 年が 14.6，12 年が 17.4，17 年が 20.2，22 年が 23.0，27 年が 26.6 である（総務省統計局『第三十七回／日本統計年鑑／昭和 62 年』昭和 62 年 9 月，38 頁；『第六十八回／日本統計年鑑／平成 31 年』平成 30 年 11 月，60 頁）。

鳥取県も老年人口の割合は、昭和六十年の一三・七三％から漸増し平成二十七年には二九・七％となった。しかし、全国の順位は逆に低下して一六位となっている。

山陽の岡山県と広島県は老年人口の割合がやや低く、全国における順位も岡山県は平成七年以降二〇位台前半である。広島県もその順位は低下して平成二十七年には三三位となった。したがって、中国地方の五県において老年人口の割合が特に高い県は島根県と山口県である。

二　産業構造と就業構造

人口と並んで地方団体の歳出と歳入に影響を与えるであろう、地方団体の産業構造ならびに就業構造とその推移を、山口県を中心とする中国地方の五県を中心に少し検討する。

まず産業構造とは何かである。産業構造論

として有名なのはコーリン・クラークが提唱して広く用いられている「第一次産業」、「第二次産業」、「第三次産業」という三つの分類であり、それらの変化を国際的に検証するのが産業構造論の伝統的課題であろう(7)。しかし、本章が取り上げる産業構造の三つの分類は、各県が行っている県民経済計算における経済活動別県内総生産が(参考)として掲載する三つの分類を借用して、山口県他の中国地方の五県の第一次産業から第三次産業までの割合を見ながら各県の産業構造の特徴を明らかにしたい(8)。

ところで、各県の統計分析課や統計課、統計調査課が統計年鑑に掲載している経済活動別県内総生産の(参考)であるが、掲載の基準に共通性が欠けているため(9)と集計の利便性から、内閣府のHPに掲載されている都道府県の経済活動別県内総生産において(参考)(10)とされている第一次産業、第二次産業、第三次産業の三つの分類を使うことにする(11)。

しかし、周知のように、内閣府のHPにおける都道府県の経済活動別県内総生産には名目値と実質値があるので、そのどちらを採用するのかが問題になる。若干検討した結果、名目も実質もそれぞれに一長一短があることが分かり、価格の変化が産業構造に影響を与えることの少ない、実質の方がやや良いと判断して、本章では、一次的接近として実質を採用することにした。

さて、県民経済計算は、『県民経済計算』利用上の注意(12)」にあるように、国民経済計算(SNA)に準拠している。そして、国民経済計算は五年ごとに基準が改定されるので、それに合わせた改定も必要になる。更に、精度の向上を図るために、推計方法についてもたえず見直しを行い、必要に応じ遡及改定を行っている。そして、今回公表している県民経済計算では、国民経済計算の平成二十三年基準改定で導入された最新の国際基準である「2008 SNA」に対応し、平成十八年度に遡って系列の再推計を行っている。

内閣府経済社会総合研究所国民経済計算部の「県民経済計算の計数について」(平成三十年八月三十一日)によ

表 6-4　中国5県の県内総生産における第1次，第2次，第3次産業の実質の推移（平成18-27年度）

（100万円，%）

年度	産業別実数と割合／県名	第1次産業		第2次産業		第3次産業		合計	
		実数	割合	実数	割合	実数	割合	実数	割合
平成18	山口県	47,808	0.8	2,156,626	37.1	3,604,313	62.0	5,808,747	100.0
	鳥取県	41,942	2.2	459,726	24.0	1,411,892	73.8	1,913,560	100.0
	島根県	48,678	2.0	533,588	22.0	1,845,104	76.0	2,427,370	100.0
	岡山県	65,590	0.9	2,752,851	35.8	4,861,886	63.3	7,680,327	100.0
	広島県	72,178	0.7	3,257,220	29.4	7,742,947	69.9	11,072,345	100.0
平成19	山口県	53,289	0.9	2,213,427	37.2	3,680,684	61.9	5,947,400	100.0
	鳥取県	44,510	2.4	410,954	22.1	1,405,098	75.5	1,860,562	100.0
	島根県	48,975	2.0	579,648	23.6	1,832,107	74.5	2,460,730	100.0
	岡山県	67,425	0.9	2,633,102	34.5	4,932,131	64.6	7,632,658	100.0
	広島県	73,835	0.6	3,570,053	30.9	7,893,077	68.4	11,536,965	100.0
平成20	山口県	56,756	1.0	2,056,371	36.2	3,566,188	62.8	5,679,315	100.0
	鳥取県	48,891	2.8	391,398	22.1	1,328,474	75.1	1,768,763	100.0
	島根県	51,718	2.2	504,183	21.6	1,778,775	76.2	2,334,676	100.0
	岡山県	75,924	1.1	2,296,206	32.1	4,774,801	66.8	7,146,931	100.0
	広島県	79,092	0.7	3,110,719	28.9	7,565,030	70.3	10,754,841	100.0
平成21	山口県	57,310	1.0	1,973,801	35.8	3,483,378	63.2	5,514,489	100.0
	鳥取県	44,215	2.6	351,014	20.4	1,325,584	77.0	1,720,813	100.0
	島根県	47,529	2.0	502,982	21.5	1,790,473	76.5	2,340,984	100.0
	岡山県	73,704	1.1	2,130,755	30.8	4,704,442	68.1	6,908,901	100.0
	広島県	74,676	0.7	2,810,517	27.1	7,501,159	72.2	10,386,352	100.0
平成22	山口県	46,855	0.8	2,185,419	38.1	3,499,596	61.1	5,731,870	100.0
	鳥取県	40,757	2.4	320,276	19.2	1,309,500	78.4	1,670,533	100.0
	島根県	40,295	1.7	548,816	23.1	1,783,590	75.2	2,372,701	100.0
	岡山県	67,099	1.0	2,153,358	31.1	4,695,607	67.9	6,916,064	100.0
	広島県	66,070	0.6	3,013,065	28.6	7,443,636	70.7	10,522,771	100.0
平成23	山口県	52,312	0.9	2,211,914	38.1	3,543,294	61.0	5,807,520	100.0
	鳥取県	42,239	2.5	326,472	19.4	1,310,440	78.0	1,679,151	100.0
	島根県	43,489	1.8	559,024	23.1	1,814,293	75.1	2,416,806	100.0
	岡山県	72,763	1.0	2,432,101	33.3	4,804,336	65.7	7,309,200	100.0
	広島県	68,360	0.6	3,419,945	31.2	7,466,540	68.2	10,954,845	100.0
平成24	山口県	46,547	0.8	2,251,340	38.7	3,518,536	60.5	5,816,423	100.0
	鳥取県	41,043	2.5	329,490	19.7	1,301,687	77.8	1,672,220	100.0
	島根県	43,542	1.8	563,301	23.5	1,785,730	74.6	2,392,573	100.0
	岡山県	70,498	1.0	2,317,214	32.4	4,762,148	66.6	7,149,860	100.0
	広島県	68,572	0.6	3,013,861	28.6	7,469,428	70.8	10,551,861	100.0

表 6-4（つづき）

年度	産業別実数と割合／県名	第1次産業		第2次産業		第3次産業		合計	
		実数	割合	実数	割合	実数	割合	実数	割合
平成 25	山口県	40,519	0.7	2,507,743	41.1	3,557,700	58.3	6,105,962	100.0
	鳥取県	40,167	2.4	331,592	19.6	1,324,654	78.1	1,696,413	100.0
	島根県	40,880	1.7	577,672	23.9	1,798,294	74.4	2,416,846	100.0
	岡山県	66,754	0.9	2,613,270	34.9	4,810,520	64.2	7,490,544	100.0
	広島県	65,802	0.6	3,178,950	29.4	7,575,374	70.0	10,820,126	100.0
平成 26	山口県	34,623	0.6	2,410,664	40.5	3,506,367	58.9	5,951,654	100.0
	鳥取県	39,410	2.4	319,721	19.1	1,311,301	78.5	1,670,432	100.0
	島根県	37,015	1.5	588,734	24.2	1,802,645	74.2	2,428,394	100.0
	岡山県	65,175	0.9	2,462,037	33.8	4,751,031	65.3	7,278,243	100.0
	広島県	63,580	0.6	3,468,682	31.2	7,599,019	68.3	11,131,281	100.0
平成 27	山口県	33,701	0.6	2,024,612	36.4	3,509,051	63.0	5,567,364	100.0
	鳥取県	35,882	2.1	332,130	19.4	1,346,217	78.5	1,714,229	100.0
	島根県	33,591	1.4	636,971	25.7	1,810,069	73.0	2,480,631	100.0
	岡山県	59,340	0.8	2,598,074	34.7	4,822,553	64.5	7,479,967	100.0
	広島県	58,583	0.5	3,601,310	31.5	7,757,282	67.9	11,417,175	100.0

〔注〕合計の割合は，小数点第 2 位を四捨五入したために 100.0%にならないところがある。
〔資料〕内閣府 HP，県民経済計算（平成 18 年度～平成 30 年度）（2008 SNA，平成 23 年基準計数），2. 主要系列表　2. 経済活動別県内総生産（実質：連鎖方式）―平成 23 暦年連鎖方式―。

ると、昭和三十年度からの計数を掲載してはいるが、同一基準による一貫したデータについて遡及改定をしていないという。したがって、長期のデータを参照する場合には、各基準年の計数をつなげることになるが、体系基準年が異なるために直接接続はできない。そこで、「この点にご留意のうえ、ご利用頂きたい」といい、県民経済計算のデータの正式系列と参考系列の図を掲げている。

「はじめに」で述べたように、当初は、三〇年間くらいの県民経済計算を対象とし、その構造と推移を見たいと思っていたが、結局、接続に問題があることが分かり、最新の平成二十三暦年連鎖価格によって、平成十八年度から二十七年度までの一〇年間を対象とすることにした。

まず表6-4である。この表は、接続の問題を避け、平成二十三暦年連鎖価格による平成十八年度から二十七年度までの中国地方の五県の実質の第一次産業から第三次産業までの実数と割合を示している。以下、これを中心に山口県を中心とし

表 6-5　中国 5 県の県内総生産における第 1 次，第 2 次，第 3 次産業の合計の比較（平成 18・22・27 年度）

（100 万円，％）

年度	県名	合計（実数）	山口県を 100 とした指数
平成 18	山口県	5,808,747	100
	鳥取県	1,913,560	33
	島根県	2,427,370	42
	岡山県	7,680,327	132
	広島県	11,072,345	191
平成 22	山口県	5,731,870	100
	鳥取県	1,670,533	29
	島根県	2,372,701	41
	岡山県	6,916,064	121
	広島県	10,522,771	184
平成 27	山口県	5,567,364	100
	鳥取県	1,714,229	31
	島根県	2,480,631	45
	岡山県	7,479,967	134
	広島県	11,417,175	205

〔注〕表 6-4 をもとに作成。

て中国地方の五県の産業構造を概観する。[13]

表6-5をご覧いただきたい。これは県内総生産における第一次産業から第三次産業までの実質の合計額を示している。掲載の年度は平成十八年度、二十二年度、二十七年度のほぼ五年間隔とした。山口県を一〇〇とすると、山陰側の鳥取県、島根県の県内総生産は山口県の三割程度から四割程度である。他方、岡山県は山口県の二割から三割増しである。五県の中で最も規模が大きいのは広島県であり、山口県の二倍近い。

前掲の表6-4を見ると、第一次産業はこの一〇年間においては全体の三%以下である。第一次産業は農業、林業、水産業から構成される。平成十八年度と二十七年度を示すと表6-6のようである。ご覧のように、山口県は、鳥取県、島根県と並んで農業と水産業が比較的大きいのが特徴であろう。島根県は林業が大きいのが特徴である。岡山県は農業中心の県である。

次に第二次産業について概観する。まず図6-1をご覧いただきたい。県内総生産に占める第二次産業の構成比の推移を見ると、島根県と鳥取県は二六%以下であり、山陽側の山口県、岡山県、広島県とかなり開きがある。他方、山口県、岡山県、広島県はほぼおなじ傾向である。広島県は平成十八年度の二九・四%から出発し、二十三年度には三一・二%に達した。しかし、その後低下した。しかし、二十四年度を底に再び上昇して、二十七年度には三一・五％に達している。岡山県は、十八年度には三五・八％であったが、その後低下して二十一年度には三〇・八％に達した。その後、上昇に転じて二十五年度には三四・九％に達する。その後少し低下したが、二十七年度には三四・七％に達した。そして、五県の中では常に第二位を維持した。五県の中で最も構成比が大きいのは山口県で、十八年度の三七・一％から出発して、二十五年度には四一・一％の最高水準に達した。しかし、その

表 6-6　第 1 次産業の内訳（平成 18・27 年度）

（100 万円，％）

県名／業種		平成 18 年度		平成 27 年度	
		実数	割合	実数	割合
山口県	農業	28,471	59.6	21,533	63.9
	林業	4,301	9.0	4,841	14.4
	水産業	15,624	32.7	7,155	21.2
	計	47,808	100.0	33,701	100.0
鳥取県	農業	31,577	75.3	26,508	73.9
	林業	1,652	3.9	2,241	6.2
	水産業	8,916	21.3	7,125	19.9
	計	41,942	100.0	35,882	100.0
島根県	農業	25,023	51.4	16,353	48.7
	林業	8,969	18.4	8,050	24.0
	水産業	14,989	30.8	9,072	27.0
	計	48,678	100.0	33,591	100.0
岡山県	農業	54,507	83.1	49,353	83.2
	林業	5,874	9.0	5,697	9.6
	水産業	5,415	8.3	4,029	6.8
	計	65,590	100.0	59,340	100.0
広島県	農業	49,477	68.5	41,856	71.4
	林業	9,132	12.7	5,783	9.9
	水産業	13,721	19.0	10,398	17.7
	計	72,178	100.0	58,583	100.0

〔注〕両年度の各県の計はすべて少しずつ異なり，農業，林業，水産業の合計と合わない。
〔資料〕表 6-4 と同じ。

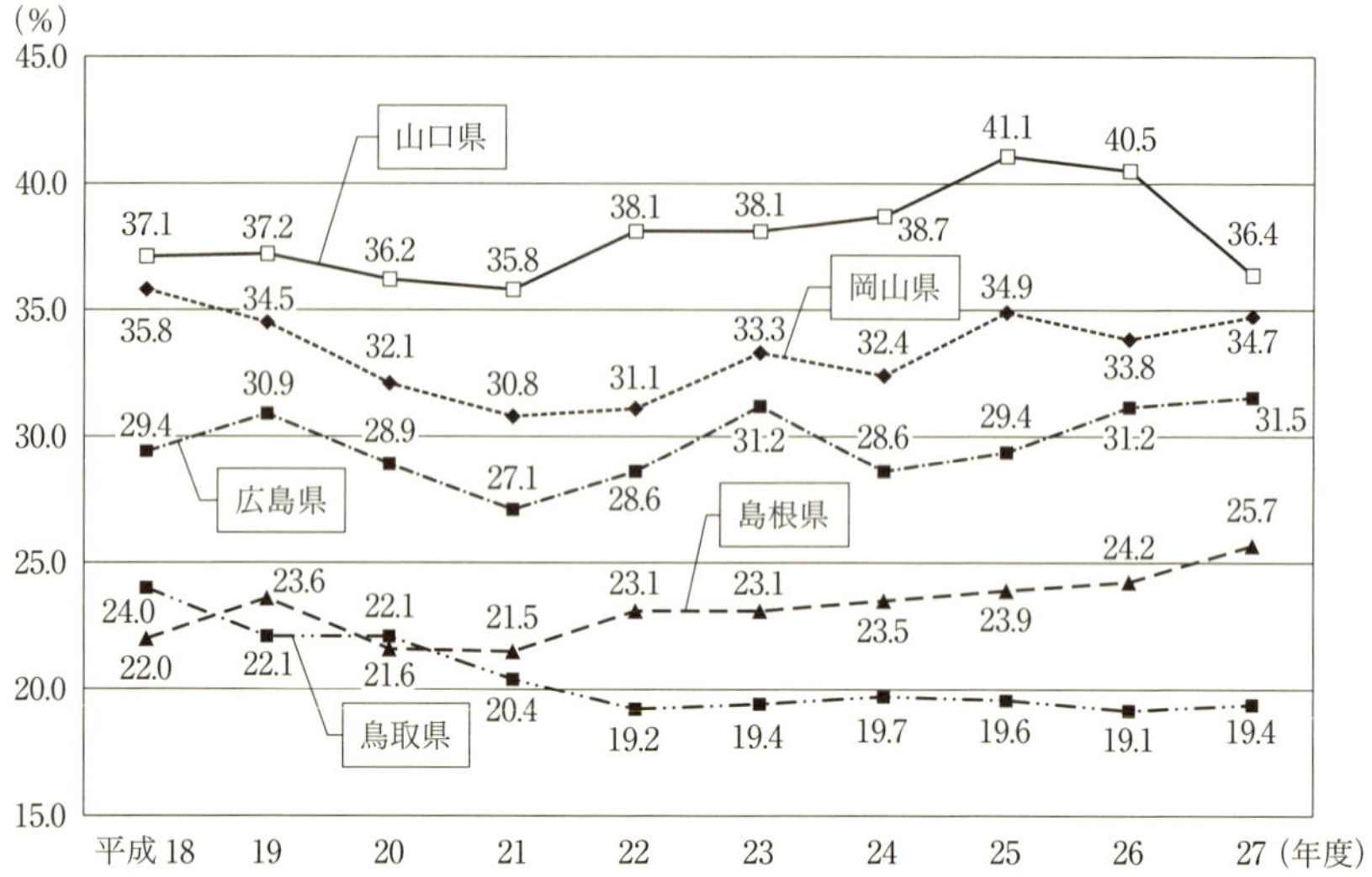

〔資料〕表6-4をもとに作成。

図6-1　中国5県の第2次産業の割合の推移（平成18-27年度）

後低下に転じて二十七年度には三六・四％に低下した。しかし、第一位の地位は保持した。

次に表6-7をご覧いただきたい[14]。この表は鉱業、製造業、建設業からなる第二次産業の内訳の推移をほぼ五年間隔で示したものである。この表を見ると、第一に、鉱業は一・八％以下であり、ほとんど無視しうるであろう。そして、第二次産業の中心は製造業と建設業であることが分かる。特徴としては、山陰側の鳥取県と島根県の製造業の割合が五六％から六八％であるのに対して、建設業は三二％から三九％である。他方、山陽側の山口県、岡山県、広島県は製造業の割合が八〇％以上、九〇％近くを占めるのに対して、建設業は一〇％台であり、二〇％にも達していない。つまり、鳥取県と島根県においては、建設業の割合が山口県、岡山県、広島県に比較して相対的に大きいといえるであろう。また山口県、岡山県、広島県は鳥取県と島根県に比較して、製造業が中心の県であり、三県におけるその割合は拮抗している。

では、山口県、岡山県、広島県の製造業の内訳はど

表 6-7　中国 5 県の第 2 次産業の県内総生産の内訳の推移
（実質：連鎖方式）（平成 18・22・27 年度）

（100 万円，％）

年度，鉱業・製造業・建設業／製造業内訳 ＼ 山口県他，実数，割合			山口県		鳥取県		島根県		岡山県		広島県	
			実数	割合	実数	割合	実数	割合	実数	割合	実数	割合
平成 18（2006）	鉱業		12,523	0.6	5,129	1.1	9,483	1.8	15,485	0.6	10,737	0.3
	製造業		1,810,667	84.0	302,877	65.9	297,280	55.7	2,334,702	84.8	2,717,069	83.4
	製造業内訳	食料品	97,270	4.5	144,061	31.3	35,304	6.6	270,804	9.8	255,795	7.9
		繊維製品	33,016	1.5	11,576	2.5	11,969	2.2	111,440	4.0	51,501	1.6
		パルプ・紙・紙加工品	24,291	1.1	-347	-0.1	6,610	1.2	31,775	1.2	36,262	1.1
		化学	678,157	31.4	1,563	0.3	6,017	1.1	835,798	30.4	122,779	3.8
		石油・石炭製品	268,295	12.4	1,204	0.3	619	0.1	539,711	19.6	5,136	0.2
		窯業・土石製品	75,418	3.5	4,077	0.9	20,070	3.8	82,512	3.0	64,331	2.0
		一次金属	226,177	10.5	7,105	1.5	106,920	20.0	488,009	17.7	503,675	15.5
		金属製品	67,845	3.1	12,510	2.7	12,206	2.3	69,313	2.5	130,937	4.0
		はん用・生産用・業務用機械	96,436	4.5	18,465	4.0	46,682	8.7	173,774	6.3	415,617	12.8
		電子部品・デバイス	37,836	1.8	60,136	13.1	28,367	5.3	22,611	0.8	161,549	5.0
		電気機械	26,572	1.2	30,027	6.5	11,049	2.1	57,377	2.1	63,757	2.0
		情報・通信機器	-166	0.0	12,491	2.7	25	0.0	6,856	0.2	86,056	2.6
		輸送用機械	127,008	5.9	4,537	1.0	22,415	4.2	512,090	18.6	559,587	17.2
		印刷業	16,232	0.8	4,775	1.0	8,137	1.5	43,737	1.6	34,225	1.1
		その他の製造業	92,438	4.3	18,326	4.0	28,555	5.4	171,954	6.2	276,432	8.5
	建設業		342,543	15.9	155,557	33.8	233,230	43.7	411,762	15.0	544,057	16.7
	第 2 次産業（参考）		2,156,626	100.0	459,726	100.0	533,588	100.0	2,752,851	100.0	3,257,220	100.0
平成 22（2010）	鉱業		3,741	0.2	910	0.3	2,453	0.4	6,272	0.3	2,660	0.1
	製造業		1,938,700	88.7	216,632	67.6	331,982	60.5	1,872,881	87.0	2,554,668	84.8
	製造業内訳	食料品	82,075	3.8	38,100	11.9	33,422	6.1	245,918	11.4	227,094	7.5
		繊維製品	33,023	1.5	7,416	2.3	9,995	1.8	111,675	5.2	41,264	1.4
		パルプ・紙・紙加工品	31,384	1.4	4,916	1.5	12,347	2.2	29,972	1.4	35,024	1.2
		化学	568,411	26.0	1,665	0.5	8,786	1.6	195,778	9.1	135,547	4.5
		石油・石炭製品	337,840	15.5	1,031	0.3	1,265	0.2	40,370	1.9	7,894	0.3
		窯業・土石製品	62,318	2.9	265	0.1	11,865	2.2	60,625	2.8	46,165	1.5
		一次金属	230,928	10.6	5,467	1.7	82,816	15.1	309,327	14.4	331,514	11.0
		金属製品	57,988	2.7	13,817	4.3	9,563	1.7	72,495	3.4	120,849	4.0
		はん用・生産用・業務用機械	97,008	4.4	10,509	3.3	48,760	8.9	165,397	7.7	307,061	10.2
		電子部品・デバイス	48,602	2.2	72,652	22.7	53,064	9.7	66,531	3.1	133,966	4.4
		電気機械	13,036	0.6	17,560	5.5	8,914	1.6	40,381	1.9	68,303	2.3
		情報・通信機器	1,299	0.1	22,026	6.9	3,341	0.6	20,397	0.9	160,405	5.3
		輸送用機械	260,384	11.9	5,330	1.7	23,763	4.3	339,740	15.8	667,993	22.2
		印刷業	16,611	0.8	3,965	1.2	4,647	0.8	48,868	2.3	46,204	1.5
		その他の製造業	108,058	4.9	13,651	4.3	22,834	4.2	161,264	7.5	217,095	7.2
	建設業		241,959	11.1	101,894	31.8	215,025	39.2	274,566	12.8	457,100	15.2
	第 2 次産業（参考）		2,185,419	100.0	320,276	100.0	548,816	100.0	2,153,358	100.0	3,013,065	100.0

表 6-7（つづき）

年度, 鉱業・製造業・建設業／製造業内訳 ＼ 山口県他, 実数, 割合			山口県		鳥取県		島根県		岡山県		広島県	
			実数	割合	実数	割合	実数	割合	実数	割合	実数	割合
平成 27（2015）	鉱業		3,885	0.2	343	0.1	1,745	0.3	2,151	0.1	1,988	0.1
	製造業		1,757,468	86.8	220,343	66.3	432,209	67.9	2,245,901	86.4	3,144,353	87.3
	製造業内訳	食料品	122,621	6.1	36,417	11.0	34,161	5.4	292,292	11.3	249,719	6.9
		繊維製品	20,434	1.0	9,028	2.7	16,318	2.6	88,024	3.4	49,774	1.4
		パルプ・紙・紙加工品	32,825	1.6	26,368	7.9	11,947	1.9	31,714	1.2	30,495	0.8
		化学	551,105	27.2	1,530	0.5	12,617	2.0	268,695	10.3	129,470	3.6
		石油・石炭製品	124,171	6.1	−	−	3,630	0.6	238,229	9.2	12,167	0.3
		窯業・土石製品	107,816	5.3	4,101	1.2	14,406	2.3	88,871	3.4	67,277	1.9
		一次金属	120,577	6.0	8,335	2.5	82,066	12.9	265,276	10.2	346,819	9.6
		金属製品	52,134	2.6	13,051	3.9	11,242	1.8	84,083	3.2	106,042	2.9
		はん用・生産用・業務用機械	90,242	4.5	16,718	5.0	62,147	9.8	200,346	7.7	424,647	11.8
		電子部品・デバイス	42,266	2.1	47,349	14.3	97,120	15.2	105,374	4.1	501,332	13.9
		電気機械	16,659	0.8	27,142	8.2	8,691	1.4	51,031	2.0	103,066	2.9
		情報・通信機器	1,693	0.1	956	0.3	26,119	4.1	27,015	1.0	202,325	5.6
		輸送用機械	240,096	11.9	5,718	1.7	24,392	3.8	181,458	7.0	712,160	19.8
		印刷業	17,986	0.9	4,075	1.2	5,002	0.8	63,347	2.4	46,268	1.3
		その他の製造業	142,558	7.0	14,547	4.4	35,619	5.6	238,563	9.2	270,316	7.5
	建設業		261,960	12.9	112,492	33.9	204,533	32.1	349,989	13.5	454,160	12.6
	第 2 次産業（参考）		2,024,612	100.0	332,130	100.0	636,971	100.0	2,598,074	100.0	3,601,310	100.0

〔注 1〕（参考）の第 2 次産業の数値と鉱業，製造業，建設業の合計とは一致しない。また，鉱業，製造業，建設業の 3 つの産業の割合の合計も，ほとんどの県で一致しない。
〔注 2〕割合は筆者が計算した。
〔資料〕表 6-4 と同じ。

のようになっているのであろうか。再び表6-7をご覧いただきたい。平成十八年度を見ると、山口県においては、化学が三一・四%で、第一位である。第二位は、石油・石炭製品で一二・四%である。二十二年度には、化学は三〇%を割って二六・〇%となる。他方、石油・石炭製品が一五・五%となってやや増加する。しかし、この表には掲げていないが、化学は二十六年度に三二・六%となり、第二次産業のほぼ三分の一に達する。しかし、二十七年度には表6-7のように、化学が二七・二%になり、石油・石炭製品は六・一%となって激減する。他方、輸送用機械は増加して二十七年度には一一・九%に達する。したがって、この期間の山口県の製造業の中心は、化学、石油・石炭製品、輸送用機械であろう。

岡山県を見ると、十八年度には化学が

三〇・四%、石油・石炭製品が一九・六%、輸送用機械が一八・六%であった。二十二年度になると、化学は九・一%に激減し、輸送用機械が一五・八%、一次金属が一四・四%になる。二十七年度には、食料品が一一・三%、化学が一〇・三%、一次金属が一〇・二%になる。なお、石油・石炭製品は九・二%である。したがって、岡山県ではこの期間に製造業の内訳はかなり変化しており、主要な業種は定まっていない。[15]

広島県の十八年度の製造業の内訳を見ると、輸送用機械が一七・二%、一次金属が一五・五%である。二十二年度になると、輸送用機械が二二・二%、一次金属が一一・〇%である。この表には示していないが、二十三年度には輸送用機械が二五・七%、一次金属が一〇・五%であるのに対して、はん用・生産用・業務用機械が一一・二%と伸びてくる。二十七年度には、輸送用機械が一九・八%、はん用・生産用・業務用機械が一一・八%であるのに対して、今度は電子部品・デバイスが一三・九%と伸びてくる。したがって、広島県の製造業の特徴は、輸送用機械が第一であることには変わらないが、はん用・生産用・業務用機械や電子部品・デバイスが伸びてくるという特徴がある。

鳥取県と島根県の製造業についても少しふれておく。鳥取県の製造業では、平成十八年度には食料品が三一・三%であった。しかし、この表では掲げていないが、平成二十年度には二八・二%となって、三〇%以下になった。二十二年度には一一・九%となり、半分以下に低下した。二十七年度は一一・〇%である。食料品に替わって増加したのは電子部品・デバイスであり、十八年度には一三・一%であったが、二十二年度には二二・七%と増加した。電子部品・デバイスは二十三年度には二五・一%となり、最大となった。その後二十七年度には一四・三%となりほぼ半減した。島根県では十八年度には一次金属が二〇・〇%と最大であったが、その後漸減して二十二年度には一五・一%、二十七年度には一一・九%となった。他方、鳥取県と同様に電子部品・デバイスが二十七年度には一五・二%になっている。

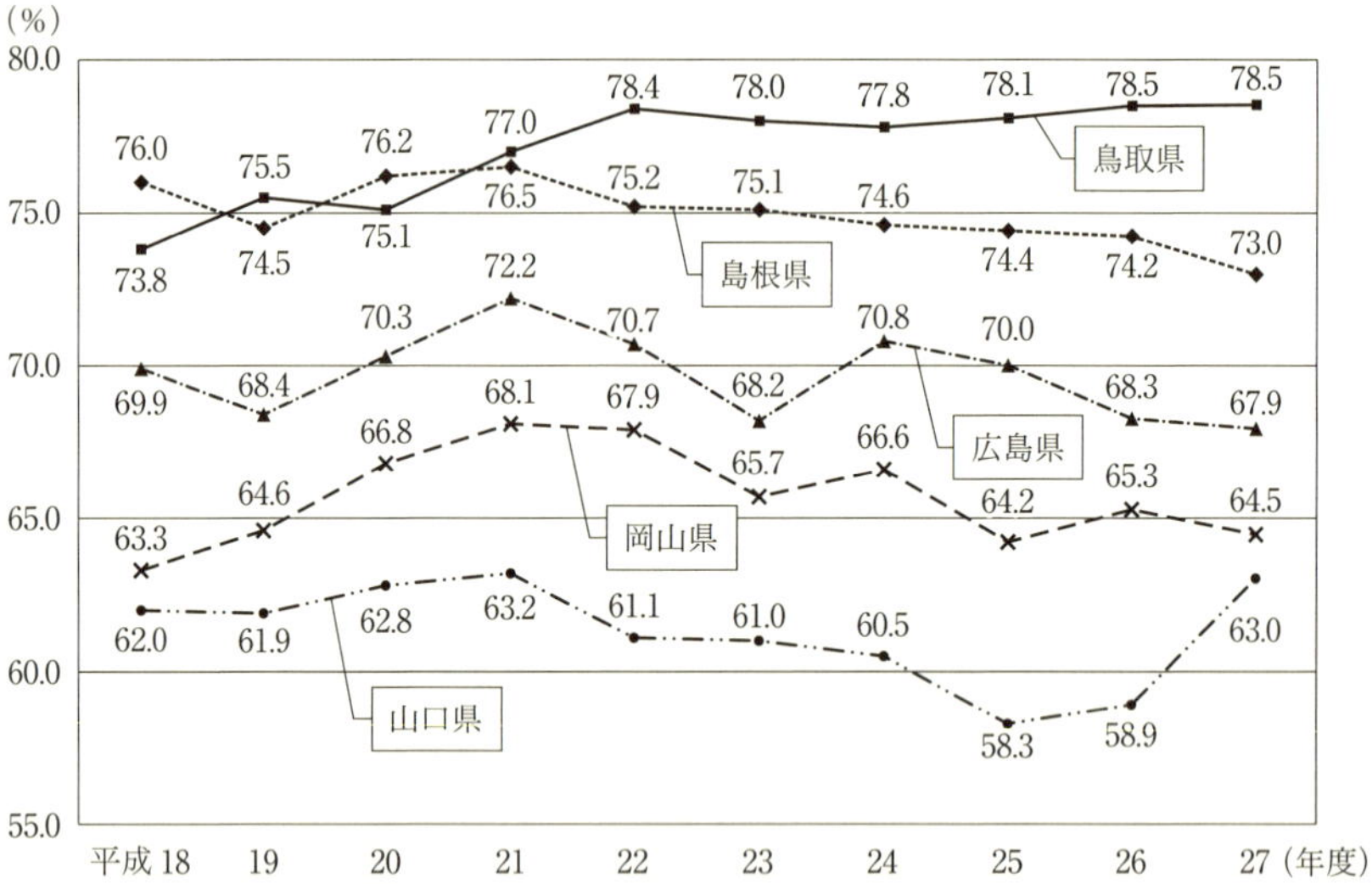

〔資料〕表6-4をもとに作成。

図6-2　中国5県の第3次産業の割合の推移（平成18-27年度）

最後に第三次産業について概観する。図6-2をご覧いただきたい。これは平成十八年度から二十七年度までの第三次産業の構成比の推移を示したものである。第三次産業の構成比が最も高いのは鳥取県と島根県という山陰側の二つの県である。十八年度から二十一年度の間では両県は交互に第一位を占めていたが、二十二年度以降は鳥取県が七七・八%から七八・五%の間を推移して第一位である。島根県の第三次産業は、二十一年度以降、緩やかに低下して、二十七年度には七三・〇%になっている。他方、山陽側を見ると、広島県、岡山県、山口県の順に第三次産業の構成比は低くなっており、この間に三県はジグザグの動きをしている。山口県は五県の中ではもっとも第三次産業の構成比が低く、六〇%前後の水準である。図6-1と比較すると、ちょうど逆の位置を示している。

表6-8をご覧いただきたい。この表は、五県の第三次産業の県内総生産の内訳を示したものである。これは、平成十八年度、二十二年度、二十七年度の三ヶ年度の内訳であるが、ご覧のように、五県において、

表 6-8　中国 5 県の第 3 次産業の県内総生産の内訳の推移（実質：連鎖方式）（平成 18・22・27 年度）

（100 万円，%）

年度，電気・ガス・水道・産業廃棄物処理業，卸売・小売業他 ＼ 山口県他，実数，割合			山口県		鳥取県		島根県		岡山県		広島県	
			実数	割合	実数	割合	実数	割合	実数	割合	実数	割合
平成 18（2006）	電気・ガス・水道・産業廃棄物処理業		231,113	6.4	52,194	3.7	115,277	6.2	208,337	4.3	282,489	3.6
	卸売・小売業		527,472	14.6	214,626	15.2	246,269	13.3	824,762	17.0	1,532,945	19.8
	卸売業・小売業内訳	卸売業	236,142	6.6	89,988	6.4	85,222	4.6	403,118	8.3	975,327	12.6
		小売業	291,130	8.1	124,485	8.8	161,156	8.7	422,168	8.7	559,552	7.2
	運輸・郵便業		382,569	10.6	90,756	6.4	122,268	6.6	462,214	9.5	672,457	8.7
	宿泊・飲食サービス業		146,938	4.1	58,163	4.1	67,558	3.7	176,973	3.6	292,927	3.8
	情報通信業		127,964	3.6	55,427	3.9	65,640	3.6	229,550	4.7	347,537	4.5
	金融・保険業		206,690	5.7	101,862	7.2	98,144	5.3	287,393	5.9	448,853	5.8
	不動産業		478,799	13.3	211,170	15.0	325,115	17.6	724,236	14.9	1,209,156	15.6
	不動産業内訳	住宅賃貸業	444,717	12.3	198,080	14.0	310,666	16.8	669,480	13.8	1,099,751	14.2
		その他の不動産業	34,525	1.0	13,329	0.9	14,756	0.8	55,646	1.1	110,375	1.4
	専門・科学技術，業務支援サービス業		245,787	6.8	100,965	7.2	140,920	7.6	400,677	8.2	680,787	8.8
	公務		301,298	8.4	138,107	9.8	155,802	8.4	322,565	6.6	513,002	6.6
	教育		241,828	6.7	102,498	7.3	132544	7.2	303,345	6.2	452,908	5.8
	保健衛生・社会事業		425,408	11.8	184,350	13.1	254,023	13.8	553,332	11.4	783,096	10.1
	その他のサービス		290,272	8.1	101,380	7.2	121,313	6.6	364,651	7.5	528,125	6.8
	第 3 次産業（参考）		3,604,313	100.0	1,411,892	100.0	1,845,104	100.0	4,861,886	100.0	7,742,947	100.0
平成 22（2010）	電気・ガス・水道・産業廃棄物処理業		228,434	6.5	48,955	3.7	94,437	5.3	190,181	4.1	240,535	3.2
	卸売業・小売業		479,835	13.7	174,120	13.3	236,149	13.2	766,074	16.3	1,357,093	18.2
	卸売業・小売業内訳	卸売業	200,128	5.7	78,448	6.0	71,606	4.0	338,208	7.2	757,878	10.2
		小売業	279,648	8.0	95,614	7.3	164,518	9.2	427,848	9.1	598,830	8.0
	運輸・郵便業		324,532	9.3	77,191	5.9	102,230	5.7	394,239	8.4	543,993	7.3
	宿泊・飲食サービス業		119,064	3.4	46,928	3.6	61,757	3.5	160,625	3.4	237,366	3.2
	情報通信業		134,078	3.8	58,977	4.5	76,166	4.3	226,437	4.8	380,127	5.1
	金融・保険業		183,335	5.2	89,671	6.8	86,904	4.9	251,113	5.3	408,771	5.5
	不動産業		503,621	14.4	211,125	16.1	333,033	18.7	764,897	16.3	1,273,975	17.1
	不動産業内訳	住宅賃貸業	460,504	13.2	192,701	14.7	311,028	17.4	685,759	14.6	1,142,636	15.4
		その他の不動産業	43,233	1.2	18,446	1.4	22,023	1.2	79,246	1.7	131,525	1.8
	専門・科学技術，業務支援サービス業		272,954	7.8	85,113	6.5	145,763	8.2	404,513	8.6	658,581	8.8
	公務		298,959	8.5	139,267	10.6	157,799	8.8	306,940	6.5	584,687	7.9
	教育		251,957	7.2	107,126	8.2	137,931	7.7	302,181	6.4	451,276	6.1
	保健衛生・社会事業		450,004	12.9	189,070	14.4	243,983	13.7	605,600	12.9	867,651	11.7
	その他のサービス		251,162	7.2	81,989	6.3	108,640	6.1	321,982	6.9	439,419	5.9
	第 3 次産業（参考）		3,499,596	100.0	1,309,500	100.0	1,783,590	100.0	4,695,607	100.0	7,443,636	100.0

表6-8（つづき）

年度，電気・ガス・水道・産業廃棄物処理業，卸売・小売業他 ＼ 山口県他，実数，割合			山口県		鳥取県		島根県		岡山県		広島県	
			実数	割合	実数	割合	実数	割合	実数	割合	実数	割合
平成27（2015）	電気・ガス・水道・産業廃棄物処理業		192,485	5.5	43900	3.3	66,984	3.7	155,473	3.2	210,837	2.7
	卸売・小売業		472,221	13.5	169,763	12.6	245,232	13.6	754,391	15.6	1,396,888	18.0
	卸売業・小売業内訳	卸売業	192,503	5.5	86,403	6.4	75,407	4.2	359,305	7.5	773,773	10.0
		小売業	279,722	8.0	83,274	6.2	169,778	9.4	394,783	8.2	622,800	8.0
	運輸・郵便業		325,205	9.3	74,514	5.5	101,019	5.6	372,384	7.7	568,883	7.3
	宿泊・飲食サービス業		129,080	3.7	44,546	3.3	64,647	3.6	166,893	3.5	277,400	3.6
	情報通信業		133,426	3.8	61571	4.6	80,673	4.5	240,830	5.0	395,644	5.1
	金融・保険業		217,068	6.2	106,179	7.9	99,585	5.5	306,004	6.4	486,806	6.3
	不動産業		540,107	15.4	222,861	16.6	356,026	19.7	805,375	16.7	1,330,789	17.2
	不動産業内訳	住宅賃貸業	490,077	14.0	203,112	15.1	334,525	18.5	724,776	15.0	1,191,071	15.4
		その他の不動産業	50,021	1.4	19,733	1.5	21,438	1.2	80,443	1.7	140,422	1.8
	専門・科学技術，業務支援サービス業		253,752	7.2	84,659	6.3	144,900	8.0	400,716	8.3	749,295	9.7
	公務		289,393	8.3	145,135	10.8	153,093	8.5	305,230	6.3	528,309	6.8
	教育		256,804	7.3	110468	8.2	143,352	7.9	339,454	7.0	456,902	5.9
	保健衛生・社会事業		469,236	13.4	202,789	15.1	261,548	14.5	655,929	13.6	926,998	12.0
	その他のサービス		238,744	6.8	80,777	6.0	98,811	5.5	325,127	6.7	434,891	5.6
	第3次産業（参考）		3,509,051	100.0	1,346,217	100.0	1,810,069	100.0	4,822,553	100.0	7,757,282	100.0

〔注1〕電気・ガス・水道・産業廃棄物処理業以下の実数の合計と第3次産業（参考）の実数は一致しない。また，電気・ガス・水道・産業廃棄物処理業以下の割合の合計も，ほとんどの県で一致しない。
〔注2〕電気・ガス・水道・産業廃棄物処理業以下の内訳の中では省略した項目がある。
〔注3〕割合は筆者が計算した。
〔資料〕表6-4と同じ。

比較的大きな割合を占めているのは、五県ともに卸売業・小売業[16]、不動産業、保健衛生・社会事業[17]の三つであり、五県の間に大きな差はない。

図6-3[18]をご覧いただきたい。これは、近年、地域経済分析においてしばしば用いられる特化係数[19]を応用した図である。a、a´のラインは第一次産業の特化係数が1のラインであり、b、b´のラインは第二次産業の特化係数が1のラインであり、c、c´のラインは第三次産業の特化係数が1のラインである。そして、ラインが1というのは、五県における各種業種の生産額の割合と全国の同一業種の割合が同じであることを示す。したがって、特化係数が1より大き

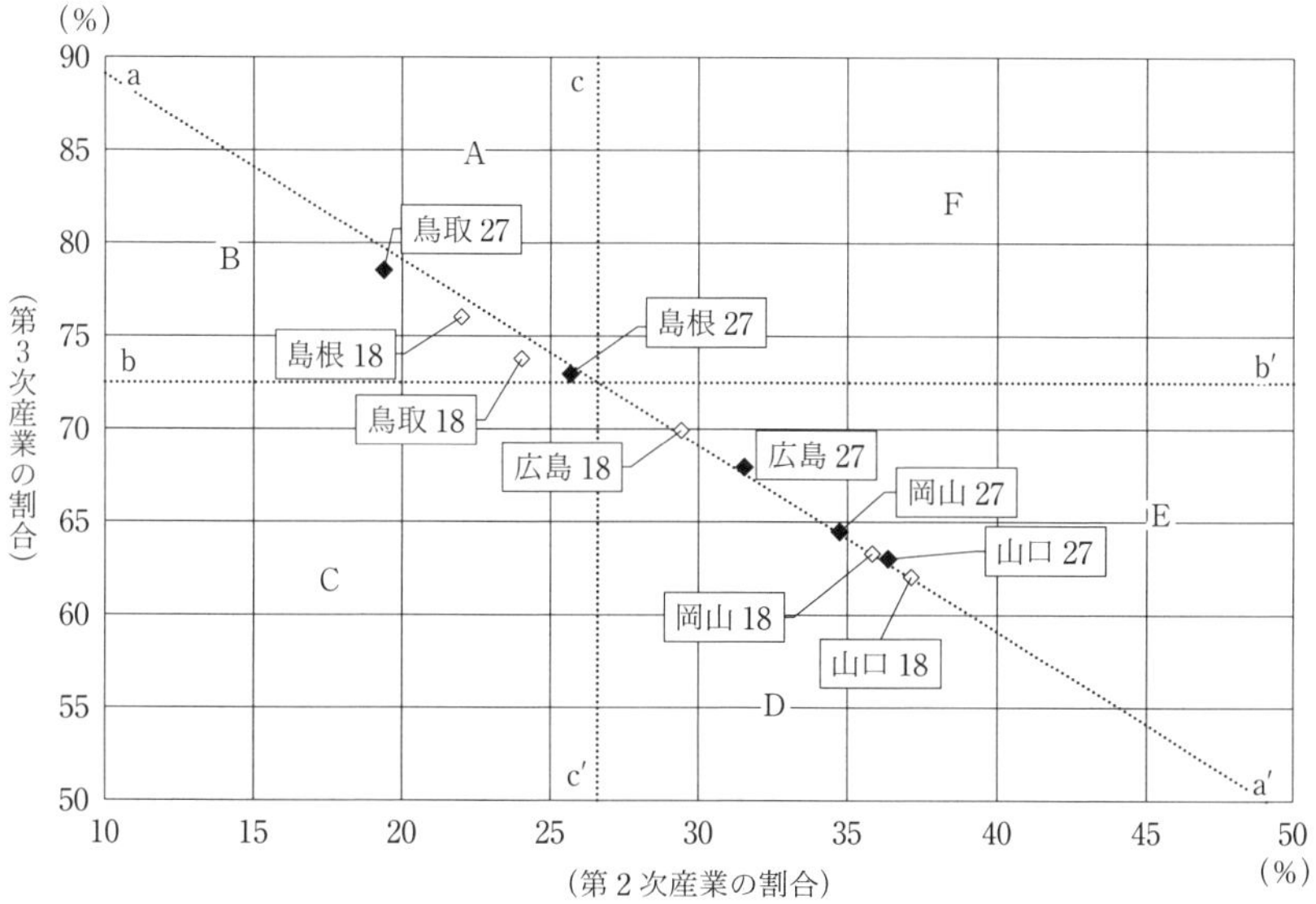

〔資料〕表6-4をもとに作成。

図6-3　中国地方の5県における第2次・第3次産業の割合の分布(平成18・27年度)

ければ、その県のある業種が全国と比較して大きく、小さければ全国に比較して小さいということを示す。

第一次産業の特化係数が1を上回っているのは、鳥取県、島根県の二県であり、それらの二県はBの領域にまとまっている。(20) また、両県は、第二次産業の割合が小さく、第三次産業の割合が大きいことを示している。(21)

広島県、岡山県、山口県の三県は、Eの領域にまとまっている。そして、それら三県の第三次産業の割合は七〇%以下であり、第二次産業の割合が大きいのが特徴である。特に山口県は第二次産業の割合が三五%以上であり、中国地方の五県の中では最も高い。したがって、山口県は中国地方の中では工業県といえるであろう。ただし、第二次産業の割合は平成十八年度から二十七年度の間においてやや低下している。

なお、図6-3において注目すべきは、島根県が平成十八年度と二十七年度の間において第

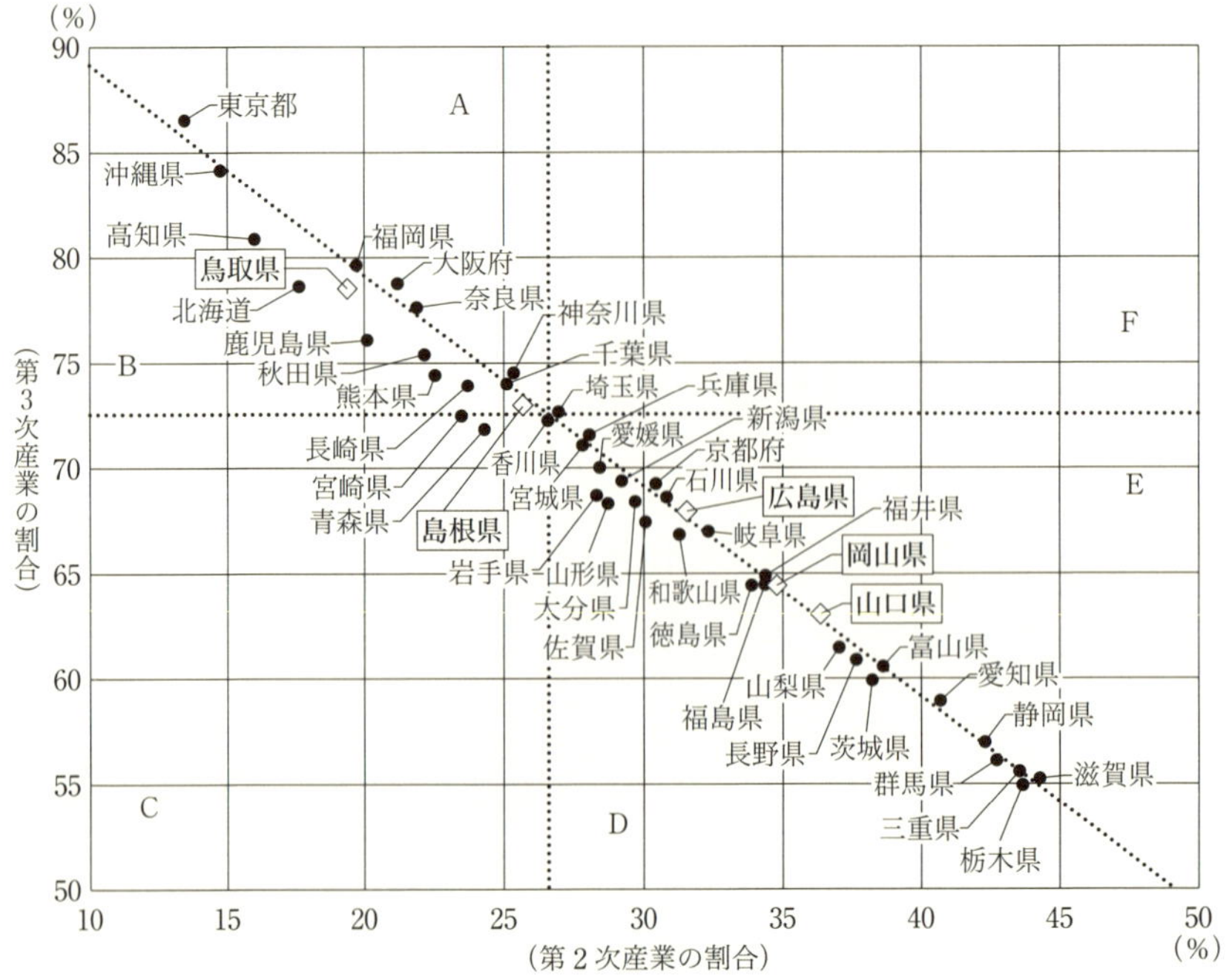

〔資料〕表 6-4 をもとに作成。

図 6-4　全都道府県の第 2 次・第 3 次産業の割合の分布（平成 27 年度経済活動別県内総生産〔実質〕）

二次産業の割合を増加させていることである。つまり、白の菱形（平成十八年度）から黒の菱形（二十七年度）へと右に移行しているのである。その原因は、前掲の表6‐7から推測すると、この一〇年間に電子部品・デバイスの割合が島根県では着実に増加したことが原因[22]かもしれない。

図6‐4をご覧いただきたい。この図は、各都道府県の総生産の第二次産業と第三次産業の割合の分布を示したものである。本章の対象外ではあるが、東京都、沖縄県、高知県は第三次産業の割合が八〇%以上であり、突出して高い。なお、高知県の第二次産業の割合は、この図では示していないが、一六・〇%である。

本章の対象である中国地方の五県を見ると、鳥取県と島根県は、図では示していないが、第三次産業の割合は島根県が七三・〇％、鳥取県が七八・五％で、七三％以上である。他方、広島県、岡山県、山口県は第三次産業の割合が低く、第二次産業の割合が高い。特に山口県は中国地方の五県の中では第二次産業の割合が最も高く、図では示していないが、三六・四％である。全国的に見ると、滋賀県の第二次産業の割合は四四・三％で、全国平均の二六・六％の一・六七倍である。なお、山口県は全国平均の一・三七倍である。

表6-9をご覧いただきたい。これは平成二十九年の就業構造基本調査の結果から中国地方の五県を抽出したものである。この調査は、国民の就業及び不就業の状態を調査し、全国及び地域別の就業構造に関する基礎資料を得ることが目的であること、この調査は昭和三十一年から行われているが、昭和五十七年以降は五年ごとに実施されていること、そして平成二十九年の同調査は、全国の五二万世帯（一五歳以上の世帯員約一〇八万人）を対象に同年十月一日現在で実施された(23)。

まず、第一次産業である。ご覧のように、農業・林業は、山口県は三・五％であるが、やはり島根県が七・五％、鳥取県が五・五％でともに山口県よりは高い。第二次産業における製造業を見ると、全国が一五・九％であるが、岡山県は一八・二％、広島県が一七・六％、そして山口県が一六・五％であり、岡山県が最も高い。なお、製造業の内訳で注目すべきは化学諸工業(24)で、全国が二・〇％であるのに対して、山口県は三・七％であり、岡山県、広島県より高い。第三次産業における卸売業・小売業では、広島県が一六・五％、島根県が一五・二％、そして山口県が一五・〇％であり、それら三県が高い。但し、全国も一五・三％であり、特段それらの三県が全国を大きく上回っているわけではない。

第三次産業の医療・福祉を見ると、全国が一二・三％であるのに対して、島根県が一六・四％、鳥取県が一五・八％、山口県が一五・二％であり、それら三県が特に高い。その原因は、先に見た人口の高齢化にあるのであろ

方の5県の平成29年就業構造基本調査の結果

（人，%）

山口県		鳥取県		島根県		岡山県		広島県		全国	
実人員	割合	実人員	割合	実人員	割合	実人員	割合	実人員	割合	実人員	割合
23,500	3.5	21,800	7.5	19,000	5.5	39,100	4.0	34,500	2.4	2,030,500	3.1
4,200	0.6	1,600	0.6	2,100	0.6	1,000	0.1	3,700	0.3	162,900	0.2
500	0.1	100	0.0	200	0.1	300	0.0	300	0.0	24,800	0.0
57,900	8.5	21,900	7.6	31,700	9.1	78,400	8.1	120,200	8.2	4,899,800	7.4
112,100	16.5	41,200	14.2	47,300	13.6	176,300	18.2	256,400	17.6	10,530,900	15.9
15,700	2.3	9,300	3.2	8,100	2.3	24,300	2.5	32,400	2.2	1,518,200	2.3
3,200	0.5	4,000	1.4	3,100	0.9	19,300	2.0	8,900	0.6	441,000	0.7
24,800	3.7	2,500	0.9	2,900	0.8	24,800	2.6	25,000	1.7	1,303,300	2.0
11,500	1.7	2,900	1.0	2,700	0.8	16,300	1.7	23,900	1.6	959,200	1.4
32,800	4.8	14,900	5.1	18,300	5.3	56,100	5.8	118,000	8.1	4,087,800	6.2
4,200	0.6	2,000	0.7	2,300	0.7	8,200	0.8	11,500	0.8	374,200	0.6
6,000	0.9	3,400	1.2	3,800	1.1	13,700	1.4	22,100	1.5	2,233,600	3.4
31,600	4.7	10,400	3.6	11,600	3.3	50,200	5.2	75,900	5.2	3,434,300	5.2
101,500	15.0	40,200	13.9	52,800	15.2	139,000	14.4	240,000	16.5	10,120,100	15.3
19,600	2.9	9,500	3.3	11,600	3.3	39,500	4.1	75,600	5.2	2,967,400	4.5
81,900	12.1	30,800	10.6	41,300	11.9	99,600	10.3	164,400	11.3	7,152,700	10.8
12,900	1.9	7,200	2.5	7,500	2.2	19,900	2.1	27,000	1.9	1,633,000	2.5
9,400	1.4	3,200	1.1	3,900	1.1	14,200	1.5	29,300	2.0	1,427,600	2.2
15,500	2.3	7,600	2.6	9,400	2.7	25,400	2.6	44,100	3.0	2,457,100	3.7
38,400	5.7	15,900	5.5	17,200	4.9	46,600	4.8	78,400	5.4	3,728,600	5.6
23,100	3.4	8,800	3.0	9,800	2.8	31,100	3.2	54,200	3.7	2,626,400	4.0
24,600	3.6	9,200	3.2	11,500	3.3	31,200	3.2	48,600	3.3	2,356,000	3.6
16,600	2.4	6,800	2.3	8,500	2.4	22,400	2.3	34,400	2.4	1,609,700	2.4
34,100	5.0	16,100	5.6	19,300	5.5	52,600	5.4	78,300	5.4	3,198,500	4.8
103,000	15.2	45,900	15.8	57,000	16.4	137,300	14.2	194,000	13.3	8,159,300	12.3
7,800	1.1	3,400	1.2	6,100	1.8	9,400	1.0	14,600	1.0	547,500	0.8
38,900	5.7	16,000	5.5	21,100	6.1	58,500	6.1	88,900	6.1	4,423,000	6.7
30,100	4.4	13,700	4.7	17,300	5.0	49,700	5.1	76,100	5.2	3,835,900	5.8
32,600	4.8	14,800	5.1	16,200	4.6	35,700	3.7	52,300	3.6	2,348,500	3.5
19,800	2.9	7,700	2.7	8,600	2.5	29,000	3.0	38,400	2.6	2,122,700	3.2
678,600	100.0	289,600	100.0	348,500	100.0	966,300	100.0	1,458,500	100.0	66,213,000	100.0

表 6-9　中国地

第1・2・3次産業，その内訳		県と全国の実人員と割合
第1次産業		農業・林業
		漁　　業
第2次産業		鉱業・採石業・砂利採取業
		建　設　業
		製　造　業
	製造業の内訳	うち食料品・飲料・たばこ製造業
		うち繊維工業
		うち化学諸工業
		うち金属製品製造業
		うち機械工業
第3次産業		電気・ガス・熱供給・水道業
		情報通信業
		運輸業・郵便業
		卸売業・小売業
	卸売業・小売業の内訳	卸売業
		小売業
		金融業・保険業
		不動産業・物品賃貸業
		学術研究・専門・技術サービス業
		宿泊業・飲食サービス業
		うち飲食店
		生活関連・サービス業・娯楽業
		うち生活関連・サービス業
		教育・学習支援業
		医療・福祉
		複合サービス事業
		サービス業（他に分類されないもの）
		うち事業サービス業
		公務（他に分類されるものを除く）
分類不能の産業		
総　　数		

〔資料〕総務省『平成 29 年就業構造基本調査』。

うか。

平成二十九年の就業構造を見ると、全体として、第二次産業の製造業、第三次産業の卸売業・小売業、医療・福祉が三つの大きな就業者数を擁しているといえるであろう。そのような特徴は、山口県にも当てはまる。特に第三次産業の医療・福祉が大きい就業者数を擁しているのは、現代福祉国家の特徴の一つを示しているといえるであろう。

三　山口県ほか五県の歳出構造

財政については、まず五県の歳出と歳入について概観する。まず歳出である。表6-10をご覧いただきたい。平成十四年度から二十四年度までの一一年間の歳出（普通会計）の顕著な特徴はその歳出規模の縮小である。都道府県の歳出の合計は、平成十四年度に比較して二十四年度には二％の縮減である。しかし、中国地方の五県の歳出はすべてそれより大きく縮小している。最大の縮小は鳥取県で十四年度に比較して二十四年度には二三％の減少である。その他の四県は島根県の一九％から岡山県の一一％までである。山口県は一七％の減少である。五県における歳出縮減の悉皆的な原因究明は行っていないが、山口県に関しては国庫補助金の減少による土木費の急減が原因の一つであると筆者は考えている。(25)

表6-11をご覧いただきたい。この表では、民生費、農林水産業費、商工費、土木費、教育費、公債費の六つの経費のみを五年度間隔で掲げ、できるだけ簡略化するために議会費、総務費、衛生費、労働費、警察費、消防費、災害復旧費等はその他としてまとめた。

この表において、まず右端の都道府県の歳出（合計）の主要な経費の割合を見ると、これら三ヶ年度において最も大きい割合は教育費で、平成十四年度が二三・四％、十九年度が二三・九％、二十四年度が二一・九％であり、二二％から二四％の間となっている。これを一つの基準として見ると、教育費が第一位の構成比を占めるのは広島県と岡山県である。両県の教育費は三ヶ年度ともに二四％から二七％の間であり、全国の平均を上回っている。他方、鳥取県と島根県においては平成十四年度には土木費が第一位であり、十九年度において鳥取県では教育費が土木費を上回った。山口県は、十四年度には土木費が教育費をわずかに上回っていたが、十九年度になり土木

表 6-10　中国地方の 5 県の歳出総額の推移
（平成 14・18・22・24 年度）

（100 万円）

都道府県	実数と指数	平成 14 年度	18 年度	22 年度	24 年度
山口県	実数	775,909	705,626	693,920	646,514
	指数	100	91	89	83
鳥取県	実数	428,276	365,289	355,848	330,097
	指数	100	85	83	77
島根県	実数	651,834	525,864	547,088	525,197
	指数	100	81	84	81
岡山県	実数	767,282	735,545	716,989	686,493
	指数	100	96	93	89
広島県	実数	1,060,956	944,243	945,113	887,501
	指数	100	89	89	84
都道府県計	実数	50,503,923	47,535,945	49,059,536	49,481,842
	指数	100	94	97	98

〔注〕指数は平成 14 年度を 100 とする。
〔資料〕総務省 HP：都道府県決算状況調（平成 14 年度・18 年度・22 年度・24 年度）。

費の割合の急減によって教育費が二〇%を超えた。したがって、鳥取県、島根県、山口県は、相対的にではあるが、土木費の大なり小なりの減少によって教育費の割合が上昇したといえるであろう。

次に、表6-12をご覧いただきたい。この表は、中国地方の五県の歳出決算総額（普通会計）に占める教育費の割合と全国における順位を示したものである。山口県は、平成十四年度から二十四年度にかけて歳出決算総額に占める教育費の割合が十四年度の一九・六四%から二十四年度の二二・二九%へと漸増したために、全国における順位も四二位から二五位へと上昇した。同様な傾向は鳥取県おいても見られる。島根県は、歳出決算総額に占める教育費の割合はほぼ横ばいであり、全国における順位も四〇位台にとどまっている。岡山県も、歳出決算総額に占める教育費の割合はほぼ横ばいであるが、二十四年度には一三位になっている。広島県は、歳出決算総額に占める教育費の割合が二十四年度には二七・〇二%となり、全国における順位も七位になり、一〇位以内に入っている。山口県は平成十四年度の四二位から漸増して、二十四年度には二五位となり、中国地方の五県の中では三番目、つまり五県の真ん中になったのである。もっとも、十四年度にも、島根県が四六位、鳥取県が四四位、山口県が四二位であり、その時にも山口県は三番目であった。

次に平成十四年度において教育費に次ぐか、それに勝る金額の土木費について検討する。表6-13をご覧いただきたい。平成十四年度から二十四年度の間において、平成十四年度を一〇〇とする指数で見ると、土木費が最も小さくなったのは広島県で、四二である。ついで、山口県が四三で、全国平均の五八を大きく下回る。その他

生費他が歳出に占める構成比の推移

（100 万円，%）

岡山県		広島県		都道府県（合計）	
金額	構成比	金額	構成比	金額	構成比
64,338	8.4	92,728	8.7	4,374,484	8.7
78,859	10.3	84,631	8.0	3,994,320	7.9
15,741	2.1	38,074	3.6	3,238,071	6.4
152,227	19.8	211,559	19.9	9,122,257	18.1
188,465	24.6	271,903	25.6	11,839,127	23.4
125,985	16.4	147,450	13.9	6,610,063	13.1
141,668	18.5	214,611	20.2	11,325,600	22.4
767,283	100.0	1,060,956	100.0	50,503,922	100.0
75,576	10.3	107,876	11.5	5,169,661	10.9
118,256	16.2	44,277	4.7	2,595,562	5.5
20,440	2.8	29,142	3.1	3,359,718	7.1
93,074	12.7	142,669	15.2	6,552,227	13.8
179,680	24.5	250,582	26.7	11,333,026	23.9
104,056	14.2	151,154	16.1	6,609,267	13.9
140,910	19.3	213,445	22.7	11,868,837	25.0
731,992	100.0	939,145	100.0	47,488,298	100.0
102,273	14.9	151,908	17.1	7,302,388	14.7
97,957	14.2	31,962	3.6	2,328,369	4.7
12,996	1.9	36,217	4.1	4,304,034	8.7
65,697	9.5	87,932	9.9	5,304,693	10.7
170,114	24.7	239,847	27.0	10,862,666	21.9
100,373	14.6	148,384	16.7	7,002,324	14.1
139,091	20.2	191,252	21.5	12,425,698	25.1
688,501	100.0	887,502	100.0	49,530,172	100.0

金，地方消費税等の交付金等からなる。

表 6-11　中国地方の 5 県の普通会計における主要歳出額と民
(平成 14・19・24 年度)

年度	款	山口県		鳥取県		島根県	
		金額	構成比	金額	構成比	金額	構成比
平成 14 年度	民生費	68,073	8.8	37,208	8.7	48,597	7.5
	農林水産業費	68,918	8.9	51,227	12.0	91,863	14.1
	商工費	73,262	9.4	42,144	9.8	47,862	7.3
	土木費	161,565	20.8	87,240	20.4	156,062	23.9
	教育費	152,413	19.6	76,735	17.9	116,154	17.8
	公債費	96,337	12.4	62,062	14.5	105,282	16.2
	その他	155,341	20.0	71,659	16.7	86,014	13.2
	歳出総額	775,909	100.0	428,275	100.0	651,834	100.0
平成 19 年度	民生費	67,743	9.9	35,586	10.6	40,487	7.9
	農林水産業費	47,237	6.9	27,094	8.0	41,014	8.0
	商工費	71,802	10.5	28,469	8.5	53,159	10.3
	土木費	113,964	16.6	57,956	17.2	97,380	18.9
	教育費	149,592	21.8	68,146	20.2	95,419	18.6
	公債費	99,152	14.5	59,730	17.7	102,995	20.0
	その他	136,353	19.9	59,824	17.8	83,731	16.3
	歳出総額	685,843	100.0	336,805	100.0	514,185	100.0
平成 24 年度	民生費	86,262	13.3	44,559	13.5	52,560	10.0
	農林水産業費	34,872	5.4	27,110	8.2	40,531	7.7
	商工費	78,033	12.0	13,111	4.0	70,624	13.4
	土木費	69,124	10.7	47,100	14.3	87,211	16.6
	教育費	144,734	22.3	72,055	21.8	95,512	18.2
	公債費	108,579	16.8	58,497	17.7	95,235	18.1
	その他	126,518	19.5	67,671	20.5	83,530	15.9
	歳出総額	648,122	100.0	330,103	100.0	525,203	100.0

〔注〕その他とは，議会費，総務費，衛生費，労働費，警察費，消防費，災害復旧費，利子割交付
〔資料〕総務省 HP：都道府県決算状況調，各年度版。

表 6-12　中国地方の５県における歳出決算総額（普通会計）に占める教育費の割合と全国における順位の推移（平成 14-24 年度）

（%）

県名	構成比と順位	平成 14 年度	18 年度	22 年度	24 年度
山口県	教育費の構成比	19.64	21.16	20.56	22.39
	全国における順位	42	38	31	25
鳥取県	教育費の構成比	17.92	19.26	19.82	21.83
	全国における順位	44	44	38	30
島根県	教育費の構成比	17.82	18.08	16.66	18.91
	全国における順位	46	46	45	41
岡山県	教育費の構成比	24.56	24.68	23.76	24.78
	全国における順位	18	19	18	13
広島県	教育費の構成比	25.63	26.89	25.70	27.02
	全国における順位	14	15	10	7
全国の指標値（%）		23.44	23.84	22.24	21.95

〔注〕構成比は歳出決算総額に占める教育費の割合。
〔資料〕総務庁統計局編集・発行『統計でみる都道府県のすがた』2005，平成 17 年 2 月；同，2009，平成 21 年 2 月；同，2013，平成 25 年 2 月；同，2015，平成 27 年 2 月。なお，いちいちの頁は省略した。

の鳥取県、島根県、岡山県の指数は、五〇位台である。(26) その結果、表6-11に見るように、平成二十四年度には、山口県の歳出においては、土木費は、教育費、民生費、公債費、商工費に次いで第五位の地位にまで低下したのである。

表6-14をご覧いただきたい。これは中国地方の五県の歳出決算総額（普通会計）に占める土木費の割合と全国におけるその順位を示したものである。一部はすでに表6-11でみたが、山口県の歳出決算総額に占める土木費の割合は年を追って低下し、全国の順位も漸減傾向であった。ところが、二十四年度には土木費の割合が一〇・六九%になったにもかかわらず、順位は二八位へと下降している。その理由は、山口県の土木費の割合が全国の指標値とほぼ同じになったからであろう。

山陰の島根県と鳥取県の土木費の割合も低下しているが、全国の順位は上昇し、二十四年度には鳥取県は六位、島根県は三位となっている。つまり、全国的に見て、両県の土木費の割合はかなり高いということで

表 6-13　中国地方の 5 県の土木費の金額と指数の推移（平成 14・18・22・24 年度）

（100 万円）

県名	実数と指数	平成 14 年度	18 年度	22 年度	24 年度
山口県	実数	161,565	117,681	102,786	69,124
	指数	100	73	64	43
鳥取県	実数	87,240	63,766	58,334	47,100
	指数	100	73	67	54
島根県	実数	156,062	102,414	97,247	87,211
	指数	100	66	62	56
岡山県	実数	152,227	102,839	70,243	87,932
	指数	100	68	46	58
広島県	実数	211,559	155,100	114,272	87,932
	指数	100	73	54	42
全国（合計）	実数	9,122,257	6,875,359	5,717,055	5,304,693
	指数	100	75	63	58

〔注〕指数は平成 14 年度を 100 とする。
〔資料〕総省 HP：都道府県決算状況調（平成 14 年度，18 年度，22 年度，24 年度）。

表 6-14　中国地方の 5 県における歳出決算総額に占める土木費の割合と全国における順位の推移（平成 14・18・22・24 年度）

（%）

県名	割合と順位	平成 14 年度	18 年度	22 年度	24 年度
山口県	土木費の割合	20.82	16.68	14.81	10.69
	全国における順位	12	16	9	28
鳥取県	土木費の割合	20.37	17.46	16.39	14.27
	全国における順位	13	7	4	6
島根県	土木費の割合	23.94	19.48	17.78	16.61
	全国における順位	3	3	3	3
岡山県	土木費の割合	19.84	13.98	9.80	9.57
	全国における順位	19	33	39	35
広島県	土木費の割合	19.94	16.43	12.09	9.91
	全国における順位	18	18	24	33
全国の指標値（%）		18.06	14.46	11.65	10.72

〔資料〕総務庁統計局編集・発行『統計でみる都道府県のすがた』2005，平成 17 年 2 月；同，2009，平成 21 年 2 月；同，2013，平成 25 年 2 月；同，2015，平成 27 年 2 月。なお，いちいちの頁は省略した。

あろう。このことは、すでに表6-7において見たように、第二次産業の県内総生産を見ると、鳥取県と島根県においては建設業の割合が山口県、岡山県、広島県に比較して大きいということに関連があるであろう。他方、山陽側の岡山県と広島県の土木費の割合は低下しているが、二十四年度の全国の順位は三〇位台中頃である。

次に、表6-11で見たように、人口の高齢化にしたがって介護費用や高齢者医療費の増嵩等によって民生費が増加した。ここでは、やや立ち入って、中国地方の五県の民生費と第二項の老人福祉費の推移を見ると表6-15の通りである。(27)

その前に、民生費について若干説明すると、民生費は、「都道府県決算状況調」では第三款であり、下位の項は第一項が社会福祉費、第二項が老人福祉費、第三項が児童福祉費、第四項が生活保護費、第五項が災害救助費である。福祉行政における都道府県の役割は、第一に、福祉事務所、児童相談所、病院、老人ホーム等の設置や運営、第二に、市町村や民間事業者等に対して許認可や指導・監督を行うこと、第三に、法律等の規定に基づき又は独自に医療・介護・福祉等のサービスの提供に必要な費用を補助金・負担金等の形で負担することである。いうまでもなく、実際の福祉サービスの提供は、基礎的自治体である市町村が行う。(28) なお、『地方財政白書』によって、都道府県が支出する民生費の性質別内訳を見ると、支出の過半から七〇%以上が市町村等に対する補助費等である。(29) つまり、右の分類でいうと、第三の範疇である。

さて、表6-15を見る。この一一年間において島根県の民生費の伸びは一〇八であり、中国地方の五県の中では最も低い。先に見たように、老年人口の割合が山口県と並んで高い島根県の民生費の伸びが最も小さいのである。山口県の民生費の伸びは一二七であるが、全国（合計）の一六七よりはかなり低い。鳥取県は一二〇で、山口県より低い。中国五県において民生費の伸びの指数が大きいのは広島県の一六四と岡山県の一五九である。

次に、老人福祉費の指数をみると、鳥取県が一三〇、島根県が一三四であり、ともに最低である。山口県は一

表 6-15　中国地方の 5 県の民生費と老人福祉費の推移
（平成 14・19・24 年度）

（100 万円）

県名	款・項	金額と指数	平成 14 年度	19 年度	24 年度
山口県	第 3 款　民生費	金額	68,073	67,743	86,262
		指数	100	100	127
	第 2 項　老人福祉費	金額	30,227	31,062	44,779
		指数	100	103	148
鳥取県	第 3 款　民生費	金額	37,208	35,586	44,559
		指数	100	96	120
	第 2 項　老人福祉費	金額	14,369	13,570	18,621
		指数	100	94	130
島根県	第 3 款　民生費	金額	48,597	40,487	52,560
		指数	100	83	108
	第 2 項　老人福祉費	金額	18,189	17,456	24,408
		指数	100	96	134
岡山県	第 3 款　民生費	金額	64,338	75,576	102,273
		指数	100	117	159
	第 2 項　老人福祉費	金額	29,844	35,577	55,404
		指数	100	119	186
広島県	第 3 款　民生費	金額	92,728	107,876	151,908
		指数	100	116	164
	第 2 項　老人福祉費	金額	42,191	49,678	73,689
		指数	100	118	175
全国（合計）	第 3 款　民生費	金額	4,374,484	5,169,661	7,302,388
		指数	100	118	167
	第 2 項　老人福祉費	金額	1,828,916	1,972,356	2,996,485
		指数	100	108	164

〔注〕指数は平成 14 年度を 100 とする。
〔資料〕総務省 HP：都道府県決算状況調（平成 14 年度・19 年度・24 年度）。

四八で、両県よりは高い。他方、岡山県が一八六、広島県が一七五で、全国（合計）の一六四よりも高い。

歳出の最後に公債費について簡単に検討する。表6-11が示すように、歳出における公債費の割合もこの間に中国地方の五県においても少しずつ増加している。

表6-16をご覧いただきたい。表6-11と重複する年度があるが、歳出決算総額（普通会計）に占める公債費の全国の順位は、島根県が上位、つまり高い。特に十八年度と二十二年度は全国一位であった。同じく山陰の鳥取県も二十二年度は全国で二位である。他方、山陽側の岡山県と広島県は、山陰側の県に比較すると二〇位台から三〇位台の年度が多い。山口県は、山陰側と山陽側の岡山県と広島県の中間といえるであろうか。つまり、一九位から三五位の間である。

次に表6-17をご覧いただきたい。全国の指標値を見ると、都道府県の歳出決算総額（普通会計）に占める地方債現在高の構成比は漸増している。中国地方の五県について平成二十四年度を見ると、県債現在高は、歳出決算総額のほぼ倍かそれ以上である。目立つのは広島県で、この間に一五一・二%から二三四・六%となり、全国の順位も四位となっている。山口県は、二十四年度には歳出決算総額の一九八・六%であり、ほぼ二倍なっている。全国の順位も二二位で、鳥取県や岡山県とほぼ同じである。

四　山口県ほか五県の歳入構造ならびに財政力指数等

表6-18をご覧いただきたい。平成十四年度の普通会計の歳入を見ると、全国（合計）では地方税が三〇・二%で最大であるが、中国地方の五県においては県税が最大の構成比であるのは広島県のみで、二五・八%である。山口県、鳥取県、島根県、岡山県の県税の構成比を見ると、山口県が一八・三%、鳥取県が一二・三%、島根県が

表 6-16　中国地方の5県における歳出決算総額（普通会計）に占める公債費の割合と全国における順位の推移（平成14・18・22・24年度）

（%）

県名	割合と順位	平成14年度	18年度	22年度	24年度
山口県	公債費の割合	12.4	14.0	15.0	16.8
	全国における順位	35	35	27	19
鳥取県	公債費の割合	14.5	17.2	19.9	17.7
	全国における順位	18	11	2	11
島根県	公債費の割合	16.2	20.1	20.1	18.1
	全国における順位	6	1	1	7
岡山県	公債費の割合	16.4	14.6	14.1	14.6
	全国における順位	5	27	33	32
広島県	公債費の割合	13.9	14.4	14.3	16.7
	全国における順位	24	30	31	20
全国の指標値（%）		13.1	14.5	13.9	14.2

〔資料〕この統計数値は，総務庁統計局編集・発行『統計でみる都道府県のすがた』には掲載されていないので，総務省HP：都道府県決算状況調，から筆者が計算して算出した。

表 6-17　中国地方の5県における歳出決算総額（普通会計）に占める県債現在高の割合と全国の順位の推移（平成14・19・24年度）

（%）

県名	割合と順位	平成14年度	19年度	24年度
山口県	県債現在高の割合	136.0	166.7	198.6
	全国における順位	35	35	22
鳥取県	県債現在高の割合	133.8	182.9	201.6
	全国における順位	36	22	20
島根県	県債現在高の割合	153.0	199.0	189.3
	全国における順位	19	12	33
岡山県	県債現在高の割合	148.9	168.2	198.3
	全国における順位	24	34	23
広島県	県債現在高の割合	151.2	198.6	234.6
	全国における順位	21	13	4
全国の指標値（%）		147.6	167.6	179.5

〔資料〕総務庁統計局編集・発行『統計でみる都道府県のすがた』2005，平成17年2月；同／2010，平成22年3月；同／2015，平成27年2月。なお，いちいちの頁は省略した。

一〇・〇%、岡山県が二三・三%である。

他方、平成十四年度において地方交付税交付金が最大の歳入項目である県は、鳥取県と島根県であり、前者ではそれが三四・二%、後者では三一・〇%で、両県ともに三〇%を超えている。山口県の地方交付税の構成比は二七・二%である。

平成二十四年度の全国（合計）を見ると、県税が三一・六%、地方交付税が一八・三%である。中国地方では、広島県と岡山県では、県税が地方交付税を上回り、前者では県税が三三・〇%、後者では二七・五%となっている。表6-18が示すように、県税と地方交付税以外で大きい歳入項目は国庫支出金と地方債であるが、ここでは説明を省略する。

いうまでもなく地方税は地方団体を財政的に支える自主財源の中心であるが、その税収入は都道府県によって格差があり、その格差を埋めるべく昭和二十九年に導入されたのが地方交付税交付金（いうまでもなく、当初は、シャウプ勧告によって導入された地方財政平衡交付金であった）である。地方交付税法の第一条は「この法律は、

に占める割合の推移

（100 万円，%）

広島県		全国（合計）	
実数	割合	実数	割合
278,302	25.8	15,556,230	30.2
256,561	23.8	10,817,819	21.0
203,651	18.9	8,301,520	16.1
16,298	1.5	1,042,148	2.0
58,061	5.4	4,674,469	9.1
193,328	18.0	7,531,683	14.6
70,471	6.5	3,540,333	6.9
1,076,672	100.0	51,464,203	100.0
392,784	41.5	20,793,974	43.1
165,646	17.5	8,176,235	16.9
122,828	13.0	5,137,223	10.6
9,465	1.0	898,198	1.9
37,676	4.0	4,523,778	9.4
140,864	14.9	5,646,869	11.7
77,176	8.2	3,069,598	6.4
946,438	100.0	48,245,874	100.0
297,092	33.0	16,116,742	31.6
192,374	21.4	9,317,127	18.3
112,967	12.6	6,583,116	12.9
9,372	1.0	1,161,494	2.3
45,193	5.0	5,226,943	10.3
154,760	17.2	7,173,683	14.1
88,350	9.8	5,358,124	10.5
900,106	100.0	50,937,229	100.0

表 6-18 中国地方の5県の普通会計における主要歳入とそれらが歳入総額（平成14・19・24年度）

年度	県, 実数, 割合 款	山口県		鳥取県		島根県		岡山県	
		実数	割合	実数	割合	実数	割合	実数	割合
平成14年度	県税	145,330	18.3	55,022	12.3	67,213	10.0	181,615	23.3
	地方交付税	215,858	27.2	152,982	34.2	207,157	31.0	221,398	28.5
	国庫支出金	140,996	17.8	74,110	16.6	131,706	19.7	129,714	16.7
	繰越金	17,633	2.2	18,967	4.2	18,819	2.8	14,642	1.9
	諸収入	92,662	11.7	48,020	10.7	60,523	9.0	38,645	5.0
	地方債	122,562	15.5	71,414	16.0	140,277	21.0	145,738	18.7
	その他	57,595	7.3	27,168	6.1	43,540	6.5	46,211	5.9
	歳入総額	792,636	100.0	447,683	100.0	669,235	100.0	777,962	100.0
平成19年度	県税	194,978	28.1	61,673	17.9	77,403	14.7	255,216	34.6
	地方交付税	159,353	22.9	130,892	38.0	183,663	35.0	149,445	20.2
	国庫支出金	87,367	12.6	44,935	13.0	81,474	15.5	78,571	10.6
	繰越金	10,661	1.5	8,147	2.4	14,457	2.8	6,898	0.9
	諸収入	88,766	12.8	27,544	8.0	68,526	13.1	95,965	13.0
	地方債	92,867	13.4	52,838	15.3	71,786	13.7	96,997	13.1
	その他	60,753	8.7	18,476	5.4	27,752	5.3	54,942	7.4
	歳入総額	694,746	100.0	344,506	100.0	525,061	100.0	738,033	100.0
平成24年度	県税	140,717	21.4	50,824	14.5	62,475	11.6	192,158	27.5
	地方交付税	176,124	26.7	137,307	39.3	185,452	34.3	169,460	24.3
	国庫支出金	74,823	11.4	52,349	15.0	80,553	14.9	75,919	10.9
	繰越金	11,851	1.8	20,998	6.0	16,125	3.0	13,269	1.9
	諸収入	87,998	13.4	12,356	3.5	73,824	13.7	75,467	10.8
	地方債	105,646	16.0	51,515	14.7	81,817	15.2	107,151	15.4
	その他	61,673	9.4	24,438	7.0	39,666	7.3	64,545	9.2
	歳入総額	658,831	100.0	349,787	100.0	539,911	100.0	697,969	100.0

〔注〕その他は，地方譲与税，分担金及び負担金，使用料，手数料，財産収入他を含む。
〔資料〕総務省 HP：都道府県決算状況調，各年度版。

…その〔地方団体の〕財源の均衡化を図り、及び地方交付税の交付の基準の設定を通じて地方行政の計画的な運営を保障することによつて、地方自治の本旨の実現に資するとともに、地方団体の独立性を強化することを目的とする」[30]といっている。藤田武夫も「地方交付税のほんらいの中心的機能は、財政調整機能である」[31]という。そして、藤田は、昭和三十九年度と四十三年度のグループ別にみた地方税、一般財源の推移（人口一人当たり額）（道府県）（第八九表）と地方交付税の財政調整状況（都道府県分）（第九〇表）を掲げて、「四三年度に交付税による財政調整が、三九年度の場合よりもいっそう進んでいることは疑いない」[32]と断定する。

予め断っておくが、本章では四七都道府県の財政調整状況をみることはしない。あくまでも山口県ほかの中国地方の五県の歳入を検証するのが課題である。まず、図6-5をご覧いただきたい。表6-18と重複する年度があるが、平成十四年度から二十四年度までの中国地方の五県の歳入に占める県税の構成比の推移を見ると、広島県が一一年間常に税の構成比が最も高い。二十年度では全国の四一・七%を超えている。[33]広島県に次いで県税の構成比が高いのは岡山県であり、第三位が山口県である。他方、山陰側の鳥取県と島根県は二〇%以下である。

次に表6-19をご覧いただきたい。この表では、県税の構成比が図6-5とかなり重複するが、注目していただきたいのは全国における順位である。鳥取県と島根県は四〇位台であるが、特に島根県は平成十四年度から二十二年度まで常に四七位、つまり都道府県において最下位であった。広島県は、年度が進むにしたがって上昇し、二十四年度には八位になっている。岡山県は一七位から二一位の間である。山口県は、二〇位台の後半である。

次に図6-6をご覧いただきたい。これも表6-18と重複する年度があるが、平成十四年度から二十四年度までの中国地方の五県の歳入に占める地方交付税の構成比の推移を見たものである。ご覧のように、鳥取県と島根県の地方交付税の構成比は常に高い。他方、山口県、岡山県、広島県のそれは低い。つまり、財政調整機能を担う地方交付税が鳥取県と島根県では他の三県に比べて常に大きいのが特徴である。

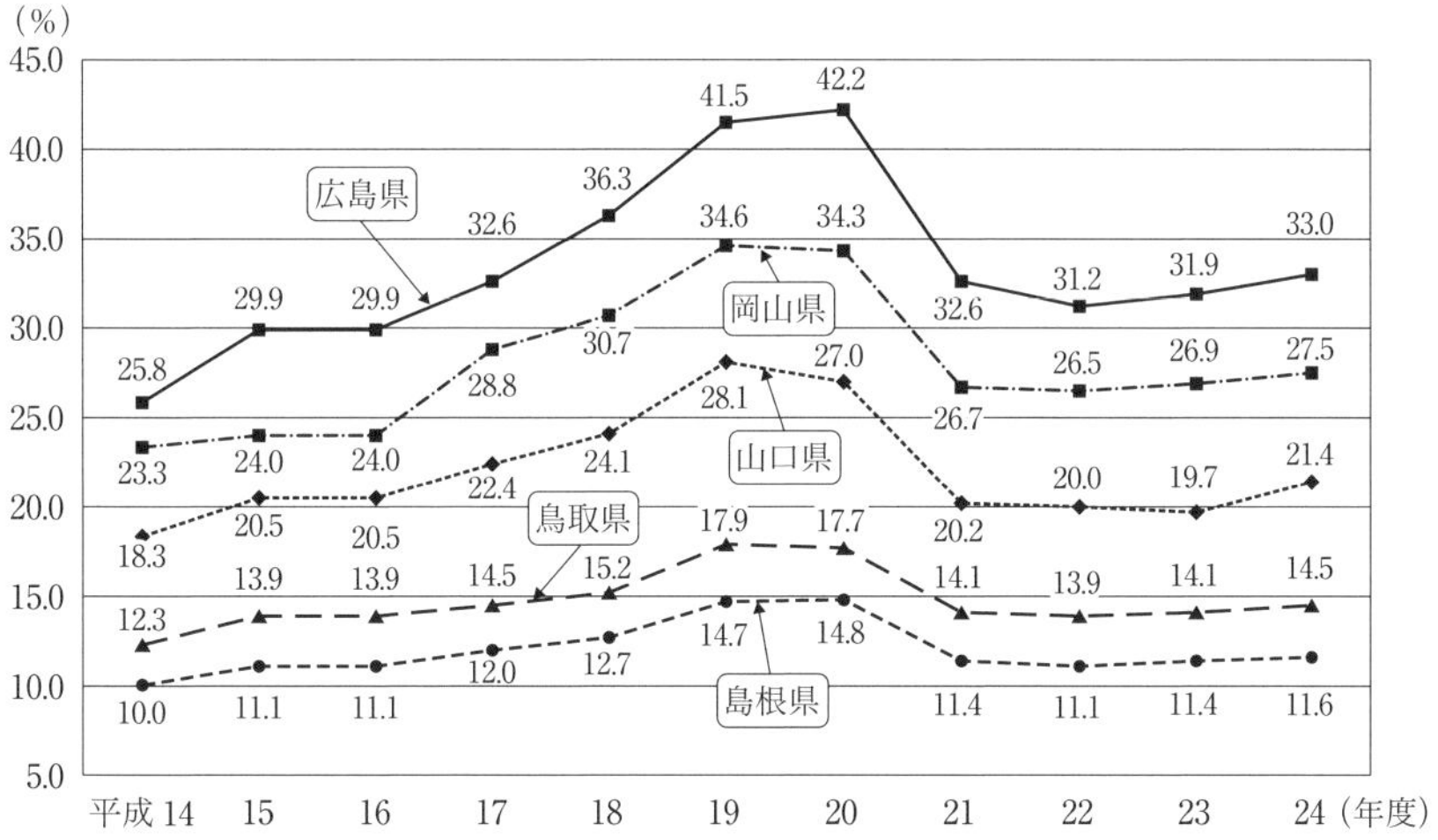

〔資料〕表 6-18 をもとに作成。

図 6-5　中国地方の 5 県の歳入に占める県税の割合の推移（平成 14-24 年度）

表 6-19　山口県ほかの中国地方の 5 県における歳入決算総額に占める県税の割合と全国の順位の推移（平成 14・18・22・24 年度）

（%）

県　名	割合と順位	平成 14 年度	18 年度	22 年度	24 年度
山口県	県税の割合	18.34	24.15	19.98	21.36
	全国の順位	29	26	29	25
鳥取県	県税の割合	12.29	15.24	13.85	14.53
	全国の順位	45	45	43	41
島根県	県税の割合	10.04	12.66	11.10	11.57
	全国の順位	47	47	47	45
岡山県	県税の割合	23.34	30.69	26.46	27.53
	全国の順位	19	17	17	18
広島県	県税の割合	25.85	36.26	31.21	33.01
	全国の順位	15	10	7	8
全国の指標値（%）		30.23	37.87	31.82	31.64

〔資料〕総務庁統計局編集・発行『統計でみる都道府県のすがた』2005，平成 17 年 2 月；同／2009，平成 21 年 2 月；同／2013，平成 25 年 2 月；同／2015，平成 27 年 2 月。なお，いちいちの頁は省略した。

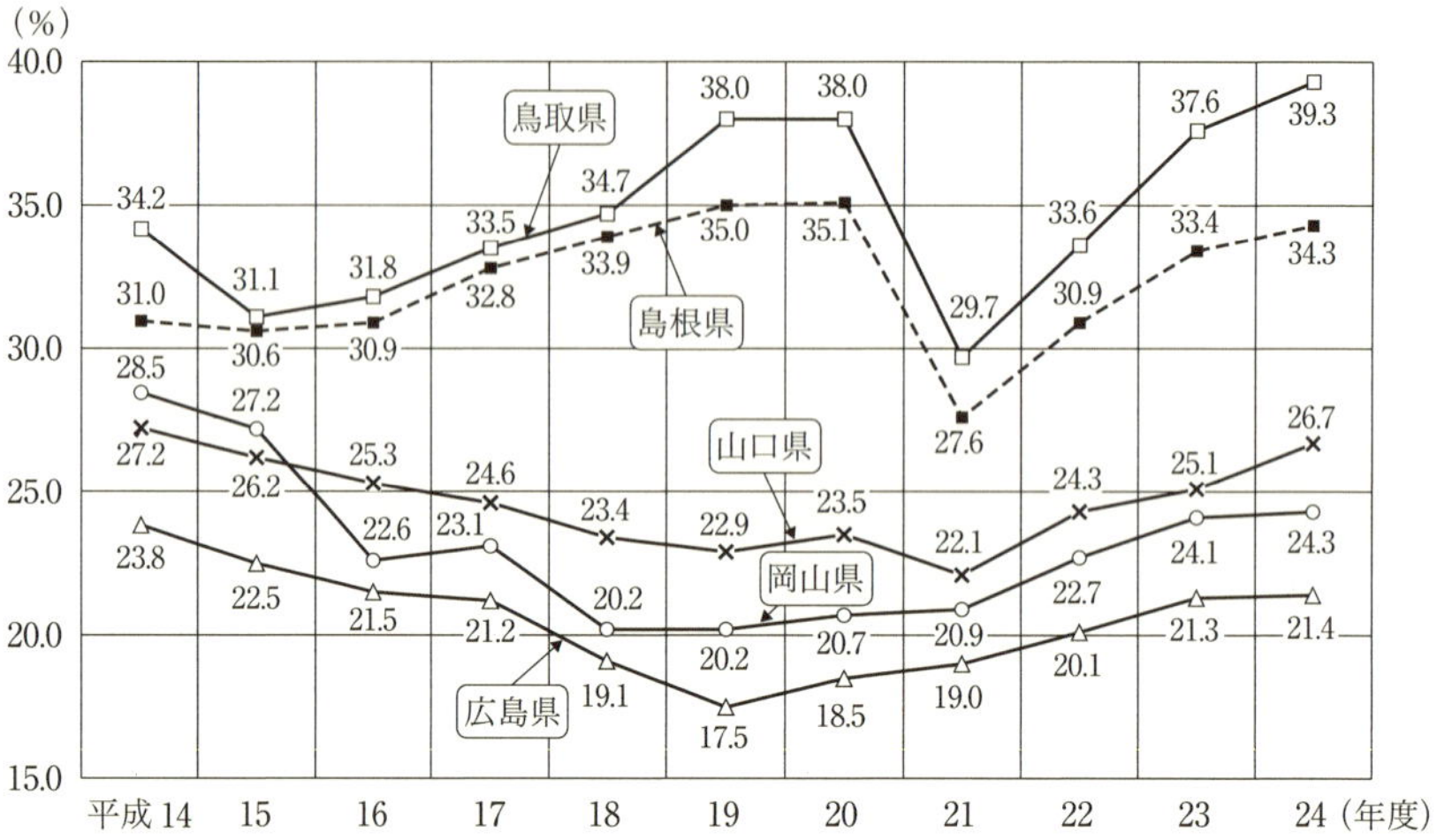

〔資料〕表6-18をもとに作成。

図6-6　中国地方の5県の歳入に占める地方交付税の割合の推移
(平成14-24年度)

表6-20をご覧いただきたい。この表も表6-18と重複する年度があるが、注目していただきたいのは全国における順位である。鳥取県は五位以内であり、二十四年度には二位となっている。なお、一位は高知県、三位は鹿児島県である。[34] また、島根県は、順位が漸次上昇して、鹿児島県に次いで四位となっている。他方、岡山県は二一位から三二位の間であり、広島県は三一位から三五位の間である。わが山口県は二〇位台である。

次に地方交付税の中心的機能である財政調整機能を見る。表6-21をご覧いただきたい。まず地方税である。人口一人当たりの額を見ると、実額では予想通り鳥取県と島根県がかなり低い。平成二十四年度を見ると、広島県、岡山県、山口県の人口一人当たり額は、八万五、〇〇〇円から九万円の間であるが、鳥取県と島根県は七万五、〇〇〇円から七万七、〇〇〇円の間である。ところが、地方交付税に注目すると、平成二十四年度の人口一人当たりの額は、鳥取県が二三万三、三一三円、島根県が二六万五一円で、他の三県の三倍前後が交付されている。そして、歳入に占める構成比も鳥取県が四〇・〇%、島

表 6-20　中国地方の5県における歳入決算総額に占める地方交付税の割合と全国の順位の推移（平成14・18・22・24年度）

（%）

県名	地方交付税の割合と順位	平成14年度	18年度	22年度	24年度
山口県	地方交付税の割合	27.23	23.45	24.32	26.73
	全国における順位	24	27	25	22
鳥取県	地方交付税の割合	34.17	34.70	33.65	39.25
	全国における順位	4	3	3	2
島根県	地方交付税の割合	30.95	33.94	30.89	34.35
	全国における順位	14	4	7	4
岡山県	地方交付税の割合	28.46	20.21	22.71	24.28
	全国における順位	21	32	29	25
広島県	地方交付税の割合	23.83	19.13	20.09	21.37
	全国における順位	35	34	34	31
全国の指標値（%）		21.02	17.80	17.51	18.29

〔資料〕総務庁統計局編集・発行『統計でみる都道府県のすがた』2005，平成17年2月；同／2009，平成21年2月；同／2013，平成25年2月；同／2015，平成27年2月。なお，いちいちの頁は省略した。

根県が三四・八％である。つまり、交付税は、財政力指数の低い県に重点的に配分されているのである。

最後に一般財源を見る。一般財源とは、いうまでもなく、地方税、地方譲与税、地方特例交付金（平成十一年度から交付されている）及び地方交付税の合計額であり、地方団体が自由に使える収入である。平成二十四年度の一般財源の人口一人当たり額を見ると、鳥取県と島根県は三〇万円を超え、総平均（東京都を含まない）の一・八倍から一・九倍である。山口県は、二二万二、五七七円で、総平均の一・二倍である。そして、五県の歳入構成比も四七％から五七％の間になっている。したがって、地方交付税制度によって、今日においても財政調整機能が維持されているといえるであろう。

本章の最後に中国地方の五県の財政状況を見る。まず、財政力指数である。いうまでもなく、財政力指数とは、地方交付税法の規定により算定した基準財政収入額を基準財政需要額で除して得た数値の過去三ヶ年間の平均値をいい、地方公共団体の財政力を示す指数である。そして、財政力指数が一を超える場合には、当該地方団体は

地方税・地方交付税・一般財源の人口１人当たり額，割合ならびに指数の推移

（円，％）

地方税			地方交付税交付金			一般財源		
人口１人当たり額	歳入に占める割合	総平均を100とする指数	人口１人当たり額	歳入に占める割合	総平均を100とする指数	人口１人当たり額	歳入に占める割合	総平均を100とする指数
81,952	22.8	95	89,377	24.8	95	173,303	48.1	95
80,626	20.9	93	113,113	29.4	120	196,149	50.9	107
84,433	16.4	97	142,203	27.9	151	228,177	44.8	125
77,157	10.8	89	248,423	34.8	263	328,995	46.0	180
77,325	8.9	89	273,738	31.4	290	354,738	40.6	194
86,673	22.7	100	94,321	24.7	100	182,935	48.0	100
120,740	38.4	102	57,834	18.4	81	181,075	57.7	94
117,553	32.2	99	76,707	21.0	108	197,624	54.1	103
118,463	26.0	100	107,683	23.6	151	229,665	50.3	119
89,283	16.0	75	217,281	38.9	305	311,095	55.7	162
92,783	13.2	78	250,521	35.6	351	348,452	49.5	181
118,321	34.4	100	71,343	20.8	100	192,214	56.0	100
89,824	30.0	100	66,945	22.3	83	170,981	57.1	92
84,721	24.6	94	87,078	25.3	108	185,904	53.9	101
86,209	19.4	96	121,675	27.4	150	222,577	50.1	120
75,137	12.9	83	233,313	40.0	289	324,197	55.6	175
76,746	10.3	85	260,051	34.8	322	353,418	47.4	191
90,174	24.0	100	80,856	21.5	100	184,847	49.3	100

指数が0.4〜0.5の団体がC，0.3〜0.4の団体がD，0.3未満がEである。平成19年度のグループ分けは，
の団体がC，0.3未満がEである。平成24年度のグループ分けは，財政力指数が0.5〜0.7の団体がB2，
0.3未満の団体がEである。
成15年3月31日現在住民基本台帳搭載の人口で除した額である。平成19年度の人口１人当たり額は，
人口で除した額である。平成24年度の人口１人当たり額は，平成25年3月31日住民基本台帳搭載人口

いては利子割交付金，地方消費税交付金，ゴルフ場利用税交付金，特別地方消費税交付金等（「6　交付
のである。
当たり額（円）を100とする指数は，筆者が計算した。
月，資39；同，平成21年3月，資38；同，平成26年3月，資38。

表6-21　中国地方の5県における
（平成14・19・24年度）

年度	グループ	区分
平成14年度	グループC	広島県
	グループD	岡山県 山口県
	グループE	鳥取県 島根県
	総平均（東京都を含まず）	
平成19年度	グループB	広島県 岡山県
	グループC	山口県
	グループE	鳥取県 島根県
	総平均（東京都を含まず）	
平成24年度	グループB2	広島県
	グループC	岡山県
	グループD	山口県
	グループE	鳥取県 島根県
	総平均（東京都を含まず）	

〔注1〕平成14年度のグループ分けは，財政力
財政力指数が0.5～1.0の団体がB，0.4～0.5
0.4～0.5の団体がC，0.3～0.4の団体がD，
〔注2〕平成14年度の人口1人当たり額は，平
平成20年3月31日現在住民基本台帳搭載
で除した額である。
〔注3〕地方税の額は，東京都以外の団体につ
金」）として市町村に交付する額を除いたも
〔注4〕総平均（東京都を含まず）の人口1人
〔資料〕総務省編『地方財政白書』平成16年3

普通交付税の不交付団体となる。また、財政力指数が一以下の団体であっても一に近い団体ほど普通交付税算定上のいわゆる留保財源が大きいことになり、財源に余裕のある団体になる[35]。

表6-22をご覧いただきたい。鳥取県と島根県は、全期間を通じて〇・二台であり、全国における順位も島根県がこの間において四六位ないし四七位であり[36]鳥取県が常に四五位である。ついでにいえば、二十四年度では四六位が高知県である。岡山県は一八位から二〇位の間であり、広島県は一六位から一三位の間である。山口県は、この間では二五位である。なお、財政力指数の最高は愛知県で、〇・九二六である。二位は〇・九〇〇の神奈川県、三位は〇・八六四の東京都である。したがって、財政力指数が一を超える地方団体はない。

次に実質収支比率について見る。実質収支比率とは、実質収支額を標準財政規模で除した数値である。実質収支とは、歳入歳出差引額から翌年度へ繰り越すべき財源を控除した決算額をいう。『地方財政小辞典』は、たびたび引用するが、「実質収支は、地方公共団体の財政運営の良否を判断する重要なポイントである。しかし、実

表6-22 中国地方の5県における財政力指数と全国の順位の推移（平成14・18・22・24年度）

県名	財政力指数と順位	平成14年度	18年度	22年度	24年度
山口県	財政力指数	0.351	0.409	0.437	0.395
	全国の順位	25	25	25	25
鳥取県	財政力指数	0.220	0.257	0.262	0.244
	全国の順位	45	45	45	45
島根県	財政力指数	0.201	0.227	0.236	0.221
	全国の順位	46	47	47	47
岡山県	財政力指数	0.392	0.488	0.514	0.471
	全国の順位	20	18	19	19
広島県	財政力指数	0.454	0.537	0.584	0.546
	全国の順位	16	14	13	14
全国の指標値		0.406	0.464	0.490	0.455

〔資料〕総務庁統計局編集・発行『統計でみる都道府県のすがた』2005，平成17年2月；同，2009，平成21年2月；同，2013，平成25年2月；同，2015，平成27年2月。なお，いちいちの頁は省略した。

質収支において黒字の額が多いほど良いといえるものではない。地方公共団体は営利を目的として存立するものでない以上、黒字の額、すなわち純剰余財源の額が多いほど、財政運営が良好であるとは断定できないからである」[37]という。続けて、同書は、標準財政規模に対する実質収支額の割合を実質収支比率と呼ぶという[38]。なお、標準財政規模とは、平成十四年度から二十年度までは標準税収入額と普通交付税額を合わせたものであったが、二十一年度以降は標準税収入額と普通交付税額を合わせた額に臨時財政対策債発行可能額を加える額になっている。

表6-23をご覧いただきたい。鳥取県は、この期間において一位が二ヶ年度、二位と三位がそれぞれ一ヶ年度である。つまり、全国において一位から三位を占めている。そして、実質収支比率は全国の指標値の三倍から八倍と異常に高い。ということは、実質収支額が標準財政規模に対して極めて大きいか、標準財政規模が小さいかであろうが、筆者は、その原因を明らかにする材料を現時点では持っていない。島根県は、平成十八年度は六位であるが、その他の年度は一〇位から一九位である。岡山県は、三六位から

表 6-23　中国地方の５県における実質収支比率と全国の順位の推移（平成 14・18・22・24 年度）

県名	実質収支比率と順位	平成 14 年度	18 年度	22 年度	24 年度
山口県	実質収支比率	0.5	1.0	1.3	0.9
	全国の順位	19	20	19	26
鳥取県	実質収支比率	3.9	2.7	4.1	5.5
	全国の順位	1	2	1	3
島根県	実質収支比率	0.5	1.9	1.5	1.7
	全国の順位	19	6	15	10
岡山県	実質収支比率	0.0	0.3	0.5	0.4
	全国の順位	42	40	36	36
広島県	実質収支比率	0.4	0.5	1.0	0.5
	全国の順位	25	34	23	34
全国の指標値		0.5	1.1	1.3	1.4

〔資料〕総務庁統計局編集・発行『統計でみる都道府県のすがた』2005，平成 17 年 2 月；同，2009，平成 21 年 2 月；同，2013，平成 25 年 2 月；同，2015，平成 27 年 2 月。なお，いちいちの頁は省略した。

四二位の間である。広島県は、二三位から三四位の間である。わが山口県の実質収支比率は、〇・五から一・三の間で、その順位は一九位から二六位の間である。山口県は、全国の指標値とほぼ同じであり、全国的に見て中位ということであろう。

最後に経常収支比率を見る。表6-24をご覧いただきたい。経常収支比率とは、当該地方団体の財政構造の弾力性を測定する比率として用いられる。算式は、経常経費充当一般財源を分子とし、経常一般財源総額、減収補てん債特例分、臨時財政対策債の三つを合計した額を分母として除し、一〇〇を乗ずる。この比率は、人件費、扶助費、公債費等の義務的経費に、地方税、普通交付税、地方譲与税を中心とする経常一般財源収入がどの程度充当されているかを見ることにより、当該地方団体の財政構造の弾力性を判断する。[39] そこで、平成二十四年度を見ると、島根県が八九・八で、四六位、鳥取県が八九・四で四七位である。同年度の第一位は、愛知県で、一〇〇・六、第二位は、兵庫県で、九八・九、第三位が群馬県で、九七・四である。

なお、広島県は四一位であるが、平成十四年度以降地位

表 6-24　中国地方の5県における経常収支比率と全国の順位の推移（平成 14・18・22・24 年度）

県名	経常収支比率と順位	平成 14 年度	18 年度	22 年度	24 年度
山口県	経常収支比率	87.8	92.5	89.3	93.0
	全国の順位	35	34	34	35
鳥取県	経常収支比率	82.8	92.8	86.5	89.4
	全国の順位	46	29	46	47
島根県	経常収支比率	86.3	94.1	89.3	89.8
	全国の順位	41	18	34	46
岡山県	経常収支比率	96.6	97.8	89.4	93.4
	全国の順位	5	2	32	30
広島県	経常収支比率	94.3	91.5	89.4	91.7
	全国の順位	12	41	32	41
全国の指標値		91.5	93.6	90.9	94.1

〔資料〕総務庁統計局編集・発行『統計でみる都道府県のすがた』2005, 平成 17 年 2 月；同／2009, 平成 21 年 2 月；同／2013, 平成 25 年 2 月；同／2015, 平成 27 年 2 月。なお，いちいちの頁は省略した。

の変動が大きい。平成二十四年度の岡山県は三〇位であるが、十四年度、十八年度は順位が高く、十八年度には二位である。その年度の一位は鹿児島県で、九七・九である。わが山口県は二十四年度には三五位である。山口県は、この間、三四位から三五位の間である。したがって、山口県の財政構造の弾力性は中位を少し下回るといえようか。

むすび

中国地方の五県の人口、県内総生産、歳入・歳出、財政状況を見てきた。しかし、多くの数値が出てきたので少し整理してまとめると、以下のようである。

財政現象の基盤の一つである山口県の人口について見ると、山口県の人口は昭和六十一年から減少に転じる。そして、山口県の人口に占める六五歳以上の老年人口の構成比は平成二十七年には三二・一％に達し、全国第四位になった。同年において老年人口が高い県は島根県で第三位であり、三二・五％である。したがって、中国地方の五県において老年人口の割合が特に高い県は、島根県と山口県である。これは、山口県が瀬戸内海側だけではなく、山陰側にも位置していることが原因かもしれない。

第二に、平成二十三暦年連鎖価格によって平成十八年度から二十七年度までの中国地方の五県の第一次産業から第三次産業までの県内総生産を見る。

まず県内総生産おける第一次産業から第三次産業までの合計額を見る。山口県を一〇〇とすると、山陰側の鳥取県、島根県の県内総生産は山口県の三割から四割程度である。他方、岡山県は、山口県の二割から三割増しである。五県の中で最も規模が大きいのは広島県で、平成二十七年度では山口県の二倍以上である。

第一次産業を見ると、山口県は島根県と並んで水産業が大きい。第二次産業を見ると、五県の中でその構成比が最も大きいのは山口県であり、平成十八年度から二十七年度において常に第一位である。いうまでもなく、山口県の主要な工業都市は瀬戸内側に位置している。山口県の製造業の中心は、化学、石油・石炭製品、輸送用機械である。

第三次産業の内訳を見ると、五県ともに卸売業・小売業、不動産業、保健衛生・社会事業の三つの構成比がともに大きい。

特化係数を使って五県の第二次産業と第三次産業の構成比を見ると、鳥取県と島根県は、第二次産業の構成比が小さく、第三次産業の構成比が大きいのが特徴である。岡山県、広島県、山口県を見ると、第三次産業の構成比は七〇％以下であり、第二次産業の構成比が大きいのが特徴である。特に山口県は第二次産業の構成比が三五％以上であり、五県の中では最も高い。したがって、山口県は工業県といえるであろう。

平成二十九年の就業構造基本調査を見ると、製造業の全国の構成比が一五・九％であるが、岡山県は一八・二％、広島県が一七・六％、山口県が一六・五％であり、岡山県が最も高い。なお、製造業の内訳で注目すべきは化学諸工業で、全国が二・〇％であるのに対して、山口県は三・七％であり、岡山県、広島県より高い。したがって、山口県の工業の中心は、化学諸工業であるといえるであろう。
第三次産業の医療・福祉を見ると、全国が一二・三％であるのに対して、島根県が一六・四％、鳥取県が一五・八％、山口県が一五・二％であり、これらの三県が特に高い。そして、その原因は、それら三県における人口の高齢化ではなかろうか。第三次産業のうち、医療・福祉が大きい就業者を擁しているのは、現代福祉国家の特徴といえるであろう。

山口県を中心として五県の歳出、歳入、財政力指数ほかを見る。

まず歳出である。平成十四年度から二十四度までの普通会計の歳出の顕著な特徴は中国地方の五県の歳出がすべて大なり小なり減少していることである。次に、その主要な構成比を見る。岡山県と広島県においては教育費が常に第一位の地位を維持している。他方、鳥取県、島根県、山口県においては、土木費と教育費が拮抗しているが、平成二十四度には土木費の減少により教育費が第一位になっている。そして、歳出決算総額（普通会計）に占める教育費の構成比の全国の順位を見ると、平成二十四年度の場合、広島県が第七位、岡山県が一三位であるのに対して、山口県は二五位、鳥取県が三〇位、島根県が四一位である。

土木費の構成比について見る。平成十四年度の土木費の指数を一〇〇とすると平成二十四年度においては、広島県が四二、山口県が四三であり、両県において大幅に減少し、都道府県の合計の五八を大きく下回っている。他方、歳出決算総額に占める土木費の平成二十四年度の構成比を見ると、島根県と鳥取県が高く、全国の順位も前者が三位、後者が六位である。なお、山口県の全国の順位は二八位である。

歳出の最後に民生費と老人福祉費を見る。平成十四年度から二十四年度における民生費の伸びを、十四年度を一〇〇とすると、島根県は一〇八であり、中国地方の五県の中では最も低い。老年人口の割合が山口県と並んで高い島根県の民生費の伸びが最も小さい。山口県の民生費の伸びも一二七であり、都道府県（合計）の民生費の指数一六七よりかなり低い。老人福祉費の伸びを見る。平成十四年度を一〇〇とすると、鳥取県が一三〇、島根県が一三四であり、中国五県の中では最低である。なお、山口県は一四八で、両県よりは高い。

次に歳入について概観する。平成十四年度普通会計の全国の歳入の構成比を見ると、地方税が三〇・二％で最大の歳入項目であるが、中国地方の五県において県税が最大の構成比であるのは平成十四年度では広島県のみで、二五・八％である。その他の県では、岡山県が二三・三％、山口県が一八・三％、鳥取県が一二・三％、島根県が一〇・〇％である。平成二十四年度を見ると、全国では県税の構成比が三一・六％であるのに対して、広島県が三三・〇％で全国を上回っている。岡山県の県税の構成比は二七・五％であり、第三位が山口県の二一・四％である。鳥取県は一四・五％、島根県は一一・六％である。平成十四年度から二十四年度までの県税の構成比の推移を見ると、最も高いのは広島県であり、第三位が山口県である。歳入に占める県税の構成比が最も低いのは鳥取県と島根県である。

このような地方税の格差を調整するのが地方交付税交付金である。平成十四年度から二十四年度までの中国地方の五県の歳入に占める地方交付税交付金の構成比の推移を見ると、鳥取県と島根県の地方交付税交付金の構成比は常に大きい。一例を挙げると、鳥取県の場合には、地方交付税交付金が歳入の三八％から三九％を占める年度もある。他方、地方税の構成比が大きい広島県の場合には、地方交付税交付金の構成比は一七％から二四％の間である。また、歳入決算総額に占める地方交付税交付金の全国における順位を見ると、二十四年度では、鳥取県が第二位、島根県が第四位となっている。

地方交付税交付金の財政調整機能を見る。平成二十四年度の場合、人口一人当たりの交付税額は鳥取県が二三万三、三一三円、島根県が二六万五一一円で、他の三県の二倍前後の額が交付されている。つまり、交付税交付金は、財政力指数の低い県に重点的に配分されているのである。そして、一般財源額を見ると、平成二十四年度の鳥取県と島根県は三〇万円を超え、総平均（東京都を除く）の一・八倍から一・九倍である。山口県は、二二万二、五七七円で、総平均の一・二倍である。したがって、地方交付税制度によって、今日においても財政調整機能が実現されているといえるであろう。

次に、中国地方の五県の財政状況を見る。まず、地方公共団体の財政力を示す財政力指数である。鳥取県と島根県は、平成十四年度から二十四年度までの全期間を通じて〇・二台である。そして、財政力指数の全国の順位は、島根県が十八年度以降全国最低の四七位であり、鳥取県も四五位である。山口県は二五位で、〇・四前後である。財政力指数の最高は愛知県で、〇・九二六である。

次に実質収支比率についてみる。中国地方の五県においては鳥取県が非常に高く、全国で一位ないし三位になっている。この原因は現在十分には分からないが、実質収支額が大きいか、標準財政規模が小さいかであろう。わが山口県は、実質収支比率が〇・五から一・三の間であり、全国的に見て中位である。

最後に経常収支比率を見る。これは、人件費、扶助費、公債費等の義務的経費に地方税、普通交付税などの一般財源収入がどの程度充当されているかを見て、当該地方団体の財政構造の弾力性を判断するものである。平成二十四年度を見ると、島根県が八九・八で、四六位、鳥取県が八九・四で、四七位である。つまり、財政構造の弾力性は、両県ともに最低であるということである。なお、同年度において第一位は愛知県で、経常収支比率が一〇〇・六である。わが山口県は、九三・〇で三五位である。山口県は、この間において三四位ないし三五位で、財政構造の弾力性は全国的に見て中位を少し下回るといえようか。

（1）山口県統計分析課ＨＰ「山口県人口の動き／平成十二年山口県人口移動統計調査結果概要」。
（2）総務省統計局『第六十八回／日本統計年鑑』平成31年、平成三十年十一月、四一頁。

（3）国立社会保障・人口問題研究所『日本の地域別将来推計人口（平成三〇（二〇一八）年推計／―平成二七（二〇一五）～五七（二〇四五）年―）』、平成三十年、七、一六、一七頁。

（4）日本の総人口に占める山口県の人口の割合は、平成三十二年が一・一％、同四十二年以降は一・〇％になる（同右、二〇頁、表Ⅱ-6全国人口に占める都道府県別人口の割合（総人口））。

（5）前掲、『第六十八回／日本統計年鑑』、四一頁。

（6）総務省統計局『統計でみる都道府県のすがた／二〇一七』平成二十九年二月、四頁。

（7）コーリン・クラーク著、訳篇者・大川一司・小原敬士・高橋長太郎・山田雄三『経済進歩の諸条件』勁草書房、一九五五年、下巻、三八〇頁。この頁において、クラークは「国際比較をしやすくするために、生産を第一次、第二次および第三次と定義することができよう。われわれは、第一次生産に、農業生産および牧畜生産、水産業、林業および狩猟業をふくませる。鉱業は、製造業、建築および公共事業、ガスおよび電気供給業を包括する第二次生産にふくませた方が一層適切である。第三次産業は、以上を差し引いたもの、つまりその他いっさいの経済活動から成り立つものと定義しうるが、その主たるものは、配給業、運輸業、行政、家事労務および非物的産出物を生産するところの・その他いっさいの活動である」といっている。なお、産業構造論については、やや古いが、篠原三代平『産業構造論』第二版、経済学全集18、筑摩書房、一九七六年、大藪和雄ほか『経済学1-2-3／Lotus 1-2-3を使った経済学入門』日本評論社、一九九二年、第3章 産業構造の変化、を参照。

（8）ある経済学辞典によれば、産業構造という概念には広義と狭義があり、「(3)狭義の産業構造」とは、第一次・第二次・第三次産業などの諸産業間の構成比率、あるいは製造業内部の構成比率等を論ずるものであり、「今日もっとも一般的に使われているのは、(3)の狭義の産業構造である」という（『経済学辞典』第三版、一九九二年、岩波書店、五三八頁）。この項は新野幸次郎の執筆である。

（9）内閣府ＨＰ、「『県民経済計算』利用上の注意」によると、県民経済計算の作成主体は各都道府県及び政令指定都市であること、また、県民経済計算は各都道府県が「県民経済計算標準方式」に基づいて作成したものではあるが、基礎資料の整備状況、推計の発展段階の相違等により、その推計方法は必ずしも全都道府県において同一ではないこと、したがって、計数の都道府県間の比較にあたってはこの点を留意されたいとある。なお、県民経済計算は国民経済計算に準拠して、最新の基準は平成二十七年基準で、平成二十三年度値より作成されている。

（10）（参考）の意味について、内閣府経済社会総合研究所国民経済計算部に問い合わせたところ、内閣府ＨＰの「県民経済計算／……／「『県民経済計算』利用上の注意」の説明にあるとおり、第一次～第三次産業の数値は「輸入品に課される税・関税」、「（控除）総資本形成に係る消費税」が含まれておらず、県内総生産とは一致しないために、（参考）としているという回答を得た。なお、筆者の付言であるが、名目の場合には、（参考）の第一次～第三次産業の合計が名目の県内総生産の小計と一致すること、しかし、実質では、小計と第一次産業～第三次産業の合計とは一致しない。

(11) 右の「『平成27年度県民経済計算』利用上の注意」の3経済活動別分類によれば、第一次産業は農林水産業、第二次産業は鉱業、製造業、建設業であり、それ以外の産業が第三次産業である。

(12) 内閣府HP、「『県民経済計算』利用上の注意」。

(13) 実質値に関連して一言付言する。平成十六年まではデフレーターと実質値の計算方法が固定基準年方式であったが、平成十六年十二月八日公表予定の平成十五年度確報及び平成十六年七－九月期GDP二次速報から連鎖方式に移行することになった。その理由は、固定基準方式では、基準年から離れるほど比較時点における財・サービス間の相対価格が拡大し、固定した基準年の価格や数量のウエイト構造が次第に不適切になること、また近年技術革新のスピードが速く、品質向上が著しいIT関連財が大きな価格低下とともに急速に普及するためであるからである。そして、連鎖方式とは、前年を基準年とし、それらを毎年毎年積み重ねて接続する方法である。言い換えると、固定基準年方式では、ある特定の年が基準年になるのに対して、連鎖方式では毎年基準年が更新されていくのである。また、国際的に見ても、国連基準（93SNA）も連鎖方式の導入を推奨しているという事情がある。但し、連鎖方式では、内訳項目の合計が集計項目に一致しないという加法整合性の不成立が生ずるために「開差」という項目を設けて、その隙間を埋めるのである（内閣府経済社会総合研究所国民計算部「実質GDP（支出系列）における連鎖方式の導入について」平成十六年十一月）。

(14) この表において、一例として、岡山県の経済活動別県内総生産の数値を検討したところ、第二次産業の製造業は二兆三、三四七億二〇〇〇万円であるが、食料品以下の内訳を合計したところ、三兆四、一七七億六、一〇〇万円となった。そこで、経済社会総合研究所国民経済計算部にたずねたところ、詳細な推計方法は岡山県にたずねてほしいとのことであった。そこで、岡山県統計分析課にたずねたところ、リーマンショック等の影響で平成二十年度から二十一年度にかけて化学製品の生産額の一次推計値が大きく落ち込み、その影響で、平成二十三年度の一次推計値が十八年度に比べて大きく落ち込んだという。このことは、化学製品だけではなく、他の製品でも起こりうる。その結果、製造業の生産額と内訳の合計の金額が大きく乖離することになった。そして、同課分析活動班からは「連鎖方式では直近の産業構造を反映できるメリットがある一方、内訳と合計が一致しないデメリットがあり、リーマンショックのような大きな〔経済活動の〕変化があると、……内訳と合計が大きく乖離するという現象が起こり得ます」というコメントを得た。

(15) 一次金属とは、経済活動別分類の中分類・小分類であり、その内容は製鉄業、その他の鉄鋼業、非鉄金属製造業を指す(内閣府HP、平成二十三年基準、作成基準に基づき公表される参考資料、〈経済活動別分類〉)。

(16) コーリン・クラークは「最大の第三次産業は、先進国でも未開国でも、小売配給業である」(前掲、『経済進歩の諸条件』下巻、三〇二頁)といっている。これは中国地方の五県においても妥当する。そのため、「運輸業は、おそらく第三次産業では、その次に最も重要なものである」(同書、三〇三頁)という指摘は正鵠を得ていない。なお、「第三次産業の残余のものは、主として公務、家事労務、スポーツおよび娯楽のようなサービスから成立っている」(同頁)といっている。当然であろうが、コーリン・クラークには福祉国家の視点はない。

(17) これは、市場生産者である「82医療・保健」、「83介護」、非市場生産者である「98(政府)保健衛生、社会福祉」、「102(非営利)社会福祉」からなる(『県民経済計算推計方法ガイドライン(平成二十三年基準版)』第一部、生産系列15保健衛生・社会事業)。

(18) 表6-4の資料から作成。なお、この図6-3は、筆者の依頼によって大藪和雄が作成した。

(19) 近年における特化係数に関する研究や地域経済分析にそれを応用した研究については、中村良平「地方創世に求められる地域経済構造分析」、『土地総合研究』二〇一五年夏号、伊藤重雄「大阪府における地域経済分析」、『四天王寺大学紀要』第六四号、二〇一七年九月、他を参照。

(20) 作図の元データを見ると、鳥取県は平成十八年度が二・二%、平成二十七年度が二・一%であり、島根県は平成十八年度が二・〇%、平成二十七年度が一・四%であり、全県計の十八年度一・〇%、二十七年度〇・九%を上回っていることが分かる。

(21) 例えば、平成十八年度を見ると、鳥取県は第二次産業が二四・〇%、第三次産業が七三・八%であり、島根県は同じく二二・〇%と七六・〇%である。

(22) 表6-4の資料から作成。この図も、筆者の依頼によって大藪和雄が作成した。

(23) 総務省統計局「平成29年就業構造基本調査結果要約」、平成三十年七月十三日。なお、ここで掲げるのは、平成29年就業構造基本調査に限定する。

(24) 化学諸工業とは、産業詳細A区分のうちの化学諸工業で、E16化学工業、E17石油製品・石炭製品製造業、E18プラスチック製品製造業(別掲を除く)、E19ゴム製造業である(平成29年就業構造基本調査で用いた産業分類)。

(25)『山口県史』通史編 現代、二〇二二年、第四篇第一章第三節 平井財政と二井財政、八六二～八六五頁、を参照。
(26)岡山県の「財政状況」(平成二十三年十二月一日、第一二八号)においては「農林水産業費及び土木費は、公共事業の減少により……」(九頁)とのべ、公共事業の減少が原因と指摘している。同様な指摘は、「財政状況」(平成二十年十二月一日、第一二二号)九頁、「財政状況」(平成二十二年十二月一日、第一二六号)、九頁、にも見られる。
(27)都道府県決算状況調によって、この一一年間の民生費の内訳を見ると、老人福祉費が民生費の三八%から四六%を占めて、常に第一位である。
(28)磯部文雄・府川哲夫編著『概説 福祉行財政と福祉計画』(改定版)、ミネルヴァ書房、二〇一七年、一〇九、一二七～一二八頁。
(29)総務省編『地方財政白書』平成十六年三月、資53、同、平成二十一年三月、資53、同、平成二十六年三月、資57、を参照。
(30)傍点は筆者が付す。
(31)藤田武夫『現代日本地方財政史―高度成長と地方財政の再編成』(中巻)、日本評論社、一九七八年、四六七頁。
(32)同右、四六八頁。
(33)平成二十三年度の全国の地方税は三〇・二%、二十四年度は三一・六%である。
(34)総務省統計局『統計でみる都道府県のすがた』二〇一五、二七頁。
(35)地方財務研究会編集『六訂 地方財政小辞典』ぎょうせい、平成二十三年、二二五頁。
(36)「島根の財政」平成十八年度版(平成十八年五月三十日)は、財政力指数について「全国平均は概ね〇・四であるのに対して、本県は平成十六年度で〇・二〇であり、全国最低水準となっています」(一一五頁)という。以降、同様な表現が続く。例えば、「島根の財政」平成二十四年度版(平成二十四年五月二十九日)一二二頁、を参照。
(37)前掲、『六訂 地方財政小辞典』、二六八～二六九頁。
(38)同右、二六九頁。
(39)同右、一一二～一一三頁。

あとがき

書物が出版されるまでの経緯を見ると、大きく分けて二つに分類されるであろう。一つは、長年月をかけて完成した、いわゆる彫心鏤骨の作品である。例えば藤田武夫の場合である。藤田は、一九三五年秋に日本地方財政史の研究を始め、『現代日本地方財政史』（上巻）、日本評論社、一九七六年、の刊行までに「四〇年の星霜が流れた」（同書、序）という。長期間に亘り、一筋に日本地方財政史の研究に打ち込んだ姿には圧倒されるという他はない。

他方、もう一つは、小著のように、降って湧いたような話から始まる場合であろう。以下、楽屋話風になるがお許し頂きたい。二〇〇八年一月五日、正月明け早々であったと思うが、横浜国立大学の金澤史男から電話をもらった。金澤は、筆者に山口県史の現代編の財政の執筆委員になってくれないかといった。筆者は、山口県の財政についてはまったく知識がないので、自分にはできないと断り、旧知の間柄であった、岡山大学の著名な地方財政論、地方財政史家の坂本忠次を推薦した。

金澤は、地方財政史の専門家であり、刊行済みの静岡県史の近現代部門の編さんにおける中心人物の一人であった。翌日、金澤から再び電話があり、「いろいろ検討したが、あなた（「先生」と言ったかもしれないが、記憶がはっきりしない）にお願いしたい」と言ったので、引き受けざるをえないと判断した。当時、筆者は、尾道市立大学の教員であったので、同年一月十日に、山口県庁から県史編さん室のF室長他のスタッフが尾道市立大学に来て詳しい説明を受けた。身分からいって筆者は尾道市の職員であるので、市長から併任兼業の許可を取る必要がある旨を申し上げた。F室長は同年三月に尾道市長に対して、筆者が山口県史編さん執筆委員に就任するにあたっての許可を申し出、その後、尾道市長から併任兼業の許可が出て、序章で述べたように、同年四月一日に二井関成知事から「山口県史編さん執筆委員を委嘱します」という委嘱状をもらった。その後、現在の村岡嗣政知事まで、歴代の三代の知事から執筆委員の委嘱状をもらった。

ところが、二〇〇九年六月に金澤は、仄聞ではあるが、突然講義中に倒れ、同月十六日に亡くなった（金澤史男『近代日本地方財政史研究』日本経済評論社、二〇一〇年、持田信樹「編者あとがき」）。更に、坂本も、二〇一一年一月に、これも仄聞ではあるが、あるシンポジウムに出席の後、ホテルの部屋で亡くなったのである。したがって、金澤には「先見の明」（?）があったといって良いかもしれないが、私は、金澤のいわば「遺言」によって山口県史の現代の財政に取り組まざるをえないことになったのである。

筆者は二〇〇八年五月三十一日に開催された山口県史編さんの現代部会に執筆委員として出席した。現代部会の部会長は高嶋雅明（広島経済大学）であった。その他に専門委員が下野克己（岡山大学）を含む四名、執筆委員が筆者を含む七名であった。その他に調査委員九名、専門研究員の津枝孝明、嘱託員の山本美帆、林元という陣容であった。以後、津枝、山本、林には資料の収集他に関して大変世話になった。金澤が、当初、筆者に言ったように、山口県史の編さん作業を支える、現代部会の事務方はしっかりしていた。その後、参画する委員も増加して、二〇一四年の名簿を見ると、執筆委員は一四名になっている。そして、大体年間に二回程度、山口県庁の北館にある県史編さん室に通うことになった。時々、山陽新幹線・新山口駅の南口の前に立つ種田山頭火（銅像）に心の中で挨拶をして、山陰本線・山口線の山口駅に向かった。

ところで、参画して分かったが、筆者は二代目の現代部会委員であった。当初の現代部会は部会長他五名であった。そして、彼らは、史料編の現代1（県民の証言／体験手記編）、現代2（県民の証言／聞き取り編）、現代

3（言論・文化　プランゲ文庫）の三巻を刊行した後、再任されなかったのである。そして、県は別の専門委員五人を任命した（『読売新聞』、『毎日新聞』、『山口新聞』、以上いずれも二〇〇九年一月九日）。率直に言って、筆者は、えらいところに入ることになったと思った。山口県は、筆者のまったくの勘繰りであるが、財政分野に関して著名な金澤に打診し、彼は筆者を推挙したのであろうと、この文章を書きながら思う。しかし、その間の事情を、幽明境を異にする金澤にたずねることはできない。なお、持田は、金澤を「名伯楽」（前掲の『近代日本地方財政史研究』、四五六頁）と呼ぶが、金澤の目に筆者がとまったのは金澤の名伯楽の表れの一端かもしれない。

さて、筆者を含む現代部会の課題は、『山口県史』史料編の現代4（産業・経済）と5（政治・社会）を編さんし、通史編を作成することであった。そのために、最初の数年間は史料の収集に力を注いだ。そのために、山口県文書館、春日山文庫、山口県立図書館、山口県議会図書館他を訪問して関係資料を収集した。筆者には関係がなかったが、宇部興産にまで出かけたことを思い出す。そして、同社は、セメントの原料を運ぶために、国鉄の線路を使わず、会社専用の道路を作っていることを知った。そして、収集した史料は一万点を超えた（『別冊2』現代部会／平成二七年度収集史・資料』№1（二〇一五年六月十四日現在））。

『山口県史』史料編の現代4は、平成二十六（二〇一四）年六月、史料編の現代5は平成二十九（二〇一七）年三月に刊行された。そして、現代の通史編は、令和四（二〇二二）年三月に刊行され、筆者達の任務は終了した。お世話になった方々は大変多いが、右に挙げた方々以外に特に芳名を挙げなければならないのは、統計処理に関して懇切な指導を受けた大藪和雄（香川大学名誉教授、専攻は統計学）である。彼は、筆者の依頼によって、本書の第六章の図6-3と図6-4を作成してくれた。また、彼は、小著の表と図について仔細に検討してくれた。心から謝意を表する。

本書は、通史編において筆者が執筆した部分をベースにはしているが、「はしがき」で述べたように、通史編において筆者に割り当てられた紙幅は極めて限定されていたので、金澤から託された「遺言」を十分に果たすことはできないと考え、老骨に鞭を打って本書を執筆することにしたのである。

ところで、本書を構成する各章の骨格は、通史編執筆の下敷きにしたいと考えて『山口県史研究』に発表した拙稿である。なお、拙稿は、投稿の都度、県史編さんに係る企画、編集及び調整をはかる、八名で構成される企画委員会の査読を受け、時に若干の修正をした。

『山口県史研究』に投稿して査読を受けた後、掲載された拙稿は以下のとおりである。

①「山口県の戦後財政—戦後財政秩序の形成—」、第二三号、平成二十七年三月。
②「山口県の財政再建—地方財政再建促進特別措置法の適用を受けて—」、第二四号、平成二十八年三月。
③「高度成長期の山口県財政」、第二五号、平成二十九年三月。
④「平井県政下の山口県財政」、第二六号、平成三十年三月。
⑤「二井県政下の山口県の財政」、第二七号、平成三十一年三月。
⑥「中国地方の五県における山口県財政の位置」、第二八号、令和二年三月。
⑦「山口県の財政規模の推移といわゆる『土建国家』について」、第二九号、令和三年三月。
⑧「『企業国家』、『土建国家』等についての数量的検証と山口県の行政投資の推移」、第三一号、令和五年三月。

本書は、これらの拙稿を加筆・修正するとともに、『山口県史』通史編 現代、において筆者が執筆した部分を一部分取り入れた。なお、⑦と⑧は紙数の関係で省いた。

最後に筆者の書評二篇を挙げる。これは旧稿のままであり、内容の善し悪しは別にして、故人となった坂本を偲ぶよすがとして掲載することにした。二篇の書評の表題と紀要は左記の通りである。

「坂本忠次著『国家と地方自治の行財政論』(青木書店、一九七二年十二月刊)を読んで」、『香川大学経済論叢』

第五三巻第一号、昭和五十五年六月。「坂本忠次著『現代地方自治財政論』（青木書店、一九八六年一月刊）を読む」、同右、第六〇巻第二号、昭和六十二年九月。

二〇〇八年に山口県史執筆委員の依嘱を二井知事から受けて本書を刊行するまでに一六年の歳月が流れた。出来上がった小著が金澤の「遺言」に添っているかどうかははなはだ心許ないが、感無量なおももちがある。

二〇二四（令和六）年八月

屋島山麓の陋屋において

西山一郎

謝辞　日本経済評論社編集部の宮川英一氏ならびに妻・末子に感謝する。

文献目録

以下の文献目録は、引用文献を中心に掲載したが、関連する、その他の行財政関係の若干の文献を付加した暫定的なものである。完璧な目録は他日を期さざるを得ない。文献は五十音順とした。また、文献の発行年については、原本に従い漢数字と洋数字を遣い分けた。県史と県政史および行政の刊行物は元号とした。但し、一部例外はある。なお、文献中のスラッシュは改行を示す。

A　県史・県政史

『愛知県史』資料編36、現代、平成二十八年、愛知県。
『石川縣史』現代篇(1)、昭和三十七年、石川県。
『石川縣史』現代篇(4)、昭和四十七年、石川県。
『石川縣史』現代篇(5)、昭和五十九年、石川県。
『石川縣史』現代篇(6)、平成七年、石川県。
『愛媛県史』県政、昭和六十三年、愛媛県。
『大分県史』現代篇Ⅰ、平成二年、大分県。
『大分県史』現代篇Ⅱ、平成三年、大分県。
大阪市参事会編『大阪市史』第一、大正二年。
同右『大阪市史』第二、大正三年。

同右『大阪市史』第三、明治四十四年。

同右『大阪市史』第四上、明治四十五年。

同右『大阪市史』第四下、大正二年。

同右『大阪市史』第五、明治四十四年。

同右『大阪市史』索引、大正四年。

『岡山県史』第十三巻、現代Ⅰ、昭和五十九年、岡山県。

『岡山県史』第十四巻、現代Ⅱ、平成二年、岡山県。

『香川県史』7、通史編、現代、平成元年、香川県。

『香川県史』12、資料編、近代・現代史料Ⅱ、昭和六十三年、香川県。

『鹿児島県史』第五巻上、〔第三次復刊〕、昭和五十五年、鹿児島県。

『鹿児島県史』第五巻下、〔付属統計資料〕、〔第三次復刊〕、昭和五十五年、鹿児島県。

『鹿児島県史』第六巻上、平成十八年、鹿児島県。

『鹿児島県史』第六巻下、平成十八年、鹿児島県。

『神奈川県史』通史編5、近代・現代(2)、政治・行政2、昭和五十七年刊、神奈川県。

『神奈川県史』資料編7、近代・現代(4)、産業・経済2、昭和五十七年刊、神奈川県。

『神奈川県史』資料編12、近代・現代(2)、政治・行政2、昭和五十二年刊、神奈川県。

『神奈川県史』資料編16、近代・現代(6)、財政・金融、昭和五十五年刊、神奈川県。

『神奈川県史』資料編19、近代・現代(9)、現代の経済、昭和五十三年刊、神奈川県。

『神奈川県史』資料編21、統計、昭和五十七年、神奈川県。

『岐阜県史』通史編、現代、昭和四十八年、岐阜県。

『岐阜県史』通史編、続・現代、平成十五年、岐阜県。

『岐阜県史』史料編、現代一、平成十一年、岐阜県。

『熊本県史』現代編、昭和三十九年、熊本県。

『新編埼玉県史』通史編7、現代、平成三年、埼玉県。

『新編埼玉県史』資料編20、近代・現代2、政治・行政2、昭和六十二年、埼玉県。

佐賀県編集『佐賀県政史』昭和五十四年、佐賀県。

『滋賀県史』昭和編、第一巻、概説編、昭和六十一年、滋賀県。

『滋賀県史』昭和編、第二巻、行政編、昭和四十九年、滋賀県。

『静岡県史』通史編6、近現代二、平成九年、静岡県。

『静岡県史』史料編21、近現代六、平成六年、静岡県。

『新修島根県史』通史編3、現代、昭和四十二年、島根県。

『千葉県の歴史』通史編、近現代3、県史シリーズ8、平成二十一年、千葉県。

『千葉県の歴史』資料編、近現代3、(政治・行政3)、県史シリーズ27、平成二十年、千葉県。

『富山県史』通史編Ⅶ、現代、昭和五十八年、富山県。

長野県編集『長野県政史』第三巻、昭和四十八年、長野県。

『新潟県史』通史編9、現代、昭和六十三年、新潟県。

『新潟県史』資料編20、現代一、政治経済編、昭和五十七年、新潟県。

兵庫県史編集委員会『兵庫県百年史』昭和四十二年、兵庫県。

『広島県史』現代、通史Ⅶ、昭和五十八年、広島県。

『福井県史』資料編12下、近現代四、平成五年、福井県。

『新北海道史』第六巻、通説五、昭和五十二年、北海道。

『山形県史』資料編21、現代資料 政治・行政編、平成十二年、山形県。

『山形県史』第六巻、現代編上、平成十五年、山形県。

『山形県史』第七巻、現代編下、平成十六年、山形県。

『山口県史』通史編、現代、令和四年、山口県。

『山口県史』史料編、現代5、平成二十九年、山口県。

山口県文書館編『山口県政史』下巻、昭和四十六年、山口県。

山梨県編集『山梨県史』通史編6、近現代2、平成十八年、山梨県。

『和歌山県史』近現代二、平成五年、和歌山県。

和歌山県政史編さん委員会『和歌山県政史』第三巻、昭和編(二)、昭和四十三年、和歌山県。

和歌山県政史編さん委員会『和歌山県政史』第四巻、昭和編(三)、昭和五十五年、和歌山県。

B　資料・研究書・論文等

雨宮昭一『占領と改革』(シリーズ日本近現代史⑦)、岩波新書、二〇〇八年。

磯部文雄・府川哲夫編著『概説／福祉行財政と福祉計画』(改訂版)、ミネルヴァ書房、二〇一七年。

伊藤重雄「大阪府における地域経済分析」、『四天王寺大学紀要』第六四号、二〇一七年九月。

上原信博編著『地域開発と産業構造』御茶の水書房、一九七七年。

大蔵省主計局調査課編集『財政統計』昭和五十四年度(一九八〇年)、平成十二年度(二〇〇〇年)。

大阪市立大学経済研究所編『経済学辞典』第三版、岩波書店、一九九二年。

大藪和雄ほか『経済学1-2-3／Lotus 1-2-3を使った経済学入門』日本評論社、一九九二年。

岡山県『財政状況』、平成二十年十二月一日、第一二二号、平成二十二年十二月一日、第一二六号、平成二十三年十二月一日、第一二八号。

クラーク(コーリン)著、訳編者・大川一司・小原敬士・高橋長太郎・山田雄三『経済進歩の諸条件』勁草書房、上巻、一九五三年、下巻、一九五五年。

経済企画庁総合計画局『新長期経済計画』昭和三十三年。

経済企画庁編『国民所得倍増計画』昭和三十六年。

経済企画庁国民所得部編『新ＳＮＡ入門―経済を測る新しい物さし』東洋経済新報社、昭和五十四年。

厚生労働省編『厚生労働白書』平成二十三年版。

国立社会保障・人口問題研究所『日本の地域別将来推計人口（平成三〇（二〇一八）年推計―平成二七（二〇一五）～五七（二〇四五）年―）』平成三十年。

小西砂千夫『日本地方財政史／制度の背景と文脈をとらえる』有斐閣、二〇一七年。

小峰隆夫編『経済用語辞典』（第四版）、東洋経済新報社、二〇〇七年。

近昭夫「第二編　地域行財政財政の諸問題／第四章　東海地域における公共投資―静岡県におけるその特徴をめぐって―」、上原信博編著『地域開発と産業構造』御茶の水書房、一九七七年。

坂本忠次『現代地方自治財政論』青木書店、一九八六年。

自治省行政局振興課『昭和38年／都道府県別行政投資等実績調査報告』（調査年度は、昭和二十六年度から昭和三十五年度までの一〇ヶ年間）。

自治省行政局振興課『都道府県別行政投資実績調査報告』（昭和36・37・38年度）、昭和四十年三月。

自治庁『地方財政再建の状況―総括編―』第一法規出版、昭和三十三年。

自治庁『地方財政再建の状況―記録編―』第一法規出版、昭和三十三年。

自治省財政局『地方財政再建の状況』昭和35年版、昭和三十六年。

自治省財政局『地方財政再建の状況』昭和38年版、昭和三十九年。

自治省財政局指導課『平成6年度／都道府県決算状況調』平成八年一月。

自治省『昭和51年度／地方財政統計年報』昭和五十三年三月。

自治大臣官房企画室『都道府県別行政投資等実績調査報告』（昭和39年度）、昭和四十一年三月。

自治大臣官房企画室『都道府県別行政投資等実績調査報告』（昭和40年度）、昭和四十二年三月。

自治大臣官房企画室『都道府県別行政投資等実績調査報告』（昭和41年度）、昭和四十三年三月。

自治大臣官房企画室『都道府県別行政投資等実績調査報告』（昭和42年度）、昭和四十四年三月。以降、43年度、44年度と続く。45年度以降、財団法人地方財務協会が発行元になる。そして、表題も『行政投資実績〈都道府県別行政投資実績報告書〉』となる。昭和56年度は、表題のはじめに「昭和58年版」が付けられる。昭和五十九年六月発行のものは、『昭和57年度／行政投資実績〈都道府県別行政投資実績報告書〉』となる。昭和六十一年六月発行のものは「昭和59年度調査結果をとりまとめたもの」で、表題は『行政投資』となる。以後、表題は『行政投資』となる。手許にある原本のコピーを見ると、平成三年十一月発行の『行政投資』では、「行政投資／自治大臣官房地域政策室編」が副題となる。平成四年十一月発行のものからは、『平成2年度／行政投資実績／〈都道府県別行政投資実績報告書〉』となる。この形式が、平成八年発行の『平成6年度／行政投資実績〈都道府県別行政投資実績報告書〉』まで続く。7年度の『行政投資実績』の表紙の下部に「自治大臣官房地域政策室」が入る。9年度の『行政投資実績』の下段は「地域政策研究会」となる。平成十二年の『行政投資業績』からは、「地域政策研究会編」となる。平成十八年十二月発行の『平成16年度／行政投資実績』には、「総務省自治行政局地域振興課」が入る。平成25年度版では、表紙の下部に「総務省自治行政局地域振興室」が入る。これは、平成27年度まで同じである。この資料についての書誌的検討の概略は以上までとする。ご覧のように、内容はともかくとして、表題などは、細かくみると変遷が激しく、かなり複雑である。


自治庁『地方財政の状況報告』昭和二十八年三月。

自治庁『地方財政の状況報告』昭和二十九年三月。

自治庁『地方財政の状況』昭和三十年三月。

自治庁『地方財政の状況』昭和三十一年三月。

自治庁『地方財政の状況』昭和三十二年三月。

自治庁『地方財政の状況』昭和三十三年三月。

篠原三代平『産業構造論』第二版、経済学全集18、筑摩書房、一九七六年。

渋谷正勝編『山口県災異誌』山口県、昭和二十八年。

『島根の財政』平成18年度版、平成十八年五月三十日。同（平成24年度版）、平成二十四年五月二十九日。『島根の財政』は、平成27年度から内容をリニューアルし、名称も『島根県の財政』に改められた。

『シャウプ使節団日本税制報告書』巻I、巻II、巻III、巻IV。

神野直彦・小西砂千夫『日本の地方財政』有斐閣、二〇一四年。

鈴木武雄『現代日本財政史』上巻、東京大学出版会、三版、一九六一年。

鈴木武雄『現代日本財政史』中巻、東京大学出版会、一九五六年。

総務省編『地方財政白書』平成16年版（平成14年度決算）、平成21年版（平成19年度決算）、平成二十一年三月、平成26年版（平成24年度決算）、平成二十六年三月。

『統計でみる都道府県のすがた』二〇一三、総務省統計局、平成二十五年二月発行。この前のシリーズとして、『統計でみる県のすがた』昭和五十六年三月、がある。総理府統計局長は、「昭和五十五年には、昭和五十年から五十三年までの指標値を取りまとめた『社会生活統計指標（昭和55年版）』を刊行した。／本書は、…上記『社会生活統計指標（昭和55年版）』掲載項目の中の主な項目を再編成し都道府県別に取りまとめるとともに、各項目の全都道府県順位などを付している」（「まえがき」）といっている。

総務省統計局『統計でみる県のすがた』昭和五十六年三月〜二〇〇四（平成十六年二月）。

総務省統計局『統計でみる都道府県のすがた』二〇〇五（平成十七年二月）〜二〇一八（平成三十年二月）。

総務省統計局『第三十七回／日本統計年鑑／昭和62年』昭和62年9月、『第五十四回／日本統計年鑑／平成17年』平成十六年十一月、『第六十八回／日本統計年鑑／平成31年』平成三十年十一月。

総務省統計局『平成29年就業構造基本調査』平成三十年七月十三日。

総務省ホームページ 平成14年度、平成16年度、平成18年度、平成19年度、平成21年度、平成22年度、平成24年度都道府県決算状況調。

総務省ホームページ 平成22年度都道府県財政指数表。

武田晴人『高度成長』（シリーズ日本近現代史⑧）、岩波新書、二〇一二年。

ダワー（ジョン）、三浦・高杉訳『敗北を抱きしめて』（上）、岩波書店、二〇〇一年。

ダワー（ジョン）、外岡秀俊訳『忘却のしかた、記憶のしかた―日本・アメリカ・戦争』岩波書店、二〇一三年。

地方財政調査研究会編集『地方財政統計年報』地方財務協会、平成十一年版〜二十一年版。書誌的にいうと、大正二年以来の『地方財政概要』を新生させて、自治庁が昭和三十三年に『地方財政統計年報』と改題して発行したものである。当初の編集は、自治庁であったが、後に自治省となる。

地方財政調査研究会編『平成11年度／都道府県決算状況調』平成十三年三月刊、日本加除出版。

『地方財政白書』平成18年版（平成16年度決算）（『地方財政白書』は、地方財政法（昭和二十三年法律第百九号）第三十条の二

第一項の規定に基づき内閣が、地方財政の状況を明らかにして国会に報告するものであり、昭和二十八年以来毎年刊行されている)。他に、総務省編『平成16年版　地方財政白書』平成十六年七月。同平成21年版（平成19年度決算）、平成二十一年三月。

『平成17年版地方財政白書ビジュアル版（平成15年度決算）』。

地方財務研究会編集『六訂 地方財政小辞典』平成二十三年、ぎょうせい。

辻清明『日本の地方自治』岩波新書、一九七六年。

東京都財政史研究会編『東京都財政史』（下巻）、東京都、昭和四十五年。

内閣府『県民経済計算（昭和30年度−昭和49年度）（1968SNA、昭和55年基準計数）統計表　1．総括表　4．県内総支出デフレーター（都道府県）。

内閣府『県民経済計算（平成18年度−平成27年度）』（2008SNA、平成23年基準計数）統計表　1．総括表。

内閣府経済社会総合研究所国民経済計算部（長期遡及主要系列昭和三〇年～平成一〇年、内閣府ホームページ、一九九八年度国民経済計算（一九九〇年基準・68SNA）

中村隆英『昭和史』Ⅱ、一九四五−八九年、東洋経済新報社、一九九三年。

中村政則『戦後史』岩波新書、二〇〇五年。

中村良平「地方創世に求められる地域経済構造分析」、『土地総合研究』二〇一五年夏号。

新潟県編集発行『新潟県史研究』第26・27合併号／−新潟県史編さんの記録』新潟県、平成元年十月三十一日。

二井関成『未来へ　ホップ・ステップ・ジャンプ／私の県政16年』みなと山口合同新聞社、二〇一六年。

二井関成『住み良さ日本一の元気県づくり／−今だから、私の思いを伝えたい。』株式会社マルニ、二〇〇八年。

西垣晴次「自治体史編纂の現状と問題点」、『岩波講座／日本通史』／別巻2　地域史研究の現状と課題、岩波書店、一九九四年。

農林水産省農村振興局『農業農村整備事業の概要』平成二十年十一月十一日。

浜田浩児『93SNAの基礎／国民経済計算の新体系』東洋経済新報社、二〇〇一年。

藤岡文七・渡辺源治郎『テキスト国民経済計算』大蔵省印刷局、一九九四年。

藤田武夫『現代日本地方財政史─現代地方財政の基本構造の形成』（上巻）　日本評論社、一九七六年。

藤田武夫『現代日本地方財政史─高度成長と地方財政の再編』（中巻）　日本評論社、一九七八年。

藤田武夫『現代日本地方財政史─「転換期」の地方財政と制度改革』（下巻）日本評論社、一九八四年。

藤田武夫「府県財政史研究の意義」、『神奈川県／県史だより／資料編／16／近代・現代／(6)』第24回発行／昭和五十五年三月。

宮元義雄『地方財務会計制度の改革と問題点』学陽書房、昭和三十八年。

文部科学省編『平成18年度　文部科学白書』平成十九年三月。

矢部洋三編『現代日本経済史年表　一八六八─二〇一〇年』日本経済評論社、二〇一二年。

山口県『災害教訓事例集～後世に災害を語り継ぐ～』（改訂版）、令和二年。

山口県『やまぐち住み良さ指標／「住み良さ日本一の山口県」をめざして』平成十七年十月。

山口県『住み良さ日本一の県づくり／やまぐち住み良さ指標（平成18年度改定版）』平成十八年十一月。

山口県『住み良さ日本一の県づくり／やまぐち住み良さ指標（平成19年度改定版）』平成二十年三月。

山口県『主要な施策の成果並びに基金の運用状況説明書』（平成8年度、9年度）。

山口県会計課『昭和二十年度／山口県歳入歳出諸決算書』、同『昭和二十一年度／山口県歳入歳出諸決算書』、『昭和二十二年度／山口県歳入歳出諸決算書』、『昭和23年度山口県歳入歳出諸決算書』、『昭和24年度山口県歳入歳出諸決算書』、『昭和25年度山口県歳入歳出諸決算書』。以後、毎年度、『山口県歳入歳出諸決算書』は刊行される。なお、昭和三十九年度以降、山口県『山口県歳入歳出決算に関する附属書』が刊行される。それは、歳入歳出決算事項別明細書、実質収支に関する調書、財産に関する調書からなる。それらは、同附属書（昭和39年度）～同附属書（43年度）、同附属書（昭和45年度）～（昭和50年度）、同附属書（昭和57年度）、同附属書（昭和58年度）、同附属書は（昭和61年度）、同附属書（昭和62年度）、同附属書（平成17年度）～同附属書（平成21年度）である。

山口県監査委員会事務局『監査のあゆみ』昭和五十五年十月。

山口県監査委員『山口県歳入歳出決算審査意見書』（これは、山口県史編さん室の史・資料履歴によると、昭和二十五年度が最初である。しかし、その後編さん室は、審査意見書を第一回の昭和二十二年度から収集した）。

山口県議会会議録。発行を確認したもので一番古いものは、「昭和二十年山口県通常県会議速記録」（昭和二十年十二月一日開会）（第一号から第三号）であり、それは手書きである。次は、『昭和二十三年三月山口縣定例議会速記録』、『昭和二十五年三月　山口縣定例県議会速記録』、『昭和二十五年九月山口縣臨時議会速記録』（キジア台風、ルース台風を取り上げる）であり、それらは印刷されたものである。『昭和二十六年山口県議会会議録』は一冊に製本されている。以下、本書で引用したのは、主として当初予算の議論に関する会議録である。それらは、昭和二十八年三月、二十九年三月、三十年三月、三十一年三月、三十三年三月、三十三年九月（財政再建期間に関する議論）である。以降は省略する。最後は、平成二十五年二月山口県議会定例会会議録第七号、である。


山口県議会事務局編『山口県会史』（昭和十六年至昭和二十一年）、山口県議会発行、昭和四十六年。

山口県議会編集兼発行『山口県議会史』自昭和二十二年至昭和三十年、昭和五十三年。

山口県議会編集兼発行『山口県議会史』自昭和三十年至昭和三十四年、昭和五十七年。

山口県議会編集兼発行『山口県議会史』自昭和三十四年至昭和四十二年、平成四年。

山口県議会編集兼発行『山口県議会史』自昭和四十二年至昭和五十年、平成八年。

山口県議会編集兼発行『山口県議会史』自昭和五十年至昭和五十八年、平成十一年。

山口県議会編集兼発行『山口県議会史』自昭和五十八年至平成三年、平成十三年。

山口県議会編集兼発行『山口県議会史』自平成三年至平成十一年、上巻、平成二十六年。

山口県議会編集兼発行『山口県議会史』自平成三年至平成十一年、下巻、平成二十六年。

山口県教育会編『山口県教育史』財団法人山口県教育会、昭和六十一年。

山口県警察史編さん委員会編『山口県警察史』下巻、昭和五十七年。

山口県健康福祉部『昭和19年度／健康福祉部予算の概要／心のかよう健康福祉社会』。

山口県健康福祉部『平成20年度／健康福祉部予算の概要／心のかよう健康福祉社会』。

山口県『山口県社会福祉基本計画』昭和四十六年二月。

山口県『第二次社会福祉基本計画』昭和四十九年。

山口県『第三次社会福祉基本計画―心のかよう福祉を求めて―』昭和五十三年二月。

山口県『第四次社会福祉基本計画―心のかよう福祉を求めて―』昭和五十七年二月。

山口県『第五次社会福祉基本計画―心のかよう福祉を求めて―』昭和六十二年二月。

山口県『社会福祉の当面する課題と基本的方向―心のかよう福祉をめざして―』平成四年三月。

山口県『山口県社会福祉基本構想―心のかよう福祉社会をめざして―』平成六年三月。

『昭和三十一年／山口県財政再建計画書』（その1）（国立公文書館）。

『昭和三十一年／山口県財政再建計画書』（その2）（国立公文書館）。

『昭和三十二年／山口県財政再建計画書』（国立公文書館）。

『山口県〔財政再建〕計画変更（資料）』（年月日なし）（国立公文書館）。

『昭和三十三年／山口県再建変更書（昭和三十三年三月三十一日）』（国立公文書館）。

『昭和三十四年度／山口県財政再建計画変更書』（国立公文書館）。

「財政再建計画を変更する」（昭和三十五年八月十二日）（国立公文書館）

『昭和35年／山口県計画変更』（国立公文書館）

山口県『財政再建計画変更資料』（昭和三十五年八月二十九日）（国立公文書館）

『昭和36年／財政再建計画変更／山口県』（国立公文書館）

山口県『財政再建変更資料（昭和35年度・昭和36年度）』（国立公文書館）

山口県『山口県財政状況説明書』昭和二十三年六月一日、公表。以後、毎年二回発行される。但し、第三回から『財政事情』（昭和二十四年二月公表）となったり、『山口県財政事情』（昭和二十六年二月）となったりする。近年の表題は、『山口県の財政』（平成二十五年十一月）である。なお、山口県財政課『山口県財政概要』（昭和30年代版）（30年度～39年度）、同（昭和40年代版）（40年度～49年度）、同（昭和50年代版）（50年度～59年度）がある。

『山口県職員録』昭和十八年十二月一日現在。

『山口県職員録』昭和二十年四月一日現在。

『山口県職員録』昭和二十三年十一月十五日現在。

『山口県職員録』昭和二十四年十月一日現在。

『山口県職員録』昭和二十五年十月一日現在。

『山口県職員録』昭和二十六年九月一日現在。

『山口県職員録』昭和二十八年九月十五日現在。

『山口県職員録』昭和三十年十一月一日現在。

山口県『やまぐち未来デザイン21／第五次実行計画／二〇〇六→二〇〇九』二〇〇六年三月。

山口県『住み良さ日本一元気県づくり加速化プラン／やまぐち未来デザイン21／第六次実行計画／二〇〇八→二〇一二』二〇〇九年三月。

山口県『平成24年度／県政世論調査報告書』。

山口県『平成27年度／県政世論調査報告書』。

山口県選挙管理委員会「知事候補者選挙公報」昭和五十一年八月二十二日執行。

山口県選挙管理委員会「知事候補者選挙公報」昭和五十五年八月三日執行。

山口県選挙管理委員会「知事候補者選挙公報」昭和五十九年八月五日執行。

山口県選挙管理委員会「知事候補者選挙公報」昭和六十三年七月三十一日執行。

山口県選挙管理委員会「知事候補者選挙公報」平成四年七月二十六日執行。

山口県選挙管理委員会「山口県知事選挙／選挙公報」平成八年八月四日執行。

山口県選挙管理委員会「山口県知事選挙／選挙公報」平成十二年八月六日執行。

山口県選挙管理委員会「山口県知事選挙／選挙公報」平成十六年八月八日執行。

山口県選挙管理委員会「山口県知事選挙／選挙公報」平成二十年八月三日執行。

山口県総務部財政課『山口県中期財政見通し』平成十年（一九九八年）六月二日。

山口県総務部財政課『中期財政見通し（中期財政試算）』平成十四年二月改定版。

山口県総務部財政課『中期財政見通し（中期財政試算）』平成十五年二月改定版。

山口県総務部財政課『中期的な財政改革の指針』平成十六年十月。

山口県総務部財政課『山口県行政改革推進プラン』平成十八年三月。

山口県総務部財政課『「収支所要財源」の措置に関する課題』平成二十三年二月。

山口縣『山口県統計書』（昭和二十二年度）、昭和二十三年三月刊行、同（昭和二十四年）、昭和二十五年三月刊行、同（昭和二十六年）、昭和二十七年三月、同（昭和二十七年版）、同（昭和二十八年）、昭和二十八年三月、同（昭和二十九年）、同（昭和三十年）、昭和三十一年三月、『昭和三十一年　山口県統計年鑑』、昭和三十三年三月、以下、『山口県統計年鑑』昭和六十三年刊、まで刊行。平成に入り、同（平成元年刊）平成元年九月。

山口県統計分析課ＨＰ「山口県人口の動き／平成12年山口県人口移動統計調査結果概要」。

山口県統計分析課ＨＰ『平成三十年刊　山口県統計年鑑』、13　人口、世帯数及び人口密度（明治9年〜平成29年）。

山口県統計分析課ＨＰ「市町年齢別推計人口（昭和56年〜平成23年）」。

山口県『山口県農業試験場百年記念誌』編集発行山口県農業試験場、平成八年。

山口県文書館編『山口県文書館蔵／行政文書目録／―一九四〇年代完結簿冊文書―』平成五年三月、「一九四〇年代山口県『部』・『課』変遷表」。

山家《やんべ》悠紀夫『日本経済30年史／バブルからアベノミクスまで』岩波新書、二〇一九年。

吉見俊哉『ポスト戦後社会』（シリーズ日本近現代史⑨）、岩波新書、二〇〇九年。

[マ行]

[ヤ行]

[ラ・ワ行]

[タ行]

[ナ行]

[ハ行]

索引

[ア行]

[カ行]

[サ行]

著者紹介

西《にし》山《やま》一《いち》郎《ろう》

香川大学名誉教授，尾道大学名誉教授。

1939 年 6 月，香川県高松市屋島西町に生まれる。62 年 3 月，香川大学経済学部を卒業（指導教官は橋本勲教授）。64 年 3 月，一橋大学大学院経済研究科修士課程を修了（指導教官は木村元一教授）。同年 4 月，香川大学経済学部助手に採用される。その後，講師，助教授を経て，79 年 10 月，教授に昇任。2003 年 3 月，香川大学を定年退職。同年，尾道大学経済情報学部教授に就任。2011 年 3 月，尾道大学を定年退職。

主な業績：『香川県の財政統計―1888 年度～1996 年度―』（香川大学経済研究叢書 13，信山社，1999 年），『香川県財政の百年の歩み』（香川県，2006 年），「地方財政史研究の過去・現在・未来―明治時代の研究に限定して―」（日本財政学会編『財政研究』第 8 巻，2012 年）。

戦後山口県の行財政の歩み
1946～2012年度

2024 年 12 月 25 日　第 1 刷発行

著　者　西　山　一　郎
発行者　柿　﨑　　　均
発行所　株式会社 日本経済評論社

〒101-0062　東京都千代田区神田駿河台 1-7-7
電話 03-5577-7286　FAX 03-5577-2803
URL：http://www.nikkeihyo.co.jp

装幀：渡辺美知子　　印刷：太平印刷社／製本：誠製本

落丁本・乱丁本はお取替えいたします　Printed in Japan
価格はカバーに表示してあります

ISBN 978-4-8188-2670-0